ATTACHÉ TERRITORIAL
ATTACHÉ PRINCIPAL

ADMIS FONCTION PUBLIQUE

CONCOURS 2024

8e édition

ATTACHÉ TERRITORIAL ATTACHÉ PRINCIPAL

Externe, interne, 3e voie • Examen professionnel • Catégorie A

Tout-en-un

Olivier Bellégo
Ancien directeur des concours du centre interdépartemental de gestion (CIG) de la petite couronne et du centre de gestion de la fonction publique territoriale du Rhône et de la Métropole de Lyon, membre de jurys de concours et examens
Élu local

Vuibert

Ressources numériques

Téléchargez gratuitement des **annales corrigées** supplémentaires, suivez l'actu à l'aide de notre fil d'actualité mois par mois et révisez partout grâce à des fiches audio :

www.Vuibert.fr/site/216110

Crédits photographiques : © New Africa/Adobe Stock

ISSN : 2114-9305
ISBN : 978-2-311-21611-0

Conception de la couverture et de l'intérieur : Séverine Tanguy
Composition : STDI

Sommaire
pour se repérer

Travail réalisé

Introduction .... 9 ☐

1. Une fonction publique qui devrait rester attractive .... 9 ☐
2. Des concours et examens fortement professionnalisés .... 10 ☐
3. Des concours et examens « plus faciles » ? .... 11 ☐
4. Se préparer .... 11 ☐

Votre concours, votre examen, votre métier en 10 questions-réponses

1. Quelles sont les missions des attachés territoriaux ? .... 15 ☐
2. Comment s'inscrire aux concours d'attaché territorial et à l'examen d'attaché principal ? .... 16 ☐
3. Quelles sont les conditions d'accès aux concours d'attaché territorial et à l'examen professionnel d'attaché principal ? .... 18 ☐
4. Quelles sont les épreuves des concours d'attaché territorial ? .... 21 ☐
5. Quelles sont les épreuves de l'examen d'attaché principal ? .... 26 ☐
6. Quelles sont les règles générales d'organisation des concours et examens ? .... 26 ☐
7. Quelles sont vos chances de réussite ? .... 27 ☐
8. Que devez-vous faire après la réussite au concours ou à l'examen ? .... 29 ☐
9. Quelles sont les évolutions de carrière possibles ? .... 29 ☐
10. Quelle est la rémunération d'un attaché territorial au 1er janvier 2023 ? .... 30 ☐

Les 10 compétences, qualités et savoir-faire indispensables d'un attaché territorial .... 31 ☐

Témoignage d'une attachée territoriale en poste .... 32 ☐

Auto-évaluation .... 33 ☐

PARTIE 1 Réussir les épreuves d'admissibilité

Note par spécialité (concours externe)

- **Planning de révisions** 40
- **Méthodologie et conseils** 41
  1. Comprendre les exigences de l'épreuve 42
  2. Présenter clairement la note 49
  3. Exploiter méthodiquement le sujet 54
- **Annales corrigées** 60
  Sujet - Session 2022 60

Composition sur un sujet d'ordre général territorial (concours externe)

- **Planning de révisions** 106
- **Méthodologie et conseils** 107
  1. Maîtriser des connaissances et des compétences 110
  2. Satisfaire aux exigences rédactionnelles de l'épreuve 113
  3. Adopter une présentation pertinente 117
  4. Rechercher des idées 121
  5. Maîtriser le temps 126
- **Annales corrigées** 128
  Sujet - Session 2022 128

Rapport avec solutions opérationnelles (concours interne et 3e voie) et note avec solutions opérationnelles (examen professionnel)

- **Planning de révisions** 138
- **Méthodologie et conseils** 139
  1. Comprendre les exigences de l'épreuve 141
  2. Présenter clairement un rapport ou une note 158
  3. Exploiter méthodiquement le sujet 165
  4. Gérer le temps de l'épreuve 176
  5. Se préparer en amont de l'épreuve 178
- **Annales corrigées** 180
  Sujet - Session 2022 180

PARTIE 2 Réussir les épreuves d'admission

Entretien avec le jury
(concours externe, interne, 3e voie, examen professionnel)

- **Planning de révisions** .... 230 ☐
- **Méthodologie et conseils** .... 232 ☐
  1. Un entretien avec un jury .... 236 ☐
  2. Une présentation (concours externe et interne), un exposé (troisième concours et examen professionnel) du parcours, de l'expérience et des compétences .... 238 ☐
  3. La fiche individuelle de renseignements (concours externe), le document retraçant le parcours professionnel (troisième concours) .... 243 ☐
  4. Les capacités du candidat .... 249 ☐
  5. Une épreuve dans laquelle le comportement joue un rôle essentiel .... 257 ☐
- **Simulation d'entretien** .... 261 ☐

Langue vivante étrangère (concours externe, interne et 3e voie)

- **Méthodologie et conseils** .... 270 ☐

PARTIE 3 Connaissances indispensables sur l'environnement territorial

- **Planning de révisions** .... 274 ☐
- **Tout le cours** .... 276 ☐

1. Le service public, grands principes et principaux modes de gestion .... 277 ☐
2. Les grands axes du système juridictionnel français .... 282 ☐
3. Quelques notions sur les normes juridiques et leur hiérarchie .... 285 ☐
4. La responsabilité administrative .... 287 ☐
5. Les principaux modes de recrutement des agents publics, fonctionnaires et contractuels .... 289 ☐
6. Quelques notions sur la commande publique .... 295 ☐
7. Notions sur la démocratie consultative et participative .... 300 ☐
8. La conduite de projet .... 303 ☐
9. Quelques éléments de management .... 306 ☐
10. Les principales compétences et attributions des collectivités territoriales .... 313 ☐
11. Les réformes territoriales .... 327 ☐
12. Les principaux modes d'élection locale et leurs conséquences .... 335 ☐
13. Les modes de fonctionnement des collectivités territoriales et de leurs établissements publics .... 345 ☐
14. Les finances publiques locales et les budgets locaux .... 361 ☐
15. Le contrôle des actes des collectivités territoriales .... 377 ☐
16. Les modes d'information des administrés et des élus .... 379 ☐

Introduction

Le recrutement par concours a longtemps constitué la voie royale d'accès aux fonctions publiques, au premier rang desquelles la fonction publique territoriale. L'article L. 320-1 du Code général de la fonction publique dispose : « **Les fonctionnaires sont recrutés par concours,** sauf dérogation prévue par le présent livre (livre III). » Cependant, le recrutement d'agents dits « non statutaires », assez récemment rebaptisés « agents contractuels » (décret du 29 décembre 2015), permet également de pourvoir des emplois de manière pérenne, et tend à se développer. On estime qu'environ 20 % des agents publics sont aujourd'hui contractuels.

La vaste réforme annoncée des fonctions publiques, qui aurait pu se traduire par une généralisation du recrutement contractuel et la disparition des concours, n'a pas vu le jour. Si la **loi du 6 août 2019 de transformation de la fonction publique** a ouvert de nouvelles possibilités de recours au contrat pour pourvoir les emplois notamment dans les collectivités territoriales et leurs établissements publics, elle n'a en aucune manière supprimé les concours ni révolutionné leurs modes d'organisation.

Perdurent ainsi les concours, qui ont largement fait leurs preuves comme outils de recrutement de fonctionnaires « selon leur capacité, et sans autre distinction que celle de leurs vertus et de leurs talents » pour reprendre les termes de la Déclaration des droits de l'homme et du citoyen de 1789, d'autant que la professionnalisation assez récente de nombreux concours et examens, comme les concours d'attaché territorial et l'examen d'attaché principal, fait largement tomber les critiques de ceux qui leur reprochaient leur caractère académique, excessivement décalé par rapport aux réalités institutionnelles et professionnelles.

1. Une fonction publique qui devrait rester attractive

Longtemps considérée comme une fonction publique mineure au regard de la fonction publique d'État, la fonction publique territoriale, dont on fête les 40 ans en 2024, a aujourd'hui atteint la pleine maturité : elle peut s'enorgueillir de ses 1 800 000 agents, de l'intelligence de sa construction autour d'une cinquantaine de cadres d'emplois (l'équivalent des corps de la fonction publique d'État) qui permettent l'exercice de 250 métiers différents, accessibles pour beaucoup par concours, dans près de 40 000 collectivités territoriales et 20 000 établissements publics locaux.

À l'heure où l'acte III de la décentralisation faisait émerger de nouvelles formes d'intercommunalité, la **fonction publique territoriale** apparaissait d'autant plus **attractive** que, conciliant la logique du recrutement par concours et de la carrière avec le principe de libre administration des collectivités territoriales, elle permettait aux lauréats de concours devenus titulaires après leur nomination par une autorité exécutive locale (maire, président de conseil départemental, président de conseil régional, président d'établissement public local) de gérer librement leur carrière en changeant d'employeur, par mutation, sans rien perdre de l'ancienneté acquise.

Ces grands principes paraissent conserver aujourd'hui leur pertinence, en permettant aux responsables locaux de s'entourer de fonctionnaires dont le concours garantit les aptitudes, et de s'attacher leurs services pour une durée permettant une montée en compétences précieuse.

Si la loi du 6 août 2019 accroît les possibilités de recrutement contractuel, le « papy-boom » rendra inévitable le recrutement de nouveaux agents dont, certainement, des fonctionnaires sélectionnés par concours. Un contexte d'inflation des normes, source d'insécurité juridique, qui requiert des experts, et de recrutement de jeunes agents, qui impose un management intelligent, paraît requérir la nomination d'attachés territoriaux et d'attachés principaux de qualité, après réussite du concours ou de l'examen.

2. Des concours et examens fortement professionnalisés

Sur la base des recommandations du « Livre blanc sur l'avenir de la fonction publique » qui préconisait une professionnalisation des modes de recrutement et du rapport Desforges de 2008, de nombreux concours d'accès aux différentes fonctions publiques ont été réformés, avec la réduction du nombre de leurs épreuves et la disparition des épreuves éloignées des missions dévolues aux corps ou cadres d'emplois postulés.

S'agissant des concours d'attaché territorial, la composition de culture générale (concours externe), le résumé de texte (concours interne) et le commentaire de texte (troisième concours) ont ainsi disparu des écrits, tandis qu'étaient abolies à l'oral les épreuves de conversation de culture générale (concours externe et interne) et les interrogations spécialisées (concours externe, interne et de troisième voie).

Les épreuves écrites d'admissibilité qui permettent de devenir attaché territorial n'appartiennent plus, selon les concours et les spécialités, qu'à deux familles d'épreuves : la **composition de culture territoriale (concours externe)** et la **synthèse** avec propositions (concours interne et de troisième voie) ou sans propositions (concours externe). S'agissant des épreuves orales obligatoires d'admission, si l'**oral de langue vivante** perdure au concours externe, toutes les autres épreuves sont remplacées par le seul **entretien avec un jury**.

3. Des concours et examens « plus faciles » ?

Les candidats qui envisagent de se présenter aux concours d'attaché territorial en 2024 estiment souvent que le concours est devenu « plus facile » qu'il ne l'était auparavant.

Rien n'est moins sûr : si ont disparu les épreuves redoutées dites « de culture générale » tant à l'écrit qu'à l'oral, ont été également abolies les épreuves spécialisées écrites et orales qui permettaient aux candidats qui en maîtrisaient bien le programme d'engranger des points. Désormais, le candidat au concours interne ou de troisième voie ne dispose que d'un pistolet à un coup pour devenir admissible en « jouant tout » sur une seule épreuve écrite. On observe que cette épreuve joue pleinement son rôle et s'avère tout aussi sélective que l'étaient les anciennes épreuves. Rappelons, par analogie, les effets de la réforme de l'examen professionnel d'attaché territorial principal qui a connu une évolution de même nature avec passage de quatre à deux épreuves, une épreuve de notes avec propositions à l'écrit et d'entretien avec le jury à l'oral. Les sessions organisées depuis la réforme de cet examen se sont souvent avérées plus sélectives que les précédentes qui comptaient quatre épreuves, alors même qu'avaient disparu les épreuves redoutées de procès-verbal à l'écrit et d'oral de culture générale sans préparation que certains candidats avaient baptisé avec humour « la mort subite ».

4. Se préparer

Pour vous permettre de vous préparer au mieux à ces épreuves, ce livre présente à la fois des **conseils méthodologiques** pour **chaque épreuve écrite d'admissibilité** (l'examen professionnel n'en compte qu'une) et **orale d'admission** (l'examen n'en comporte également qu'une) ainsi que des sujets d'annales **corrigés**. Il comporte également un rappel des **connaissances essentielles** à maîtriser. Il contient enfin des **conseils méthodologiques** pour l'épreuve orale d'admission.

Extrait du rapport du Président du jury de la session du concours 2020 (reporté en 2021) organisé par le centre de gestion du Rhône et de la Métropole de Lyon

ÉPREUVES ÉCRITES D'ADMISSIBILITÉ
CONCOURS EXTERNE

Épreuve écrite de composition sur un sujet d'ordre général territorial

« Le jury regrette que beaucoup de copies présentent des connaissances exposées de manière scolaire, avec peu d'argumentation et de cohérence au regard de la problématique, mais aussi beaucoup d'approximations sur la définition des enjeux. Les copies font ressortir une méconnaissance de l'articulation des compétences entre l'État et les collectivités territoriales.

Par ailleurs, l'orthographe, la syntaxe et le style de nombreuses copies sont relativement faibles.

Il est important de rappeler que conformément à la note de cadrage, les qualités rédactionnelles jouent un rôle déterminant dans l'évaluation de la composition. »

Épreuve écrite de note par spécialité

« Le formalisme de la note est plutôt bien respecté, avec cependant un oubli des références juridiques dans de nombreuses copies. La plupart des candidats ont su maîtriser leur temps (très peu de copies blanches ou gravement inachevées). Toutefois, l'introduction est souvent trop succincte avec une problématique inexistante ou insuffisamment travaillée, menant à un plan simpliste et une absence de fil conducteur. Les correcteurs regrettent également que des candidats perdent de vue qu'ils doivent se positionner en tant qu'attaché territorial et informer un destinataire, certains ayant adopté des prises de position inappropriées.

De nombreux candidats ont également des difficultés à sélectionner les informations pertinentes pour présenter une note équilibrée et structurée. De nombreuses copies sont donc trop superficielles et manquent de profondeur et d'analyse. Les correcteurs ajoutent enfin que le niveau d'orthographe, de grammaire et de syntaxe est assez faible. »

CONCOURS INTERNE ET TROISIÈME CONCOURS

Épreuve écrite de rapport avec solutions opérationnelles par spécialité

« Le niveau général des candidats varie en fonction des spécialités, mais les correcteurs estiment que le niveau global est correct dans la plupart des spécialités, avec très peu de copies hors sujet et un formalisme respecté. Toutefois, l'introduction est souvent trop courte et la problématique trop fréquemment absente ou peu travaillée.

Dans la première partie de l'épreuve, les correcteurs soulignent un manque d'analyse et de réflexion, le sujet étant souvent survolé. Les candidats ont également des difficultés à hiérarchiser les informations et à structurer les idées des documents, omettant parfois des informations essentielles.

Dans la deuxième partie de l'épreuve, la méthodologie n'est pas suffisamment maîtrisée et les copies sont souvent trop scolaires. Les candidats ont en effet des difficultés à proposer des solutions opérationnelles concrètes à adapter à la réalité en raison d'un manque de connaissances personnelles et de mise en perspective. »

ÉPREUVE ORALE D'ADMISSION

« L'épreuve d'entretien permet au jury d'apprécier les aptitudes professionnelles du candidat au regard de ce qui est attendu d'attachés appelés à servir dans une diversité de métiers : culture générale administrative et territoriale, connaissances dans la spécialité et capacité à les exploiter, aptitude à exercer des responsabilités d'encadrement, motivation professionnelle, aptitude à communiquer, facultés d'analyse et de réflexion, ouverture d'esprit, curiosité intellectuelle, etc. Les candidats doivent démontrer leur motivation et leur capacité à accéder à un cadre d'emplois de catégorie A de la filière administrative et à assumer les missions et les responsabilités correspondantes. Des mises en situation permettent de tester la réactivité et le sens pratique des candidats.

Si quelques très bons candidats se dégagent, le jury constate que les connaissances sont souvent trop scolaires et manquent de profondeur et de mise en perspective. Le jury note également que les candidats issus de petites collectivités possèdent souvent un bagage territorial important contrairement à ceux qui proviennent de grandes collectivités qui restent souvent trop cantonnés à leur « cœur de métier » et ne maîtrisent pas assez précisément les connaissances administratives générales attendues d'un futur attaché, par exemple en matière d'organisation institutionnelle, de gestion des ressources humaines ou de procédure budgétaire. Il est également fortement conseillé aux candidats, en vue de la préparation de l'épreuve, d'opérer une veille sur l'actualité des collectivités territoriales, en consultant régulièrement la presse professionnelle territoriale et en s'inscrivant à des newsletters, par exemple.
Au **concours externe**, le jury remarque que les candidats jeunes diplômés ont difficilement pu combler les 10 minutes de présentation de leur parcours et qu'une durée intermédiaire entre 5 et 10 minutes serait suffisante. Il souligne toutefois l'intérêt bénéfique de cette présentation qui permet de situer le candidat et de structurer l'entretien par la suite. Le jury remarque également que de nombreux candidats externes ont déjà une vision très précise de leur projet professionnel. En outre, les candidats externes déjà en place dans des collectivités n'ont pas toujours été les mieux préparés. Le jury déplore l'absence de préparation de certains candidats, même si certains parmi eux ont fait preuve d'une bonne aisance.
Au **concours interne** et au **troisième concours**, le jury salue globalement un niveau de préparation assez élevé de la présentation du parcours des candidats où certains se démarquent avec de vrais projets professionnels. D'autres peinent toutefois à s'extraire de leur spécialité ou du processus de leur collectivité. En outre, le jury regrette que les candidats les plus âgés se présentent souvent pour une validation de leurs acquis et non pour se projeter professionnellement. Le jury cherche en effet à évaluer la personnalité du candidat dans la manière dont il évoluerait dans un collectif de travail ou face à des solutions de management. Le jury souligne également que les connaissances générales restent trop souvent théoriques et superficielles, là où les candidats issus des plus petites collectivités se démarquent particulièrement. »

Olivier Bellégo
Ancien directeur des concours du centre interdépartemental
de gestion (CIG) de la petite couronne et du centre de gestion (CDG)
de la fonction publique territoriale du Rhône et de la Métropole de Lyon,
membre de jurys de concours et examens,
élu local

Votre concours, votre examen, votre métier en 10 questions-réponses

1. Quelles sont les missions des attachés territoriaux ?

Parmi les différents cadres d'emplois de la fonction publique territoriale, celui d'attaché apparaît comme un cadre d'emplois à la fois stratégique pour les collectivités et particulièrement intéressant pour ses membres dans la mesure où il donne vocation à occuper **un très grand nombre d'emplois de responsabilité**.

La définition réglementaire (décret n° 87-1099 du 30 décembre 1987 modifié portant statut particulier du cadre d'emplois des attachés territoriaux) des **fonctions et missions** est très éclairante :

> « Les membres du cadre d'emplois participent à la **conception**, à l'**élaboration** et à la **mise en œuvre des politiques** décidées dans les domaines administratif, financier, économique, sanitaire, social, culturel, de l'animation et de l'urbanisme. Ils peuvent ainsi se voir confier des **missions**, des **études** ou des **fonctions comportant des responsabilités particulières**, notamment en matière de gestion des ressources humaines, de gestion des achats et des marchés publics, de gestion financière et de contrôle de gestion, de gestion immobilière et foncière et de conseil juridique. Ils peuvent également être chargés des actions de communication interne et externe et de celles liées au développement, à l'aménagement et à l'animation économique, sociale et culturelle de la collectivité. Ils exercent des fonctions d'encadrement et assurent la direction de bureau ou de service.
> Ils peuvent, en outre, occuper les emplois administratifs de direction des collectivités territoriales, des mairies d'arrondissement ou de groupe d'arrondissements des communes de Lyon et de Marseille assimilés à des communes et des établissements publics locaux assimilés dans les conditions prévues par les articles 6 et 7 du décret n° 87-1101 du 30 décembre 1987. [...] »

Les offres d'emplois publiées dans les revues spécialisées sont tout aussi significatives de la diversité et de l'intérêt des missions confiées aux attachés.

Outre le grade d'attaché, ce cadre d'emplois comporte les grades d'avancement d'**attaché principal**, accessible par ancienneté et au moyen d'un **examen professionnel**, et d'attaché hors classe, accessible uniquement par ancienneté.

2. Comment s'inscrire aux concours d'attaché territorial et à l'examen d'attaché principal ?

Pour connaître les dates des prochains concours et examens, organisés par les centres de gestion de la fonction publique territoriale, c'est-à-dire, très précisément, la **date limite de retrait de dossier** (généralement possible par téléchargement), la **date limite de dépôt de dossier** (également appelée clôture des inscriptions) ainsi que la **date des épreuves écrites**, rien de plus simple : il vous suffit de vous connecter sur les sites des centres de gestion de la fonction publique territoriale. Il existe un centre de gestion par département, dont les sites sont très souvent accessibles à partir de « cdg » suivi du numéro de département (ex. : www.cdg69.fr).

En Île-de-France, deux centres de gestion sont interdépartementaux et organisent, avec le centre de gestion de Seine-et-Marne, un très grand nombre de concours et examens :

– le centre interdépartemental de gestion de la grande couronne (www.cigversailles.fr), qui exerce ses compétences sur les territoires des départements des Yvelines (78), de l'Essonne (91) et du Val d'Oise (95) ;

– le centre interdépartemental de gestion de la petite couronne (www.cig929394.fr), pour les Hauts-de-Seine (92), la Seine-Saint-Denis (93) et le Val-de-Marne (94).

LES NOUVELLES MODALITÉS D'INSCRIPTION

La loi de transformation de la fonction publique du 6 août 2019, et plus particulièrement son article 89, interdit les multi-inscriptions aux concours afin de réduire l'absentéisme et faciliter la mise en relation des candidats avec les autorités organisatrices. Pour garantir l'effectivité de cette nouvelle disposition, un site unique d'inscription au niveau national a été développé par le groupement d'intérêt public (GIP) informatique des centres de gestion.

Le décret n° 2021-376 du 31 mars 2021, paru au *Journal officiel* du 2 avril 2021, est venu préciser les modalités de mise en œuvre de ce dispositif visant à limiter l'inscription d'un candidat à un même concours organisé simultanément par plusieurs centres de gestion, quelles que soient les modalités d'accès (externe, interne ou 3e concours).

Le candidat allant directement sur le site d'un CDG est automatiquement redirigé vers le portail national qui lui permettra de se connecter à l'organisateur de son choix afin d'effectuer sa préinscription.

Via ce portail national, le candidat doit sélectionner le concours qui l'intéresse, puis le CDG organisateur, la voie d'accès retenue (externe, interne ou 3e concours) et le cas échéant la spécialité, option et discipline. Après avoir effectué ces choix, il sera invité à créer un compte d'accès pour se préinscrire.

Une fois connecté, le candidat aura accès au formulaire de préinscription du CDG organisateur choisi. Durant la période d'inscription, il aura toujours la possibilité de changer de CDG ; **cependant, toute nouvelle inscription supprimera automatiquement l'inscription effectuée préalablement auprès d'un autre CDG.**
Enfin, il est important de souligner que cette plateforme d'inscription ne se substitue pas aux sites des autorités organisatrices et sert uniquement à la préinscription des candidats. La gestion et le suivi des dossiers (recevabilité ou non du dossier d'inscription, convocations, résultats d'admissibilité, d'admission, etc.) ne sont accessibles que sur le site internet du CDG retenu.

Vous pouvez également trouver sur les sites de centres de gestion les **cadrages indicatifs** des épreuves sur la base desquels les concours et examens sont organisés :

– sur le site www.cig929394.fr, par exemple, ces cadrages sont accessibles à la rubrique « Tout sur les concours et examens professionnels », puis « S'informer et se préparer », « Rechercher un concours ou un examen professionnel ». Lancez la recherche après avoir sélectionné la catégorie (A) et la filière (administrative). Vous accédez ainsi à différents documents, notamment les rapports de jury et les cadrages des épreuves qui donnent des précisions très utiles pour vous préparer ;

– vous pouvez également accéder facilement à ces cadrages sur le site www.cdg-aura.fr, rubrique « Rechercher un cours ou un examen »/« Attaché territorial ».

Précisons enfin que tous les centres de gestion n'organisent pas ces concours et examens. À ce jour, les centres de gestion ont opté pour :

– une organisation dans un cadre interrégional ;

– une organisation bisannuelle des concours d'attaché territorial les années paires (2024, 2026, etc.) ;

– une organisation bisannuelle de l'examen d'attaché principal les années impaires (2025, 2027, etc.) ;

– une organisation des épreuves écrites le même jour aux mêmes heures ;

– des cadrages indicatifs nationaux de toutes les épreuves, écrites comme orales ;

– des sujets nationaux d'épreuves écrites, c'est-à-dire que ces épreuves sont organisées par tous les centres sur la base des mêmes sujets.

ATTENTION

Sous réserve d'éventuelles modifications du calendrier, les prochaines sessions du concours d'attaché territorial auront ainsi lieu en 2024 et 2026, les épreuves écrites d'admissibilité étant organisées en novembre et les épreuves orales au premier semestre de l'année suivante. L'examen d'attaché principal sera, sauf modification, organisé en 2025 et 2027.

3. Quelles sont les conditions d'accès aux concours d'attaché territorial et à l'examen professionnel d'attaché principal ?

Ces conditions sont très clairement rappelées dans les notices ou brochures de présentation du concours réalisées par les centres de gestion.

Il convient d'abord de satisfaire aux conditions générales d'accès à tous les concours, à savoir :

- posséder la nationalité française ou celle de l'un des autres États membres de la Communauté européenne ou d'un État partie à l'accord sur l'Espace économique européen ;
- jouir de ses droits civiques dans l'État dont on est ressortissant ;
- ne pas avoir subi une condamnation incompatible avec l'exercice des fonctions ;
- être en position régulière au regard des obligations de service national de l'État dont on est ressortissant ;
- remplir les conditions d'aptitude physique exigées pour l'exercice des fonctions.

A. Le concours externe d'attaché territorial

Le concours externe est ouvert aux candidats titulaires :

- d'un diplôme national correspondant au moins à un deuxième cycle d'études supérieures ;
- ou d'un titre ou diplôme homologué au moins au niveau II suivant la procédure définie par le décret n° 92-23 du 8 janvier 1992 relatif à l'homologation des titres et diplômes de l'enseignement technologique.

Les mères et pères élevant ou ayant effectivement élevé au moins trois enfants sont dispensés de toute condition de diplôme, de même que les sportifs de haut niveau (figurant sur la liste des sportifs de haut niveau fixée chaque année par le ministre chargé de la Jeunesse et des Sports).

Ce concours, depuis 2007, est également accessible au titre des équivalences de diplômes et de la reconnaissance de l'expérience professionnelle, désormais instruites par les centres de gestion en leur qualité d'autorités organisatrices du concours, s'agissant de concours à conditions de diplômes « généralistes ».

Peuvent se présenter au concours, sous réserve de remplir les conditions générales de recrutement, les candidats qui justifient de qualifications au moins équivalentes.

Ainsi les candidats aux concours bénéficient-ils d'une équivalence de plein droit dès lors qu'ils satisfont au moins à l'une des conditions suivantes :

- être titulaire d'un diplôme, d'un titre de formation ou d'une attestation établie par une autorité compétente prouvant que le candidat a accompli avec succès un cycle de formation au moins de mêmes niveau et durée que ceux sanctionnés par les diplômes ou titres requis ;
- justifier d'une attestation d'inscription dans un cycle de formation dont la condition normale d'accès est d'être titulaire d'un diplôme ou d'un titre de formation au moins de même niveau que celui des diplômes ou titres requis ;

– être titulaire d'un diplôme ou d'un titre homologué ou d'un diplôme ou titre à finalité professionnelle enregistré au répertoire national des certifications professionnelles, classé au moins au même niveau que le diplôme ou titre requis ;

– être titulaire d'un diplôme ou titre de formation au moins équivalent, figurant sur une liste fixée, pour chaque niveau de diplôme, par un arrêté conjoint du ministre intéressé, du ministre chargé de l'Éducation et du ministre chargé de la fonction publique.

Le candidat est tenu de fournir, à l'appui de sa demande, une copie du diplôme ou titre, le cas échéant, dans une traduction en français établie par un traducteur assermenté.

Par ailleurs, les candidats qui justifient de l'exercice d'une activité professionnelle, salariée ou non, exercée de façon continue ou non, équivalente à une durée totale cumulée d'au moins trois ans à temps plein et relevant de la même catégorie socioprofessionnelle que celle de la profession à laquelle la réussite au concours permet l'accès, peuvent également faire acte de candidature à ce concours.

La durée totale cumulée d'expérience exigée est réduite à deux ans lorsque le candidat justifie d'un titre ou d'un diplôme de niveau immédiatement inférieur à celui requis. Les périodes de formation initiale ou continue, quel que soit le statut de la personne, ainsi que les stages et les périodes de formation en milieu professionnel accomplis pour la préparation d'un diplôme ou d'un titre ne sont pas prises en compte pour le calcul de la durée d'expérience requise.

B. Le concours interne d'attaché territorial

Le concours interne est ouvert aux fonctionnaires et agents des collectivités territoriales, de l'État et des établissements publics qui en dépendent, de la fonction publique hospitalière ainsi qu'aux agents en fonction dans une organisation internationale intergouvernementale.

Le concours interne est également ouvert aux candidats qui justifient d'une durée de services accomplis dans une administration, un organisme ou un établissement d'un État membre de la Communauté européenne ou d'un État partie à l'accord sur l'Espace économique européen autres que la France dont les missions sont comparables à celles des administrations et des établissements publics dans lesquels les fonctionnaires civils mentionnés à l'article 2 de la loi n° 83-634 du 13 juillet 1983 exercent leurs fonctions, et qui ont, le cas échéant, reçu dans l'un de ces États une formation équivalente à celle requise par les statuts particuliers pour l'accès aux cadres d'emplois considérés.

Les candidats doivent justifier, au 1er janvier de l'année du concours, entendue comme l'année où se déroulent les épreuves écrites, de quatre ans au moins de services publics. Ainsi, les candidats à la session 2024 du concours interne doivent compter au moins quatre ans de services publics au 1er janvier 2024. Ils doivent en outre être en activité le jour de la clôture des inscriptions.

C. Le troisième concours d'attaché territorial

Enfin le troisième concours (ou concours de troisième voie) est ouvert aux candidats justifiant de l'exercice, pendant une durée de quatre ans au moins, à la date de la première épreuve, d'une ou de plusieurs activités professionnelles, quelle qu'en soit la nature, d'un ou de plusieurs mandats de membre d'une assemblée élue d'une collectivité territoriale ou d'une ou de plusieurs activités accomplies en qualité de responsable d'une association.

La durée des activités professionnelles, associatives, ou des mandats électifs ne peut être prise en compte que si les intéressés n'avaient pas, au moment où ils les exerçaient, la qualité de fonctionnaire, de magistrat, de militaire ou d'agent public.

Cette règle ne fait pas obstacle à ce que les activités syndicales des candidats fonctionnaires bénéficiant d'une décharge d'activité de service ou mise à disposition d'une organisation syndicale soient prises en compte pour l'accès au troisième concours.

La durée des contrats d'apprentissage et celle des contrats de professionnalisation sont prises en compte dans le calcul de la durée d'activité professionnelle exigée pour se présenter aux troisièmes concours.

Sont également prises en compte les activités syndicales des candidats bénéficiant d'une décharge d'activités ou d'une mise à disposition pour mener une activité syndicale portant sur une quotité de travail comprise entre 70 % et 100 % d'un temps complet.

D. Les spécialités

Le candidat au concours choisit au moment de son inscription la spécialité dans laquelle il concourt :

- spécialité administration générale ;
- spécialité gestion du secteur sanitaire et social ;
- spécialité analyste ;
- spécialité animation ;
- spécialité urbanisme et développement des territoires.

Le choix de la spécialité est définitif à la clôture des inscriptions.

E. L'examen professionnel d'attaché principal

L'examen professionnel est ouvert aux attachés remplissant ces deux conditions :

- justifiant au 1er janvier de l'année au titre de laquelle est dressé le tableau d'avancement d'une durée de 3 ans de services effectifs dans un cadre d'emplois, corps ou emploi de catégorie A ou de même niveau ;
- ayant atteint le 5e échelon du grade d'attaché.

Les candidats doivent être en fonction à la clôture des inscriptions.

Les candidats peuvent subir les épreuves au plus tôt un an avant la date à laquelle ils doivent remplir les conditions d'inscription au tableau d'avancement au grade d'attaché principal.

Ainsi, un candidat à la session 2025 de l'examen doit remplir les conditions (3 ans de services effectifs dans un cadre d'emplois, corps ou emploi de catégorie A ou de même niveau et avoir atteint le 5e échelon du grade d'attaché territorial) au plus tard le 1er janvier 2026.

4. Quelles sont les épreuves des concours d'attaché territorial ?

A. Le concours externe d'attaché territorial

a. Les épreuves d'admissibilité

Composition sur un sujet d'ordre général territorial

Pour l'ensemble des spécialités, une **composition portant sur un sujet d'ordre général relatif à la place et au rôle des collectivités territoriales dans les problématiques locales** (démocratie, société, économie, emploi, éducation/formation, santé, culture, urbanisme et aménagement, relations extérieures...).

Le sujet est ainsi le même pour tous les candidats au concours externe, quelle que soit la spécialité dans laquelle ils se sont inscrits.

Cette épreuve doit permettre au jury d'apprécier, outre les qualités rédactionnelles des candidats, leur ouverture au monde, leur aptitude au questionnement, à l'analyse et à l'argumentation ainsi que leur capacité à se projeter dans leur futur environnement professionnel (durée : quatre heures ; coefficient 3).

Cette épreuve ne comporte pas de programme réglementaire.

Note par spécialité

La **rédaction d'une note** (durée : quatre heures ; coefficient 4) ayant pour objet de vérifier :

- pour les candidats ayant choisi la spécialité *administration générale*, l'aptitude à l'analyse d'un dossier soulevant un problème d'organisation ou de gestion rencontré par une collectivité territoriale ;
- pour les candidats ayant choisi la spécialité *gestion du secteur sanitaire et social*, l'aptitude à l'analyse d'un dossier soulevant un problème sanitaire et social rencontré par une collectivité territoriale ;
- pour les candidats ayant choisi la spécialité *analyste*, l'aptitude à l'analyse d'un dossier portant sur la conception et la mise en place d'une application automatisée dans une collectivité territoriale ;
- pour les candidats ayant choisi la spécialité *animation*, l'aptitude à l'analyse d'un dossier relatif au secteur de l'animation dans une collectivité territoriale ;
- pour les candidats ayant choisi la spécialité *urbanisme et développement des territoires*, l'aptitude à l'analyse d'un dossier soulevant un problème d'urbanisme et de développement des territoires rencontré par une collectivité territoriale.

Cette épreuve ne comporte pas de programme réglementaire.

Toute note inférieure à 5 à l'une des épreuves écrites d'admissibilité entraîne l'élimination du candidat, quelle que soit la moyenne générale qu'il obtient à ces deux épreuves.

Peuvent seuls être autorisés à se présenter aux épreuves d'admission les candidats déclarés admissibles par le jury.

b. Les épreuves d'admission

Entretien avec le jury

Un **entretien** visant à apprécier, le cas échéant sous forme d'une mise en situation professionnelle, les connaissances administratives générales du candidat et sa capacité à les exploiter, sa motivation et son aptitude à exercer les missions dévolues au cadre d'emplois, notamment dans la spécialité choisie.

L'entretien débute par une présentation par le candidat de son parcours et de sa motivation, à partir d'une fiche individuelle de renseignements dont le modèle est disponible sur le site du centre de gestion organisant le concours. Lors de son inscription, chaque candidat constitue et transmet la fiche précitée au service organisateur du concours à une date fixée par celui-ci. Seul l'entretien avec le jury donne lieu à notation. La fiche de présentation n'est pas notée (durée : 25 minutes, dont 10 minutes au plus de présentation par le candidat ; coefficient 4).

Les candidats titulaires d'un doctorat peuvent, conformément à l'article L. 412-1 du Code de la recherche, présenter leur parcours en vue de la reconnaissance des acquis de l'expérience professionnelle résultant de la formation à la recherche et par la recherche qui a conduit à la délivrance du doctorat. La fiche individuelle de renseignements mentionnée à l'alinéa précédent comprend une rubrique prévue à cet effet. Pour présenter cette épreuve adaptée, ils transmettent une copie de ce diplôme au service organisateur du concours au plus tard avant le début de la première épreuve d'admission.

La réforme permettant à tous les candidats, dont les titulaires d'un doctorat, de présenter leur parcours s'est accompagnée d'un allongement à 25 minutes de la durée réglementaire de l'épreuve, précédemment fixée à 20 minutes. En outre, l'épreuve comporte désormais une présentation du candidat de 10 minutes au plus. Cette réforme est entrée en vigueur depuis la session 2020 du concours externe.

Langue vivante étrangère

Une **épreuve orale de langue vivante** d'une durée de quinze minutes comportant la **traduction**, sans dictionnaire, d'un texte, suivie d'une **conversation**, dans l'une des langues étrangères suivantes au choix du candidat au moment de l'inscription : allemand, anglais, espagnol, italien, grec, néerlandais, portugais, russe et arabe moderne (durée : quinze minutes, avec préparation de même durée ; coefficient 1).

Le choix de la langue est définitif à la clôture des inscriptions.

ATTENTION

Depuis une réforme générale des concours opérée par un décret du 5 juillet 2013, toute note inférieure à 5 sur 20 à l'une de ces épreuves orales obligatoires élimine le candidat, quelle que soit la moyenne de ses notes.

B. Le concours interne d'attaché territorial

a. L'épreuve d'admissibilité

■ **Rapport avec solutions opérationnelles (durée : quatre heures ; coefficient 4)**

• **Pour les candidats ayant choisi la spécialité *administration générale* :** la rédaction, à l'aide des éléments d'un dossier soulevant un problème d'organisation ou de gestion rencontré par une collectivité territoriale, d'un **rapport** faisant appel à l'esprit d'analyse et de synthèse du candidat, à son aptitude à situer le sujet traité dans son contexte général et à ses capacités rédactionnelles, **afin de dégager des solutions opérationnelles appropriées.**

• **Pour les candidats ayant choisi la spécialité *gestion du secteur sanitaire et social* :** la rédaction, à l'aide des éléments d'un dossier soulevant un problème sanitaire et social rencontré par une collectivité territoriale, d'un **rapport** faisant appel à l'esprit d'analyse et de synthèse du candidat, à son aptitude à situer le sujet traité dans son contexte général et à ses capacités rédactionnelles, **afin de dégager des solutions opérationnelles appropriées.**

• **Pour les candidats ayant choisi la spécialité *analyste* :** la rédaction, à l'aide des éléments d'un dossier, d'un **rapport** faisant appel à l'esprit d'analyse et de synthèse du candidat, à son **aptitude à concevoir et à mettre en place une application automatisée dans une collectivité territoriale.**

• **Pour les candidats ayant choisi la spécialité *animation* :** la rédaction, à l'aide des éléments d'un dossier relatif au secteur de l'animation dans une collectivité territoriale, d'un **rapport** faisant appel à l'esprit d'analyse et de synthèse du candidat, à son aptitude à situer le sujet traité dans son contexte général et à ses capacités rédactionnelles, **afin de dégager des solutions opérationnelles appropriées.**

• **Pour les candidats ayant choisi la spécialité *urbanisme et développement des territoires* :** la rédaction, à l'aide des éléments d'un dossier soulevant un problème relatif au secteur de l'urbanisme et du développement des territoires rencontré par une collectivité territoriale, d'une **note** faisant appel à l'esprit d'analyse et de synthèse du candidat, à son aptitude à situer le sujet traité dans son contexte général et à ses capacités rédactionnelles, **afin de dégager des solutions opérationnelles appropriées.**

Cette épreuve ne comporte pas de programme réglementaire.

Toute note inférieure à 5 sur 20 à l'épreuve écrite d'admissibilité entraîne l'élimination du candidat.

Peuvent seuls être autorisés à se présenter aux épreuves d'admission les candidats déclarés admissibles par le jury.

b. Les épreuves d'admission

■ **Entretien avec le jury (épreuve obligatoire)**

Un **entretien** débutant par une présentation par le candidat de son expérience professionnelle et des compétences qu'il a acquises à cette occasion. Cet entretien est suivi d'une conversation visant à apprécier, le cas échéant sous forme d'une mise en situation professionnelle, la capacité du candidat à analyser son environnement professionnel et à résoudre les problèmes techniques ou d'encadrement les plus fréquemment rencontrés par un attaché.

Cette épreuve doit permettre au jury d'apprécier l'expérience professionnelle du candidat, sa motivation et son aptitude à exercer les missions dévolues au cadre d'emplois, notamment dans la spécialité choisie (durée : vingt-cinq minutes, dont dix minutes au plus de présentation ; coefficient 5).

ATTENTION

Depuis une réforme générale des concours opérée par un décret du 5 juillet 2013, toute note inférieure à 5 sur 20 à cette épreuve élimine le candidat, quelle que soit la moyenne de ses notes.

- **Langue vivante étrangère (facultative)**

Le choix de subir ou non cette épreuve facultative est définitif à la clôture des inscriptions, de même que le choix de la langue.

Une **épreuve orale facultative de langue vivante étrangère** consistant en la **traduction**, sans dictionnaire, d'un texte, suivie d'une **conversation**, dans l'une des langues étrangères suivantes au choix du candidat : allemand, anglais, espagnol, italien, grec, néerlandais, portugais, russe et arabe moderne (durée de l'épreuve : quinze minutes, avec préparation de même durée ; coefficient 1).

Seuls sont pris en compte pour l'admission les points au-dessus de la moyenne.

Aucune note éliminatoire n'est associée à cette épreuve.

C. Le concours de 3e voie (ou 3e concours) d'attaché territorial

a. L'épreuve d'admissibilité

- **Rapport avec solutions opérationnelles (durée : quatre heures ; coefficient 4)**

Cette épreuve est identique à celle du concours interne.

- **Pour les candidats ayant choisi la spécialité *administration générale* :** la rédaction, à l'aide des éléments d'un dossier soulevant un problème d'organisation ou de gestion rencontré par une collectivité territoriale, d'un **rapport** faisant appel à l'esprit d'analyse et de synthèse du candidat, à son aptitude à situer le sujet traité dans son contexte général et à ses capacités rédactionnelles, **afin de dégager des solutions opérationnelles appropriées**.
- **Pour les candidats ayant choisi la spécialité *gestion du secteur sanitaire et social* :** la rédaction, à l'aide des éléments d'un dossier soulevant un problème sanitaire et social rencontré par une collectivité territoriale, d'un **rapport** faisant appel à l'esprit d'analyse et de synthèse du candidat, à son aptitude à situer le sujet traité dans son contexte général et à ses capacités rédactionnelles, **afin de dégager des solutions opérationnelles appropriées**.
- **Pour les candidats ayant choisi la spécialité *analyste* :** la rédaction, à l'aide des éléments d'un dossier, d'un **rapport** faisant appel à l'esprit d'analyse et de synthèse du candidat, à son **aptitude à concevoir et à mettre en place une application automatisée dans une collectivité territoriale**.

• **Pour les candidats ayant choisi la spécialité *animation* :** la rédaction, à l'aide des éléments d'un dossier relatif au secteur de l'animation dans une collectivité territoriale, d'un **rapport** faisant appel à l'esprit d'analyse et de synthèse du candidat, à son aptitude à situer le sujet traité dans son contexte général et à ses capacités rédactionnelles, **afin de dégager des solutions opérationnelles appropriées.**

• **Pour les candidats ayant choisi la spécialité *urbanisme et développement des territoires* :** la rédaction, à l'aide des éléments d'un dossier soulevant un problème relatif au secteur de l'urbanisme et du développement des territoires rencontré par une collectivité territoriale, d'une **note** faisant appel à l'esprit d'analyse et de synthèse du candidat, à son aptitude à situer le sujet traité dans son contexte général et à ses capacités rédactionnelles, **afin de dégager des solutions opérationnelles appropriées.**

Cette épreuve ne comporte pas de programme réglementaire.

Toute note inférieure à 5 à l'épreuve écrite d'admissibilité entraîne l'élimination du candidat.

Peuvent seuls être autorisés à se présenter aux épreuves d'admission les candidats déclarés admissibles par le jury.

b. Les épreuves d'admission

■ Entretien avec le jury (épreuve obligatoire)

Cette épreuve est de même nature que celle du concours interne.

Un **entretien** ayant pour point de départ un exposé du candidat sur son expérience et les compétences qu'il a acquises à cette occasion, sur la base d'un document retraçant son parcours professionnel, remis par le candidat au moment de l'inscription et établi conformément à un modèle fixé par arrêté du ministre des Collectivités territoriales.

L'entretien vise ensuite à évaluer, le cas échéant sous forme d'une mise en situation professionnelle, la capacité du candidat à s'intégrer dans l'environnement professionnel au sein duquel il est appelé à exercer, sa motivation et son aptitude à exercer les missions dévolues au cadre d'emplois, notamment dans la spécialité choisie (durée : vingt-cinq minutes, dont dix minutes au plus d'exposé ; coefficient 5).

> **ATTENTION**
>
> Depuis une réforme générale des concours opérée par un décret du 5 juillet 2013, toute note inférieure à 5 sur 20 à cette épreuve élimine le candidat, quelle que soit la moyenne de ses notes.

■ Langue vivante étrangère (épreuve facultative)

Le choix de subir ou non cette épreuve facultative est définitif à la clôture des inscriptions, de même que le choix de la langue.

Une **épreuve orale facultative de langue vivante** comportant la **traduction**, sans dictionnaire, d'un texte, suivie d'une **conversation**, dans l'une des langues étrangères suivantes, au choix du candidat au moment de l'inscription :

allemand, anglais, espagnol, italien, grec, néerlandais, portugais, russe et arabe moderne (durée de l'épreuve : quinze minutes avec préparation de même durée ; coefficient 1).

Seuls sont pris en compte pour l'admission les points au-dessus de la moyenne.

Aucune note éliminatoire n'est associée à cette épreuve.

5. Quelles sont les épreuves de l'examen d'attaché principal ?

a. L'épreuve d'admissibilité

■ Note avec solutions opérationnelles

L'épreuve écrite d'admissibilité consiste en la rédaction d'une **note**, à partir d'un dossier de mise en situation professionnelle, ayant pour objet de vérifier l'aptitude du candidat à l'analyse et la capacité à proposer des **solutions opérationnelles** argumentées (durée : 4 heures ; coefficient 1)

Seuls les candidats déclarés admissibles par le jury peuvent se présenter à l'épreuve orale d'admission.

b. L'épreuve d'admission

■ Entretien avec le jury

L'épreuve orale d'admission consiste en un **entretien** ayant pour point de départ un exposé du candidat sur son expérience professionnelle. L'entretien vise ensuite à apprécier les aptitudes de l'intéressé, en particulier en matière d'encadrement, ses connaissances administratives générales, notamment sur le fonctionnement et les activités des collectivités territoriales, ainsi que sa motivation à exercer les fonctions généralement assumées par les attachés territoriaux principaux (durée : 20 minutes, dont 5 minutes au plus d'exposé ; coefficient 1).

Toute note inférieure à 5 sur 20 à l'épreuve écrite ou orale entraîne l'élimination du candidat.

Un candidat ne peut être admis si la moyenne de ses notes aux épreuves est inférieure à 10 sur 20.

6. Quelles sont les règles générales d'organisation des concours et examens ?

Les règles d'organisation des concours et examens de la fonction publique territoriale résultent tant d'un décret en Conseil d'État (décret n° 2013-593 du 5 juillet 2013) applicable à tous ces concours et examens que du décret fixant les modalités d'organisation de chaque concours ou examen et de la jurisprudence. Elles sont souvent mal connues des candidats qui ont parfois en tête des scénarios très différents de la réalité :

- un candidat absent à une épreuve obligatoire est définitivement éliminé quelles que soient les notes qu'il a obtenues aux autres épreuves ; en revanche, l'absence à une épreuve facultative n'est jamais éliminatoire ;

– le choix de la spécialité et, le cas échéant, de l'épreuve facultative, est définitif à la clôture des inscriptions ;

– les épreuves écrites font l'objet d'une double correction : constitués en binômes, les correcteurs corrigent chacun la moitié des copies qui leur sont confiées, échangent au terme de leur correction les copies qu'ils ont corrigées, vierges de toute annotation, en conservant leurs fiches de correction ; ils se retrouvent ensuite pour harmoniser leurs corrections respectives et décider de la note attribuée à chaque copie ; lorsque la correction des copies est dématérialisée, aucun des deux correcteurs n'a connaissance des notes attribuées par l'autre correcteur avant la phase finale d'harmonisation ;

– le jury fixe souverainement les seuils d'admissibilité puis d'admission. Il se prononce sur la base de cahiers (relevés) de notes anonymisés. **Aucun candidat ayant moins de 10 sur 20 de moyenne générale ne peut être déclaré admis par le jury** (décret du 5 juillet 2013) ;

– les jurys d'oral n'ont pas connaissance des notes obtenues à l'écrit par les candidats admissibles. Ils savent simplement que chaque candidat qui se présente devant eux a au moins obtenu une note égale au seuil d'admissibilité (note ou moyenne des notes minimale requise pour être déclaré admissible) que le jury a souverainement fixé ;

– lorsqu'un candidat est admissible, sa note finale au terme des épreuves d'admission est la moyenne de l'ensemble des notes obtenues après application de leurs coefficients respectifs ;

– lorsqu'une épreuve est facultative, seuls les points au-dessus de 10 sont pris en compte, et, affectés de leur coefficient, s'ajoutent au total des points pour l'admission ;

– le jury n'a pas l'obligation de pourvoir tous les postes ouverts aux concours : la fixation, par exemple à 10, du seuil d'admission (c'est-à-dire de la moyenne requise d'un candidat pour être admis) peut avoir pour effet que des postes demeurent non pourvus ;

– lors de la phase d'admission, le jury peut, dans une limite réglementairement fixée, au vu des résultats obtenus par les candidats, décider de transférer des postes entre voies de concours : aux concours d'attaché territorial, spécialité par spécialité, entre un poste et 25 % des postes ouverts dans les trois voies de concours peuvent être transférés vers le concours interne et/ou le concours externe. Si, par exemple, dans la spécialité administration générale, 80 postes au total ont été ouverts aux concours externe, interne et de 3e voie, le jury peut, s'il estime que le niveau des candidats au troisième concours et au concours externe ne permet pas de pourvoir tous les postes dans ces voies, décider de transférer jusqu'à 20 postes vers le concours interne.

7. Quelles sont vos chances de réussite ?

L'analyse des données statistiques de ces **concours** organisés à la même date par les centres de gestion de la fonction publique territoriale sur la base de sujets d'écrits nationaux permet de mesurer que **les chances de réussite aux concours des candidats préparés sont réelles**.

La compilation des données émanant des sept centres de gestion de métropole organisateurs de chaque session depuis 2010 laisse apparaître qu'en moyenne, toutes voies (externe, interne et 3e concours) et spécialités confondues, dix candidats sont présents aux écrits pour un poste.

Sessions	Postes	Inscrits	Présents à l'écrit (absentéisme)	Présents à l'écrit/ poste
2010	2 864	38 119	27 321 (28,33 %)	9,54
2011	2 764	37 449	25 178 (32,77 %)	9,11
2012	2 465	41 739	27 471 (34,18 %)	9,93
2014	2 663	47 334	28 374 (40,06 %)	10,65
2016	2 549	41 244	24 070 (41,64 %)	9,44
Total	13 305	205 885	132 414 (35,69 %)	9,95

En l'absence de mise à jour de cette compilation nationale, les données, plus récentes, de l'organisation du concours en Île-de-France—Centre-Val de Loire confiée en **2020** (reportée à 2021) au **CIG de la Grande Couronne** sont également éclairantes, même si le contexte post-covid et la longue période entre inscription et organisation des épreuves ont accru l'absentéisme :

Voie	Postes	Inscrits	Présents à l'écrit	Admissibles	Présents à l'oral	Admis
Externe	505	2 215	1 110	326	325	243
Interne	250	4 310	2 809	635	613	409
3e voie	84	592	395	157	153	79
TOTAL	839	7 117	4 314	1 118	1 091	731

On observe que le niveau des candidats ne permet pas le pourvoi de tous les postes au concours externe, ce qui permet un transfert de postes vers le concours interne. Au total, 108 postes ne sont pas pourvus.

Les chances de réussite connaissent évidemment des variations selon les centres de gestion organisateurs, liées tant au nombre de postes ouverts qu'au nombre des inscrits et des présents à l'écrit.

La lecture des rapports des présidents de jury, en ligne sur les sites de certains centres de gestion organisateurs, laisse apparaître que, si le niveau des candidats permet le pourvoi de la quasi-totalité voire de la totalité des postes ouverts, des transferts de postes sont fréquemment opérés par les jurys, du concours externe vers le concours interne, au vu des résultats obtenus par les candidats.

Cela signifie que le niveau des candidats au concours externe est souvent insuffisant pour permettre le pourvoi de tous les postes ouverts dans cette voie. **Une excellente raison de se préparer avec le plus grand soin pour réussir au concours externe.**

Cette chance de réussir le concours devrait perdurer, même dans un contexte de développement du recrutement par contrat : on peut augurer d'une diminution des postes ouverts aux concours, mais aussi d'une baisse du nombre des inscrits liée, à une possible moindre attractivité des concours. S'y ajoute le vieillissement des attachés territoriaux : dans la fonction publique territoriale, toutes filières et grades confondus, les départs en retraite ont été de 1,5 à 2 fois plus nombreux entre 2016 et 2020 qu'entre 2011 et 2015, une réalité que ne devrait pas modifier une réforme des retraites dont les effets ne seront pas immédiats.

8. Que devez-vous faire après la réussite au concours ou à l'examen ?

Une précision qui a son importance : aux concours d'accès à la fonction publique territoriale, les candidats lauréats du concours ne se voient pas affectés à un poste en fonction de leur rang de classement. Ils sont inscrits par ordre alphabétique sur une liste d'aptitude qui leur donne vocation, après s'être librement portés candidats à un poste proposé par une collectivité territoriale ou un établissement public local, à être recrutés à l'issue d'entretiens d'embauche. Une fois titularisés, après un stage qui dure généralement un an, ils pourront librement changer d'employeur par mutation ou par détachement, en conservant l'ancienneté acquise : intelligence d'un statut qui laisse les employeurs locaux libres de recruter qui ils veulent, dès lors que cette personne est lauréate du concours, et garantit aux fonctionnaires territoriaux les **mêmes droits qu'aux autres fonctionnaires**.

Il convient en outre de préciser que les listes d'aptitude établies à l'issue d'un **concours** sont valables quatre ans, et que cette validité est nationale, ce qui signifie que le lauréat d'un concours peut être nommé par tout employeur local (commune, département, région, établissement public local) quel que soit le centre de gestion qui l'a porté sur liste d'aptitude après sa réussite au concours organisé par ce centre.

Les lauréats de l'**examen professionnel** d'attaché principal ont vocation à être inscrits sur un tableau d'avancement de grade établi par l'autorité territoriale.

9. Quelles sont les évolutions de carrière possibles ?

Le cadre d'emplois des attachés territoriaux compte trois grades :

- premier grade, celui d'attaché ;
- deuxième grade, celui d'attaché principal ;
- troisième grade, celui d'attaché hors-classe.

Le grade d'attaché hors-classe a récemment remplacé celui de directeur territorial, en voie d'extinction.

A. La nomination au grade d'attaché principal

Peuvent être nommés au grade d'**attaché principal** :

1° **Après un examen professionnel** organisé par les centres de gestion, les attachés qui justifient au 1er janvier de l'année au titre de laquelle est dressé le tableau d'avancement d'une durée de trois ans de services effectifs dans un cadre d'emplois, corps ou emploi de catégorie A ou de même niveau et ont atteint le 5e échelon du grade d'attaché ;

2° Au choix, les attachés qui justifient, au plus tard le 31 décembre de l'année au titre de laquelle le tableau d'avancement est établi, d'au moins sept ans de services effectifs dans un cadre d'emplois, corps ou emploi de catégorie A ou de même niveau et ont atteint le 8e échelon du grade d'attaché.

B. La nomination au grade d'attaché hors-classe

Peuvent être nommés au grade d'**attaché hors classe, au choix**, les attachés principaux ayant atteint au moins le 5e échelon de leur grade ainsi que les directeurs territoriaux ayant atteint au moins le 3e échelon de leur grade.

Les intéressés doivent justifier :

1° Soit de six années de détachement dans un ou plusieurs emplois culminant au moins à l'indice brut 985 conduisant à pension de la Caisse nationale des agents des collectivités locales ou du Code des pensions civiles et militaires de retraite, à la date d'établissement du tableau d'avancement ;

2° Soit de huit années de détachement sur un ou plusieurs emplois culminant au moins à l'indice brut 966, conduisant à pension de la Caisse nationale des agents des collectivités locales ou du Code des pensions civiles et militaires de retraite à la date d'établissement du tableau d'avancement ;

3° Soit de huit années d'exercice, dans un cadre d'emplois de catégorie A de fonctions de direction, d'encadrement, de conduite de projet, ou d'expertise, correspondant à un niveau élevé de responsabilité.

Peuvent également être inscrits au tableau d'avancement au grade d'attaché hors classe les attachés principaux et les directeurs territoriaux ayant fait preuve d'une valeur professionnelle exceptionnelle. Les attachés principaux doivent justifier de trois ans d'ancienneté au 9e échelon de leur grade et les directeurs territoriaux doivent avoir atteint le 7e échelon de leur grade.

10. Quelle est la rémunération d'un attaché territorial au 1er janvier 2023 ?

A. Grade d'attaché

Échelon	Indice Brut	Indice majoré	Durée	Salaire net
1	444	390	1 an 6 mois	1 891,51 €
2	469	410	2 ans	1 988,51 €
3	499	430	2 ans	2 085,51 €
4	525	450	2 ans	2 182,51 €
5	567	480	2 ans 6 mois	2 328,01 €
6	611	513	3 ans	2 488,07 €
7	653	545	3 ans	2 643,27 €
8	693	575	3 ans	2 788,77 €
9	732	605	3 ans	2 934,27 €
10	778	640	4 ans	3 104,02 €
11	821	673		3 264,07 €

B. Grade d'attaché principal

Échelon	Indice Brut	Indice majoré	Durée	Salaire brut
1	593	500	2 ans	2 425,02 €
2	639	535	2 ans	2 594,77 €
3	693	575	2 ans	2 788,77 €
4	732	605	2 ans	2 934,27 €
5	791	650	2 ans	3 152,52 €
6	843	690	2 ans 6 mois	3 346,52 €
7	896	730	2 ans 6 mois	3 540,52 €
8	946	768	3 ans	3 724,82 €
9	995	806	3 ans	3 909,12 €
10	1 015	821		3 981,87 €

C. Grade d'attaché hors classe

Échelon	Indice Brut	Indice majoré	Durée	Salaire brut
1	797	655	2 ans	3 176,77 €
2	850	695	2 ans	3 370,77 €
3	896	730	2 ans	3 540,52 €
4	946	768	2 ans 6 mois	3 724,82 €
5	995	806	3 ans	3 909,12 €
6	1 027	830		4 025,52 €
Échelon spécial	HEA		1 an	4 316,43 €
	HEA2		1 an	4 486,28 €
	HEA3			4 714,23 €

LES 10 COMPÉTENCES, QUALITÉS ET SAVOIR-FAIRE INDISPENSABLES D'UN ATTACHÉ TERRITORIAL

- Réactivité
- Curiosité intellectuelle
- Fiabilité
- Capacité à déléguer
- Qualité de communication écrite et verbale
- Adaptabilité
- Sang-froid
- Disponibilité
- Aptitude à la remise en question
- Volonté de se former tout au long de sa carrière

TÉMOIGNAGE D'UNE ATTACHÉE TERRITORIALE EN POSTE

« Après avoir obtenu ma licence d'administration publique, je me suis présentée avec succès au concours externe d'attaché territorial dans la spécialité administration générale.

Étant une "vraie" externe qui n'avait jamais travaillé en collectivité avant la réussite au concours externe, je craignais d'avoir des difficultés à être recrutée.

Tout juste lauréate, j'ai bénéficié de l'aide efficace à la recherche d'emploi du centre de gestion de la fonction publique territoriale dans le ressort duquel je m'étais inscrite au concours et j'ai accepté successivement plusieurs contrats en remplacement de fonctionnaires absents : j'ai travaillé ainsi au service secrétariat général d'une commune de 30 000 habitants, où j'ai beaucoup appris sur le fonctionnement communal, j'ai également travaillé dans un office de tourisme intercommunal, et au service communication d'une communauté de communes.

C'est l'expérience acquise au secrétariat général qui m'a été la plus utile pour "décrocher un poste" de directrice générale des services dans une commune de 4 000 habitants : le maire nouvellement élu m'a fait confiance et m'a permis de suivre de nombreuses formations notamment assurées par le CNFPT.

Je suis de plus en plus à l'aise dans ce poste à très large spectre qui requiert aussi bien la gestion quotidienne de bons de commande que la participation à la réflexion sur les projets stratégiques de la commune. Je ne regrette pas d'avoir très rapidement "mis les mains dans le cambouis", avant de pouvoir envisager de prendre du recul et d'accéder à des missions d'encadrement.

Je sais que les compétences et connaissances acquises en qualité de directrice générale des services me seront très utiles pour postuler des postes dans de plus grandes collectivités. Je continue, au moyen de formations dispensées par le Centre national de la fonction publique territoriale (CNFPT) à approfondir mes connaissances notamment en matière de commande publique et de gestion des ressources humaines. J'aimerais, dans quelques années, exercer les fonctions de directrice générale adjointe ressources et moyens dans une commune ou un établissement public de coopération intercommunale de 40 000 habitants ».

Auto-évaluation

Avant de débuter votre préparation au concours ou à l'examen, évaluez-vous en répondant aux questions de culture territoriale ci-dessous. Ces questions sont suivies d'un corrigé et d'un bilan.

Entraînement

Culture territoriale

❶ La France compte, au 1er janvier 2022, environ :

☐ **a.** 25 000 communes
☐ **b.** 35 000 communes
☐ **c.** 45 000 communes
☐ **d.** 55 000 communes

❷ L'autorité exécutive du département est :

☐ **a.** Le président du conseil général
☐ **b.** Le préfet
☐ **c.** Le président de l'association des maires du département
☐ **d.** Le président du conseil départemental

❸ Le maire est :

☐ **a.** Élu au suffrage universel direct par les électeurs de la commune
☐ **b.** Élu par les conseillers municipaux de la commune
☐ **c.** Désigné par le préfet
☐ **d.** Sous la tutelle du président du conseil départemental

❹ S'agissant des durées des mandats électifs :

☐ **a.** La durée du mandat des sénateurs (9 ans) est plus longue que celle des élus des assemblées délibérantes locales (6 ans)
☐ **b.** La durée du mandat des conseillers départementaux (3 ans) est plus courte que celle des élus des autres assemblées délibérantes locales (6 ans)
☐ **c.** La durée du mandat des conseillers municipaux, des conseillers départementaux, des conseillers régionaux est la même que celle des députés (5 ans)
☐ **d.** Les députés sont élus pour 5 ans, les sénateurs pour 6 ans comme les élus des assemblées délibérantes locales

❺ La métropole du Grand Paris :

☐ **a.** A été instituée par la loi dite MAPTAM du 27 janvier 2014 mais n'a jamais vu le jour
☐ **b.** S'est substituée à la Ville de Paris

☐ **c.** Est une intercommunalité regroupant la ville de Paris, 123 communes des trois départements des Hauts-de-Seine, de la Seine-Saint-Denis et du Val-de-Marne et 7 communes de l'Essonne et du Val-d'Oise

☐ **d.** Exerce désormais toutes les compétences de la région Île-de-France

6 Sauf modification du calendrier électoral, les prochaines élections régionales auront lieu :

☐ **a.** En 2025

☐ **b.** En 2026

☐ **c.** En 2027

☐ **d.** En 2028

7 Les trois principales fonctions publiques sont :

☐ **a.** La fonction publique d'État, la fonction publique territoriale, la fonction publique hospitalière

☐ **b.** La fonction publique d'État, la fonction publique communale, la fonction publique départementale

☐ **c.** La fonction publique d'État, la fonction publique territoriale, la fonction publique parlementaire

☐ **d.** La fonction publique d'État, la fonction publique territoriale, la fonction publique régionale

8 Le Centre national de la fonction publique territoriale (CNFPT) :

☐ **a.** Est un organe consultatif placé auprès du ministre chargé de la fonction publique

☐ **b.** Exerce une tutelle sur les centres de gestion de la fonction publique territoriale

☐ **c.** A disparu avec le transfert aux centres de gestion de l'organisation des concours de la fonction publique territoriale

☐ **d.** Est un établissement public notamment chargé de la formation et de l'organisation de concours de la fonction publique territoriale

9 La « clause générale de compétence » s'applique aujourd'hui :

☐ **a.** À la commune

☐ **b.** Au département

☐ **c.** À la région

☐ **d.** À la métropole

10 Le préfet dispose du pouvoir :

☐ **a.** D'annuler les actes inopportuns des collectivités territoriales

☐ **b.** D'annuler les actes illégaux des collectivités territoriales

☐ **c.** De déférer au juge administratif les actes des collectivités territoriales qu'il estime illégaux

☐ **d.** De rendre exécutoires les actes des collectivités territoriales annulés par le juge administratif

11 Les budgets des communes doivent impérativement (sauf les années d'élections municipales) être votés au plus tard :

☐ **a.** Le 15 février de l'année de l'exercice budgétaire

☐ **b.** Le 31 décembre de l'année qui précède l'exercice budgétaire

☐ **c.** Le 31 mars de l'année de l'exercice budgétaire

☐ **d.** Le 15 avril de l'année de l'exercice budgétaire

⓬ Cochez la ou les réponses exactes :

☐ **a.** L'excédent de la section de fonctionnement du budget des collectivités territoriales contribue au financement des dépenses d'investissement

☐ **b.** L'excédent de la section d'investissement du budget des collectivités territoriales contribue au financement des dépenses de fonctionnement

☐ **c.** La section de fonctionnement du budget des collectivités territoriales est toujours déficitaire

☐ **d.** La section d'investissement du budget des collectivités territoriales est toujours bénéficiaire

⓭ Pour vous nommer attaché territorial stagiaire après votre réussite au concours, le maire prend :

☐ **a.** Une délibération

☐ **b.** Un arrêté

☐ **c.** Une motion

☐ **d.** Une décision

⓮ La séance d'une assemblée délibérante :

☐ **a.** Se déroule à huis clos, sauf si le conseil décide que la séance est publique

☐ **b.** Est publique, sauf si l'assemblée délibérante décide le huis clos

☐ **c.** Se déroule toujours à huis clos

☐ **d.** Est toujours publique

⓯ Le lauréat d'un concours de la fonction publique territoriale :

☐ **a.** Ne peut être nommé que dans le ressort géographique du centre de gestion de la fonction publique territoriale de l'organisateur du concours dont il est lauréat

☐ **b.** Est automatiquement nommé dès sa réussite au concours

☐ **c.** Peut être nommé par tout employeur territorial quel que soit le centre de gestion de la fonction publique territoriale organisateur du concours dont il est lauréat

☐ **d.** Est, après sa réussite au concours, inscrit sur une liste d'aptitude dont la durée de validité est illimitée

⓰ Dans l'intitulé de la loi du 21 février 2022, dite « 3DS », les 3 « D » désignent :

☐ **a.** Le droit, la directive, le décret

☐ **b.** La différenciation, la décentralisation, la déconcentration

☐ **c.** Le débat, la délibération, la décision

☐ **d.** Le devoir, la détermination, la discrimination

⓱ La loi MAPTAM désigne comme « chef de file » en matière, notamment, d'autonomie des personnes :

☐ **a.** La commune

☐ **b.** Le département

☐ **c.** La région

☐ **d.** L'État

⓲ Les droits et obligations des fonctionnaires :

☐ **a.** Ne sont fixés par aucun texte législatif ou réglementaire mais par la jurisprudence

☐ **b.** Sont déterminés notamment par le Code général de la fonction publique

☐ **c.** Sont fixés par la Constitution

☐ **d.** Sont laissés à la libre appréciation de leurs employeurs

⓳ « Attaché principal » est :

☐ **a.** Un indice

☐ **b.** Un échelon

☐ **c.** Un grade

☐ **d.** Un cadre d'emplois

⓴ Le concours externe d'attaché territorial consiste en :

☐ **a.** Une unique épreuve écrite de note sur dossier par spécialité et une épreuve orale d'entretien avec le jury

☐ **b.** Une épreuve écrite de composition de culture territoriale, une épreuve écrite de note sur dossier par spécialité, une épreuve orale d'entretien avec le jury, une épreuve orale de langue vivante

☐ **c.** Une unique épreuve écrite de composition de culture territoriale et une épreuve d'entretien avec le jury

☐ **d.** Une unique épreuve orale d'entretien avec le jury

Corrigé

❶ b ; ❷ d ; ❸ b ; ❹ d ; ❺ c ; ❻ d ; ❼ a ; ❽ d ; ❾ a ; ❿ c ; ⓫ d ; ⓬ a ; ⓭ b ; ⓮ b ; ⓯ c ; ⓰ b ; ⓱ b ; ⓲ b ; ⓳ c ; ⓴ b

Reportez votre score dans le tableau ci-dessous :

	Réponses justes	Vous avez entre 0 et 7 réponses justes	Vous avez entre 8 et 13 réponses justes	Vous avez entre 14 et 20 réponses justes
Culture territoriale	....../20	Votre résultat montre que vous devez travailler à fond votre culture territoriale. Les fiches de cours et d'autres informations contenues dans l'ouvrage vous aideront à mettre toutes les chances de votre côté pour maîtriser les questions de culture territoriale.	Prenez connaissance des fiches de cours et des autres informations contenues dans l'ouvrage. Vous pourrez ainsi combler la distance qui vous sépare aujourd'hui d'une parfaite maîtrise des questions de culture territoriale.	Bravo ! Il vous reste à consolider vos connaissances pour réaliser un « sans-faute » en matière de culture territoriale.

PARTIE 1

Réussir les **épreuves d'admissibilité**

- **Note par spécialité (concours externe)** 39
- **Composition sur un sujet d'ordre général territorial (concours externe)** 105
- **Rapport avec solutions opérationnelles (concours interne et 3e voie) et note avec solutions opérationnelles (examen professionnel)** 137

Note par spécialité (concours externe)

DURÉE 4 HEURES

Planning de révisions 40

Méthodologie et conseils 41

Annales corrigées 60

COEFFICIENT 4

Planning de révisions

Le **planning** ci-après entend vous proposer un **mode d'acquisition méthodique des savoir-faire indispensables à la réussite de l'épreuve** de note sur dossier.

La date à laquelle vous commencez à utiliser cet ouvrage pour vous préparer déterminera évidemment la durée de chaque période : si, par exemple, vous entamez votre préparation personnelle six mois avant le concours, les dix périodes d'appropriation compteront chacune de l'ordre de deux semaines. Il en ira tout différemment si vous pensez pouvoir préparer le concours en un mois : deux à trois jours seront alors consacrés à chaque période.

PÉRIODES	CONTENU DES RÉVISIONS	NOS OUTILS
Période 1	Comprendre les exigences de l'épreuve, savoir présenter clairement une note.	Page 42
Période 2	Exploiter méthodiquement un sujet, savoir gérer le temps de l'épreuve.	Page 54
Période 3	Lire intégralement le dossier du sujet d'annales 1.	Page 60
Période 4	Identifier les éléments à valoriser, décider d'un plan.	
Période 5	Rédiger intégralement la note demandée sans limite de temps.	
Période 6	Lire et analyser le corrigé type, mesurer et analyser les écarts de sa propre production avec celui-ci.	Page 101
Période 7	Relire l'ensemble des conseils méthodologiques.	Page 41
Période 8	À partir du sujet d'annales 2, rédiger intégralement la note demandée en se limitant au temps réglementaire de l'épreuve.	En ligne
Période 9	Lire et analyser le corrigé type, mesurer et analyser les écarts entre celui-ci et sa propre production.	En ligne
Période 10	Traiter intégralement les sujets d'annales 3 et 4 proposés en ligne en se limitant au temps réglementaire de l'épreuve et évaluer la note produite au regard du corrigé type.	En ligne
Période 11	Dans les derniers jours précédant l'épreuve, traiter intégralement dans le temps de l'épreuve le sujet d'annales 5 proposé en ligne.	En ligne

INTITULÉ RÉGLEMENTAIRE

La **rédaction d'une note** ayant pour objet de vérifier :
- pour les candidats ayant choisi la spécialité **administration générale**, l'aptitude à l'analyse d'un dossier soulevant un problème d'organisation ou de gestion rencontré par une collectivité territoriale (durée : quatre heures ; coefficient 4) ;
- pour les candidats ayant choisi la spécialité **gestion du secteur sanitaire et social**, l'aptitude à l'analyse d'un dossier soulevant un problème sanitaire et social rencontré par une collectivité territoriale (durée : quatre heures ; coefficient 4) ;
- pour les candidats ayant choisi la spécialité **analyste**, l'aptitude à l'analyse d'un dossier portant sur la conception et la mise en place d'une application automatisée dans une collectivité territoriale (durée : quatre heures ; coefficient 4) ;
- pour les candidats ayant choisi la spécialité **animation**, l'aptitude à l'analyse d'un dossier relatif au secteur de l'animation dans une collectivité territoriale (durée : quatre heures ; coefficient 4) ;
- pour les candidats ayant choisi la spécialité **urbanisme et développement des territoires**, l'aptitude à l'analyse d'un dossier soulevant un problème d'urbanisme et de développement des territoires rencontré par une collectivité territoriale (durée : quatre heures ; coefficient 4).

L'intitulé de l'épreuve permet de prendre la mesure d'une partie des exigences de l'épreuve et des qualités que l'on cherche à évaluer chez le candidat au concours externe. Notons que curieusement le mot « synthèse » n'apparaît pas dans le libellé de l'épreuve. Il s'agit pourtant bien d'une épreuve de synthèse : les éléments identifiés par l'analyse doivent être présentés de manière organisée.

Nous présentons cette épreuve plus rapidement que l'épreuve de rapport des concours interne et de troisième voie dans la mesure où ces épreuves sont sœurs, à la différence essentielle près que **la note du concours externe est exclusivement rédigée avec les éléments du dossier**, sans faire appel à des apports extérieurs. Nous invitons donc les candidats au concours externe à prendre également connaissance des conseils méthodologiques sur l'épreuve de rapport.

1. Comprendre les exigences de l'épreuve

Extrait du rapport de la présidente du jury de la session 2018 du concours externe (spécialité administration générale) d'attaché territorial organisée par le centre de gestion d'Ille-et-Vilaine (cdg35)

Le sujet de note dans la spécialité administration générale portait sur l'action internationale des collectivités territoriales.
« Un sujet transversal, intéressant, de difficulté moyenne dont les documents présentaient clairement les idées principales. La variété des supports constituant le dossier est intéressante.
Les correcteurs notent que les candidats maîtrisent en général le formalisme de l'épreuve et que le sujet a été globalement compris même si les enjeux métropolitains et les implications de la loi NOTRe n'ont pas suffisamment été soulevés.
Toutefois, un nombre important de copies sont encore présentées sous la forme d'un catalogue, dépourvu d'analyse et de contextualisation. Les correcteurs conseillent aux candidats de :
– bien cerner les enjeux du sujet ;
– avoir un plan dynamique avec des parties bien articulées ;
– garder à l'esprit que le commanditaire attend une réponse concrète ;
– soigner les devoirs et les relire afin de rectifier de nombreuses fautes d'accord, entre autres. »

Extrait du rapport de la présidente du jury de la session 2020 du concours externe d'attaché territorial organisé par le centre interdépartemental de gestion (CIG) de la grande couronne

« Globalement, le niveau des candidats(es) est plutôt moyen pour l'ensemble des spécialités.
Beaucoup de candidats ne maîtrisent pas la méthodologie de l'épreuve. Certains ne connaissent même pas le cadrage de l'épreuve qui est sur le site de l'ensemble des centres de gestion.
Une problématique de gestion du temps de l'épreuve est réelle. Bien souvent, seule une partie des informations essentielles du dossier a été exploitée. Une approche souvent très déclarative. Les candidats ne tiennent pas compte, pour la majeure partie, du contexte fourni.

Un niveau rédactionnel très moyen pour un concours de catégorie A, beaucoup de copies présentent des fautes importantes. Les correcteurs déplorent une certaine pauvreté de l'expression écrite, beaucoup trop de fautes d'orthographe à ce niveau de concours. Certaines copies manquaient également de soin. »

1. Une rédaction

La note de synthèse est un document intégralement rédigé. La qualité de rédaction requise est la même qu'en composition. On y reviendra à propos des « qualités rédactionnelles ».

2. Un dossier

On attend du candidat qu'il produise la note demandée **à l'aide des seuls éléments du dossier, en excluant toute information extérieure à celui-ci**. On trouve souvent cette idée ainsi exprimée : « tout le dossier, rien que le dossier ». Ainsi, la note nécessite plus un savoir-faire qu'un savoir.

Le candidat doit montrer sa capacité à repérer par l'analyse les informations essentielles contenues dans le dossier. Cette analyse des documents ne sera opérationnelle que si le candidat a pris soin d'analyser préalablement le « sujet », qu'on appelle également la « commande », en première page du dossier ; de même, une analyse de la liste des « documents joints » (quel type de document ? quelle date ?...) permet au candidat d'arrêter sa stratégie d'approche du dossier en décidant d'en commencer la lecture par tel document qui lui semble plus important, plus informatif, plus récent... que tel autre ; la seule lecture de cette liste peut parfois permettre de pressentir, impression qu'il conviendra évidemment de vérifier par une analyse rapide du document, que certains documents sont moins utiles que d'autres.

L'expression « tout le dossier, rien que le dossier » peut alors être ainsi précisée : on doit utiliser tous les éléments du dossier, à l'exclusion de toute information extérieure à celui-ci, dans la mesure où ces éléments répondent aux attentes précisées dans la « commande ». On trouve fréquemment dans le dossier des informations redondantes.

CADRAGE NATIONAL

« Le sujet exigera ainsi du candidat qu'il sache puiser dans le dossier les éléments nécessaires, le cas échéant, à une prise de décision. En aucun cas il ne devra utiliser des éléments extérieurs au dossier.

Le dossier, portant sur la spécialité choisie au moment de l'inscription, comprend une **trentaine de pages.**

Il peut comporter des **documents de nature** (documents juridiques, documents officiels, articles de presse spécialisée ou non…) **et de forme** (textes, documents graphiques ou visuels…) **variées**, dont le candidat doit mesurer l'importance relative.

Le candidat n'a pas, pour traiter le sujet, à faire appel à des données (connaissances, expériences, opinions) extérieures au dossier : toutes les informations dont il a besoin sont contenues dans celui-ci. L'utilisation d'informations qui ne figurent pas dans le dossier est pénalisable. L'expression fréquemment utilisée dans la commande de la note : "à l'aide des seuls documents joints", souligne cette exigence. »

3. Un dossier dans la spécialité

Si le dossier suffit à honorer la commande, l'organisation de l'épreuve par spécialité invite le candidat à choisir la spécialité correspondant à sa formation et, le cas échéant, à son parcours professionnel, même si l'épreuve ne comporte pas de programme.

À titre indicatif, les thèmes des sessions précédentes pour l'épreuve de note par spécialité étaient les suivants :

- **Spécialité administration générale**

Session 2022 : La co-construction des politiques et services publics locaux
Session 2020 : La déontologie et la transparence de la vie publique locale
Session 2018 : L'action internationale des collectivités territoriales
Session 2016 : Les leviers dont dispose la collectivité pour retrouver des marges de manœuvre
Session 2014 : Les grands enjeux de l'intercommunalité
Session 2012 : La mise en œuvre du principe de laïcité par les services publics communaux
Session 2011 : L'égalité professionnelle entre les femmes et les hommes dans la fonction publique territoriale
Session 2010 : La mutualisation des polices municipales

- **Spécialité gestion du secteur sanitaire et social**

Session 2022 : Les collectivités territoriales et la lutte contre la pauvreté
Session 2020 : La prise en compte de la santé mentale par les communes dans les milieux urbains
Session 2018 : Les impacts de la réforme de la domiciliation opérée en 2016 sur l'activité du CCAS
Session 2016 : La lutte contre la précarité énergétique
Session 2014 : Les enjeux de l'économie sociale et solidaire pour les collectivités

Session 2012 : Les dispositifs de prévention des expulsions locatives et d'accompagnement des habitants concernés

Session 2011 : L'analyse annuelle des besoins sociaux

Session 2010 : L'accueil du jeune enfant (rôle du département)

Spécialité analyste

Session 2022 : Le recours à l'informatique en nuage dans les collectivités territoriales

Session 2020 : La mise en place du télétravail dans les collectivités territoriales

Session 2018 : La sécurité du système d'information et la protection des données au sein de la collectivité

Session 2016 : La mise en œuvre d'une solution d'authentification unique

Session 2014 : Les tablettes tactiles pour les élus et les agents

Session 2012 : La faisabilité de la mise en place d'une plateforme de démarches en ligne et les fonctionnalités à intégrer

Session 2011 : La sécurité des données et des accès au système d'information de la collectivité

Session 2010 : La mise en place d'un système informatique éco-responsable dans une commune

Spécialité animation

Session 2022 : Les relations entre les acteurs de la communauté éducative

Session 2020 : L'action des communes en faveur de l'égalité filles/garçons

Session 2018 : La « ville apprenante »

Session 2016 : La place des enfants et des jeunes dans l'espace public

Session 2014 : La participation des habitants dans le cadre de la politique de la ville

Session 2012 : Les actions de lutte contre le décrochage scolaire

Session 2011 : Le partenariat entre la ville et les représentants locaux éducatifs

Session 2010 : La mise en place par un département d'un système incitatif aux pratiques culturelles et sportives des jeunes

Spécialité urbanisme et développement des territoires

Session 2022 : Le rôle des intercommunalités dans la politique de la ville

Session 2020 : La place de l'art et des artistes dans le projet urbain

Session 2018 : Les stratégies de résilience urbaine

Session 2016 : La trame verte et bleue

Session 2014 : Les enjeux du PLU intercommunal en milieu rural

Session 2012 : Les récentes évolutions en matière de financement de l'aménagement

Session 2011 : Les conséquences de la loi « engagement national pour l'environnement » (ENE) du 12 juillet 2010

Session 2010 : L'implantation d'une centrale photovoltaïque au sol dans une commune dont le PLU vient d'être adopté

4. Une note

Le document que le candidat doit produire dans cette épreuve est destiné à un responsable – administratif ou élu – situé plus haut dans la hiérarchie que le rédacteur du document. Il peut s'agir d'un directeur général des services, d'un maire adjoint, d'un maire, d'un président de conseil départemental, régional…

Le candidat doit toujours avoir à l'esprit que le destinataire du document qu'il rédige doit être à même de comprendre, sans avoir à recourir au dossier, les informations qui lui sont communiquées, et que celles-ci ne doivent être ni partielles, ni partiales : l'approche exagérément optimiste d'un dispositif, d'un phénomène…, alors que le dossier comporte des éléments critiques, serait à la fois partielle et partiale, et donc récusée.

La note est fréquemment destinée à éclairer les choix du destinataire.

CADRAGE NATIONAL

« Le sujet indique précisément au candidat la situation professionnelle dans laquelle la rédaction de la note prend place.
La note vise à informer rapidement et efficacement un destinataire - en général en position d'autorité hiérarchique - sur un enjeu qui fait l'objet d'interrogations au sein d'une collectivité territoriale ou d'un établissement ; elle s'inscrit souvent dans un processus de prise de décision.
Le destinataire est supposé ne pas connaître le sujet ni disposer du dossier, il n'a que la note pour s'informer et étayer sa réflexion, voire sa décision. »

L'information transmise doit donc être efficace, concise, organisée, la présentation matérielle de la note doit contribuer à cette efficacité. La note ne doit être ni trop courte, ni trop longue : cinq à six pages (une copie double plus un intercalaire recto ou recto verso) sont nécessaires et suffisantes.

Concision, organisation, efficacité : au-delà de ses capacités à analyser, on apprécie également le candidat sur ses aptitudes à synthétiser.

5. L'aptitude à l'analyse d'un dossier

A. Analyser la commande

Si le candidat ne doit pas introduire d'éléments extérieurs au dossier dans sa note, la compréhension de la commande requiert une familiarité suffisante avec le contexte territorial pour comprendre précisément la situation et, dans cette situation, les attentes du destinataire.

CADRAGE NATIONAL

« La mise en situation donne des indications sur le contexte de la note, auxquelles le candidat devra être attentif pour juger du degré de pertinence des informations contenues dans le dossier et de l'importance qu'il choisira de leur accorder afin de répondre au mieux à la commande. »

B. Analyser les documents

Le candidat doit ensuite repérer, par l'analyse, les éléments du dossier indispensables pour répondre aux attentes du destinataire.

CADRAGE NATIONAL

« Il est attendu du candidat qu'il analyse dans sa note le ou les problème(s) posé(s) et les réponses possibles à ce(s) problème(s), en sélectionnant et hiérarchisant les informations contenues dans le dossier. »

6. L'aptitude à la synthèse

Une fois les éléments essentiels repérés, le candidat doit les synthétiser en procédant à un travail de réécriture synthétique des informations et d'organisation de celles-ci à l'intérieur d'un plan rigoureux. « Copier-coller » sans reformuler n'est pas plus acceptable qu'une juxtaposition inorganisée de résumés successifs des documents.

CADRAGE NATIONAL

« Il est exclu de restituer les informations de manière allusive ou de faire référence aux textes pour se dispenser d'en exprimer le contenu. Il n'est donc pas bienvenu de mentionner les références aux documents dans la note (document 1, document 2...). On considère que le dossier disparaît en tant que tel lors de la rédaction de la note : le candidat n'en conserve que les informations essentielles.
La note n'est pas un résumé des textes, il ne s'agit pas de présenter succinctement et successivement les documents du dossier.
Le candidat élabore, après avoir repéré les informations essentielles apportées par le dossier, un plan qui reflète l'importance relative qu'il donne aux différents aspects de ce qu'il convient de transmettre. »

Élaborer un plan pertinent, savoir l'annoncer et le suivre constituent des aptitudes essentielles à la réussite de l'épreuve, d'autant que le sujet ne donne généralement pas d'indication de plan.

CADRAGE NATIONAL

« La commande passée par le destinataire de la note en donne la ligne directrice, sans indiquer de plan à suivre. »

7. Des qualités rédactionnelles

La concision et l'efficacité requises nécessitent que la note soit parfaitement lisible : cette lisibilité requiert une écriture simple, précise, une **orthographe** et une **syntaxe** le plus irréprochables possible. Une rédaction intégrale (pas de phrases sans verbe, pas d'accumulation de tirets…) est exigée, le recours au style télégraphique est prohibé.

CADRAGE NATIONAL

« La note doit être intégralement rédigée (pas de style télégraphique ou "prise de notes").
Le niveau attendu en matière de maîtrise de la langue (orthographe, syntaxe) est le même qu'en composition ou dissertation.
Le style doit être neutre, sobre, précis. La note a pour vocation première d'informer le destinataire avec efficacité. »

Le barème général de correction mentionné dans le cadrage national souligne fortement cette exigence :

Une note ne devrait pas obtenir la moyenne lorsqu'elle :
(...)
- est rédigée dans un style particulièrement incorrect, ou à partir de passages entièrement recopiés, ou ;
- témoigne d'une maîtrise linguistique insuffisante (trop nombreuses erreurs d'orthographe, de syntaxe, de ponctuation, de vocabulaire) ;
(...).

2. Présenter clairement la note

1. Un certain formalisme

La note obéit à un formalisme dont le respect est souhaitable. Une excellente copie qui ne respecterait pas ces règles n'en demeurerait pas moins excellente, une copie très mauvaise qui les respecterait n'en serait pas meilleure, mais le non-respect de ces règles s'ajoutant à d'autres défauts mineurs dans une copie moyenne pourrait coûter le demi-point fatidique qui sépare l'admissible du « collé ».

CADRAGE NATIONAL

La mise en situation doit être exploitée pour satisfaire aux exigences formelles de présentation de la note (timbre, destinataire, objet...).

Le schéma type de présentation est le suivant :

Collectivité émettrice (Ville de... Service...) Remarque : aucun nom de collectivité ni de service, existant ou fictif, autre que celui indiqué dans le sujet ne doit être utilisé sous peine d'annulation de la copie.	Le *(date de l'épreuve)* Remarque : la mention du lieu n'est pas ici nécessaire. Un nom de lieu existant ou fictif non précisé dans le sujet pourrait constituer un motif d'annulation.

NOTE
à l'attention de Monsieur (ou Madame) le (la)... (destinataire)
Exemple : *à l'attention de Monsieur le directeur des ressources humaines*
Objet (thème de la note)
Exemple : *Les problématiques actuelles du recrutement dans la fonction publique territoriale*
Références : uniquement celles des principaux textes juridiques ou officiels fondant la note
Remarque : la prudence impose l'abandon de toute mention de signature afin d'éviter une rupture d'anonymat entraînant l'annulation de la copie. De même, aucun paraphe ne devra apparaître sur la copie.

Le barème peut pénaliser faiblement (de 0,5 point, par exemple) le non-respect des règles formelles de présentation de la note.

L'objet vise simplement à décrire le thème (le sujet) de la note : il ne s'agit en aucun cas de la thèse (ce que la note va dire sur ce sujet) : l'objet doit être concis et précis.

La zone des « références » contient les références des textes juridiques (loi, décret, circulaire, jurisprudence...) ou officiels (rapport...) qui fondent la note, lorsqu'ils sont reproduits ou analysés dans le dossier fourni. Cette zone n'est donc pas une bibliographie (liste des documents du dossier), qui n'a pas à apparaître. L'utilisation bien comprise de cette zone permet par exemple, une fois les références complètes d'une loi essentielle données en « références », d'évoquer simplement dans le corps du développement « la loi de (année) » sans aucune ambiguïté possible.

Le candidat ne signera jamais sa copie : l'indication de la qualité que le sujet lui confère, généralement celle d'attaché(e), tout comme un paraphe, peuvent être interprétés comme un signe distinctif, cause possible d'annulation de la copie, dans la mesure où ils rompent l'anonymat de celle-ci.

Les candidats sont invités à se méfier de tout ce qui pourrait être interprété par le jury comme un **signe distinctif**.

2. Une organisation visible

Organisée, la note doit, comme une composition, comporter une introduction, un développement visiblement structuré en parties et sous-parties. Elle peut comprendre une conclusion, mais celle-ci est facultative.

A. Une introduction

L'introduction de la note doit être courte : 20 lignes suffisent généralement.
Introduire, c'est :

- « Entrer en matière », c'est-à-dire situer le sujet dans un contexte plus général, et partir de ce contexte pour arriver au sujet. On emploie parfois l'image de l'entonnoir pour traduire la nature de l'introduction qui « commence large » avant de restreindre son champ au sujet. On peut également reprendre l'image de l'entrée dans le port : on « vient du large » avant de se glisser entre les balises dont il convient de connaître la définition sous peine de s'échouer (d'échouer).

  Cette entrée en matière sera évidemment nourrie d'éléments puisés dans le dossier.

- Permettre au destinataire de comprendre rapidement et sans ambiguïté, au-delà de l'objet nécessairement bref, « de quoi » la note va traiter : cela peut nécessiter une définition, une approche comparative dans le temps et dans l'espace, la description rapide d'un phénomène, la précision du contexte juridique (etc.).

- Proposer une problématique qui précise les approches possibles de la question (poser une problématique, c'est se demander : « dans quelle mesure… ? »).

- **Annoncer le plan suivi pour répondre aux interrogations (problématique) posées par le sujet. L'annonce du plan est le « morceau » essentiel de la note :**

  Elle permet au destinataire/lecteur/correcteur d'apprécier instantanément si le rédacteur/candidat a pris l'exacte mesure du sujet qui lui est proposé. Quelle que soit la pertinence des développements qui la suivent, une annonce de plan qui n'en rend pas assez précisément compte fait courir le risque d'une appréciation défavorable de l'ensemble.

L'annonce de plan doit non seulement permettre le repérage le plus facile possible de la structure du développement, mais aussi, dans toute la mesure du possible, donner les indications les plus précises possible sur son contenu : si une annonce sommaire des grandes parties est autorisée (exemple : *Après avoir analysé les avantages d'Internet, nous examinerons ses inconvénients*), il est aussi possible d'aller jusqu'à une annonce des sous-parties permettant de rendre compte très précisément du contenu de la note (exemple : *Si Internet permet de développer la démocratie locale et de contribuer au rayonnement de la collectivité, la création d'un site est inutile si ses objectifs ne sont pas clairement définis ni les risques juridiques et financiers nettement mesurés*).

Soulignons que la règle du plan binaire en deux parties comportant chacune deux sous-parties s'est imposée dans cette épreuve comme dans celle de la composition.

L'annonce du plan est aussi une sorte d'indexation de la note qui doit permettre au destinataire/lecteur/correcteur d'aller droit à l'information dont il a besoin. Parfois, les candidats ajoutent une ou deux phrases après l'annonce de plan, sorte de transition entre l'introduction et le développement ou début de développement : c'est inutile et dangereux dans la mesure où cela obscurcit l'annonce de plan. Pas d'ambiguïté : l'annonce de plan est le dernier paragraphe de l'introduction, nettement identifiable ; le dernier paragraphe de l'introduction est l'annonce de plan.

B. Un développement visiblement organisé

On conseille vivement aux candidats de **matérialiser le plan suivi** en titrant les parties et les sous-parties : cela permet non seulement de vérifier si le plan annoncé « fonctionne » réellement mais aussi de repérer très facilement l'information à laquelle on veut accéder. La numérotation des parties et sous-parties au niveau de l'annonce des plans (exemple : *Si Internet permet (I) de développer la démocratie locale (A) et de contribuer au rayonnement de la collectivité (B), la création d'un site est inutile (II) si ses objectifs ne sont pas clairement définis (A) ni les risques juridiques et financiers nettement mesurés (B).*) est possible, même si certains correcteurs jugent parfois qu'elle alourdit inutilement la présentation : mieux vaut être un peu lourd et clair qu'élégant et confus.

Le défaut de coïncidence entre le plan annoncé et les titres choisis pour les parties et les sous-parties est assez fréquent chez les candidats : on peut l'expliquer par une crainte de la répétition qui conduit à reformuler. Ce souci est louable, mais une reformulation ratée conduit souvent à « dire » autre chose dans les titres que ce qui a été annoncé dans l'annonce de plan. On ne court pas ce risque si l'on rédige une annonce de plan qui peut se découper en autant de « tranches » que de titres de parties et sous-parties.

La **présentation** est également un outil essentiel dont le candidat doit se servir pour améliorer la lisibilité de sa copie en rendant sa structure la plus évidente possible. Le destinataire/lecteur/correcteur peut passer à côté d'une organisation qui ne serait pas suffisamment apparente.

Au-delà des titrages, il faut aussi utiliser de façon logique les sauts de ligne(s), les retraits par rapport à la marge.

Exemple :

– On saute 3 lignes entre l'introduction et le développement comme entre le développement et la conclusion.

– On saute 2 lignes entre la première partie et la deuxième partie.

– On saute 1 ligne entre les sous-parties.

– On ne saute pas de ligne entre les paragraphes de chaque sous-partie mais on marque un retrait (toujours le même) par rapport à la marge pour la première ligne de chaque paragraphe.

Notons qu'une phrase de transition est requise entre chacune des parties.

C. Un développement réellement organisé

Une note organisée n'est pas seulement une note clairement structurée en parties et en sous-parties, encore faut-il que les sous-parties ne soient ni le lieu d'un déversement d'informations en vrac ni une juxtaposition d'informations : il est indispensable que les informations soient elles-mêmes organisées et que cette organisation soit rendue évidente par des **mots de liaison** sans lesquels ces informations apparaissent juxtaposées.

La juxtaposition d'informations procède souvent d'une synthétisation insuffisante qui conduit les candidats à « coller » de façon parfois hasardeuse des informations diverses recueillies dans le dossier sur un même thème.

La rédaction attentive de chaque fiche de synthèse sur chaque aspect différent du sujet (voir ci-après) doit permettre :

– de ne rien écrire lorsque l'on « tient » déjà une reformulation pertinente à partir d'un document et lorsque les informations dans d'autres documents sur le même aspect du sujet n'apportent rien ;

– de réécrire partiellement ou totalement une reformulation lorsque celle-ci est périmée par une information plus pertinente trouvée ensuite dans un autre document.

D. Une conclusion facultative mais bienvenue

Si la conclusion est souvent considérée comme facultative dans les épreuves de synthèse, elle est généralement appréciée par les correcteurs et présente l'avantage de signifier sans aucune ambiguïté que la copie est bien achevée.

La conclusion, dans la forme, doit être facilement identifiable : les règles de présentation adoptées (par exemple 3 lignes sautées entre la fin du développement et le début de la conclusion), un premier mot ou une formulation nettement conclusifs (Ainsi, Pour en terminer, Au total, Finalement…) permettent de lever toute ambiguïté.

Un conseil : mieux vaut rédiger la conclusion tôt dans l'épreuve (rien, logiquement, ne devrait empêcher qu'elle le soit juste après la mise au point définitive de l'introduction) : trop de conclusions trahissent la fatigue et le manque de temps.

Sur le fond, la conclusion n'est pas un résumé de la note mais une reformulation rapide (quelques lignes suffisent) de l'essentiel du message qu'elle contient : le candidat dispose ici d'un espace de liberté pour apporter sur le sujet l'éclairage qui, tout bien considéré, lui paraît la plus pertinent, dans la logique des réflexions qu'il a préalablement conduites ; c'est aussi l'endroit où, de manière nuancée, il peut, lorsque le sujet s'y prête, accentuer le caractère d'aide à la décision de son approche.

Remarquons qu'un développement qui présente les avantages, les potentialités, les chances… avant les inconvénients, les limites, les risques… induit une conclusion moins optimiste que le développement qui a choisi le parti inverse. Cette remarque permet de toucher du doigt les limites de l'**objectivité** requise chez le candidat : la seule disposition des arguments change la tonalité de la note.

La conclusion n'est jamais le lieu du « repentir » où l'on placerait des éléments importants qu'on aurait oubliés dans le développement : si l'on a laissé de côté une information, laissons croire qu'on l'a fait en toute connaissance de cause et n'allons pas pointer du doigt notre propre erreur ; il n'est pas rare que des candidats démarrent ce type de conclusion par un « Sans oublier… » particulièrement révélateur !

Le cadrage national synthétise ces conseils :

CADRAGE NATIONAL

« La note doit comporter une introduction d'une vingtaine de lignes, qui s'apparente à celle d'une composition ou dissertation (entrée en matière, reformulation du sujet, présentation de la problématique dans son contexte) et doit impérativement comprendre une annonce de plan.

Le développement est organisé en parties et en sous-parties. Le plan est impérativement matérialisé par des titres comportant des numérotations en début des parties et sous-parties.

La conclusion est facultative. Elle peut toutefois utilement souligner l'essentiel, sans jamais valoriser des informations oubliées dans le développement. »

3. Exploiter méthodiquement le sujet

Les ouvrages consacrés aux épreuves de synthèse donnent de nombreux conseils... que les candidats suivent peu. Nous ne proposerons pas ici une énième méthode, mais plutôt quelques conseils de méthode qui devraient aider le candidat à tirer son épingle du jeu.

La difficulté majeure que les candidats disent rencontrer est celle de la longueur du dossier (une trentaine de pages) et, en conséquence, du manque de temps. Comment s'en sortir ?

1. Analyser le sujet (mise en situation et « commande »)

Les candidats consacrent généralement trop peu de temps à cette analyse qui détermine pourtant les informations à trouver dans les « documents joints ».

- L'analyse du sujet vous permet d'abord de déterminer à qui vous vous adressez et qui vous êtes.
- Elle vous permet également de déterminer l'objet de votre note, et, plus précisément, les questions qui conduisent le cas échéant le destinataire de la note à attendre des informations ou une aide à la décision.

Il ne sera pas inutile, pendant la phase d'exploitation des documents du dossier, de revenir régulièrement au sujet pour vérifier que l'on ne s'éloigne pas du « cahier des charges ».

2. Analyser la liste des « documents joints » et leurs titres

Les documents peuvent être de diverses natures :

- documents juridiques : loi, décret, arrêté, circulaire ; décision jurisprudentielle (tribunal administratif, Conseil d'État...) ;
- documents officiels ;
- articles de presse spécialisée ;
- articles de presse « généraliste » ;
- extraits d'ouvrages.

L'analyse de la composition du dossier vous permet d'adopter une stratégie (par quel document commencer ?) que la lecture de survol du dossier vous permettra de valider ou d'invalider.

Si le dossier comporte des **documents juridiques**, on aura généralement intérêt à commencer par la circulaire qui précise les modalités d'application de la loi ou du règlement : dans la plupart des cas, les informations de la circulaire dispenseront d'utiliser celles de la loi ou du règlement qui seraient redondantes (ce qu'il faudra tout de même vérifier !).

C'est souvent dans les documents commentant les documents juridiques que l'on trouvera le « **document pivot** », celui qui fournit le maximum d'informations sur le sujet et à partir duquel on pourra ouvrir le plus grand nombre de « fiches » sur ce sujet (voir ci-après).

C'est généralement dans la presse, spécialisée ou non, que l'on trouve des approches problématiques de la question faisant l'objet de la synthèse.

Les **titres** et les **dates** des documents peuvent par ailleurs permettre une première approche problématique du sujet :

- Il n'est pas rare que les seuls titres des documents vous donnent déjà une idée de sous-parties, voire plus.
- Les dates peuvent être également très éclairantes : si des articles sont antérieurs à la création d'une institution, à l'instauration d'un dispositif, il y a tout lieu de penser qu'on va y trouver une analyse des causes de la réforme.

Par ailleurs, avant même d'aborder le dossier, demandez-vous quels éléments incontournables la note devrait (sous réserve que le contenu du dossier valide cette analyse) comprendre :

- **moyens** humains, financiers, économiques ;
- **risques** juridiques, politiques, économiques, sociaux ;
- **modes d'organisation** (partenariat) ;
- **résultats** ;
- **précautions** indispensables…

3. Parcourir le dossier

Trop souvent négligée par le candidat qui craint de perdre du temps, cette lecture de survol est utile si elle permet de valider l'analyse du sujet et de la liste des documents joints et, surtout, de déterminer le **document pivot** : ce document est celui dont l'exploitation va permettre d'identifier le plus grand nombre possible d'arguments permettant de traiter le sujet. Plus ce document permettra d'ouvrir de **fiches** correspondant chacune à l'un des aspects du sujet, plus l'exploitation des autres documents sera rapide et facile.

Remarquons qu'une erreur sur le caractère « pivot » d'un document ne serait pas dramatique : si l'on y trouve peu d'informations utilisables pour traiter le sujet, il faudra rapidement passer à un autre document pour tenter d'en extraire la « substantifique moelle ».

Soulignons enfin qu'on ne lit pas un dossier de synthèse comme on lit habituellement : cette lecture doit être rapide et utile. Le but : repérer l'essentiel (on se servira des titres, des sous-titres, des intertitres, des chapeaux), éliminer l'inutile, ce qui est redondant ou éloigné de l'essentiel du sujet.

4. Exploiter le dossier

Plusieurs méthodes sont enseignées. Elles ont toutes leur pertinence et, de même qu'un formateur pourra en privilégier une, de même les candidats seront plus à l'aise avec telle ou telle méthode. Il paraît donc important d'en présenter et d'en « faire fonctionner » plusieurs.

Trois techniques

Si on peut les distinguer par commodité d'exposition, ces trois techniques ne sont pas totalement « étanches » les unes par rapport aux autres, et le traitement d'un sujet donné pourra requérir, par exemple, de passer à la fois par la technique 1 et la technique 2.

Quelle que soit la technique utilisée, une **analyse fine de la commande et des titres** des documents au dossier puis une **« lecture de survol » de l'ensemble du dossier** sont vivement conseillées puisqu'elles vont permettre à la fois :

– de **construire un ordre d'exploitation du dossier**. La première lecture permet de hiérarchiser les textes en fonction de leur nature (texte juridique, presse spécialisée, presse généraliste…), de leur date, de leur pertinence pour honorer la commande. Elle va déterminer le document par lequel vous commencerez l'exploitation du dossier parce qu'il vous paraît contenir le plus d'informations utiles ;

– de **distinguer des thèses** :

• qui peuvent parfois permettre de préconcevoir le plan de la note (**technique 1**, idéale, mais que des dossiers touffus rendent parfois impraticable),

• qui permettent très fréquemment de préconcevoir des fiches synthétiques (**technique 2**),

• qui aident à discerner les points à mettre en valeur lorsqu'on rédige une fiche par document (**technique 3**).

■ Technique 1 : la rédaction de fiches à partir d'un plan préconçu

Vous rédigez une fiche par partie, voire une fiche par sous-partie.

L'analyse de la commande et des titres, la lecture de survol du dossier vous ont permis d'élaborer les deux parties du plan, voire les quatre sous-parties de la note.

Il vous reste à aller chercher dans le dossier les éléments nécessaires pour remplir ces parties ou sous-parties.

C'est une méthode fréquemment préconisée à partir d'un plan en deux grandes parties : on classe au fur et à mesure de l'exploitation du dossier les informations dans deux grandes parties, puis on subdivise chaque partie en deux sous-parties (praticable par simple indexation par A ou par B des informations de chaque partie).

Avantages : l'exploitation du dossier est aisée, efficace et rapide. Vous ne retenez que ce qui sert chacune des parties ou sous-parties.

Inconvénients : une erreur initiale de plan va fausser toute la note. Si on ne « tient » d'entrée de jeu que les deux grandes parties, un travail important de classement (A et B de chaque partie, puis hiérarchisation à l'intérieur de chaque A et chaque B) reste à accomplir avant la rédaction définitive.

Quelques exemples de plans préconçus :

Une institution nouvelle
Exemples : *les maisons de santé, les maisons de service au public*

Un dispositif novateur/entend résoudre des problèmes anciens
Des difficultés de fonctionnement/imposent des modifications

Une prise de conscience récente/induit de nouveaux principes
Un fonctionnement innovant/mais des difficultés à surmonter

Une conception nouvelle/induit un fonctionnement novateur
Des réussites/mais aussi des échecs

De nouveaux principes ambitieux/en décalage avec l'organisation actuelle
Un dispositif novateur/une réussite sous condition

Une situation préoccupante/conduit à une solution inédite
Des bénéfices attendus/non sans incertitudes

Un dispositif juridique nouveau
Exemples : *la question prioritaire de constitutionnalité, la protection des lanceurs d'alerte dans la fonction publique*

Des principes novateurs/ouvrent de nouveaux droits
Des insuffisances/requièrent une nouvelle évolution juridique

Des principes novateurs/imposent de nouvelles obligations
Des conditions de réussite non remplies/des résultats décevants

Une situation préoccupante/impose la création de nouveaux droits
Une mise en œuvre complexe/nécessite des moyens

Un contexte (politique, économique, social)/périme le droit en vigueur
L'affirmation d'un nouveau principe juridique/fonde un dispositif inédit

Une législation inefficace/impose une réforme
Des avancées/mais aussi des limites

Des expériences probantes à l'étranger/inspirent l'évolution du droit français
Des effets positifs attendus/sous réserve que des conditions soient remplies

L'inefficacité des dispositifs précédents/a conduit à une évolution remarquable
Les premiers retours d'expériences/font douter de la réussite

Des principes anciens périmés/de nouveaux principes
Un fonctionnement nouveau/sans amélioration notable

Un mode d'organisation
Exemples : *l'intercommunalité, les communes nouvelles*

Des avancées incontestables/des limites
Des réformes annoncées/à la réussite incertaine

Une situation préoccupante/a conduit à des réformes successives
Leurs limites/imposent de nouvelles réformes

Une volonté politique/un fonctionnement institutionnel nouveau
Des réussites/des échecs

Une volonté politique/un fonctionnement institutionnel nouveau
Un bilan décevant/induit une nouvelle politique

Une politique publique
Exemples : *la politique culturelle de la commune, la politique sociale du département*

Des besoins nouveaux/des acteurs
De nouveaux outils/des limites

Des besoins nouveaux/des moyens limités
De nouveaux acteurs/de nouveaux modes de travail

Des besoins nouveaux/de nouveaux outils juridiques
Des contraintes/qui imposent de nouvelles méthodes

Des besoins nouveaux/un désengagement des acteurs traditionnels
L'intervention de nouveaux acteurs/impose de nouveaux modes de conduite

Une volonté politique/en réponse à des demandes insatisfaites
Des moyens inadaptés/de nouveaux moyens

Les modes d'action traditionnels/ne répondent plus aux besoins nouveaux
Des expériences innovantes/requièrent des moyens

Les modes d'action traditionnels/ne répondent plus aux besoins nouveaux
Des moyens nouveaux/une efficacité sous conditions

Technique 2 : la rédaction de fiches par thèse

Vous rédigez une fiche par thèse.

Il s'agit bien d'une rédaction par thèse et non par document.

L'analyse de la commande et des titres, la lecture de survol du dossier (et notamment celle des **titres, sous-titres, chapeaux introductifs, intertitres, légendes, encadrés**...) vous ont permis de repérer des thèses qui vous paraissent « incontournables » pour traiter le sujet, mais vous n'êtes pas encore en capacité de rédiger un plan, généralement parce que les thèses sont trop nombreuses.

À partir d'un document, vous ouvrez autant de fiches que ce document aborde de thèses (idées principales) différentes.

Bien sûr, vous n'ouvrez pas de fiche lorsqu'une thèse contenue dans le document est sans lien avec l'objet de la note de synthèse.

Il peut arriver qu'un document ne contienne qu'une seule thèse et donne donc lieu à la rédaction d'une seule fiche.

Si vous retrouvez cette même thèse (idée principale) dans un autre document, vous n'ouvrez pas une autre fiche mais vous complétez celle que vous avez déjà ouverte.

Pensez, à la fin de chaque information sur un thème donné, à noter le document d'où provient l'information. Cette mention ne sera évidemment pas reprise dans la rédaction finale, mais elle vous permet si nécessaire d'aller retrouver la source de l'information si, au moment de la rédaction définitive, celle-ci ne vous paraît plus suffisamment claire (ce qui n'est nullement souhaitable : perte de temps !).

Avantages : vous n'écrirez jamais deux fois la même chose. La rédaction définitive est facilitée par le regroupement logique des informations.

Inconvénients : l'ouverture d'un nombre excessif de fiches peut retarder l'élaboration du plan définitif. Certaines fiches auront été ouvertes « pour rien » dans la mesure où le faible nombre d'informations qu'elles contiendront ne permettra pas de nourrir une sous-partie, quelle qu'en soit la pertinence sur le fond. Parfois, vous n'osez pas vous « risquer » à mettre en valeur des thèses, de crainte de faire fausse route.

■ **Technique 3 : la rédaction de fiches par document**

Vous rédigez une fiche par document.

L'analyse de la commande et des titres, la lecture de survol du dossier ne vous ont pas permis de mettre en valeur des thèses qui vous satisfassent. Vous avez tout de même repéré quelques « incontournables » qui vont vous aider. Rien n'est donc perdu !

Pour que la méthode soit efficace, mettez en valeur l'essentiel dans la marge en vous aidant des titres, des chapeaux introductifs et des intertitres.

Vous pouvez utiliser des codes couleurs qui faciliteront le regroupement des informations au moment de la rédaction définitive, ou travailler par colonnes à partir de mots-clés.

Avantages : la méthode est rassurante, vous engrangez des informations au fur et à mesure de la lecture du dossier. C'est la méthode la moins risquée, la plus besogneuse.

Inconvénients : vous risquez d'écrire deux fois la même chose. Vous devez regrouper des informations éparses (éclatées sur plusieurs fiches) pour procéder à la rédaction définitive. Cela requiert une indexation rigoureuse de l'information (des résumés des différents documents qui n'en mettraient pas en valeur les grands axes, les « arêtes », seraient très peu opérants).

5. Élaborer un plan

À partir de là, il ne reste plus qu'à adopter un agencement cohérent des fiches pour construire le plan. En valorisant plus ou moins telle ou telle information (dans la limite de l'obligation d'objectivité), on peut bâtir, à partir des fiches, plusieurs plans entre lesquels il faudra choisir.

6. Procéder à la rédaction définitive

Il reste à rédiger l'introduction au brouillon : on dispose déjà du passage essentiel de l'introduction, l'annonce de plan. On a également repéré les éléments utiles à une entrée en matière en analysant les documents. Il reste à exprimer clairement la problématique.

Profitons-en pour rédiger également la conclusion (facultative mais bienvenue) qui, en quelques lignes, doit souligner l'essentiel.

On peut alors procéder directement à la rédaction au propre en recopiant, avec quelques « réécritures » ponctuelles, dans les parties et sous-parties *ad hoc*, les informations contenues dans les fiches.

SUJET

Concours externe – session 2022
Spécialité administration générale

DURÉE : 4 HEURES

Énoncé

Attaché territorial, vous êtes chargé de mission auprès de la Directrice Générale des Services (DGS) de la ville d'Admiville (60 000 habitants).

La commune a intégré la participation citoyenne dans sa gouvernance. Il existe depuis de nombreuses années des conseils de quartier, des réunions de concertation et des budgets participatifs. Mais le plan de mandat du nouvel exécutif prévoit, afin de réformer l'organisation, la gestion et l'action de la collectivité, de mettre en œuvre des solutions innovantes en renforçant les liens entre les élus, l'administration et les habitants.

Dans ce cadre, la DGS vous demande de rédiger, à son attention, exclusivement à l'aide des documents joints, une note sur la co-construction des politiques et services publics locaux.

Liste des documents :

Document 1 : « Une résidence d'architecte pour un projet d'urbanisme participatif (67) » - Jean-Luc Varin - *Banque des territoires* - 15 juillet 2020 - 3 pages

Document 2 : « Espace public : méthodes pour observer et écouter les usagers » (extrait) - *Cerema* - juillet 2020 - 3 pages

Document 3 : « Design thinking : expérimentez l'impact du collectif » (extrait) - *Expérience usager : espérance démocratique ? ETS. Le récit de l'édition 2018 - CNFPT-INET* - 2018 - 2 pages

Document 4 : « L'expérience utilisateur, c'est sa spécialité ! » - Isabelle Jarjaille - *La Gazette des communes* - 31 octobre 2019 - 2 pages

Document 5 : « Définir les usages de la future médiathèque : une équipe projet en résidence mobilise les habitants (63) » - Claire Lelong - *Banque des Territoires* - 25 août 2014 - 3 pages

Document 6 : « Repenser les modalités de la participation citoyenne comme condition de ses effets » - Jean-Nicolas Birck - *Millénaire 3. La prospective de la Métropole de Lyon.* N 1 - octobre 2011 - 4 pages

Document 7 : « Élaborer les politiques publiques avec les usagers et les agents : vers une dynamique de co-construction ? » (extraits) - Linda Corte, Stéphanie Delebarre, Camille Guéneau, Claire Lemeunier - *Les cahiers de l'Observatoire social territorial* - 21 juillet 2019 - 8 pages

Document 8 : « Le numérique va-t-il hacker la démocratie locale ? Guide des outils numériques pour la participation citoyenne dans les collectivités locales » (extraits) - *Banque des territoires* - mai 2018 - 10 pages

BANQUE des TERRITOIRES

DOCUMENT 1

Une résidence d'architecte pour un projet d'urbanisme participatif (67)

Publié le 15 juillet 2020, par Jean-Luc Varin - Bas-Rhin

Aménagement et foncier, urbanisme, Citoyenneté et services au public, Dialogue citoyen

Invités à réfléchir collectivement à l'avenir du centre-bourg dans le cadre d'une résidence d'architecte, les habitants de Sarre-Union ont proposé de créer un tiers-lieu, ainsi que des logements dédiés aux apprentis en alternance dans les entreprises industrielles du bassin.

© DR

Sarre-Union est un bourg de 2.900 habitants au centre d'un bassin de vie de 25.000 habitants réunis dans la communauté de communes de l'Alsace Bossue. Ses atouts sont nombreux : un patrimoine architectural remarquable, de nombreuses entreprises industrielles, des écoles, un collège, un lycée général et professionnel, un centre socioculturel, un cinéma… "Mais le territoire alentour abrite aussi trois grandes surfaces qui sortent les consommateurs du centre, la gare SNCF a été fermée et les commerces sont partis de la Grand-Rue pour s'implanter sur une voie secondaire par où transite le trafic automobile de et vers Metz, Nancy ou Strasbourg", déplore la directrice générale des services de la ville, Claire Hochstrasser. Le centre historique de la commune se trouve ainsi déserté et peu attractif, avec une population un peu plus pauvre et plus âgée que la moyenne départementale.

Les élus de Sarre-Union, comme tant d'autres, se sont demandé comment enrayer cette dévitalisation qui menace, comment réhabiliter un patrimoine bâti de valeur mais ancien, avec des services publics ou privés qui se raréfient.

Ils ont lancé une "étude pour un centre habité" avec la direction régionale de l'environnement, de l'aménagement et du logement (Dreal) et avec la direction régionale des affaires culturelles (Drac). Cette étude, mi-2020, est toujours en cours.

> Une idée du parc naturel régional des Vosges du Nord

La proposition d'organiser une résidence d'architecte est venue du parc naturel régional des Vosges du Nord auquel Sarre-Union adhère, dans le cadre plus général d'un programme de redynamisation des centres-bourgs. Le parc a recruté une architecte sur concours, Ana Vida, et a financé l'action. De son côté, la commune s'est chargée de l'héberger et de la nourrir au cours des trois séjours d'une semaine qu'elle a passés dans la commune entre mai et décembre 2019.

Au cours de la soirée de lancement, elle a expliqué aux élus et à la trentaine d'habitants présents le programme de travail qu'elle proposait : un concours photo, une conférence pour les propriétaires de logements construits avant 1948, une autre pour présenter des exemples de réalisations alliant ancien et contemporain. Elle a proposé ensuite une balade sensible au cours de laquelle les participants à l'atelier ont dit ce qu'ils aimaient ou pas dans les lieux visités. Après un temps de collecte et de diagnostic, l'architecte a animé un atelier participatif le 13 juillet, comme un remue-méninge collectif. En septembre, tous ont rédigé des propositions qui ont été retravaillées ensuite avec les élus. Enfin, en décembre, une soirée de restitution a permis à la trentaine d'habitants impliqués (autant qu'au début, mais pas tous les mêmes) de présenter les résultats de l'étude à la population et aux représentants des institutions départementales, régionales, ainsi qu'à l'architecte des Bâtiments de France (Drac).

> Propositions des habitants pour trois immeubles vacants

Ce parcours d'"éducation populaire" a permis aux habitants de se rendre compte que ces beaux mais vieux immeubles du centre-ville pouvaient aussi redevenir utiles à l'activité économique et sociale de la commune. Concrètement, ils ont trouvé une nouvelle vocation à trois bâtiments partiellement inoccupés. Dans le premier qui possède des appartements en étage mais dont le local commercial du rez-de-chaussée est vide, les participants ont conçu un projet de commerce de producteurs locaux qui manque à Sarre-Union. Dans le deuxième, une maison-bloc composée de deux travées dont l'une est habitée, les habitants et l'architecte ont proposé d'aménager dans l'autre aile un tiers-lieu, afin que les télétravailleurs, nombreux à Sarre-Union, puissent sortir de l'isolement du travail à domicile. Enfin, les participants à l'atelier ont rencontré le Cercle des entrepreneurs de Sarre-Union qui ont exprimé leurs difficultés pour former et recruter des salariés pour les entreprises industrielles du bassin. Alors qu'ils prévoient la formation et l'embauche de 125 jeunes dans les 5 ans à venir, ils ont souligné le manque de structures d'accueil adaptées ; le lycée peut accueillir des apprentis en alternance, mais rien n'est disponible pour les loger le temps de leur formation. C'est ce à quoi va servir le troisième immeuble inoccupé : il sera aisé d'y aménager rapidement de petits logements.

> Etude urbaine participative et peu coûteuse

L'étude urbaine réalisée par l'architecte avec les habitants est d'autant plus pertinente que ceux qui l'ont menée connaissent le tissu urbain et les besoins du territoire mieux que quiconque. Et cette résidence a coûté beaucoup moins cher qu'une étude fouillée d'un cabinet spécialisé, qui aurait dû enquêter longtemps avant d'aboutir au même résultat.

En revanche, la résidence fut chronophage pour les élus, en particulier pour le maire, Marc Sévé, et pour la DGS, qui devaient se montrer très disponibles pendant les séjours de l'architecte. "Néanmoins, explique le maire, lors de la résidence, la population a pu se rendre compte du potentiel des bâtiments du centre-ville. Le regard d'un architecte leur a permis de réaliser qu'il est tout à fait possible de rendre des immeubles d'intérêt patrimonial agréables à vivre et de leur donner un style contemporain. Cette prise de conscience est fondamentale, car le développement des communes ne passera plus par la construction de nouveaux lotissements, mais par la réappropriation des centres anciens. Il faut limiter les extensions urbaines et l'imperméabilisation des sols. Et puis, ajoute-t-il, nous sommes très satisfaits de la fréquentation de cette résidence d'architecture, car de nombreuses personnes se sont intéressées à la démarche. Nous espérons ainsi qu'elle fera école et que d'autres projets, menés ceux-là par des propriétaires privés, pourront bientôt voir le jour."

Espace public : méthodes pour observer et écouter les usagers (extrait)

INTRODUCTION

L'aménagement des espaces publics relève du défi ! Si on peut facilement orienter la destination, les principales fonctions et les usages d'un bâtiment, le même exercice se révèle vite complexe dans le cas des espaces publics : ceux-ci sont ouverts à des « publics », des usages et des pratiques multiples et changeants. Pour autant, si toutes les pratiques ne sont pas prévisibles, offrir des espaces publics accueillants, répondant aux besoins des usagers reste bel et bien un enjeu majeur pour la qualité de vie d'une agglomération quelle que soit sa taille du hameau à la métropole. Aussi, l'observation des pratiques ainsi que l'écoute des besoins jouent un rôle fondamental lorsqu'il s'agit de diagnostiquer, de programmer, de concevoir ou d'évaluer des espaces publics.

L'être humain entretient un rapport sensible à son environnement physique, que celui-ci se compose de bâti, de nature, d'autres êtres humains. Il le voit et le ressent comme agréable ou non. Il le « lit » ou le « décode » à sa manière. A l'inverse l'environnement, par exemple l'espace public, influence le comportement de l'être humain qui s'y trouve : il peut déterminer son trajet par exemple, ou bien il peut faciliter son repos. Il peut décourager ou encourager des pratiques.

Aussi, depuis plusieurs décennies maintenant, des méthodes d'observation et d'écoutes des usagers ont été structurées pour mieux saisir ces besoins. Aujourd'hui, le monde de la recherche, tout comme celui de l'aménagement opérationnel, continuent à expérimenter et à innover en matière de sujet et de méthode.

Le présent rapport se donne pour objectif de présenter les principales méthodes d'observation et d'écoute des usagers, sans viser l'exhaustivité.

Espace public / espaces publics, de quoi parle-t-on vraiment ?

L'espace public est une notion ambiguë. Comme le souligne justement Thierry Paquot : "L'espace public est un singulier dont le pluriel -les espaces publics- ne lui correspond pas." (Paquot, 2009). En effet, l'espace public évoque un lieu du débat politique, une pratique démocratique et s'apparente davantage à la philosophie politique. Les espaces publics, quant à eux, sont une réalité tout à fait différente. Ils désignent des lieux physiques, accessibles aux publics, où une co-présence d'individus et de groupes sociaux est possible. Cet espace donne une opportunité de mettre en relation les personnes, de créer une vie collective ou d'éprouver l'altérité en mélangeant toutes sortes de publics y compris très différents et étrangers les uns aux autres (Paquot, 2009). Il s'agit ici d'une définition classique. A cela, la littérature associe les idées d'accessibilité, de gratuité, de liberté, de mouvement et de lieu de rencontre (Paquot, 2009 ; Cerema and AMF, 2016 ; Jacobs, 1965 ; Joseph, 1995).

Concernant l'évolution historique de la définition, durant les années 80, le terme "espaces publics" était surtout associé, par les professionnels, au réseau viaire et à la voirie. Mais le dictionnaire de l'Urbanisme et de l'Aménagement de 1988 définit "espace public" de manière plus large par "la partie du domaine public non bâtie, affectée à des usages publics". En 2003, le géographe Michel Lussault, dans le *Dictionnaire de la Géographie et de l'espace des sociétés*, parle d'un espace commun, d'un lieu d'échange interpersonnel et de coprésence d'acteurs sociaux. C'est également dans cette définition que l'espace public est différencié du domaine public (Lévy et Lussault, 2003). Plus concrètement, il s'agit des rues, des places, des boulevards, des jardins, des parcs, des plages, des sentiers, des squares (Paquot, 2009) mais aussi, des gares, des parkings, des centres commerciaux, des quais, des terrasses de café, des cimetières, des marchés, des friches, *etc.* (Pichon, Herbert and Perdrix, 2014). On comprend ainsi que tout espace faisant office d'espace de sociabilité et de collectivité peut être qualifié "d'espace public" dès lors que l'endroit dispose d'une dimension sociale et publique. Ce n'est donc pas qu'une histoire de statut juridique de propriété du sol : l'espace public n'est pas strictement assimilable au « domaine public » (Paquot, 2009). Enfin, il existe de nombreux débats dans la littérature et la définition d'espace public est tant élargie qu'elle en devient de plus en plus complexe, voire même, peut être contestée, bien que le mot reste très couramment employé par de nombreux profils professionnels (Choay et Merlin, 1998).

> "Plus une ville réussit à mêler une diversité d'usages et d'usagers quotidiens dans ses rues, plus ses habitants fréquentent et animent tout naturellement les jardins publics bien placés; ceux-ci sont alors une source de plaisir et d'agrément pour leur environnement et non des espaces vides." (Jacobs, 1965)
>
> "L'expérience ordinaire d'un espace public nous oblige en effet à ne pas dissocier espace de circulation et espace de communion" (Joseph, 1995)

Vers une importance croissante des usagers

À travers les méthodes d'écoute et d'observation, le citadin est positionné comme un acteur incontournable de la connaissance des espaces publics. En effet, ses ressources, son expérience des lieux et ses compétences sont à exploiter. Le citadin, qu'il soit riverain et/ou usager a un rôle important à jouer dans la production de l'espace public. En allant dans la ville, sur les lieux de vie des gens, c'est le quotidien et l'expérience ordinaire que l'on observe (Grosjean and Thibaud, 2008).

De nombreuses méthodes sont expérimentées afin de recueillir "le sensible", le ressenti des usagers. Elles ne sont pas à proprement parler des méthodes d'observation. Cependant, les retours sur ces démarches sont foisonnants dans la littérature et méritent d'y faire référence car, tout comme l'observation des usages sur l'espace public, ces méthodes montrent l'importance croissante accordée à l'usager et à l'habitant dans la conception urbaine.

Au sein des métiers de l'aménagement des espaces publics, les représentations des lieux constituent un sujet de plus en plus évoqué : il s'agit de comprendre ce qui est perçu, ce que le lieu évoque, ce qu'il provoque comme imaginaire (Grosjean and Thibaud, 2008). En retournant sur le terrain, le professionnel ou le chercheur retournent aussi au plus près des personnes qui s'y trouvent et estiment que leur point de vue est digne d'intérêt dans l'investigation et le diagnostic.

Les méthodes du parcours commenté, du cheminement, de l'itinéraire sont des méthodes qui font participer l'habitant et souhaitent aborder leur vision, leur pratique et leur vie quotidienne (Dorier-Apprill and Gervais-Lambony, 2007). De cette manière, la démarche permet de recueillir le ressenti des usagers en accédant à la connaissance intime et sensible des habitants.

En 2010, **Urbalyon** (l'Agence d'Urbanisme de l'Agglomération Lyonnaise) a mis en place un Atelier d'Innovation en urbanisme regroupant praticiens et universitaires de différentes disciplines. Il s'agissait d'une expérimentation sur le terrain basée sur une exploration sensible du territoire. Les participants devaient éprouver le territoire par la marche, réincarner l'espace en des lieux concrètement pratiqués. Cette marche devait faire appel à tous les sens et devait montrer l'intérêt de ne pas se figer dans des postures d'expertise scientifique pour cerner un territoire (Urbalyon, 2010).

Certains protocoles méthodologiques prévoient que l'enquêteur lui-même participe et fasse part de son ressenti, de sa subjectivité. Par cette démarche, il joue lui-même le rôle d'un usager et fait l'expérience de l'espace public. Il cherchera alors à décrire le plus précisément et à caractériser le rapport aux lieux, par une approche sensible. Cette démarche permet de cerner davantage un terrain en imbriquant plusieurs réalités. Comme nous le verrons dans suite du propos, le professionel a sa propre subjectivité et sa perception de l'espace qui peut orienter son regard.

Ce rapport renouvelé au sensible et à l'usager donne également une importance croissante à la participation citoyenne. Depuis les années 90, l'aménagement se veut plus participatif (Mc Catty, 2017). L'ambition est de prendre en compte la parole locale dans les projets, d'entendre le vécu, les besoins, les difficultés, les aspirations et les perspectives des habitants afin d'atteindre une connaissance "pratique du lieu". La participation des habitants au processus d'élaboration d'un projet urbain se trouve également renforcée par l'intermédiaire de débats animés, de réunions, entretiens, d'ateliers collectifs, de diagnostics partagés etc (Mc Catty, 2017).

(...)

DOCUMENT 3

« Design thinking : expérimentez l'impact du collectif » (extrait)

Expérience usager : espérance démocratique ? ETS. Le récit de l'édition 2018 - CNFPT-INET - 2018

(...)

Pour créer des services adaptés aux usagers, on peut travailler à l'amélioration des mécanismes de conception de ces services, en plaçant l'usager au centre de la réflexion. Les méthodes et les outils du design thinking peuvent remplir cette fonction.

DESIGN THINKING : UNE DÉMARCHE PERMETTANT D'ASSOCIER L'USAGER

Malgré les apparences, le design thinking n'est pas un effet de mode. Il apparaît dès les années 70 avec l'un de ses pionniers David Kelley qui le définit comme « *une discipline qui utilise la sensibilité, les outils et les méthodes* ». Les méthodes et outils du design thinking sont nombreux, les exemples d'utilisation aussi. Qui n'a jamais sorti ses post-it ou ses Lego pour animer une réunion et impliquer ses équipes ?

Quelles que soient les nombreuses définitions qui lui sont dédiées, le design thinking rassemble toujours les notions de processus, de réflexion, de sensibilité, et d'équipe pluridisciplinaire. La définition retenue ici sera « *une approche qui permet de penser des objets et des services innovants en associant l'usager à leur co-conception* ».

S'il est tellement utilisé, c'est qu'il a fait ses preuves et que ses bénéfices sont connus : il favorise un travail collaboratif, il élimine les cycles de travail longs, il permet une prise de conscience rapide et de comprendre l'usager en amont, et il aboutit à un prototype qui peut être facilement et rapidement soumis aux utilisateurs afin d'être amélioré en boucles itératives jusqu'à aboutir à une solution déployée à grande échelle.

DES ÉTAPES, DES MÉTHODES ET DES OUTILS

La méthode de design thinking se déroule en cinq étapes : l'immersion, l'idéation, la décision, le prototype et le test. Pour tirer le meilleur parti de chacune des étapes, de multiples outils existent, de préférence très simples car c'est l'un des intérêts de la méthode : être facile à mettre en place, rapidement et pas cher.

Les participants de ce K'pratik vont vivre les trois premières étapes en accéléré avec un objectif modeste : imaginer la mairie de demain !

Étape 1 : l'immersion

Cette première étape vise à s'approprier et à créer les profils types d'usagers puis à identifier leurs frustrations et leurs motivations. Pour cela, deux outils sont utilisés :

- **Les persona :** un persona est attribué par table ; il détaille les caractéristiques de l'usager-type utilisé pour la réflexion : nom, âge, situation familiale, lieu de vie, personnalités, centres d'intérêt, etc.

Chloé, 32 ans, célibataire, impliquée dans de nombreuses activités et vivant à Paris déménage et souhaite réserver rapidement et simplement une place de parking pour son déménagement sans gêner ses futurs voisins.

- **« How Might We » ou « Comment Pourrions-Nous ? – CPN » :** cet outil permet de choisir une des frustrations identifiées dans le persona et de la reformuler en problématique à traiter.

Comment pourrions-nous aider Chloé à faire une réservation de parking à distance ?

Étape 2 : l'idéation

C'est l'étape de divergence absolue. Elle vise à trouver une solution à la problématique formulée précédemment. Attention, pour cette étape, il est nécessaire d'avoir des idées farfelues !

L'outil utilisé est le **Spider Web**. La problématique est placée au centre de la toile. Dans le 1er cercle, les participants notent sur des post-it les idées qui leur viennent à l'esprit. Dans le 2e cercle, une contrainte est ajoutée pour aller encore plus loin dans la divergence (« *je ne peux pas me déplacer en mairie* ») et les participants notent leurs nouvelles idées tenant compte de cette contrainte. Dans le 3e cercle, une seconde contrainte est ajoutée (« *nous sommes en 2050* »).

Étape 3 : la décision

C'est l'étape de convergence pour trancher parmi la trentaine d'idées issues de l'étape d'idéation. L'outil ne peut être plus simple : des gommettes. Chaque participant ne retient qu'une seule idée, il colle une gommette sur l'idée qu'il retient dans le 1er, 2e ou 3e cercle.

Les idées recueillant le plus de votes sont isolées pour réfléchir à la solution.

Étape 4 : le prototype

L'objectif dans cette étape est de matérialiser l'idée et de gérer le processus de construction de la solution. Le prototype est ensuite testé auprès des utilisateurs (feedback).

Étape 5 : le test

Dans cette étape de test du prototype auprès des utilisateurs, on observe les comportements de ces derniers lorsqu'ils interagissent avec lui. Ces observations viendront enrichir les prochaines itérations et le prototype.

POINTS DE VIGILANCE

Il ne s'agit de faire du design thinking pour le plaisir d'en faire : « *c'est un formidable outil de team building, mais la production ne suit pas toujours ; attention au gadget !* » prévient Pierre Houssais, Directeur Prospective et Dialogue public au Grand Lyon, venu apporter son témoignage sur l'utilisation du design thinking pour le remix d'une maison des étudiants.

Par ailleurs, clarifier la situation et définir les défis en amont permet de bien mesurer l'aventure dans laquelle vous embarquez. Car même si vous ne dépensez pas votre trésor de guerre dans les outils du design thinking, vous pourrez très vite y dépenser du temps et de l'énergie.

Enfin, un travail collaboratif de design thinking fonctionne sur un management horizontal. De retour au bureau le lendemain, il ne s'agit pas de revenir au management vertical en demandant à vos équipes de remplir leur tableau d'objectifs !

(...)

DOCUMENT 4

g Club RH

NUMÉRIQUE

L'expérience utilisateur, c'est sa spécialité !

Publié le 31/10/2019 • Par Isabelle Jarjaille • dans : France, Toute l'actu RH

REDPIXEL / ADOBESTOCK

Le département d'Ille-et-Vilaine a créé un poste d'User Experience (UX) designer, pour transformer la relation numérique avec les usagers.

« C'est une première ! assure Jean-Michel Rosenal, organisateur, pour Ideal connaissances, des 7es Rencontres nationales accueil et relations aux usagers organisées à Angers en mai. Il y a des collectivités qui imaginent des nouveaux parcours usagers, mais l'embauche en interne d'un UX designer, c'est la première fois ! » L'anglicisme signifie « concepteur d'expérience utilisateur » et va au-delà du design de service, utilisé depuis près de trente ans pour repenser les espaces accueillant les usagers.

« D'habitude, nous modifions notre façon de travailler au travers de notre propre regard et nous demandons par la suite son avis à l'usager, explique Mona Izabelle, directrice de la délégation générale à la transformation au sein du conseil départemental d'Ille-et-Vilaine [4 250 agents]. Là, il s'agit d'inverser la démarche : aller voir les usagers, pour partir de leurs besoins, et faire ensuite un travail de simplification. »

Pas facile à trouver

Cette mission, le département l'a confiée en avril à Daniel Henry, pour trois ans. « Il est pertinent d'avoir la compétence en interne, appuie la directrice. Cela permet d'aller plus vite et de l'intégrer dans l'équipe, afin qu'il s'imprègne aussi du fonctionnement des services, l'objectif étant de faire évoluer notre culture administrative. »

« A ce stade, il s'agit vraiment d'une innovation, estime Marc Bourhis, vice-président délégué au tourisme et à l'attractivité économique de l'Association des directeurs généraux des communautés de France. Des collectivités mènent des études comportementales auprès de leurs usagers, mais ce sont des prestations externalisées. » Le directeur général des services de la communauté de communes Cœur côte fleurie (12 communes, 110 agents, 21 000 hab, Calvados) ajoute : « Depuis trois ans, nous travaillons pour faire passer certains messages, notamment de civilité sur les plages, en s'appuyant sur les comportements des usagers. J'ai ouvert un poste d'UX designer il y a deux ans et je n'ai pas trouvé ! Nous avons reçu des candidatures de communicants, mais ils n'avaient pas l'approche sociologique et psychologique de l'UX designer. »

Une part de psychologie

La particularité du poste est sa transversalité. Son objectif est d'améliorer la relation avec les usagers. La première phase consiste à les écouter, en face à face, sur le terrain, avant de travailler avec les services... Après vient la conceptualisation d'une nouvelle façon de faire, qui influencera également les conditions de travail des agents. « Il y a une part d'anthropologie et de sociologie pour comprendre les besoins des usagers, révèle Daniel Henry, architecte de formation. Mais il y a aussi une part de psychologie, et il faut être capable de modéliser graphiquement une solution. » Daniel Henry a pour mission de travailler, en premier lieu, sur la dématérialisation de la demande d'allocation personnalisée d'autonomie. Mona Izabelle précise : « Notre ambition est de faciliter l'accès aux droits pour les usagers et d'optimiser le fonctionnement en interne, afin de permettre aux agents de travailler dans de meilleures conditions. »

FOCUS

« On part de l'idéal pour arriver au réalisable »

Daniel Henry, UX designer au conseil départemental d'Ille-et-Vilaine

« J'exerce ce métier depuis 25 ans, dans des cabinets ou en indépendant. J'ai été séduit par l'annonce de poste proposée par le département d'Ille-et-Vilaine, la démarche est très novatrice ! Bien qu'il existe dans le privé depuis cinq à huit ans, qu'une administration ose expérimenter ce métier démontre une ouverture d'esprit. Je vais me concentrer sur le contact numérique avec les usagers.

Concernant l'allocation personnalisée d'autonomie, dématérialisation sur laquelle je vais travailler, il faut prendre conscience de la capacité des demandeurs à appréhender l'informatique et mettre en place une procédure adaptée. Une fois que j'aurai recueilli les besoins des usagers, j'irai voir les services. Au départ, on part sur la procédure idéale, puis on prend en compte les outils et contraintes du service pour arriver à ce qui est réalisable. À la fin, je valide l'utilisation du nouvel outil via un test utilisateur. »

DOCUMENT 5

Définir les usages de la future médiathèque : une équipe projet en résidence mobilise les habitants (63)

Publié le 25 août 2014 - Puy-de-Dôme

Tourisme, culture, loisirs

Pour concevoir son projet de médiathèque intercommunale, la communauté de communes Entre Dore et Allier a voulu mobiliser l'expertise des futurs utilisateurs et expérimenter in situ de nouveaux usages. Une volonté qui s'est concrétisée par l'appui d'une équipe pluridisciplinaire en résidence durant trois semaines. Un vrai "plus" pour l'appropriation par les habitants et les partis pris de cet équipement qui verra le jour en 2016.

© DR

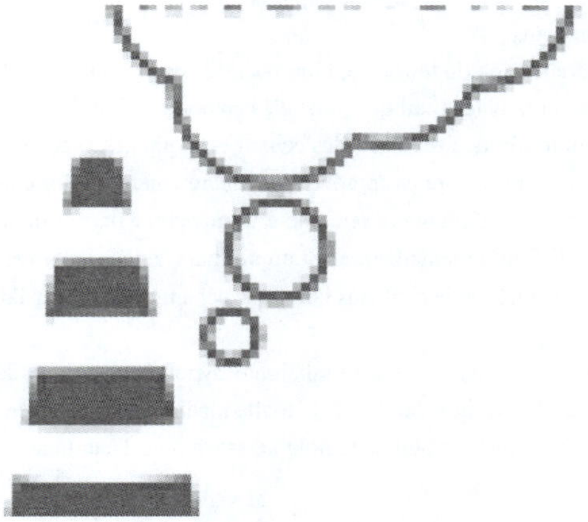

Implantée sur la ville centre de Lezoux, la future médiathèque constituera un équipement culturel et social majeur pour l'ensemble du territoire de la communauté de communes Entre Dore et Allier (Puy-de-Dôme, 14 communes, 17.693 habitants). Dès la prise de décision, les élus et leurs équipes avaient conscience que les enjeux de cet équipement à venir concernaient son bon ancrage local, son fonctionnement en réseau avec les bibliothèques de proximité existantes ou encore l'ouverture vers des publics larges. D'où la volonté de mener une réflexion très en amont sur les futurs usages de la médiathèque intercommunale, et notamment sur le rôle fondamental que peut jouer le numérique pour l'ouvrir vers l'extérieur.

Appui d'une équipe pluridisciplinaire

"En amont du projet, les élus communautaires ont sollicité l'Etat (la Drac), le département du Puy-de-Dôme et la région Auvergne afin qu'ils contribuent à sa conception. C'est ainsi que les deux collectivités nous ont proposé de faire appel à une équipe de cinq personnes composée de designers, médiateur culturel et sociologue qui ont résidé sur place pendant trois semaines entre mai et novembre 2012", indique Jean-Christophe Lacas, chef de projet médiathèque à la communauté de communes Entre Dore et Allier. Cette équipe fait partie d'une structure soutenue depuis 2009 par l'Association des régions de France : intitulée "la 27e Région", elle joue le rôle d'un laboratoire expérimental de conception des politiques publiques (voir encadré) et accompagne très en amont des projets de collectivités territoriales.

Immersion, écoute et test de nouveaux usages en direct

La communauté de communes et les deux collectivités ont signé avec la 27e Région une convention qui définit précisément les objectifs de la résidence et les résultats attendus. Par exemple : réfléchir aux enjeux numériques du futur équipement en lien avec la stratégie du réseau de la médiathèque départementale du Puy-de-Dôme et avec l'évolution des espaces publics numériques régionaux.
La première semaine a été consacrée à la compréhension du territoire. Pour cela, les animateurs de la 27e Région ont véritablement mis le projet de médiathèque sur la place publique : installés au point Info tourisme de la ville de Lezoux, ils ont sorti tables et chaises sur le trottoir afin de provoquer des échanges spontanés avec les habitants. Parallèlement, ils sont allés à la rencontre d'acteurs locaux, pour appréhender concrètement les pratiques du tissu associatif, éducatif ou encore de la petite enfance... Cette première semaine d'immersion a permis de faire émerger les axes de travail qui devront aider à structurer la future médiathèque : pratiques numériques créatives, citoyenneté et convivialité, fonds participatifs, production de contenus culturels, échanges de savoir-faire, accueil de services associés.
La deuxième semaine a été consacrée au partage des constats, à la formulation d'hypothèses, puis au démarrage d'expériences basés sur ces principes : cabine de téléchargement 24h/24h, malle médiathèque voyageuse constituée de livres d'habitants, soirée tournoi jeux vidéo, recueil de témoignages sonores d'habitants…

Le plan des usages fait évoluer le document de programmation initial

La troisième semaine de résidence s'est terminée par la "mise en schéma" des usages. Concrètement, l'équipe en résidence illustre les propositions de la population à travers des scénarios et des représentations visuelles qui constituent une proposition sous forme de plan des usages (voir document joint). Ce support visuel, facile à comprendre, rend visible les partis pris et constitue pour la communauté de communes un outil de dialogue avec l'architecte, complémentaire aux outils de programmation classiques. A partir de ce schéma, le chef de projet et l'architecte enrichissent les éléments contenus dans l'étude de programmation préalable. Le permis de construire a été déposé en mars 2014, la médiathèque devrait voir le jour en 2016.

Les atouts de cet accompagnement par une équipe en résidence

L'interpellation spontanée par l'équipe en résidence, les ateliers, discussions, les tests... ont mobilisé de nombreux habitants. "Au-delà, l'intérêt de la résidence est que l'on progresse rapidement : on pense un usage, on échange, on construit ou on imagine un prototype pour tester l'idée, puis on en tire rapidement un bilan qui servira la suite du projet", souligne le chef de projet. La vice-présidente en charge de la culture à la communauté de communes, Marie-France Marmy, y voit un atout pour faciliter le travail en réseau : "Grâce à la résidence, nous avons gagné la confiance des bénévoles des bibliothèques de proximité, observe-t-elle. Aujourd'hui tout bon projet d'équipement fait l'objet d'une concertation avec la population. Là où la résidence de la 27e Région va plus loin, c'est qu'elle nous a permis de nous questionner autrement, d'enrichir le projet initial par les usages de demain. Elle a aussi ancré un parti pris pour l'équipement qui devra s'adapter en permanence."

Médiathèque modulable conçue comme un lieu d'accueil

Comme toute médiathèque, celle de Lezoux aura un espace jeunesse, un espace adulte, des postes informatiques de consultation. Là où elle joue la différence, c'est dans ses espaces dédiés aux fonds participatifs d'habitants : un atelier de fabrication inspiré des "FabLab", ses étagères sur les savoir-faire et l'accueil dans ses murs des permanences de la mission locale et du centre médicosocial de la circonscription de Thiers.
"Cette médiathèque est un espace d'accueil et d'échanges et la modularité des espaces a été privilégiée" précise le chef de projet. En amont de l'ouverture, l'équipe professionnelle a été recrutée dans cet esprit. Le chef de projet, ancien animateur "lecture publique" dans un parc naturel régional, a accompagné la conception dans le cadre de la résidence. Son adjointe a été recrutée en 2014, et deux postes supplémentaires - bibliothécaire intercommunal et développeur numérique - seront créés fin 2014. Dans la description des fiches de poste, la politique d'accueil est au même niveau que la politique documentaire.

"27e Région", de quoi s'agit-il ?
Initiée par l'Association des régions de France, la 27e Région explore de nouvelles façons d'améliorer la conception et la mise en œuvre des politiques publiques. En partenariat avec les régions, elle met en œuvre des programmes de recherche-action, pour lesquels elle mobilise des méthodes issues des sciences humaines, du design de services et de l'innovation sociale.

Claire Lelong pour la rubrique Expériences des sites www.mairieconseils.net et www.localtis.info

Communauté de communes Entre Dore et Allier

Nombre d'habitants :	Nombre de communes :
17693	**14**

DOCUMENT 6

Repenser les modalités de la participation citoyenne comme condition de ses effets

Jean-Nicolas Birck, Docteur en science politique, Université Nancy 2.

Octobre 2011.

Article réalisé pour la revue M3 n°1.

L'institutionnalisation du recours à la participation citoyenne dans le cadre de la conduite de l'action publique tend à la transformer en véritable instrument de l'action publique. Toutefois, au-delà de sa simple valorisation par des acteurs d'horizons divers, les modalités de sa mise en œuvre sont loin d'être neutres et interrogent finalement la capacité réformatrice de la démocratie participative. Face à ce défi de l'institutionnalisation, il s'avère nécessaire de repenser les dispositifs participatifs au regard de leurs apports potentiels à l'action publique.

L'âge d'or de la démocratie participative est-il – déjà – révolu ? Si la question peut paraître prématurée, elle n'en demeure pas moins légitime, tant l'on peut être surpris par la vitesse du déclin de cette thématique, presque aussi fulgurante que celle de sa montée en puissance dans les années 90 et lors de la première décennie des années 2000. Cette période de forte valorisation de la démocratie participative par les acteurs institutionnels et par les universitaires a été rapidement suivie d'une relative mise en sommeil de ce thème. Ce phénomène s'est traduit par un ralentissement des initiatives institutionnelles et, dans une moindre mesure, par une marginalisation de cette thématique dans le monde académique, au profit de recherches portant plutôt sur la démocratie délibérative (théorie inspirée du philosophe allemand Jürgen Habermas, et qui repose sur la croyance que la force de l'argumentation peut permettre l'adoption de décisions plus justes, plus équitables et surtout plus légitimes, grâce à l'association des citoyens au processus décisionnel).

Malgré tout, des dispositifs empruntant à la technologie participative continuent à voir le jour, à l'initiative notamment des collectivités locales qui, en France, sont les principales dépositaires de la logique participative. La crise des finances locales n'est sans doute pas étrangère à la raréfaction des initiatives d'envergure lancées par les collectivités territoriales, qui demeurent coûteuses et au profit incertain. Mais, au-delà de ce simple constat de l'assèchement budgétaire des administrations locales, les raisons de ce déclin relatif doivent avant tout être comprises comme la conséquence de la difficulté de la démocratie participative à réaliser les différents objectifs qui lui sont traditionnellement assignés.

De manière classique, la littérature dégage trois principaux objectifs vers lesquels doivent tendre les expériences participatives. Nous trouvons ainsi un objectif d'approfondissement et d'élargissement de la démocratie représentative par l'inclusion dans le champ politique des populations traditionnellement exclues de l'activité politique, mais aussi par sa capacité à réduire la fracture entre élus et citoyens ; un objectif de rénovation du management public avec notamment l'introduction de nouveaux types de compétences, rapidement labellisés sous la terminologie de « savoirs citoyens » ; et enfin, un objectif de renforcement du lien social par la mise en place de nouveaux espaces de dialogue entre des individus de plus en plus atomisés. Les dispositifs participatifs semblent ne pas avoir atteint leurs objectifs sur au moins deux de ces trois points.

GRANDLYON communauté urbaine
Direction de la Prospective et du Dialogue Public
20 rue du lac - BP 3103 - 69399 LYON CEDEX 03
www.millenaire3.com

La participation citoyenne, enrichissement de la démocratie ?

En effet, l'objectif politique de la démocratie participative paraît tout d'abord largement défaillant. L'enrichissement de la démocratie représentative par la participation citoyenne devait notamment passer par l'inclusion au sein des dispositifs participatifs des populations et des territoires traditionnellement exclus du champ de la représentation, exclus du vote, par l'effet d'un « cens caché ». Sur ce point, les instances participatives ont démontré leur relative incapacité à être réellement inclusives. Autrement dit, le peuple participatif se présente comme une copie presque conforme du peuple représentatif caractérisé schématiquement par les électeurs. En outre, et en raison notamment des jeux d'acteurs et des stratégies personnelles développées par certains participants – élus et citoyens –, la possibilité de voir une communication politique renouvelée demeure largement théorique. Ensuite, la logique participative a également démontré ses limites sur le terrain du management public. Ici, les critiques de l'apport de la participation citoyenne à la conduite des politiques publiques proviennent principalement des techniciens ou chefs de projets. Ces acteurs témoignent régulièrement de l'introduction d'une dose supplémentaire de complexité dans l'action publique imputable aux détours participatifs. Certains agents administratifs, habitués à des routines de fonctionnement fortement codifiées, semblent ne pas adhérer pleinement aux nouvelles méthodes de management public impulsées suite à la vague participative, notamment parce que la participation citoyenne jette une certaine transparence sur la construction de l'action publique. L'introduction de l'expertise citoyenne paraît en définitive déstabiliser les schémas de prise de décision classiques, même si, comme nous y reviendrons par la suite, ces savoirs citoyens constituent selon nous l'apport le plus décisif du mouvement participatif à la nouvelle gouvernance. Il est d'ailleurs éclairant de constater que l'application de la logique participative à l'action publique se limite pour le moment, en France, à l'échelle locale, voire micro-locale et semble donc à l'inverse relativement absente de la scène nationale. Le fort développement récent de la participation à l'échelle des agglomérations et demain des métropoles, ainsi qu'au niveau régional, apparaît cependant comme un signe encourageant d'un possible dépassement des limites induites par cette inscription territoriale réduite. Enfin, les espaces institutionnels de participation citoyenne peinent également à recréer réellement du lien social, car ces nouveaux lieux permettent en réalité une sur-représentation des positions défendues par les classes sociales dominantes, et servent par ailleurs encore bien souvent de caisses de résonance à l'expression d'intérêts individuels. La démocratie participative serait dès lors soit enfermée dans « le piège de la proximité » en raison de sa difficulté à procéder à une montée en généralité des problèmes exprimés au sein des dispositifs, soit à l'origine de la constitution d'une strate de « supercitoyens éclairés » dont les demandes seraient de facto relativement éloignées des attentes des habitants.

Ces quelques éléments critiques démontrent que les dispositifs participatifs ne sauraient être appréhendés comme des instruments neutres au service de l'action publique. À l'inverse, les acquis des démarches participatives invitent au respect de certaines précautions méthodologiques nécessaires à la réalisation des objectifs énoncés plus haut. En témoignent les nombreux débats qui agitent encore aujourd'hui élus et experts quant aux conditions concrètes d'organisation des initiatives participatives.

Des différences se font ainsi sentir, tant au niveau de la conception de la citoyenneté qui se trouve convoquée (citoyen profane/citoyen expert ; citoyen rémunéré/citoyen bénévole, etc.), que des moyens mobilisés pour y parvenir. Sur ce dernier point, la majorité des acteurs de la participation citoyenne, inspirée en cela par certains expériences étrangères, privilégient

GRANDLYON
communauté urbaine
Direction de la Prospective et du Dialogue Public
20 rue du lac - BP 3103 - 69399 LYON CEDEX 03
www.millenaire3.com

actuellement le travail en « mini-publics » –, sous la forme de conférence de citoyens ou de jurys citoyens –, avec une méthode de sélection aléatoire des participants dans le cadre de dispositifs temporaires, ad hoc, c'est-à-dire constitués spécifiquement autour d'un problème de politiques publiques et destinés à être dissous une fois l'avis citoyen rendu.

La production de savoirs utiles

Le tirage au sort inspiré des jurys d'assises est ainsi valorisé pour sa capacité à contourner les difficultés d'inclusion et à cibler plus efficacement une diversité réelle des citoyens. De même, le caractère éphémère et spécialisé est présenté comme la garantie d'éviter les écueils rencontrés au sein des dispositifs permanents (comme les conseils de quartier rendus obligatoires par la loi « démocratie de proximité » de 2002 pour les communes de plus de 80 000 habitants). En effet, les conseils de type permanents semblent encourager un phénomène d'institutionnalisation des citoyens, avec pour conséquence un lissage des débats qui estompe progressivement toute forme de conflictualité, pourtant nécessaire à la production de savoirs utiles. De plus, cette institutionnalisation peut également – à l'instar des phénomènes communs à toutes les organisations hiérarchiques durables – favoriser le déploiement de stratégies d'instrumentalisation ou de noyautage à l'initiative des élus comme des citoyens.

Malgré tout, ces questions méthodologiques restent encore largement à débattre car même les « nouveaux » dispositifs, présentés comme vertueux, doivent être appréhendés avec prudence. Le tirage au sort nécessite par exemple une méthodologie précise et coûteuse qui suppose le choix d'un groupe assez large – généralement la liste électorale, plus rarement un simple annuaire téléphonique – au sein duquel vont être sélectionnés les futurs participants. Mais, à la différence du jury pénal, il n'existe pas à ce jour d'obligation à honorer une telle sélection au sein d'un dispositif participatif. Dès lors, le risque est important de voir une très forte défection des citoyens sollicités et donc une surreprésentation de participants engagés, concernés par l'objet du dispositif. La figure du citoyen lambda convoquée dans ce type d'exercice se trouve alors relativement délicate à trouver. Pour contourner ce biais, certaines expériences assortissent la sélection d'une rétribution financière incitative, afin d'élargir la base sociale des participants, ce qui pose la question du degré d'engagement de ces citoyens au sein de dispositifs souvent longs voire éprouvants, et au-delà, interroge sur la conception de la citoyenneté que l'on cherche à promouvoir. En définitive, le développement actuel d'une véritable ingénierie de la participation paraît non seulement souhaitable, mais aussi indispensable, afin de soutenir et de conseiller les élus dans la conception et la mise en œuvre concrète des différents dispositifs.

Les professionnels de la participation, par leur connaissance de la palette de mécanismes et de techniques disponibles, peuvent ainsi orienter les chefs de projets dans le choix du dispositif le mieux adapté au public visé, à l'objet de la concertation et aux différentes contraintes en présence. Cette professionnalisation apparaît finalement comme un moyen efficace d'éviter la propagation d'initiatives défaillantes qui risqueraient de décourager élus et citoyens à continuer à s'investir dans la démarche participative.

La seconde question centrale réside dans la nature de l'expertise citoyenne sollicitée. Autrement dit, il s'agit également d'interroger quel peut être l'apport des citoyens à l'action publique au-delà du simple rapport électeurs/élus. Certains travaux ont cherché à réaliser une typologie, une qualification des savoirs citoyens. Il en est ressorti une identification de plusieurs types de savoirs : le savoir militant, le savoir professionnel et le savoir d'usage. Si les deux premiers sont finalement assez connus pour avoir été déjà identifiés dans d'autres espaces (associatif, mouvements sociaux, etc.), la principale originalité de la démocratie participative réside dans l'idée d'un savoir d'usage propre aux citoyens. Les citoyens, par leurs pratiques quotidiennes et habituelles d'un territoire, d'un espace public, d'un service public, peuvent – à condition d'être encadrés de manière à s'extraire du simple témoignage de type « plaintes » ou « doléances », grâce ici encore au travail des pilotes professionnels de la participation – enrichir le débat public d'une nouvelle dimension. Ainsi, aux côtés de la dimension décisionnelle incarnée par les élus qui conservent le monopole du choix politique, et de la dimension technique assurée par les services administratifs, la démocratie participative permettrait l'apparition d'une troisième dimension de l'action publique grâce à l'expertise citoyenne. Le savoir d'usage présente en outre la capacité de favoriser l'égalité entre citoyens. En effet, il ne nécessite aucune compétence préalable (culturelle, militante, professionnelle, etc....) et ne requiert pas non plus la maîtrise des techniques argumentatives. Le savoir d'usage peut donc se définir comme « l'arme des faibles », l'instrument au service de l'expression la plus large possible de l'ensemble des perceptions et connaissances acquises in situ. Les vertus prêtées au savoir d'usage doivent cependant être appréhendées avec précaution. Pour adopter une métaphore sportive, il s'avère en effet qu'à l'instar de la pratique du judo, les pilotes des projets, au premier rang desquels les élus, cherchent parfois à retourner la force de « l'adversaire » à leur profit. Si le savoir d'usage est bien valorisé dans les arènes participatives, certains sens interdits argumentatifs sont régulièrement instaurés : il doit notamment être exprimé de manière non conflictuelle, et non radicalement opposée aux vues du politique. Les expériences françaises sont à ce titre majoritairement marquées par une forte asymétrie des rapports entre les pilotes des dispositifs, qui détiennent les clés du processus par leur maîtrise de l'agenda et de l'ordre du jour, et les citoyens, qui continuent à apparaître comme des profanes.

L'apport de ces nouveaux savoirs citoyens ne doit toutefois pas être négligé car ils contribuent de manière concrète à modifier les processus décisionnels. L'expertise citoyenne constitue en effet une réelle valeur ajoutée pour les décideurs publics qui y trouvent – pour peu qu'ils prennent la peine de les chercher – des informations essentielles à la conduite des politiques publiques (retours d'expérience, observation directe et coutumière, etc.)

Dans le même temps, la mise en valeur de ce registre discursif offre aux citoyens un nouvel espace démocratique relativement égalitaire et accessible en permettant l'effacement progressif de la figure du citoyen-profane au profit d'un citoyen expert.

Ce rapide état des lieux invite in fine à s'interroger sur la pertinence de la démocratie participative en tant qu'instrument utile à l'action publique. La notion apparaît aujourd'hui à la croisée des chemins et se trouve dans l'obligation de redéfinir les objectifs qui lui sont assignés – dans une forme de modestie sûrement –, mais également de mener un travail d'imagination afin d'inventer de nouveaux dispositifs participatifs pouvant produire des effets concrets sur les processus décisionnels et capables également d'éviter les écueils parfois dirimants que nous avons soulevé précédemment. Ce travail de requalification, de redéfinition de la démocratie participative doit nécessairement passer par une question centrale, qui est celle soulevée par cet article, à savoir : qu'apporte et que peut apporter la démocratie participative à l'action publique ? Si des éléments nouveaux portant sur l'articulation entre démocratie participative et conduite de l'action publique commencent à apparaître, de nombreuses questions restent encore à être envisagées afin de penser concrètement les dispositifs participatifs comme de nouvelles ressources pour les acteurs institutionnels et les citoyens.

GRANDLYON
communauté urbaine
Direction de la Prospective et du Dialogue Public
20 rue du lac - BP 3103 - 69399 LYON CEDEX 03
www.millenaire3.com

DOCUMENT 7

« Élaborer les politiques publiques avec les usagers et les agents : vers une dynamique de co-construction ? » (extraits) - Les cahiers de l'Observatoire social territorial - 21 juillet 2019

(...) Enfin, les agents et usagers peuvent proposer des idées **sans commande politique** préalable bien définie, comme dans le cas de **Carte blanche**. La place des élus dans ces démarches est d'ailleurs une question essentielle, comme on le verra par la suite.

B. Des expériences le plus souvent positives, malgré quelques écueils

L'ensemble des expériences analysées dans le cadre de cette étude fait état d'effets positifs sur les administrations, les agents et les usagers. Ces effets, principalement sur la motivation des agents et l'évolution des méthodes de travail, restent toutefois à confirmer dans la durée. En effet, les expériences sont récentes et ne permettent pas d'avoir du recul sur le long terme.

1. Des effets dans l'ensemble positifs à court terme

a. Un élément de motivation des agents

Les différentes expériences étudiées partagent un même effet positif, celui de renforcer la motivation des agents. Elles favorisent une approche pratique du service public, ce qui **répond à la demande de sens des agents**, comme le souligne Jérôme GROLLEAU : « Les agents abordent la question du sens à partir de situations concrètes et vécues, et non par de grands principes abstraits. Leur engagement personnel trouve sa source dans des expériences-types qui les touchent, et sur lesquelles ils peuvent produire des effets. Les valeurs attachées à l'action montent clairement en puissance dans les modes de raisonnement des agents : réactivité, efficience, adaptabilité... De plus, ces valeurs permettent de répondre à un enjeu fondamental aux yeux des agents, volontaristes et non plus passifs : la reconquête de la reconnaissance publique[24]. » La capacité de ces expérimentations à redonner du sens à l'action est le plus fort élément de motivation pour les agents.

En plaçant l'agent au cœur de l'innovation, les Transfo constituent également un puissant levier de motivation. La Transfo a pour effet de pousser les agents à **sortir de leurs missions** principales afin d'interroger ensemble le service public, sans considération de métier ou de grade. Les processus d'idéation constituent le cœur des projets et développent les capacités d'innovation des agents au-delà du moment de la période de la Transfo, comme l'a souligné lors d'un entretien Nicolas TRILLAUD, responsable du service innovation dans les politiques publiques **le Lab** à la **région Occitanie**. L'expérimentation de la **Transfo** dure deux ans mais les ambassadeurs continuent de promouvoir les pratiques innovantes au-delà de cette durée. Selon Nadège GUIRAUD, directrice des programmes et des projets de la **27e Région**, le passage par une Transfo est d'ailleurs **souvent vecteur d'évolution professionnelle** pour les agents qui y participent.

---

24 GROLLEAU Jérôme, *Réenchanter le quotidien : le sens de l'action publique locale*, Cahier n° 20, Paris, Observatoire social territorial de la MNT, mai 2018

Dans le cas de **l'équipe juridique mobile** à **Grenoble**, c'est la direction de l'action territoriale, familière avec la conduite de projets participatifs, qui a porté la démarche de manière volontariste. L'encadrement supérieur de la ville et du CCAS se montrait plutôt réservé dans un premier temps. Le succès de la démarche et ses premiers résultats l'ont finalement convaincu, à tel point qu'il a choisi d'emprunter la voie du *design thinking* pour penser la Caravane des droits, une autre action du plan d'accès aux droits de la ville.

Cette approche d'une administration de service, fondée sur les usages et les usagers, a par ailleurs un effet sur la posture des agents. La relation d'agent à usagers n'est plus descendante, et celle entre les managers et les agents est elle aussi amenée à évoluer. Dans la mise en œuvre du **parc naturel urbain** de **Strasbourg**, la responsable de projet explique l'impact qu'un tel projet de co-construction citoyenne a eu sur sa posture. « Cela a transformé ma manière d'œuvrer pour la ville et ses habitants. Avant je me situais comme sachante, aujourd'hui je me considère plus comme facilitatrice de projet, à l'écoute des acteurs, éveilleuse de territoire », a indiqué Béatrice PIPART lors d'un entretien.

Néanmoins, les agents non intégrés à ces expérimentations peuvent se sentir mis en concurrence. Ce fut le cas dans Carte blanche pour des secrétaires de mairie qui ont estimé leur rôle remis en question.

b. Une occasion de repenser les méthodes de travail

L'approche centrée sur les usages et les usagers induit très souvent de repenser les méthodes de travail, en y favorisant notamment la transversalité et l'évaluation. Certaines expérimentations, comme **Carte blanche** ou **la Transfo**, ont été construites dans le but de faire évoluer les administrations, afin d'y renforcer la transversalité et le travail collaboratif.

Le projet de Carte blanche a par exemple expérimenté une forme très avancée de polyvalence des agents avec la notion d'agent polyvalent. Il s'agit d'un agent de service public en position de contact direct avec l'usager. Sa mission est d'informer, d'accompagner aux démarches, de résoudre les difficultés administratives, d'orienter et suivre les dossiers des usagers de manière transversale, quel que soit le service public dont dépend leur demande : CPAM, CAF, mairies, CCAS, intercommunalités, préfectures, sous-préfectures. Cette démarche a par ailleurs demandé aux services publics de repenser la nature de leurs fonctions d'accueil.

La démarche centrée sur les usagers a pu également avoir **un effet fort sur l'évaluation des politiques publiques**. C'est le cas avec la mise en place du **baromètre de satisfaction** par la **communauté d'agglomération du Pays Voironnais**. Tous les services ont été équipés de ce baromètre, ce qui a permis de mesurer la qualité perçue des services publics par les usagers et de l'améliorer. Il s'est avéré être un bon outil de communication mais aussi un outil managérial.

Il permet de comprendre les différences de perception de la qualité d'un gestionnaire technique et un usager, et **d'orienter la recherche de qualité vers les attentes des usagers**.

L'exemple le plus parlant pour Pascal FORTOUL, DGS de l'EPCI, se retrouve dans la qualité de l'eau. Pour les services techniques, une eau de bonne qualité est une eau ayant une analyse bactériologique parfaite, tandis que pour l'usager c'est une eau qui a bon goût. Or, pour avoir une analyse bactériologique parfaite, l'eau est traitée au chlore qui n'a pas bon goût. Confronter les écarts de perception permet d'adapter le service rendu.

Ces impacts sur les organisations dépendent de la finalité des expérimentations et également de l'engagement des élus dans ces projets. Le **baromètre de satisfaction** a été intégré depuis dix ans par l'administration comme un outil technique, de management et de communication, mais les élus ne se le sont pas approprié. Pour Pascal FORTOUL, cela s'explique par le fait que ce dispositif questionne le rôle de l'élu dans sa fonction de remontée des attentes des administrés.

À l'inverse, **l'investissement des élus est un facteur important de réussite des projets**. Le projet **d'équipe juridique mobile** à **Grenoble** n'a pu voir le jour que grâce à l'implication forte du maire dans ce projet. Le **parc naturel urbain** de **Strasbourg** a perduré grâce à la capacité des élus en charge de l'environnement à faire évoluer les élus de quartier. « C'est un nouveau mode de faire, qui n'exclut pas l'élu mais qui nécessite que celui-ci fasse preuve de lâcher prise », précise Christel KOHLER, adjointe au maire de Strasbourg, en charge de la ville en nature et ville nourricière.

In fine, les démarches participatives peuvent modifier l'image que se font les élus du rôle qu'ils doivent jouer auprès de la population. Elles sont susceptibles de renforcer leur rôle stratégique et visionnaire, et d'atténuer leur rôle d'écoute et d'interprétation des besoins des habitants. Le débat entre élus autour de ces questions semble nécessaire.

c. Un bilan nuancé sur les résultats obtenus

Les démarches étudiées ont à chaque fois permis d'atteindre des résultats soit inattendus, soit qui semblaient inatteignables. En intégrant les techniques du design et de l'innovation, en questionnant les usages et en donnant un nouveau rôle à l'agent, elles permettent de **faire émerger des idées qui n'auraient pas émergé autrement**. Ces idées sont souvent sources d'améliorations peu coûteuses et faciles à mettre en œuvre. C'était le cas de la **Transfo** à **Mulhouse**, qui a travaillé sur la façon de limiter le nombre de mégots jetés dans la rue, en utilisant les techniques du *nudge* (incitation douce en français) pour inciter les fumeurs à jeter leurs mégots dans des collecteurs spéciaux...

Les démarches co-construites avec les usagers disposent d'une **légitimité renforcée**. Elles sont mieux acceptées que des décisions prises dans une simple concertation. Mais ces démarches requièrent une implication plus forte de l'administration et prennent plus de temps. Une lenteur qui doit être assumée par les élus. « Cela demande de l'énergie, beaucoup plus que demander de temps en temps l'avis du conseil de quartier. Mais on s'assure de l'acceptabilité du territoire », résume Christel KOHLER.

Si les responsables interrogés retirent un bilan globalement positif, plusieurs se sont montrés dubitatifs quant à la possibilité d'étendre le périmètre des expérimentations ou de globaliser ces démarches à l'échelle de leur administration. Et ce notamment parce que ces démarches impliquent fortement les citoyens.

Ce phénomène a été mis en évidence par deux chercheurs, Donald NORMAN et Roberto VERGANTI. Ils se sont intéressés « au lien entre radicalité de l'innovation et implication de l'usager et défendent l'idée que les démarches collaboratives mettant l'usager et ses attentes au centre de la réflexion ne peuvent donner lieu qu'à des innovations incrémentales, c'est-à-dire des modifications/améliorations continues des pratiques existantes, avec des résultats facilement appropriables. En revanche elles ne produisent pas d'innovations radicales qui constituent une rupture avec les pratiques habituelles. Cette deuxième catégorie, qualifiée de "meaning-driven innovation" demande une compréhension et une analyse fine de dynamiques socioculturelles beaucoup plus larges, susceptibles de produire des sens et des langages nouveaux, et ne procède pas directement de la consultation des usagers. »[25]

Si les effets positifs des expérimentations étudiées sont indiscutables, leur portée est à nuancer car ils sont liés au contexte politique et limités à un cadre de mise en œuvre restreint. Par ailleurs, ces expérimentations peuvent être source de désillusion si elles ne sont pas défendues à la fois politiquement et administrativement.

2. Des risques de désillusions

a. Fédérer au-delà des porteurs de projet

Une condition de la réussite d'une expérimentation est l'implication du ou des porteurs de projet. À **Grenoble**, le projet **d'équipe juridique mobile** doit son succès à la forte mobilisation du maire. À **Strasbourg**, le **parc naturel urbain** repose en grande partie sur le travail de la responsable de projet, qui va bien au-delà du périmètre de son poste. Ces forces motrices sont salutaires, mais cela pose la question des **modalités de pérennisation** si les personnes les plus

[25] ÖZDIRLIK Burcu, PALLEZ Frédérique, « Au nom de l'usager : co-concevoir la relation au public dans une mairie », *Sciences du Design*, 2017, p. 69-84

impliquées quittent le dispositif. À **Mulhouse**, **la Transfo** a été lancée par le maire, Jean ROTTNER, qui a ensuite démissionné pour devenir président de la région Grand Est. Le projet a été ralenti pendant plusieurs mois et le processus créatif fragilisé, dans une administration qui a pourtant une culture de l'innovation.

Par ailleurs, ces démarches peuvent **déstabiliser une organisation** si le portage est défaillant. Si la grande majorité des Transfo initiées dans les régions et les agglomérations ont produit des effets positifs, au moins à court terme, cette expérimentation a connu un échec dans sa mise en œuvre dans la région Bourgogne-Franche-Comté. La démarche initiée par l'administration n'a jamais réussi à fédérer le portage politique nécessaire, ce qui a déstabilisé l'administration au-delà des simples porteurs de projet. L'effet est négatif pour les agents qui s'étaient fortement impliqués et pour l'administration qui devient plus réticente à se lancer dans de nouvelles expérimentations.

Il existe par ailleurs un effet déstabilisateur possible, **même dans le cas d'un projet fortement porté**. À la **métropole de Lyon**, la directrice de la prospective et du dialogue public, Caroline RICHEMONT, souligne les difficultés inhérentes à un changement organisationnel d'envergure. Ce fut le cas concernant le projet expérimental **Gare Remix** mené par la **métropole de Lyon** en 2015. « Nous avons réuni expertise d'usage et expertise technique, tout le monde était au même niveau, c'est un changement de culture. Une co-construction [...] est très déstabilisante pour les agents. Ils ne sont pas formés à cette méthode et sont en totale contradiction avec tout ce qui fait leur quotidien : respect de la hiérarchie, devoir de réserve, sacro-sainte parole des élus...[26] »

b. Des coûts humains et financiers non négligeables

Avant même de considérer l'importance d'un portage politique et administratif fort, les coûts d'une expérimentation peuvent constituer un frein à ce genre d'initiative. Lors des ateliers participatifs réalisés par la MNT à l'occasion des ETS de décembre 2018 sur le thème « manager l'expérience usager », les participants ont mis en avant ces coûts pour expliquer la difficulté à mener ces projets, notamment dans les collectivités de petite et moyenne taille.

Ces coûts sont à la fois financiers et humains. Le programme de la **Transfo** coûte 165 000 euros pour une commune, sachant que le coût réel est plus important pour la **27e Région**, celle-ci bénéficiant du financement de la fondation Bloomberg pour la mise en œuvre des Transfo dans les villes. Le **baromètre de satisfaction** a coûté 5 000 à 7 000 euros pour la construction du baromètre de chaque service de la communauté d'agglomération du **Pays Voironnais**, puis 3 000 à 4 000 euros pour l'enquête auprès de la population réalisée pour chaque service tous les ans ou tous les deux ans.

[26] GERBEAU Delphine, MENGUY Brigitte, « Faire du design de service public, oui, mais comment ? », *La Gazette des communes*, 25 juillet 2017

Le coût humain est un autre facteur déterminant. **La Transfo** mobilise une vingtaine d'agents trois jours par mois pendant 16 mois, ce qui a un impact sur leurs services. Les ambassadeurs font souvent état des tensions que leur participation a pu générer au sein de leur équipe ou avec leur manager. Mettre en place une Transfo requiert donc de **dégager du temps-homme et d'impliquer les équipes** au-delà des seuls ambassadeurs. Dans le cas de **l'équipe juridique mobile** de **Grenoble**, ce dispositif a nécessité un recrutement spécifique (travailleuse paire, voir en annexe, p. 54) et donc de sortir des processus des ressources humaines classiques. Pour la mise en œuvre du parc naturel urbain, le projet a nécessité d'allonger fortement le processus d'élaboration et d'impliquer davantage d'agents, ce qui est coûteux en temps et en personnes.

c. Une faible diffusion de ces démarches

Une fois mises en place, la principale difficulté des expérimentations est d'arriver à les faire infuser au sein de l'administration. Le risque est de créer de simples « **îlots participatifs** » dans les collectivités territoriales. L'objectif final de la Transfo est de créer un laboratoire d'innovation au sein des collectivités. Dans les faits, **moins de la moitié** des Transfo ont abouti à l'instauration d'un laboratoire pérenne. Les raisons sont parfois **conjoncturelles**, notamment du fait de la fusion de certaines régions. **Le laboratoire** de la **région Champagne-Ardenne** n'a pas été institutionnalisé par la région Grand Est, tandis que celui de Languedoc-Roussillon a été renforcé en Occitanie. Mais la création d'un laboratoire requiert également que la collectivité en perçoive l'intérêt et celui de recruter des designers.

Par ailleurs, comme l'évaluation, l'innovation est souvent portée par un service particulier, et se retrouve isolée dans l'organisation. C'est l'un des écueils soulevés à Grenoble.

Quand ces expérimentations n'arrivent pas à se diffuser au sein de l'organisation, le risque est alors d'aboutir à **la déception des équipes impliquées** et de l'administration dans son ensemble. Les processus d'innovation sont alors perçus comme un élément de communication plus qu'un facteur d'amélioration du service public ou de renforcement du sens de l'action des agents.

Les expérimentations visant à repenser les politiques publiques en partant des usagers et des usages ont un effet globalement positif à court terme sur les administrations qui les mettent en œuvre, car elles apportent du sens à l'action des agents et sont vecteurs de mobilisation. La pérennisation de ces effets positifs nécessite toutefois un portage politique et administratif fort. Ceci implique de considérer tous les coûts induits par ces projets et d'envisager une évolution du rôle de chacun (usagers-agents-direction-élus) dans la mise en œuvre des politiques publiques.

(...)

SYNTHÈSE DES RECOMMANDATIONS OPÉRATIONNELLES

Guide des bonnes pratiques à l'attention des décideurs territoriaux

Intégrer le changement aux projets politique et administratif

- Inscrire dans le projet d'administration les modalités de la prise en compte de l'expérience usagers et de la circulation des informations entre usagers, agents de terrain, managers et élus,
- Susciter un débat politique sur ces questions, à travers par exemple un séminaire des élus.

Adapter la politique RH pour créer une culture commune

- Dans le cadre d'une gestion prévisionnelle des emplois et des compétences, donner une nouvelle impulsion aux métiers en évolution (agents d'accueil, agents d'entretien...) en renforçant la relation au public (avec la médiation) et la fonction de relais de la parole usagers auprès des décideurs,
- Permettre aux agents de terrain, grâce à des formations et en renforçant l'expertise de premier niveau, d'être forces de propositions et capables de répondre aux attentes des usagers, au lieu de simplement réorienter la question vers le service compétent,
- Permettre au responsable d'être à la fois manager d'équipe, accompagnateur de ses équipes et leader, en acceptant plus d'autonomie des agents,
- Formaliser le processus et les fonctions de management de l'expérience usager dans les fiches de postes et les lettres de mission, tant pour les agents de terrain que pour les managers et la direction générale,
- Associer les organisations syndicales aux démarches participatives,
- Expérimenter le recrutement de travailleurs pairs, ayant vécu le parcours de l'usager, afin de mieux répondre aux besoins du public,
- Expérimenter la co-formation usagers-agents-décideurs sur le modèle d'ATD Quart Monde, pour reconnaître les compétences mutuelles, acquérir un vocabulaire et des méthodes en commun.

Favoriser les échanges, la créativité et la transversalité dans la collectivité

- Favoriser la transversalité dans l'organisation, réduire les « clapets » hiérarchiques dans la circulation de l'information,
- Créer des espaces de dialogue et de co-construction des politiques publiques avec les agents (design thinking, living lab, etc.),
- Pour devenir une administration agile, prévoir des temps sanctuarisés de créativité, dans des lieux tiers,
- Décloisonner les directions et fédérer tous les acteurs, privés et publics autour d'un même projet, pour que l'administration devienne un lieu d'ouverture et d'émancipation qui favorise l'innovation sociale et permette l'inclusion des personnes.

Décloisonner les organisations, pour optimiser les moyens et offrir un visage unifié du service public aux usagers

- Expérimenter le rapprochement des administrations pour que l'agent soit agent du service public en général, sans distinction d'administration d'appartenance,
- Développer des démarches de partage de ressources entre opérateurs, comme des laboratoires d'innovation, par le biais d'une approche territoriale,

Donner l'exemple et multiplier les occasions d'innover

- Évaluer en continu les démarches participatives mises en place, pour les améliorer et écarter ce qui ne marche pas,
- Expérimenter des expériences collaboratives flash, pour que chacun puisse utiliser les outils de la co-construction au quotidien, même sur des projets simples et de court terme,
- Éviter que l'administration fonctionne à deux vitesses : d'un côté la recherche et innovation, de l'autre la gestion des dossiers du quotidien,
- Mobiliser la communication interne et la communication externe pour transmettre un discours adapté et partager les démarches concrétisées par l'administration.

(...)

DOCUMENT 8

« Le numérique va-t-il hacker la démocratie locale ? Guide des outils numériques pour la participation citoyenne dans les collectivités locales » (extraits) -
Banque des territoires - mai 2018

(...) **À l'heure du numérique et des démarches collaboratives, la question de la participation citoyenne est repensée. Les dispositifs de participation citoyenne traditionnels sont augmentés et de nouvelles fonctionnalités permettent d'inclure un plus grand nombre de citoyens.**

Que recouvre la participation citoyenne ?

La participation citoyenne recouvre une pluralité d'outils : de simples démarches d'information (communication purement descendante), aux démarches de consultation, démarches de concertation et jusqu'aux démarches de co-production des projets avec les habitants.

Mettre en place des démarches de participation citoyenne répond à plusieurs objectifs :

- établir une relation de proximité avec ses habitants,
- améliorer la participation de certains groupes d'habitants,
- améliorer le cadre de vie des habitants,
- favoriser l'hybridation des expertises,
- répondre à des obligations réglementaires,
- répondre à une demande des habitants,
- favoriser le « vivre-ensemble » et renforcer la cohésion sociale.

Les instances traditionnelles de participation citoyenne, tels que les conseils de quartiers, cherchent aujourd'hui à favoriser l'inclusion d'un plus grand nombre de citoyens, la participation citoyenne souffrant de deux biais :

- elle apparaît réservée à des « citoyens experts »,
- les citoyens n'ont pas suffisamment de retours concrets et visibles de leurs contributions.

Des formats plus innovants ont été imaginés pour favoriser l'inclusion de publics plus larges et plus variés tels que :

- les chantiers participatifs qui permettent le test des usages et des espaces,
- les ateliers de co-création souvent destinés à un public précis : enfants, adultes ou retraités,
- les balades urbaines et la conception de cartes mentales,
- les conférences-débats, etc.

Les cinq fonctionnalités des outils de participation citoyenne

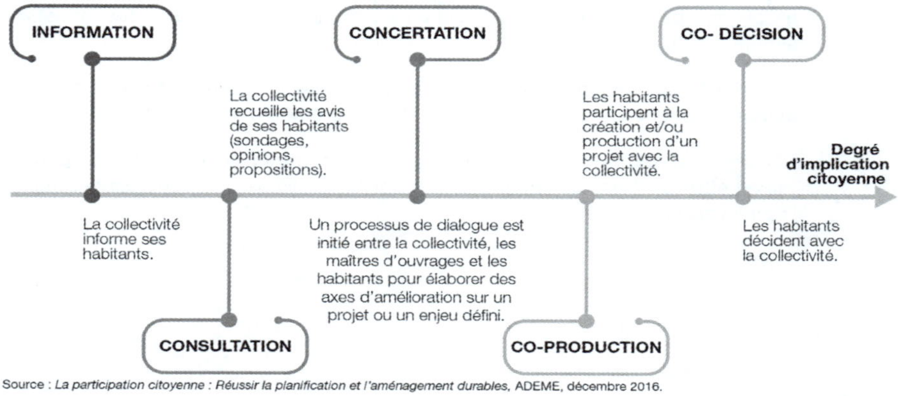

Source : *La participation citoyenne : Réussir la planification et l'aménagement durables*, ADEME, décembre 2016.

En quoi le numérique vient-il redynamiser la participation citoyenne ?

Les outils numériques de participation citoyenne, appelés également Civic Tech, désignent l'ensemble des applications et plateformes qui permettent de recourir à « l'intelligence collective » et de renforcer le lien démocratique entre les citoyens, les collectivités et l'État. Ceux-ci se donnent pour objectif de renforcer la transparence de l'action publique, favoriser la participation citoyenne et notamment la co-construction des politiques publiques.

À plusieurs égards, le numérique renforce les dispostifs de participation citoyenne :

Pour la collectivité, les outils numériques permettent de :

- **partager les savoirs :** les habitants peuvent exprimer leurs opinions et partager leurs expertises d'usages,
- **améliorer la communication entre les élus et les habitants,**
- **améliorer la communication entre les services et les habitants,**
- **améliorer la communication transversale entre les services** et entre les différents échelons territoriaux,
- instaurer de **nouvelles méthodes de travail et optimiser certains processus de décision.**

Pour les habitants, le numérique est source :

- **de compréhension de la démarche de participation :** les habitants peuvent disposer à tous moments d'une vision globale des débats,
- **de vision globale des acteurs et des enjeux :** il est possible de réunir les propositions de différentes instances citoyennes (conseils des jeunes, conseils de quartier, etc.) sur une même plateforme,
- **d'accessibilité :** les habitants ne pouvant pas se déplacer ont la possibilité de voter ou de participer en ligne à l'heure choisie depuis n'importe quel lieu,
- **d'inclusion :** la participation est élargie voire renforcée dans le cas de mise en place de dispositifs de médiation numérique,
- **de cohésion sociale et d'échange entre les habitants :** notamment à travers les démarches de concertation, de budget participatif et de financement participatif.

De même, le numérique peut encourager de nouveaux habitants à participer aux réunions publiques : elles deviennent plus visibles et transparentes et s'articulent avec des outils pris en main par d'autres habitants et notamment les plus jeunes.

Redynamiser les conseils de quartier à l'aide des outils numériques

Depuis 2002, les conseils de quartier sont obligatoires dans les villes de plus de 80 000 habitants. **Instances clefs de la participation citoyenne,** les conseils de quartier sont, pour certains d'entre eux, à la recherche d'un nouveau souffle.

Les outils numériques de démocratie locale permettent de revaloriser les conseils de quartier en en faisant de véritables relais de participation citoyenne sur le terrain pour :

- proposer des cafés budgets pour relayer les budgets participatifs numériques,
- proposer des relais de communication sur les concertations et consultations en ligne,
- mettre en place une campagne de commuication pour les projets de financement participatif centrés sur un quartier.

« La véritable force du numérique réside dans la transparence : les propos des démarches sont traçables et les habitants peuvent avoir accès à l'ensemble des informations »

Tatiana de Feraudy
Chercheuse et spécialiste des Civic Tech au sein du think-tank *Décider Ensemble*

Des fonctionnalités nouvelles et augmentées

BESOINS DES COLLECTIVITÉS TERRITORIALES	OUTILS NUMÉRIQUES	BESOINS DES HABITANTS
• Identifier de nouvelles idées de projets sur son territoire • Mener des concertations réglementaires plus facilement	**OUTILS DE DIALOGUE, DE VOTE ET DE CONCERTATION** Sondages, appels à projets, débats et dialogues en ligne	• Proposer des projets • Faire entendre sa voix et donner son avis • Contribuer à l'évolution de son territoire
• S'appuyer sur l'expertise des habitants-usagers • Concerter efficacement sur les modifications de PLUi	**CARTOGRAPHIE PARTICIPATIVE** Cartographie numérique, réalité augmentée	• Valoriser son expertise d'usager et d'habitant • Visualiser les évolutions du territoire et les projets d'aménagements urbains
• Collaborer avec les habitants pour améliorer le cadre de vie de sa ville • Permettre une réaction rapide des services techniques	**OUTILS DE SIGNALEMENT** Remontée d'informations, envoi de suggestions	• Améliorer sa ville et son cadre de vie en notifiant les problèmes rencontrés sur la voirie et les espaces publics
• Identifier les nouvelles attentes des citoyens • Fédérer et mobiliser autour de projets • Faire de la pédagogie sur les choix budgétaires	**OUTILS DE BUDGET PARTICIPATIF** Appels à projets, vote en ligne, dialogue	• Disposer d'une enveloppe budgétaire pour faire émerger des projets • Participer activement aux projets de sa ville
• Organiser le financement de projets non réalisables dans le cadre budgétaire existant	**OUTILS DE FINANCEMENT PARTICIPATIF** Propositions de projets contributions financières	• Contribuer financièrement au rayonnement de son territoire
• Favoriser la transparence et la création de nouveaux services • Améliorer les données partagées entre les services	**PORTAILS OPEN DATA** Ouverture de jeux de données publiques, visualisation	• S'informer sur l'action publique • Avoir accès aux données d'intérêt général • Participer à la création de nouveaux services

(...)

FICHE I

Je souhaite consulter les citoyens sur un projet

Qu'est-ce qu'une consultation numérique ?

Consulter revient à demander l'avis des habitants sur un sujet afin de déterminer leurs besoins, leurs attentes, leurs opinions et d'avoir accès à leurs suggestions et propositions. Il existe plusieurs modalités de consultation :

- **l'appel à contribution :** les habitants font des propositions à travers un outil de « boîte à idées » ou « d'appel à projets » et la collectivité peut y répondre,
- **le sondage :** les collectivités demandent aux habitants de donner leur avis sur des projets déjà menés ou à venir.

ZOOM

Les collectivités qui développent leurs propres outils numériques

Afin de pouvoir piloter en interne et adapter leurs démarches à leurs spécificités territoriales, certaines collectivités territoriales font le choix de créer leurs propres plateformes. Celles-ci font appel à des prestataires de type agences web ou de communication pour développer l'outil et en assurer la maintenance.

À l'inverse des offres de services proposées en mode SaaS (Software as a Service), le développement et la maintenance de l'outil représentent des coûts portés par la collectivité.

Pourquoi mettre en place une consultation numérique ?

+ pour les habitants

- Exprimer leurs besoins
- Mettre à profit leurs expériences en proposant des idées innovantes
- Communiquer directement et plus simplement avec leurs représentants et être informés des décisions prises par la collectivité

+ pour la collectivité

- Sonder les besoins de ses habitants afin d'adapter les projets futurs
- Informer et fédérer autour de nouveaux projets/nouvelles politiques
- Bénéficier de l'expertise des habitants et de leurs idées innovantes
- Communiquer directement avec les habitants

Où en sont les territoires ?

Les collectivités territoriales sont nombreuses à mettre en place des consultations, que cela soit par l'intermédiaire de sondages ou de débats, dans des secteurs très variés.

1. **Les consultations réalisées en amont d'un projet** prennent souvent la forme de sondages ou questionnaires afin de recevoir l'avis des citoyens et comprendre les positions de chacun. **Ainsi le département de l'Hérault a mis en place un questionnaire en ligne afin de recueillir les avis des habitants avant l'élaboration du Plan Vélo départemental en 2018.**

2. **Les consultations réalisées au cours de la réalisation d'un projet** se traduisent généralement par l'appel à contribution : la collectivité souhaitant connaître les idées des habitants sur le projet. L'objectif est d'informer et fédérer autour d'un projet. Elles permettent à la collectivité de réajuster et d'enrichir le projet initial.

3. **Les consultations réalisées en aval d'un projet** permettent l'évaluation et la planification de projets futurs.

Étapes clés de mise en œuvre d'une consultation numérique

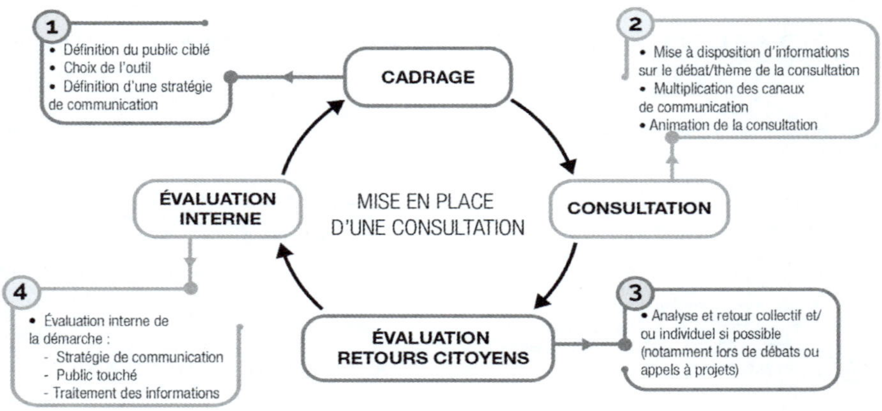

FICHE I

Je souhaite consulter les citoyens sur un projet

Facteurs clés de réussite

Favoriser la participation

- Structurer une stratégie et un plan de communication visible et efficace
- S'appuyer sur les relais territoriaux (associations, conseils de quartier, etc.), afin de transmettre les informations relatives à la compréhension du thème de la consultation
- Tester les sujets et la formulation de la consultation auprès d'un groupe restreint en amont

Favoriser l'inclusion

- Mettre en place des dispositifs de médiation numérique (*cf.* partie 3) afin de favoriser la participation des publics éloignés

Construire une logique de participation pérenne

- S'assurer que tous les citoyens ont un retour suite à leur contribution (individuel lors de débats ou propositions et collectif lors d'un sondage)

Conseil d'expert

« Les dispositifs de traduction des contributions citoyennes doivent être les plus transparents et lisibles possible.
Les moyens consacrés au traitement de ces informations doivent être conséquents, quel que soit le nombre de contributions. »

Conseil de... Loic Blondiaux
Professeur et chercheur spécialiste de la démocratie participative (Université Paris I - Panthéon-Sorbonne).

La consultation nécessite d'expliquer clairement ses enjeux en amont. Les citoyens doivent être en mesure de comprendre le degré d'intégration de leurs propositions, dans quel cadre et selon quel calendrier.

€€ +++ 1-6 mois

Focus collectivité : le Grand Débat « Nantes, La Loire et Nous »

D'octobre 2014 à mai 2015, la métropole de Nantes a organisé le **Grand Débat « Nantes, la Loire et Nous »**, une démarche de participation citoyenne globale mêlant participation présentielle et numérique. Le Grand Débat portait sur quatre thèmes autour du fleuve : les pratiques et usages, l'espace économique et écologique, la mobilité et l'attractivité.

- La démarche s'est déroulée sous l'autorité et la responsabilité d'une commission indépendante composée de huit membres mandatés à cet effet.
- Les modalités participatives ont été nombreuses et diversifiées :
    - acteurs : contribution collective sous forme de cahiers d'acteurs et à l'appui de séminaires
    - experts : auditions filmées
    - citoyens : contributions individuelles, comité citoyen et initiatives.
- La collectivité a eu recours à la méthode **World Wide Views** : consultation multi-sites organisée au sein d'une journée afin de diversifier les formats et de **favoriser la participation des citoyens non spécialistes et non engagés sur les thèmes du débat.**
- Un site internet a été créé pour mettre à disposition les connaissances disponibles et publier les contributions au fur et à mesure du débat.

Au total, **40 865 participants numériques** ont été recensés via le site internet et **3 200 participants en présentiel**.

Suite au Grand Débat, les élus de la Métropole ont pris, le 15 décembre 2015, trente engagements pour l'avenir qui constituent une feuille de route à l'échelle des 24 communes.

Témoignage de la collectivité

« Les outils numériques permettent une traçabilité des échanges essentielle notamment lors de la phase de traitement des réponses. Cette traçabilité est un gage de sincérité de la démarche et facilite le retour aux citoyens. »

Cheffe de projet numérique et innovation - Nantes Métropole

Pour aller plus loin...

- *Innover et gouverner dans la ville numérique réelle,* **Iddri, FING, avril 2018**

(...)

PARTIE 3

Comment bien choisir son outil numérique ?

En 2018, plus de 74 outils numériques de participation citoyenne à destination des territoires ont été recensés.

Si ce foisonnement d'initiatives et de dispositifs révèle une véritable dynamique, il ne reste pas moins difficile pour les décideurs publics de choisir les outils les plus adaptés à leurs besoins.

Les cinq questions clés à se poser pour bien choisir son outil

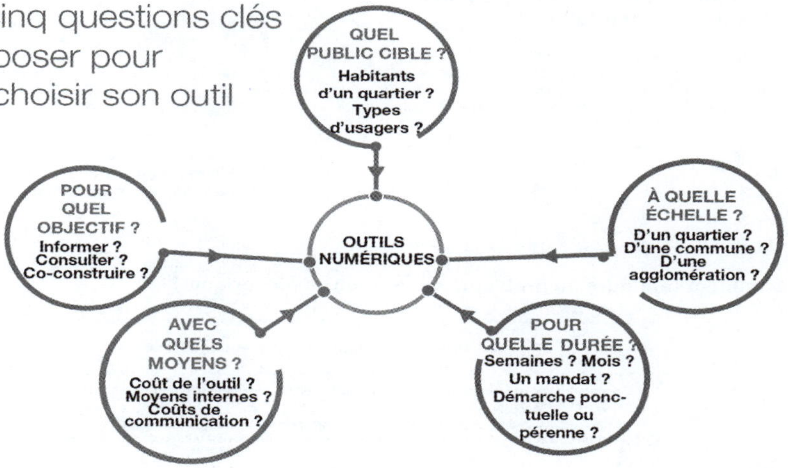

« Sur quels critères fonder son choix ? »

Il convient de privilégier les plateformes numériques qui permettent de :

1. Protéger les données personnelles

- La plateforme doit être en conformité avec les obligations CNIL.
- La plateforme doit être conforme au Règlement Général sur la Protection des Données (anonymisation des données, droit à l'oubli, portabilité des données, etc.).
- La collectivité doit pouvoir connaître et suivre l'usage que le prestataire fera des données personnelles gérées par la plateforme.

2. Mettre en place une plateforme loyale et sincère

- Les règles de fonctionnement de la plateforme sont connues de manière transparente par les utilisateurs ainsi que les éventuels biais existants dans le traitement des contributions.

3. Appliquer le principe de réversibilité

- La collectivité peut récupérer les données collectées par la plateforme dans un format accessible et les utiliser elle-même ou via un autre outil.

L'utilisation des réseaux sociaux

Les collectivités ont souvent recours aux réseaux sociaux (Twitter, Facebook et Instagram) afin d'informer ou de consulter leur population. Certaines d'entre elles ont recruté un *community manager* afin d'alimenter ces pages.
Ces outils sont gratuits, pratiques et faciles d'utilisation, mais ils ne permettent pas d'instaurer des démarches de participation citoyenne poussées. Ils ne proposent que très peu de fonctionnalités.

Il importe également d'être vigilants quant aux garanties qu'ils apportent concernant l'utilisation éthique des données personnelles.

Des réponses à vos questions

1. « Comment inclure tous les publics dans ma concertation ? »

Les outils numériques de participation citoyenne favorisent l'inclusion de certains publics mais peuvent en exclure d'autres. Éviter de reproduire la fracture numérique est un enjeu clef pour assurer le succès des démarches de participation citoyenne.

« La création de comités d'usagers de la participation citoyenne regroupant acteurs traditionnels du champ social (AMAP, associations culturelles et sociales, etc.) et acteurs du numérique permettrait une hybridation des savoirs essentielle afin d'assurer une médiation numérique solide et une participation citoyenne ancrée dans les enjeux du territoire».

Conseil de... Clément Mabi
Maître de conférence à l'université de Technologie de Compiègne.

Comment répondre au problème de la fracture numérique ?

1 — Allier démarches en présentiel et numérique

- Les démarches en présentiel sont essentielles car elles permettent une meilleure compréhension des usages et outils numériques.
- Exemples : les ateliers citoyens, les journées d'initiation au numérique au sein de tiers-lieux, les kits de communication et d'informations présentés au sein des conseils de quartiers, les caravanes des projets.

2 — S'appuyer sur des dispositifs de médiation numérique

- Proposer du coaching et/ou des kits de communication, notamment pour les porteurs de projets dans le cadre de budgets participatifs
- Organiser des évènements citoyen dédiés (kermesse citoyenne, tournées citoyennes, etc)

3 — Diversifier les formats de participation

- Utiliser des formats plus simples comme des questionnaires à choix multiples
- Éviter les modalités d'inscription ou d'enregistrement longues (notamment pour les processus de vote)

4 — S'appuyer sur des intermédiaires

- Utiliser des relais comme :
  - des tiers-lieux pouvant former les publics éloignés
  - des associations spécialisées dans la médiation numérique
  - des instances citoyennes (conseils de développement ou conseils de quartier)
  - des professionnels de la concertation

2. « Comment s'assurer d'un niveau de participation suffisant ? »

Nombreux sont les décideurs publics à espérer un niveau de participation élevé lors de la mise en place d'un outil numérique de participation citoyenne. Pour y parvenir, il importe de mettre en place une campagne de communication ambitieuse et multicanale, qui touche l'ensemble de la population.
Le budget consacré à la communication n'est donc pas neutre et dépasse parfois le coût de l'outil numérique lui-même.

Si le taux de participation est un indicateur nécessaire, il est toutefois insuffisant pour mesurer le succès de la démarche :

- des taux de participation de l'ordre de 10 % sont déjà satisfaisants,
- les citoyens ne peuvent s'intéresser à tous les sujets proposés par la collectivité. De ce fait, ils privilégieront les thématiques qui les concernent directement tels que les sujets de proximité ou liés à la petite enfance, etc.,
- c'est la qualité des contributions qui fait le succès d'une démarche et permet de véritables avancées.

3. « Quel est le coût moyen d'un outil numérique de participation citoyenne ? »

La question des coûts des outils numériques de participation citoyenne est un enjeu clef pour de nombreuses collectivités. Il englobe :

- le coût de l'outil numérique à proprement parler,
- les moyens humains internes (temps agents),
- le coût dédié à la communication

Le coût des outils actuellement sur le marché reste modéré. Le modèle le plus répandu est le mode SaaS (*Software as a Service* – logiciel en tant que service) qui permet aux collectivités de s'abonner pendant plusieurs mois ou années à des services opérés et développés à distance.

Les coûts moyens vont de quelques milliers d'euros à plusieurs dizaines de milliers d'euros. Les prix varient généralement en fonction du nombre d'habitants de la collectivité mais aussi en fonction des services complémentaires proposés par le prestataire : demandes spécifiques de la collectivité pour personnaliser et adapter la plateforme avant son lancement, formation en interne, prestation de conseils et d'accompagnement et richesse de l'offre de services.

À titre indicatif, pour les villes de taille moyenne (environ 40 000 habitants) :

- l'abonnement à un outil de signalement coûte entre 7 000 et 15 000 euros par an,
- le prix d'un outil de cartographie participative s'inscrit entre 15 000 et 25 000 euros par démarche de participation citoyenne,
- la mise en place d'un portail open data avec des jeux de données simples démarre à 7 000 euros par an.

Le budget communication et les moyens humains ne doivent pas être négligés. Pour assurer le succès de tels dispositifs, il est généralement essentiel qu'un agent soit en charge de l'animation et du pilotage de l'outil quasiment à temps plein pendant la période de consultation (à 50 % en phase de cadrage ou d'évaluation).

(...)

Comment aborder le sujet ?

Les indications formelles

Le document demandé, en parfaite cohérence avec l'intitulé réglementaire de l'épreuve, est une note. La collectivité de l'auteur de la note est précisée dans la commande, ce qui permet de remplir le timbre sans aucun risque de rompre l'anonymat de la copie par un signe distinctif prohibé.

L'auteur de la copie est attaché territorial : pour autant, il est non seulement inutile mais aussi fortement déconseillé de porter « L'attaché territorial » en fin de copie, car cette mention pourrait entraîner l'annulation de votre copie par le jury du concours pour rupture d'anonymat, si d'aventure vous la paraphiez ou la signiez.

Le destinataire de la note est la directrice générale des services de la commune d'Admiville.

La liste signalétique ne permet pas de repérer de documents de nature à être mentionnés dans la zone des « références ». On sera toutefois attentif, lors de l'exploitation du dossier, à repérer d'éventuelles « références » permettant d'alimenter la zone *ad hoc*.

Vous pouvez ainsi aisément satisfaire aux obligations formelles de présentation de la note :

Commune d'Admiville — Le 17 novembre 2022 *(date de l'épreuve)*

NOTE

à l'attention de Madame la Directrice générale des services

Objet : La co-construction des politiques et services publics locaux

La commande

La commande précise que la commune d'Admiville compte 78 000 habitants. Cette donnée mérite attention, permettant, dans l'hypothèse où certaines dispositions ne concerneraient que les communes de plus de 1 000 habitants ou 3 500 habitants (seuils assez usuels dans les dispositions du Code général des collectivités territoriales), d'éviter toute hésitation quant à leur applicabilité à Admiville. De plus, dans l'hypothèse où le dossier rendrait compte d'expériences dans diverses collectivités, on privilégierait celles de communes de même importance démographique.

On observe que l'auteur de la note est chargé de mission auprès de la directrice générale des services, ce qui invite à adopter une vision large et à ne négliger dans la note aucune des politiques publiques ni aucun des services pouvant être concernés par cette co-construction.

Un autre élément contextuel paraît important : « Il existe depuis de nombreuses années des conseils de quartier, des réunions de concertation et des budgets participatifs. » Cette indication met très tôt dans l'épreuve sur la piste d'un plan très classique lorsque l'on a à traiter d'une nouvelle politique (ou d'une nouvelle institution) :

La politique préexistante (ou les dispositifs préexistants) / Leurs insuffisances // Une nouvelle politique (ou de nouveaux dispositifs) / Les conditions de leur réussite (ou les précautions à prendre).

ou :

Les limites des dispositifs traditionnels de participation / L'invention de nouveaux outils // Les avantages des nouveaux outils / Les précautions à prendre.

Le thème de la note est on ne peut plus clair : la co-construction des politiques et services publics locaux.

La nature des documents

Le dossier est relativement « monotone ». On y trouve :

- des publications spécialisées d'organismes de conseil aux collectivités : Banque des territoires (documents 1, 5, 8), Cerema (document 2), CNFPT-INET (document 3), Observatoire social territorial (document 7) ;
- un article de presse spécialisée collectivités territoriales : La Gazette des communes (document 4) ;
- un article émanant d'une collectivité : « La prospective de la métropole de Lyon » (document 6).

Les titres des documents

Alors que de nombreux sujets d'annales font apparaître, dans la « liste des documents », des titres éclairants qui aident à l'élaboration du plan, ce n'est pas le cas ici.

La plupart des documents paraissent proposer une approche large de la co-construction des politiques et services publics locaux ; quelques-uns présentent des exemples spécifiques, et on peut espérer trouver çà et là des indications sur les conditions de réussite. Un seul titre est « inquiétant » et peut laisser augurer de dangers ou d'insuffisances.

La co-construction	Exemples	Précautions à prendre	Dangers
« Espace public : méthode pour observer et écouter les usagers » (document 2)	« Une résidence d'architecte pour un projet d'urbanisme participatif (67) » (document 1)	« Repenser les modalités de la participation citoyenne comme condition de ses effets » (document 6)	« Le numérique va-t-il hacker la démocratie locale ? » (document 8)
« *Design thinking* : expérimenter l'impact du collectif » (document 3)	« Définir les usages de la future médiathèque : une équipe projet en résidence mobilise les habitants (63) » (document 5)	« Élaborer des politiques publiques avec les usagers et les agents : vers une dynamique de co-construction ? » (document 7)	
« L'expérience utilisateur, c'est sa spécialité ! » (document 4)			

Le plan

Un plan s'est aisément dessiné dès l'analyse de la commande : on pourra l'affiner si nécessaire au terme de l'exploitation du dossier. On peut donc sans hésiter mettre en œuvre la technique 1 exposée dans les conseils méthodologiques : l'ouverture de fiches à partir d'un plan préconçu.

Dans cet exercice de prise de notes, on veillera à mentionner la source de l'information afin de pouvoir s'y référer rapidement au moment de la rédaction définitive, mais on prendra soin de ne pas reprendre ces références dans le texte de la note rédigée.

L'exploitation du dossier

Il est toujours pertinent d'ouvrir systématiquement une fiche « Introduction » destinée à recueillir au fur et à mesure de l'exploitation du dossier les informations, requises dans toute introduction, qui précèdent l'annonce du plan : entrée en matière, contextualisation, problématique. Il est possible que les éléments de contexte alimentent l'introduction sans constituer une sous-partie à part entière. À l'inverse, il peut arriver que les éléments contextuels soient si nourris qu'ils excèdent largement la dimension requise d'une introduction : dans ce cas, ils peuvent constituer la première sous-partie de la note.

Fiche introduction

Pour aménager des espaces publics, l'observation des pratiques et l'écoute des besoins sont fondamentales. Depuis des décennies, les méthodes d'observation et d'écoute des usagers ont été structurées pour saisir au mieux les besoins. À partir des années 1990, l'aménagement se veut plus participatif. (document 2)

Si, après la première décennie des années 2000, on observe un déclin de la valorisation de la démocratie participative par les universitaires et par les acteurs institutionnels, des collectivités territoriales n'en continuent pas moins à expérimenter des dispositifs empruntant à la technologie participative. (document 6)

Les dispositifs préexistants (ou : Les dispositifs traditionnels)

Les dispositifs de démocratie participative visent traditionnellement trois objectifs principaux : tout d'abord, élargir la démocratie représentative en faisant participer des populations exclues du champ politique et réduire la fracture entre élus et citoyens ; ensuite, rénover le management public grâce à des « savoirs citoyens » ; enfin, renforcer le lien social grâce à de nouveaux espaces de dialogue.

Les « conseils de quartier » ont été rendus obligatoires par la loi « démocratie de proximité » de 2002 pour les communes de plus de 80 000 habitants. (document 6)

La participation citoyenne recouvre de nombreux outils comprenant l'information, la consultation, la concertation, démarches traditionnelles, ainsi que la co-production des projets avec les habitants : l'information consiste à communiquer de manière descendante, la consultation à recueillir des avis des habitants (sondages, opinions, propositions) ; pour sa part, la concertation est un dialogue entre maîtres d'ouvrage et habitants afin d'améliorer un projet ; de tout autre nature est la co-production par laquelle les habitants participent à la production du projet et décident avec la collectivité. (document 8)

Les limites des dispositifs traditionnels

La crise des finances locales explique pour partie la diminution des initiatives d'envergure lancées par les collectivités territoriales en matière de participation citoyenne. Mais ce déclin est aussi dû à une difficulté à atteindre les objectifs poursuivis.

Tout d'abord, les instances participatives échouent à inclure les citoyens qui ne votent pas et la communication politique n'évolue pas. Ensuite, les managers tendent à déplorer la complexité introduite dans l'action publique par la participation et des agents n'adhèrent pas à de nouvelles méthodes de management, notamment parce qu'elles imposent davantage de transparence. Enfin, la recréation du lien social bute sur la surreprésentation des « citoyens éclairés » et la prépondérance des intérêts individuels.

Dispositifs permanents, les conseils de quartier ont tendance à « institutionnaliser » les citoyens, au risque d'absence de débat, d'instrumentalisation et de noyautage. (document 6)

Une nouvelle politique (de nouveaux outils)

Pour mener à bien un projet d'urbanisme, les élus de la commune de Sarre-Union (2 900 habitants), dans le Bas-Rhin, ont fait appel à un architecte en résidence qui a réalisé une étude urbaine avec les habitants qui, mieux que personne, connaissent le territoire. Cette démarche a permis d'éviter l'écueil du coût d'une longue enquête menée par un cabinet spécialisé, même si elle a été chronophage pour le maire et la directrice générale des services. (document 1)

En matière d'aménagement des espaces publics (rues, places, boulevards, jardins, parcs, plages, sentiers, squares, etc.), de nombreuses méthodes sont expérimentées pour recueillir le ressenti des usagers : on est aujourd'hui attentif à comprendre ce que les usagers et les habitants perçoivent, ce que les lieux évoquent pour eux et provoquent comme imaginaire, grâce à des démarches de parcours commentés permettant de recueillir leur ressenti, l'enquêteur lui-même pouvant partager son ressenti. Cette volonté participative passe également par des débats animés, réunions, entretiens, ateliers collectifs, diagnostics partagés. (document 2)

Défini comme « une approche qui permet de penser des objets et des services innovants en associant l'usager à leur co-conception », le « design thinking » place l'usager au centre de la réflexion : favorisant le travail collaboratif, il permet de comprendre rapidement les usagers et de leur proposer des solutions testées auprès d'eux avant adoption, au moyen de cinq étapes : immersion, idéation, décision, prototype et test. (document 3)
Pour concevoir une médiathèque intercommunale, une communauté de communes du Puy-de-Dôme, Entre Dore et Allier, comptant 14 communes et 17 693 habitants, s'est appuyée sur une équipe pluridisciplinaire en résidence pendant trois semaines : après la mise du projet sur la place publique pendant une semaine, suivie d'un constat et d'une formulation d'hypothèses aboutissant à des expérimentations, un plan des usages a été élaboré et présenté. Ces différentes phases ont mobilisé de nombreux habitants. (document 5)
La démocratie participative permet de valoriser un savoir qui n'est ni militant ni professionnel, ni politique ni technique, un « savoir d'usage » reposant sur l'expertise citoyenne, qui ne nécessite aucune compétence préalable et produit des informations essentielles à la conduite des politiques publiques. La redéfinition des objectifs, l'invention de nouveaux dispositifs s'avèrent indispensables pour articuler démocratie participative et conduite de l'action publique. (document 6)
Les outils numériques de participation citoyenne, ou Civic Tech, qui recouvrent l'ensemble des applications et plateformes recourant à « l'intelligence collective », permettent de partager les savoirs, d'améliorer la communication entre élus et habitants, entre services et habitants, entre services, d'instaurer de nouvelles méthodes de travail et d'optimiser des processus de décision. (document 8)

Les conditions de réussite (les écueils à surmonter)

Il convient d'être attentif à ne pas faire du « *design thinking* » uniquement pour construire les équipes, sans souci suffisant du résultat, au risque de perdre inutilement du temps et de l'énergie ; il faut aussi éviter la contradiction entre le management horizontal, condition du travail collaboratif, et le management vertical. (document 3)
Transformer la relation numérique avec les usagers ne s'improvise pas : se doter d'un « concepteur d'expérience utilisateur » (ou « *UX designer* »), capable de partir des besoins des usagers avant de travailler avec les services, peut être un atout essentiel pour réussir la dématérialisation dans de « grandes » collectivités. (document 4)
Les acteurs de la participation citoyenne privilégient le travail en « mini-public » (conférences de citoyens, jurys citoyens), avec sélection aléatoire pour un temps limité, afin de permettre une diversité des citoyens sans instrumentalisation ni noyautage. Pour éviter la défection de citoyens tirés au sort, on peut mettre en œuvre une rétribution financière incitative. La professionnalisation des chefs de projet permet de choisir les techniques participatives les mieux adaptées, en sachant éviter l'écueil d'un fossé entre ceux qui maîtrisent les enjeux et l'ordre du jour et les citoyens alors cantonnés dans un rôle de profanes. (document 6)
Au sein d'une même collectivité, les agents non intégrés dans des expériences participatives peuvent estimer que leur rôle est remis en question.
L'investissement des élus est un facteur important de réussite, grâce à un « lâcher-prise » de l'écoute et de l'interprétation des besoins au bénéfice de leur rôle stratégique. L'implication dans la durée des porteurs de projet est d'autant plus indispensable que la co-construction peut déstabiliser une institution. Les coûts financiers et humains des expérimentations sont loin d'être négligeables, et ces dernières ne parviennent pas toujours à se diffuser au sein de l'ensemble de la collectivité, se limitant à des « îlots participatifs », au risque de la déception des équipes impliquées. En bref, pour réussir, il faut à la fois intégrer le changement aux projets politique et administratif, adapter la politique RH pour créer une culture commune, décloisonner les organisations, favoriser la transversalité et la créativité dans la collectivité, évaluer et adapter en continu la collaboration et la communication.
Des chercheurs estiment que l'implication des usagers est bénéfique pour des projets d'évolution des pratiques existantes mais pas pour des innovations radicales. (document 7)
Une consultation efficace des citoyens requiert une explicitation claire des enjeux en amont, leur permettant de comprendre le degré et le calendrier d'intégration de leurs propositions, ce qui impose de choisir un outil numérique de participation citoyenne adapté. Pour réussir, il faut favoriser la participation et l'inclusion, et construire une logique de participation pérenne. Il faut également bien choisir l'outil numérique en mettant en place une plateforme loyale et sincère qui protège les données personnelles et permette la récupération et l'utilisation des données par la collectivité dans un format accessible. Il faut aussi dépasser la fracture numérique en multipliant les médiations et en diversifiant les formes de participation. (document 8)

Les avantages des nouveaux dispositifs
Si beaucoup d'expériences sont trop récentes pour qu'on puisse en mesurer les effets dans la durée, on observe déjà des effets positifs : on remarque qu'elles renforcent la motivation des agents en répondant à leur demande de sens. Expérimentant la réactivité, l'efficience, l'adaptabilité, les agents ont le sentiment de reconquérir la reconnaissance du public. Sortant de leurs missions principales, ils apprennent à innover, à déployer leurs pratiques innovantes et à souhaiter évoluer professionnellement. Ils peuvent abandonner une posture de « sachants » au bénéfice de celle d'éveilleurs ou de facilitateurs. Ces expériences permettent une remise en cause des méthodes de travail, en promouvant transversalité, travail collaboratif et évaluation : on peut ainsi observer le développement de la polyvalence des agents en contact direct avec les usagers, la mise en place de baromètres de satisfaction, outils de communication et d'évolution managériale. La mise en œuvre d'un baromètre permet de percevoir l'écart entre qualité voulue par les gestionnaires techniques et qualité perçue par les usagers et d'adapter en conséquence le service rendu. Plus largement émergent des idées qui n'auraient pas vu le jour autrement. De plus, les démarches co-construites avec les citoyens bénéficient d'une légitimité bien plus forte que les décisions prises au terme d'une simple consultation. (document 7) Les outils numériques de participation citoyenne permettent aux habitants de mieux comprendre la démarche participative, d'accéder à une vision globale des projets sans obstacle à l'accessibilité, de s'inscrire dans une démarche de cohésion sociale et d'échange entre habitants. Comme l'exprime Tatiana de Feraudy, chercheuse et spécialiste des Civic Tech : « La véritable force du numérique réside dans la transparence : les propos des démarches sont traçables et les habitants peuvent avoir accès à l'ensemble des informations. » Grâce à la consultation numérique, les habitants peuvent exprimer leurs besoins, proposer des idées innovantes, communiquer avec les élus et être informés des décisions prises ; la collectivité, pour sa part, peut adapter les projets aux besoins des habitants, les fédérer autour de nouveaux projets, bénéficier de leur expertise et communiquer directement avec eux. (document 8)

Au terme de ce travail d'exploitation du dossier à partir d'un plan préconçu, on remarque, sans grande surprise tant il est fréquemment pertinent, que ce dernier a bien fonctionné, en permettant d'alimenter des sous-parties correctement construites et équilibrées.

On remarque que la seconde intention de plan (Les limites des dispositifs traditionnels de participation / L'invention de nouveaux outils // Les avantages des nouveaux outils / Les précautions à prendre) est plus pertinente que la première, les éléments du dossier n'étant pas suffisamment nourris pour alimenter une sous-partie sur les dispositifs traditionnels de démocratie participative et une autre sous-partie sur leurs limites.

Cela montre qu'il faut être pragmatique et ne pas hésiter à faire évoluer rapidement une intention de plan si cette dernière, au cours de l'exploitation du dossier, ne s'avère pas la plus opérationnelle. Reste, pour aboutir à une rédaction définitive, à revoir l'agencement des arguments au sein des sous-parties, à en affiner les titres et à rédiger une annonce de plan ainsi qu'une conclusion, facultative mais bienvenue, sans négliger d'améliorer ponctuellement le style.

Proposition de corrigé

Commune d'Admiville

Le 17 novembre 2022
(date de l'épreuve)

NOTE

à l'attention de Madame la Directrice générale des services

Objet : La co-construction des politiques et services publics locaux

Pour aménager des espaces publics, l'observation des pratiques et l'écoute des besoins sont fondamentales. Depuis des décennies, les méthodes d'observation et d'écoute des usagers ont été structurées pour saisir au mieux les besoins. À partir des années 1990, l'aménagement se veut plus participatif. Cependant, les outils traditionnels de participation paraissent insuffisants pour co-construire les politiques publiques, et, après la première décennie des années 2000, on observe un déclin de la valorisation de la démocratie participative par les universitaires et par les acteurs institutionnels.

Pourtant, des collectivités territoriales n'en continuent pas moins à expérimenter des dispositifs empruntant à la technologie participative. Dans ce contexte, afin de réformer son organisation, sa gestion et son action, la commune d'Admiville souhaite rénover la participation citoyenne en dépassant ses formes traditionnelles afin de parvenir à co-construire véritablement sa politique et ses services publics. À cette fin, elle entend mettre en œuvre des solutions innovantes renforçant les liens entre les élus, l'administration et les habitants.

Que permettent de nouveaux outils participatifs au regard des anciens ? Peut-on parvenir à une réelle co-construction ? Quelles précautions prendre pour réussir ?

(I) Les limites des outils traditionnels de participation (A) imposent le déploiement de nouveaux dispositifs (B). (II) Ces derniers présentent de nombreux avantages (A) sous réserve de satisfaire aux conditions de leur réussite.

I- La réforme nécessaire de la co-construction des politiques et services publics locaux

A- Les limites des outils traditionnels

Les dispositifs de démocratie participative visent traditionnellement trois objectifs principaux : tout d'abord, élargir la démocratie représentative en faisant participer des populations exclues du champ politique et réduire la fracture entre élus et citoyens ; ensuite, rénover le management public grâce à des « savoirs citoyens » ; enfin, renforcer le lien social grâce à de nouveaux espaces de dialogue. La participation citoyenne recouvre de nombreux outils comprenant l'information, la consultation, la concertation, démarches traditionnelles, ainsi que la co-production des projets avec les habitants : l'information consiste à communiquer de manière descendante, la consultation à recueillir des avis des habitants (sondages, opinions, propositions) ; pour sa part, la concertation est un dialogue entre maîtres d'ouvrage et habitants afin d'améliorer un projet ; de tout autre nature est la co-production par laquelle les habitants participent à la production du projet et décident avec la collectivité.

Outils traditionnels de concertation, les « conseils de quartier » ont été rendus obligatoires par la loi « démocratie de proximité » de 2002 pour les communes de plus de 80 000 habitants. Dispositifs permanents, ils ont tendance à « institutionnaliser » les citoyens, au risque d'absence de débat, d'instrumentalisation et de noyautage. En outre, la crise des finances locales explique pour partie la diminution des initiatives d'envergure lancées par les collectivités territoriales en matière de participation citoyenne. Mais ce déclin est aussi dû à une difficulté à atteindre les objectifs poursuivis.

Tout d'abord, les instances participatives échouent à inclure les citoyens qui ne votent pas et la communication politique n'évolue pas. Ensuite, les managers tendent à déplorer la complexité introduite dans l'action publique par la participation et des agents n'adhèrent pas à de nouvelles méthodes de management, notamment parce qu'elles imposent davantage de transparence. Enfin, la recréation du lien social bute sur la surreprésentation des « citoyens éclairés » et la prépondérance des intérêts individuels.

B- Le déploiement de nouveaux dispositifs

La démocratie participative permet de valoriser un savoir qui n'est ni militant ni professionnel, ni politique ni technique, un « savoir d'usage » reposant sur l'expertise citoyenne, qui ne nécessite aucune compétence préalable et produit des informations essentielles à la conduite des politiques publiques. La redéfinition des objectifs, l'invention de nouveaux dispositifs s'avèrent indispensables pour articuler démocratie participative et conduite de l'action publique. Ainsi, en matière d'aménagement des espaces publics (rues, places, boulevards, jardins, parcs, plages, sentiers, squares, etc.), de nombreuses méthodes sont expérimentées pour recueillir le ressenti des usagers : on est aujourd'hui attentif à comprendre ce que les usagers et les habitants perçoivent, ce que les lieux évoquent pour eux et provoquent comme imaginaire, grâce à des démarches de parcours commentés permettant de recueillir leurs perceptions, l'enquêteur lui-même pouvant partager son ressenti. Cette volonté participative passe également par des débats animés, réunions, entretiens, ateliers collectifs, diagnostics partagés. Pour exemple, défini comme « une approche qui permet de penser des objets et des services innovants en associant l'usager à leur co-conception », le « *design thinking* » place l'usager au centre de la réflexion : favorisant le travail collaboratif, il permet de comprendre rapidement les usagers et de leur proposer des solutions testées auprès d'eux avant adoption, au moyen de cinq étapes : immersion, idéation, décision, prototype et test.

Autre méthode, pour mener à bien un projet d'urbanisme, les élus de la commune de Sarre-Union (2 900 habitants), dans le Bas-Rhin, ont fait appel à un architecte en résidence qui a réalisé une étude urbaine avec les habitants qui, mieux que personne, connaissent le territoire. Cette démarche a permis d'éviter l'écueil du coût d'une longue enquête menée par un cabinet spécialisé, même si elle a été chronophage pour le maire et la directrice générale des services. Pour sa part, afin de concevoir une médiathèque intercommunale, une communauté de communes du Puy-de-Dôme, Entre Dore et Allier, comptant 14 communes et 17 693 habitants, s'est appuyée sur une équipe pluridisciplinaire en résidence pendant trois semaines : après la mise du projet sur la place publique pendant une semaine, suivie d'un constat et d'une formulation d'hypothèses aboutissant à des expérimentations, un plan des usages a été élaboré et présenté. Ces différentes phases ont mobilisé de nombreux habitants.

Enfin, les outils numériques de participation citoyenne, ou Civic Tech, qui recouvrent l'ensemble des applications et plateformes recourant à « l'intelligence collective », permettent de partager les savoirs, d'améliorer la communication entre élus et habitants, entre services et habitants, entre services, d'instaurer de nouvelles méthodes de travail et d'optimiser des processus de décision.

Ainsi, on ne peut réellement co-construire qu'avec des outils innovants qu'il convient de manier avec dextérité pour réussir.

II- Un maniement exigeant de solutions innovantes

A- De nombreux avantages

Si beaucoup d'expériences sont trop récentes pour qu'on puisse en mesurer les effets dans la durée, on observe déjà des effets positifs : on remarque qu'elles renforcent la motivation des agents en répondant à leur demande de sens. Expérimentant la réactivité, l'efficience, l'adaptabilité, les agents ont le sentiment de reconquérir la reconnaissance du public. Sortant de leurs missions principales, ils apprennent à innover, à déployer leurs pratiques et à souhaiter évoluer professionnellement. Ils peuvent abandonner une posture de « sachants » au bénéfice de celle d'éveilleurs ou de facilitateurs.

Ces expériences permettent une remise en cause des méthodes de travail, en promouvant transversalité, travail collaboratif et évaluation : on peut ainsi observer le développement de la polyvalence des agents en contact direct avec les usagers, la mise en place de baromètres de satisfaction, outils de communication et d'évolution managériale. La mise en œuvre d'un baromètre permet de percevoir l'écart entre qualité voulue par les gestionnaires techniques et qualité perçue par les usagers et d'adapter en conséquence le service rendu. Plus largement émergent des idées qui n'auraient pas vu le jour autrement. De plus, les démarches co-construites avec les citoyens bénéficient d'une légitimité bien plus forte que les décisions prises au terme d'une simple consultation.

Enfin, les outils numériques de participation citoyenne permettent aux habitants de mieux comprendre la démarche participative, d'accéder à une vision globale des projets sans obstacle à l'accessibilité, de s'inscrire dans une démarche de cohésion sociale et d'échange entre habitants. Comme l'exprime Tatiana de Feraudy, chercheuse et spécialiste des Civic Tech : « La véritable force du numérique réside dans la transparence : les propos des démarches sont traçables et les habitants peuvent avoir accès à l'ensemble des informations. » Grâce à la consultation numérique, les habitants peuvent exprimer leurs besoins, proposer des idées innovantes, communiquer avec les élus et être informés des décisions prises ; la collectivité, pour sa part, peut adapter les projets aux besoins des habitants, fédérer ces derniers autour de nouveaux projets, bénéficier de leur expertise et communiquer directement avec eux.

B- Des conditions de réussite exigeantes

Premier facteur important de réussite, l'investissement des élus grâce à un « lâcher-prise » de l'écoute et de l'interprétation des besoins au bénéfice de leur rôle stratégique. L'implication dans la durée des porteurs de projet est d'autant plus indispensable que la co-construction peut déstabiliser une institution. Les coûts financiers et humains des expérimentations sont loin d'être négligeables, et ces dernières ne parviennent pas toujours à se diffuser au sein de l'ensemble de la collectivité, se limitant à des « îlots participatifs », au risque de la déception des équipes impliquées. En bref, pour réussir, il faut à la fois intégrer le changement aux projets politique et administratif, adapter la politique RH pour créer une culture commune, décloisonner les organisations, favoriser la transversalité et la créativité dans la collectivité, évaluer et adapter en continu la collaboration et la communication. Il convient également d'être attentif à ne pas faire du « *design thinking* » uniquement pour construire les équipes, sans souci suffisant du résultat, au risque de perdre inutilement du temps et de l'énergie ; il faut aussi éviter la contradiction entre le management horizontal, condition du travail collaboratif, et le management vertical. Au sein d'une même collectivité, les agents non intégrés dans des expériences participatives peuvent estimer que leur rôle est remis en question.

De plus, une consultation efficace des citoyens requiert une explicitation claire des enjeux en amont, leur permettant de comprendre le degré et le calendrier d'intégration de leurs propositions, ce qui impose de choisir un outil numérique de participation citoyenne adapté. Pour réussir, il faut favoriser la participation et l'inclusion, et construire une logique de participation pérenne. Il convient également de bien choisir l'outil numérique en mettant en place une plateforme loyale et sincère qui protège les données personnelles et permette la récupération et l'utilisation des données par la collectivité dans un format accessible. Il faut aussi dépasser la fracture numérique en multipliant les médiations et en diversifiant les formes de participation. Ainsi, transformer la relation numérique avec les usagers ne s'improvise pas : se doter d'un « concepteur d'expérience utilisateur » (ou « *UX designer* »), capable de partir des besoins des usagers avant de travailler avec les services, peut être un atout essentiel pour réussir la dématérialisation dans de « grandes » collectivités.

Enfin, il faut garantir l'authenticité de la participation : à cette fin, les acteurs de la participation citoyenne peuvent privilégier le travail en « mini-public » (conférences de citoyens, jurys citoyens), avec sélection aléatoire pour un temps limité, afin de permettre une diversité des citoyens et d'éviter instrumentalisation et noyautage. Pour éviter la défection de citoyens tirés au sort, on peut mettre en œuvre une rétribution financière incitative. La professionnalisation des chefs de projet permet de choisir les techniques participatives les mieux adaptées, en sachant éviter l'écueil d'un fossé entre ceux qui maîtrisent les enjeux et l'ordre du jour et les citoyens cantonnés dans un rôle de profanes.

Ainsi, la commune d'Admiville dispose de nombreux outils de co-construction de ses politiques et services publics qui réussiront si l'ensemble des services participe à la mue qu'impose une co-construction qui doit savoir éviter toute instrumentation et rester durablement inclusive.

Composition sur un sujet d'ordre général territorial (concours externe)

DURÉE 4 HEURES

Planning de révisions 106

Méthodologie et conseils 107

Annales corrigées 128

COEFFICIENT 3

Planning de révisions

Le **planning** ci-après entend vous proposer un **mode d'acquisition méthodique des connaissances et des savoir-faire indispensables** à la réussite de l'épreuve de composition sur un sujet d'ordre général territorial.

La date à laquelle vous commencez à utiliser cet ouvrage pour vous préparer déterminera évidemment la durée de chaque période : si, par exemple, vous entamez votre préparation personnelle six mois avant le concours, les huit périodes d'appropriation compteront chacune de l'ordre de deux semaines. Il en ira tout différemment si vous pensez pouvoir préparer le concours en un mois : deux à trois jours seront alors consacrés à chaque période.

Soyez également attentif au fait que cette épreuve requiert non seulement une maîtrise de la technique de la composition, mais aussi celle des connaissances en administration des collectivités territoriales abordées dans la partie 3. Cette période, elle-même découpée en plusieurs périodes, sera de ce fait à l'évidence d'une durée supérieure à celle des autres périodes.

PÉRIODES	CONTENU DES RÉVISIONS	NOS OUTILS
Période 1	Se préparer en amont de l'épreuve (voir partie 3).	Page 273
Période 2	Comprendre les exigences de l'épreuve, savoir présenter clairement une composition.	Page 110
Période 3	Apprendre à satisfaire aux exigences rédactionnelles de l'épreuve, adopter un mode de présentation pertinent.	Page 113
Période 4	Savoir trouver des idées et les organiser par un plan, maîtriser le temps.	Page 121
Période 5	Traiter sans limite de temps le sujet d'annales 1.	Page 128
Période 6	Comparer sa propre production avec les indications de correction, mesurer les écarts.	Page 132
Période 7	Traiter le sujet d'annales 2 en se limitant au temps réglementaire de l'épreuve, évaluer sa production en se référant aux indications de correction.	En ligne
Période 8	Traiter les sujets d'annales en ligne 3, 4 et 5 en temps limité, évaluer la production en se référant aux indications de correction.	En ligne

INTITULÉ RÉGLEMENTAIRE

Une composition portant sur un sujet d'ordre général relatif à la place et au rôle des collectivités territoriales dans les problématiques locales (démocratie, société, économie, emploi, éducation/formation, santé, culture, urbanisme et aménagement, relations extérieures...).

Cette épreuve doit permettre au jury d'apprécier, outre les qualités rédactionnelles des candidats, leur ouverture au monde, leur aptitude au questionnement, à l'analyse et à l'argumentation ainsi que leur capacité à se projeter dans leur futur environnement professionnel (durée : quatre heures ; coefficient 3).

Cette épreuve diffère radicalement de l'ancienne épreuve du concours externe qui consistait en une **composition portant sur un sujet d'ordre général relatif aux grands problèmes politiques, économiques, culturels ou sociaux du monde contemporain depuis 1945** (durée : quatre heures ; coefficient 3).

Si la durée de l'épreuve demeure inchangée, sa nature évolue de manière très significative : ce n'est plus une culture générale parfois éloignée des centres d'intérêt et des missions d'un attaché territorial que cette épreuve entend évaluer, mais bien sa **culture territoriale**, résultat d'une volonté manifeste de professionnaliser l'épreuve. Le futur attaché territorial, candidat au concours externe, n'est plus sélectionné sur la base de sa connaissance des grands problèmes de notre temps mais sur celle d'une problématique directement liée aux principaux champs d'action des collectivités territoriales.

Les annales

2010	L'initiative privée est-elle indispensable aux collectivités territoriales dans la conduite de l'action publique ?
2011	Les collectivités territoriales face à la mobilité des hommes et des activités
2012	Le rôle des collectivités territoriales face aux inégalités socio-économiques
2014	Management, performance, qualité, modernisation... : la distinction entre gestion des collectivités territoriales et gestion des entreprises vous paraît-elle pertinente ?
2016	Les communes conservent-elles une utilité ?
2018	Des collectivités territoriales « trop dépensières » : une fatalité ?
2020	Quel rôle les collectivités territoriales peuvent-elles jouer en faveur de la santé des habitants ?
2022	Entre développement local et transition écologique, les collectivités territoriales doivent-elles choisir ?

Extrait du rapport de la présidente du jury de la session 2018 du concours d'attaché territorial organisée par le centre de gestion du Rhône et de la Métropole de Lyon (cdg69)

« Le sujet de la session 2018 est ainsi libellé : Des collectivités territoriales "trop dépensières" : une fatalité ?
Le libellé du sujet renvoie à une image souvent véhiculée par certains rapports publics, mais aussi une partie de la presse selon laquelle les collectivités territoriales, et à leur tête les élus locaux, auraient tendance à mal gérer voire à "dilapider" l'argent public. Ce sujet porte donc sur une question sensible qui a trait à la bonne gestion des collectivités. Le sujet est au cœur de l'actualité. Le jury estime que le sujet est adapté à l'épreuve, tant au regard des connaissances des enjeux territoriaux attendues d'un futur attaché territorial que des nécessaires aptitudes à l'argumentation.
Le jury regrette que beaucoup de copies présentent des connaissances exposées de manière scolaire, avec peu d'argumentation et de cohérence au regard de la problématique, mais aussi beaucoup d'approximations sur la définition des enjeux. Elles font ressortir une méconnaissance du fonctionnement des collectivités territoriales. Par ailleurs, de nombreuses copies sont pénalisées en raison de l'orthographe et de la syntaxe. Rappelons que conformément au cadrage de l'épreuve, une mauvaise orthographe est sévèrement sanctionnée, une pénalité de 2 points s'appliquant lorsque la copie contient plus de 10 fautes[1]. »

1. Ce système de pénalité a été remplacé à compter de la session 2020 par l'impossibilité pour une copie comportant trop de fautes d'orthographe ou de syntaxe d'atteindre la note de 10.

Extrait du rapport de la présidente du jury de la session 2020 du concours d'attaché territorial organisée par le centre de gestion d'Ille-et-Vilaine (cdg35)

« Le sujet (« Quel rôle les collectivités territoriales peuvent-elles jouer en faveur de la santé des habitants ? ») renvoie à des enjeux d'actualité et pouvait être traité par les candidats sans que ceux-ci ne disposent de connaissances théoriques très approfondies. Il les incitait toutefois à mobiliser leurs connaissances sur l'organisation territoriale, sur les rapports/liens des collectivités territoriales avec les autres acteurs de la santé et à aborder la transversalité des politiques publiques.

La forme de l'épreuve a été assez bien respectée, avec des copies globalement structurées même si de nombreux candidats ont rencontré des difficultés à rédiger une réponse construite et organisée : les devoirs sont souvent une juxtaposition de connaissances ou d'idées sans véritable démonstration, argumentation, avec très peu de conclusions pertinentes.

Les problématiques ont été plus ou moins bien exprimées. Trop de candidats n'ont traité le sujet que sous l'angle de la crise sanitaire, sans aborder les compétences autres de l'Etat et des collectivités territoriales dans ce domaine.

Ainsi, rares sont ceux qui ont réussi à prendre suffisamment de recul face à l'actualité et traiter le sujet dans sa globalité. Les correcteurs constatent également un manque de prise de hauteur des candidats ; ceux-ci ayant tendance à rester dans leur domaine de connaissance(s).

Les compétences des collectivités sont mal connues ou restent très et/ou approximatives (manque de curiosité ou de capacité à mettre en perspective les connaissances et la mise en œuvre au quotidien dans les collectivités), ce qui révèle un manque certain de préparation.

Certains correcteurs ont eu le sentiment que les formateurs au concours (CNFPT) avait dû travailler ce thème d'actualité. En effet, de nombreuses copies étaient « semblables », notamment dans les exemples cités.

Toutefois, des devoirs ont dévoilé des raisonnements pertinents qui incitaient à la lecture même si les connaissances n'étaient pas toujours pointues.

Les problèmes de syntaxe et d'orthographe sont prégnants.

Conseils aux candidats :

Une bonne préparation au concours est nécessaire pour maîtriser l'exercice de composition. Dans le cadre de cette préparation, il est indispensable :

– de se constituer une veille sur l'actualité et réussir surtout à la mettre en perspective (entre les différents acteurs : public/privé, État/Collectivités et la temporalité...) ;

– de réfléchir aux impacts financiers, politiques...

Le candidat doit porter une attention particulière à :

– soigner l'introduction en posant une problématique ;

– construire un raisonnement et le mettre en évidence (lisibilité, annonce du plan, matérialisation du plan, liaison entre les parties...) ;

– travailler la conclusion ;

– être vigilant sur « les partis-pris » dans les devoirs, qui ne respectent pas la neutralité demandée ;

– soigner l'expression écrite et développer la curiosité et le sens critique. »

1. Maîtriser des connaissances et des compétences

1. Connaître précisément les problématiques territoriales

Soulignons d'abord que l'**épreuve ne comporte pas de programme**.

Toutefois, l'intitulé même de l'épreuve donne des indications assez précises sur le champ des compétences requises en énumérant les problématiques locales dans lesquelles les collectivités territoriales occupent une « place » et jouent un « rôle », pour reprendre les termes mêmes de cet intitulé :

- démocratie ;
- société ;
- économie ;
- emploi ;
- éducation/formation ;
- santé ;
- culture ;
- urbanisme et aménagement ;
- relations extérieures ;
- …

On peut remarquer que le social n'est pas explicitement cité dans cette énumération, mais que d'une part les points de suspension laissent entendre que cette liste n'est pas exhaustive et que d'autre part il faut sans doute autant entendre par « société » social que sociétal.

CADRAGE NATIONAL

« L'épreuve vise ainsi à évaluer la **culture générale du candidat, mais dans des domaines circonscrits** : ceux qui sont en rapport avec le champ professionnel auquel le concours d'attaché territorial donne accès. Le candidat a donc intérêt à être curieux des différents champs énumérés dans le libellé de l'épreuve (démocratie, société, etc.) en s'y intéressant par le prisme de la **dimension locale**. »

Le cadrage national insiste sur ce point :

> « **Un sujet d'ordre général par opposition à un sujet d'ordre technique.**
> Cet intitulé, comme l'absence de programme réglementaire, indique qu'il s'agit d'une épreuve dont le champ excède celui des connaissances propres à une spécialité ou à un domaine.
> Elle est commune à l'ensemble des spécialités du concours. Il s'agit d'une épreuve de culture générale appliquée au monde territorial.
> En ce sens, il n'est pas attendu du candidat qu'il traite le sujet en spécialiste d'une discipline. L'épreuve vise à mesurer plus largement **l'intérêt que le candidat porte aux problématiques locales.** »

On peut également y lire :

> « L'exercice requiert donc une **connaissance précise de l'environnement territorial.** Le candidat doit être capable d'étayer son propos en mobilisant des données relatives à l'organisation, au fonctionnement et aux compétences des collectivités territoriales. Quel que soit le sujet qui lui est soumis, le candidat ne doit jamais perdre de vue que l'épreuve s'inscrit dans une démarche de recrutement au sein de la fonction publique territoriale. Comme le précise son intitulé, un des objectifs de l'épreuve est de permettre d'apprécier la capacité du candidat « à se projeter dans son futur environnement professionnel ». Le candidat doit donc s'interroger sur les enjeux soulevés par le sujet du point de vue des collectivités territoriales. Il doit traiter le sujet en étant particulièrement attentif à **mobiliser des connaissances précises sur la place occupée et le rôle joué** en la matière **par les collectivités territoriales**, place et rôle qu'un candidat souhaitant exercer les missions confiées à un attaché territorial ne saurait ignorer. »

2. Faire preuve d'une aptitude au raisonnement

En même temps, s'agissant d'une épreuve de composition sur un sujet d'ordre général territorial, c'est le candidat tout entier qu'on s'efforce de découvrir au moyen de cette épreuve, ses **connaissances** mais aussi son **tempérament** et, surtout, son aptitude au **raisonnement**. Cela implique de solides notions sur les grands problèmes territoriaux, mais aussi un intérêt pour l'**actualité** et une **ouverture d'esprit**.

On récusera donc toujours la répétition mécanique d'un cours, le blocage dans la spécialisation des connaissances… de même que les égarements bavards, les attitudes sectaires, trop provocatrices, passionnées, tout comme un conformisme excessif.

En revanche, on évaluera les **aptitudes à mener une réflexion ordonnée** et à exprimer clairement un point de vue fondé sur des arguments intéressants et convaincants.

Ainsi, la composition sur un sujet d'ordre général territorial fait à la fois appel à des connaissances précises sur les collectivités territoriales et sur la capacité du candidat à construire une démonstration originale en organisant intelligemment des arguments pertinents.

L'intitulé réglementaire de l'épreuve lui-même l'indique : « Cette épreuve doit permettre au jury d'apprécier, outre les qualités rédactionnelles des candidats, leur **ouverture au monde**, leur **aptitude au questionnement, à l'analyse et à l'argumentation**, ainsi que leur capacité à se projeter dans leur futur environnement professionnel. »

Le cadrage national souligne avec insistance cette exigence :

CADRAGE NATIONAL

« L'épreuve de composition relève en effet d'un exercice de dissertation et requiert du candidat qu'il sache mettre en discussion (problématiser, mettre en perspective...) une question d'ordre général et **organiser une démonstration** (un raisonnement, des arguments). »

Ou encore :

« L'épreuve requiert du candidat qu'il sache identifier les questions posées par le sujet (du point de vue de son actualité, des enjeux sociaux, politiques, économiques ou culturels, etc. qu'il soulève) et qu'il soit capable de **construire**, à leur propos, une **réflexion argumentée**, en mobilisant des connaissances relevant d'une variété de champs. »

3. Se préparer

Il convient de s'entraîner à la construction d'un raisonnement tout en acquérant des connaissances sur les champs d'action des collectivités territoriales : les conseils méthodologiques fréquemment donnés sur la composition de culture générale demeurent ainsi pleinement valables.

On pourra alors s'exercer, à partir de n'importe quel sujet « bateau » (par exemple : « la ville », ou « la démocratie », ou encore « l'environnement », etc.), à extraire des connaissances enfouies et à forger des raisonnements sur le vif.

Mais l'aptitude au raisonnement ne saurait suffire : il faut également acquérir des connaissances qui ne sauraient se limiter à des connaissances juridiques, ou économiques, ou culturelles, ou politiques, ou sociales… mais qui empruntent à ces différents domaines dès lors qu'ils sont liés au rôle et à la place des collectivités territoriales.

2. Satisfaire aux exigences rédactionnelles de l'épreuve

1. Prédisposer favorablement le correcteur

A. On écrit pour être lu

L'épreuve ne prend pas fin lorsque l'on rend la copie, mais seulement une fois que celle-ci a été lue et notée.

Les pièges de l'orthographe et de la syntaxe sont innombrables, et l'on ne peut que vous conseiller de n'utiliser que les mots ou les tournures dont vous êtes absolument sûr. Le problème est que certaines fautes sont si répandues que nombre de candidats les commettent en toute innocence.

Au-delà d'une pénalisation « tarifée » des fautes d'orthographe, la fréquence de certaines fautes ne peut qu'indisposer le lecteur/correcteur et peser sur la note. Les dégâts seront d'autant plus importants que les fautes prendront place en des endroits stratégiques des épreuves (par exemple dans la première phrase de l'introduction, ou dans la dernière de la conclusion, ou dans l'annonce de plan, etc.). Mettons aussi en garde contre l'abus de la langue de bois, des jargons, formules creuses.

B. La composition doit séduire

Vous devez mesurer combien le graphisme des mots détermine la note. Étonnantes épreuves écrites des examens et concours qui requièrent un maniement du stylo de moins en moins utile dans la vie privée comme dans la vie professionnelle, à l'heure où Word fait écrire tout le monde en Times New Roman 12 ou en Arial 11…

Obligé de déchiffrer, le lecteur/correcteur perd le contact avec la pensée de l'auteur/candidat et ne parvient plus à comprendre le message. Quelle que soit la qualité du travail, vous courez le risque de ne pas être compris, voire de ne pas être lu. « Humain, trop humain », le correcteur risque de vous tenir rigueur de lui imposer de passer trop de temps sur sa copie…

La première impression produite par une copie est parfois déterminante : on pourra être « porté » longtemps par une première impression favorable, on risque de ne pas se défaire d'une première impression négative… C'est dire combien « l'entrée en contact » au moment de l'introduction est fondamentale et combien celle-ci doit être irréprochable.

C. Qui rédige dirige

La mise en page de la copie est fondamentale : avant même de lire la copie, le correcteur perçoit les difficultés d'un simple coup d'œil de repérage.

Une copie aérée, sculptée, avec des structures apparentes, des paragraphes visibles, témoigne de la rigueur du développement, rendue évidente par les marges, les espaces, les interlignes. Cette présentation doit être constante : vous devez gérer votre temps de telle sorte que le temps qui passe ne soit pas lisible dans sa copie ; la qualité de présentation doit être la même de la première ligne de l'introduction à la dernière de la conclusion.

On ne saurait trop vous conseiller de ne pas rédiger votre conclusion en fin d'épreuve, lorsque le temps manque et lorsque la fatigue se fait sentir (on a trop souvent l'impression que cette conclusion a été rédigée dans la plus grande urgence sous la menace du ramassage imminent de la copie), mais de l'écrire après avoir rédigé l'introduction : vous disposez de temps, vous avez encore l'esprit vif et ces rédactions simultanées vous permettent de vérifier la logique qui va de l'intention de démontrer (annonce de plan) à la volonté de clore (conclusion) le débat.

De même, vous devez maîtriser le volume de votre production : une composition fleuve est la plupart du temps catastrophique : une copie double avec un intercalaire recto verso suffit largement. En composition, on ne se raconte pas, on ne bavarde pas, on se préserve du hors-sujet. En bref, il faut savoir ne pas écrire. La composition doit pouvoir être lue en une seule fois, car c'est à la relecture contrainte que le correcteur repère des imperfections qui n'étaient pas initialement visibles.

2. Dépasser les difficultés de la langue française

Vous devez absolument vous ménager un temps de relecture suffisant (15 minutes sont indispensables à une relecture attentive) même (et surtout) si vous êtes pris par le temps.

CADRAGE NATIONAL

« La composition doit être intégralement rédigée (pas de style télégraphique, « prise de notes ») : l'exigence (orthographe, syntaxe) est la même qu'en note ou rapport à partir d'un dossier ».
« Une composition ne devrait pas obtenir la moyenne lorsqu'elle :
(...)
- traduit une incapacité à rédiger clairement,
ou ;
- témoigne d'une maîtrise linguistique insuffisante (trop nombreuses erreurs d'orthographe, de syntaxe, de ponctuation, de vocabulaire) (...) ».

A. Orthographe et ponctuation

La consigne donnée aux correcteurs de ne pas attribuer la moyenne à une copie maladroitement rédigée ou comportant trop d'erreurs d'orthographe ou de syntaxe est lourdement pénalisante, et le risque est grand que l'accumulation de fautes impardonnables indispose tant les correcteurs que les qualités de fond de la copie soient masquées par les problèmes de forme.

Une règle d'or, alors : lorsque vous n'êtes pas sûr de l'orthographe d'un mot (satire, saynète, dithyrambe, sibyllin, etc.), remplacez-le par un mot dont l'orthographe ne vous pose pas de problème : il faut savoir douter et se relire sans complaisance, comme si « je » était un autre.

La ponctuation est trop souvent mal employée : elle doit être utilisée pour rythmer le style, alléger l'expression, aider à la lecture ; inexistante, au mieux elle traduit un laisser-aller déplaisant, au pire elle rend la syntaxe impropre ; inexacte, elle peut déformer les idées.

B. Vocabulaire

Le « **niveau de langage** » (ou **registre de langue**) ne doit jamais être « relâché » ; il peut parfois, sans affectation, atteindre le niveau « soutenu ». Attention, lorsque le langage « soutenu » joue sur le registre « technique », à éviter la « langue de bois ». Tous les jargons, qu'ils soient philosophiques, juridiques, économiques, sociologiques, syndicaux, politiques, journalistiques... sont à proscrire.

Il convient également d'éviter les **impropriétés**, c'est-à-dire l'utilisation de mots dans un sens qu'ils n'ont pas. De même, les **barbarismes**, néologismes inacceptables, sont également à éviter, surtout lorsqu'ils sont galvaudés, comme « juridicisation », « procéduralisation », « facilitation ». Là encore, soyons nuancés, le français est une langue vivante qui s'enrichit d'apports successifs : le barbarisme peut devenir néologisme et le néologisme devenir mot, tout simplement.

Efforcez-vous de n'utiliser que des mots dont vous connaissez le sens précis. Est-ce un appel à la pauvreté ? Non, c'est une invitation à enrichir votre vocabulaire, à rechercher la **définition** précise des mots dont le sens ne va pas de soi. Citons des mots fréquemment utilisés par les candidats mais dont la définition, mal maîtrisée, donne naissance à des contresens : crise, culture, démocratie, éducation, enjeux, État, éthique, idéologie, justice, laïcité, libéralisme, mondialisation, mythe, Nation, politique, progrès, valeur, etc. Un conseil : **constituez-vous un capital d'une trentaine de définitions** (éventuellement accompagnées de citations) qui vous seront utiles non seulement pour éviter de penser dire sans dire mais aussi pour préciser, parfois, les mots mêmes sur lesquels vous devez fonder vos réflexions pour composer.

C. Grammaire

Les fautes de grammaire sont encore plus pénalisantes que les fautes d'orthographe : la confusion de « a » avec « à » et du participe avec l'infinitif (qui peut conduire à écrire « il à refuser » à la place de « il a refusé » !), la méconnaissance des règles d'accord du participe avec les verbes être et avoir (notamment lorsque le complément d'objet direct est placé avant le participe) font partie des fautes classiques qui peuvent coûter cher.

3. Choisir le bon style et le ton juste

A. Les qualités du style

On exige de la clarté, de la simplicité, du naturel et de l'élégance. (« Beau et naturel comme le génie », écrivait Charles Baudelaire).

On récuse donc la confusion, l'imprécision, le déséquilibre et l'affectation.

Le respect de quelques règles élémentaires permet d'atteindre ce résultat :

- un seul adjectif par nom ;
- un seul adverbe pour un verbe ;
- un seul verbe pour une action.

Il faut chasser les digressions, les phrases et les mots trop longs qui nuisent à la **lisibilité**.

Les verbes « **fades** » sont à proscrire : FAIRE, AVOIR, DIRE, ÊTRE peuvent être facilement remplacés par des verbes plus signifiants ; les mots « choses », « problèmes »… peuvent également être remplacés par des mots plus riches de sens.

B. Le ton

La largeur d'esprit, l'aptitude au recul, la capacité d'analyse que l'on cherche à évaluer peuvent être anéanties par un ton inapproprié.

D'abord, n'employez jamais ni le « je » (on sait que c'est vous qui écrivez !), ni le « nous », pluriel de majesté qui laisse souvent deviner un candidat qui s'écoute parler ou se regarde écrire. Vous pouvez à la rigueur utiliser le « on », mais méfiez-vous de son ambiguïté : est-ce vous qui parlez ou rapportez-vous les idées d'un autre ? Qui est cet autre ?

Rappelez-vous qu'une personnalisation à outrance de la copie n'augmente pas la crédibilité des arguments, bien au contraire.

Si la plupart des défauts sont excusables, si certains peuvent même entraîner la sympathie du lecteur (« Hypocrite lecteur, mon semblable, mon frère ») qui saura saluer l'artiste même si le numéro n'est pas parfait parce qu'il sait celui-ci difficile, deux défauts sont impardonnables : la partialité et l'arrogance.

Vous aurez tout intérêt :

- à éviter de donner des leçons à son lecteur (« il faut savoir que », « nul ne peut ignorer »…) ;
- à ne pas trop montrer le peu d'intérêt que vous accordez au sujet (« Il nous faudra nous interroger sur »…) ;
- à ne pas abuser d'évidences et de clichés (« de tout temps », « la perfection n'est pas de ce monde »…) ;
- à ne pas utiliser un ton doctrinal pour correcteur sous-doué (« sans doute faut-il rappeler, pour être bien compris, que… »).

Plus généralement, toutes les formules qui « pèsent et qui posent », comme « on observera », « il faut noter que », « il faut souligner que », « il faut remarquer que »…, sont à éviter.

3. Adopter une présentation pertinente

1. Mettre la forme au service du fond

> **CADRAGE NATIONAL**
>
> « La composition se rattache à la famille des épreuves de dissertation.
> Aussi elle comprend une **introduction** de vingt à trente lignes comportant une entrée en matière, une contextualisation du sujet, une problématique et une annonce de plan.
> Le **développement** compte nécessairement plusieurs parties.
> La composition comporte une **conclusion.** »

Le correcteur doit être en mesure, d'un seul coup d'œil, de percevoir que la copie est organisée. Vous devez toujours garder à l'esprit que **votre correcteur va passer peu de temps avec vous** et qu'il n'acceptera pas de « perdre » du temps en essayant de discerner une construction qui ne serait pas suffisamment visible. Cette présentation est un outil essentiel dont vous devez vous servir pour faciliter la lisibilité de votre copie en rendant sa structure la plus évidente possible.

Le cadrage de cette épreuve a récemment évolué pour autoriser une matérialisation du plan par des titres de parties et sous-parties, au vu à la fois d'une pratique très répandue et du caractère même de cette épreuve qui revêt un caractère plus spécialisé qu'une dissertation de culture générale.

> **CADRAGE NATIONAL**
>
> « Le plan peut être matérialisé par une numérotation des parties voire des sous-parties dans l'annonce de plan, un titrage et une numérotation des titres des parties et sous-parties dans le développement. Le candidat veillera en outre à une utilisation cohérente des sauts et retraits de lignes. Un plan apparent non matérialisé ne sera toutefois pas pénalisé. »

En toute hypothèse, que le plan soit ou non matérialisé par des titres, on veillera à ce que sauts et retraits de lignes contribuent à la clarté de l'organisation de la composition.

Exemple :

– On saute 3 lignes entre l'introduction et le développement comme entre le développement et la conclusion.

– On saute 2 lignes entre la première partie et la deuxième partie.

– On saute 1 ligne entre deux sous-parties.

– On ne saute pas de ligne entre les paragraphes de chaque sous-partie mais on marque un retrait (toujours le même) par rapport à la marge pour la première ligne de chaque paragraphe.

Vous avez toute liberté de choisir les règles de présentation que vous souhaitez, pourvu que leur cohérence aide à la lisibilité du devoir.

2. Introduire

Insistons à nouveau sur le caractère **stratégique** de l'introduction.

– Sa première phrase permet la première prise de contact entre le candidat et le correcteur : elle ne doit surtout pas indisposer, mais au contraire « faire bonne impression ».

– Son dernier paragraphe, l'annonce de plan, est **le** passage essentiel de la dissertation.

– Les définitions qu'on y trouve fréquemment donnent un éclairage souvent décisif des connaissances du candidat et de sa capacité à rédiger de manière concise et précise.

– L'approche problématique qu'elle contient permet de percevoir à la seule lecture de quelques lignes si le sujet a été ou non compris.

Les premières phrases les plus catastrophiques (outre des défauts de forme qui « passent » évidemment encore moins bien ici qu'ailleurs : orthographe, syntaxe, « lisibilité ») proviennent souvent de l'utilisation du trop galvaudé « de tous temps » que vous avez intérêt à vous interdire à tout jamais.

Jugez de l'effet regrettable de phrases ainsi rédigées, qui laissent supposer que la démocratie, l'enseignement, la protection sociale… sont apparus en même temps que l'homme. On soupçonne derrière de telles formulations au mieux une grande naïveté, au pire l'absence de tout repère historique. Au mieux, le correcteur sourit en imaginant l'*homo erectus* prenant connaissance des dernières nouvelles en lisant son journal ou se préparant à aller exercer son droit de vote, au pire il sanctionne l'absurdité de l'affirmation avant de partir en quête d'autres absurdités possibles dans la suite de la composition…

Si l'on exige moins de l'introduction de la composition sur un sujet d'ordre général territorial que de celle de la dissertation juridique, vous veillerez à construire tout aussi rigoureusement votre introduction autour des trois axes suivants :

A. Entrer en matière

L'entrée en matière est destinée à susciter l'intérêt du lecteur pour le thème de la composition.

N'oubliez pas que, dans la pratique, les correcteurs ont beaucoup de copies à évaluer et qu'ils ont souvent l'impression de lire toujours la même chose : toutes les copies médiocres se ressemblent. Sans rechercher une originalité excessive, sachez jouer sur différents registres pour intéresser.

Pour que l'entrée en matière soit digne de ce nom, n'allez pas trop vite en besogne : introduisez le thème (le sujet sur lequel vous allez réfléchir) mais non la thèse (ce que vous allez démontrer sur le sujet en question).

Des entrées en matière de plusieurs types sont possibles :

- une **référence à l'histoire** (précise, autant que faire se peut) ;
- une **référence à l'actualité récente ou immédiate** ;
- un **paradoxe** ;
- une **saynète** (petit « tableau » qui peut trouver sa source dans l'actualité comme dans l'histoire) ;
- une **citation** (à manier avec prudence : attention à ne pas commencer à disserter sur un autre sujet que celui qui vous est proposé).

B. Reformuler le sujet

Vous devez ici proposer votre interprétation du sujet en le reformulant : vous expliquez comment vous avez compris le sujet, notamment en précisant le cas échéant le **cadre** historique ou géographique de celui-ci, en proposant des **définitions** des mots-clés du sujet. Ici intervient la personnalité du candidat qui doit persuader son correcteur de la pertinence de son approche.

La reformulation des problèmes posés par le sujet peut prendre la forme de plusieurs questions (approche **problématique**) : dans ce cas, vous aurez tout intérêt à adopter une annonce de plan affirmative, l'annonce de plan étant l'annonce des réponses que vous allez apporter aux questions que pose le sujet.

On ne saurait trop vous conseiller, à partir de citations complexes, de vous essayer à des exercices de reformulation : avec d'autres mots, comment puis-je reformuler sans aucune ambiguïté les phrases proposées en restituant le thème (le sujet) et la thèse (que dit l'auteur sur ce sujet) ? Vous pouvez ensuite vous exercer à rédiger les questions posées par le sujet (problématiques) avant de rédiger l'annonce d'un plan qui réponde à ce questionnement.

C. Annoncer un plan

C'est **le** passage essentiel de la composition : pas de composition sans plan, pas de composition sans annonce de plan, pas de composition réussie sans annonce de plan réussie.

Cette annonce doit être clairement identifiable : faites-en le dernier paragraphe de l'introduction. Dans ce paragraphe, n'écrivez rien avant l'annonce de plan, n'écrivez rien après l'annonce de plan.

Une annonce de plan en deux phrases, séparées par un point ou un point-virgule, permet de comprendre que la première phrase annonce la première partie, la seconde phrase la seconde partie.

On peut citer comme exemple réussi d'annonce de plan (à condition d'admettre un plan en trois parties et l'absence d'annonce des sous-parties) la réponse que le général de Gaulle apporte aux journalistes lors de sa conférence de presse du 31 janvier 1964 : « Je vous répondrai qu'une Constitution c'est un esprit, des institutions, une pratique. »

Mais, la numérotation des parties et sous-parties étant autorisée dans l'annonce de plan, n'hésitez pas à y recourir pour rendre l'annonce de plan limpide.

CADRAGE NATIONAL

« Le plan peut être matérialisé par une numérotation des parties voire des sous-parties dans l'annonce de plan (...). »

3. Conclure

CADRAGE NATIONAL

« La composition comporte une conclusion. »

Insistons sur le fait que la conclusion est le moment de la séparation du candidat et du correcteur : après l'avoir lue, le correcteur va, dans la plupart des cas, passer à la notation. Comme la première impression, la dernière est déterminante. Rien de plus catastrophique qu'une conclusion ratée qui « dirait autre chose » que le développement et obligerait le correcteur à revenir au début pour essayer de comprendre ce que le candidat a vraiment voulu démontrer (dans ce cas, on peut craindre que le candidat ait au mieux voulu dire sans vraiment dire !).

Traditionnellement, une conclusion comprend deux temps.

- Le temps du « **verrouillage** », de la « fermeture » (du latin *concludere*, « fermer »). La conclusion n'est pas un résumé du développement mais l'aboutissement du raisonnement, la fin d'un itinéraire : les différentes étapes (développement), qui n'étaient qu'un moyen d'arriver, n'importent plus, seule compte l'arrivée elle-même.
- Le temps de l'« **ouverture** ». Ce temps est à manier avec prudence : on peut élargir le débat, le replacer dans un débat plus large, mais il serait dangereux, après avoir consacré 5 ou 6 pages à développer une démonstration, de terminer en montrant que là n'était pas le vrai débat : laisser entendre que la question était mal posée ou que les réponses apportées n'étaient pas les bonnes réponses ne constitue vraiment pas une bonne stratégie.

En bref, **évitez** :

– les répétitions ou les résumés de ce qui précède ;

– les questions : qui va y répondre ? Certainement pas le correcteur ! Si la question est importante, il fallait la poser et y répondre avant ;

– les prophéties : invérifiables, elles ne convaincront personne… ;

– les points de suspension qui laissent le correcteur penser à votre place ;

– les bilans mi-chèvre, mi-chou ;

– le bilan impersonnel, inodore, incolore et sans saveur ;

– l'introduction d'une nouvelle idée : trop de conclusions sont des « conclusions repentirs » qui peuvent être ainsi lues : « je n'en ai pas parlé avant (j'avais oublié), alors j'en parle maintenant pour qu'on ne me fasse pas grief de ne pas en avoir parlé… ». Inutile de pointer vous-même du doigt vos propres insuffisances : si vous n'avez pas abordé un point, laissez au moins supposer que cet « oubli » est volontaire ;

– la citation passe-partout (qui, souvent, n'a pas vraiment de rapport avec le sujet) ;

– l'ouverture passe-partout (comme l'Europe, mise à toutes les sauces).

4. Recherche des idées

1. Analyser le sujet

Tout sujet pose un problème qu'il faut analyser, expliciter, résoudre (avec une certaine modestie : le temps, les moyens sont limités, et l'on n'attend pas de vous une réponse définitive qui mette fin pour toujours au débat !).

A. L'analyse formelle

> **CADRAGE NATIONAL**
>
> « L'énoncé du sujet repose sur une phrase ou une citation courte. Aucun document n'est fourni. »

Dans ce cadre, les sujets proposés peuvent se présenter sous différentes formes qui induisent des approches différentes.

- Il peut s'agir d'une **affirmation** : on attend de vous une explication, une illustration de la thèse proposée, mais aussi une remise en question, une critique de cette thèse.

  Exemple : « La démocratie locale est un mythe »

- Le sujet peut être réduit à un **simple concept** (exemple : « La démocratie locale »), à la juxtaposition ou la coordination de deux mots (exemple : « collectivités territoriales et démocratie »). Cette formulation impose au candidat de bâtir sa propre thèse avant de la nuancer ou de la contredire par une autre thèse. Ce n'est en aucun cas un appel à un traitement type « question de cours » qui ne serait qu'un exposé de connaissances sans volonté de démonstration.
- Il peut s'agir d'une **question** : certaines induisent une réflexion qui peut démarrer à partir d'un « oui » et se poursuivre par un « mais » (ou « non/mais », ou « bien que/cependant », ou « si/pourtant »). En toute hypothèse, on n'attend jamais du candidat qu'il ne réponde **que** par « oui » ou par « non ». Certaines questions sont très ouvertes et ne permettent pas au candidat d'entamer sa réflexion à partir d'un « oui » ou d'un « non ».
- Il peut aussi s'agir d'une **citation** : le candidat se trouve ainsi face à une thèse qu'il doit éclairer et contester. La connaissance de l'auteur, de l'œuvre, de l'époque… peut évidemment orienter la réflexion. Là encore, on n'attend du candidat ni un accord total, ni un désaccord total avec la thèse de la citation.

  Si la citation s'accompagne d'une phrase du type : « Qu'en pensez-vous ? », ou : « Quelles réflexions vous inspire cette citation ? », ou encore : « Commentez cette phrase », ne vous trompez pas d'exercice : **on ne vous demande pas un libre exposé**

de vos opinions, de vos réflexions, de vos commentaires, mais une démonstration organisée à partir de la thèse de l'auteur. De même, « étudiez », « expliquez », « appréciez », « discutez »... ne changent rien à la nature de l'exercice.

B. L'identification et la définition des mots-clés

Les mots-clés sont tout d'abord les **termes** qui vous permettent de déterminer précisément le **sujet** sur lequel vous allez disserter.

Il est indispensable – sous peine de contresens, de faux-sens, de hors-sujet ou de restriction abusive du sujet – que vous disposiez de définitions précises des mots-clés. Pour y parvenir, il est parfois utile de recourir à l'étymologie.

2. Expanser les idées

D'autres mots et expressions traduisent cette phase essentielle de la réflexion, « vrac », « brain storming », « free wheeling » ou encore « remue-méninges » : tous reposent sur l'idée que le candidat doit consacrer un temps suffisant à associer librement des mots à partir des mots du sujet. « Penser, c'est relier » : ce mot me fait penser à tel mot, qui me fait penser à tel mot... Il est important, à ce stade, de laisser place à l'imagination afin d'accumuler le plus possible de matériaux : peut-être certains éléments ne serviront-ils pas, mais mieux vaut ne pas fermer trop tôt des pistes possibles...

A. L'expansion des mots

On peut vous conseiller une présentation en colonnes qui vous permet **d'expanser chaque mot** du sujet. Attention toutefois à une trop longue expansion de mots qui ne serait pas productrice d'idées : ces mots doivent donner naissance à des phrases dont vous validerez certaines ; les **mots** produisent ainsi des **problématiques** à partir desquelles vous allez élaborer la **thèse** de votre dissertation. Notez ces phrases (qui peuvent être des citations qui vous reviennent à l'esprit comme des phrases inventées de toutes pièces) au fur et à mesure de l'avancée de vos réflexions.

B. L'expansion du libellé

Elle permet également de tirer d'autres idées du sujet. On peut, par exemple, expanser le libellé par :

- la qualification par l'adverbe :
  - adverbe de temps (maintenant, enfin...),
  - adverbe de manière (directement, indirectement...),
  - adverbe de degré (plus, aussi, moins, le plus, le moins...) ;
- la qualification par l'adjectif ;
- la qualification par l'apposition grammaticale (autrement dit, c'est-à-dire...) ;
- la qualification et l'expansion par les relatives (qui, que...) ;
- des compléments circonstanciels (temps, lieu...) ;
- d'autres verbes.

3. Varier les « points de vue »

La variation des « points de vue » peut également permettre au candidat de trouver le plus possible d'idées sur un sujet : il doit toujours se demander si le sujet peut être envisagé d'un point de vue **culturel, économique, financier, historique, humain, individuel, collectif, juridique, moral, politique, professionnel, qualitatif, quantitatif, social, sociologique, technique...**

Pour valider et étayer les affirmations qu'il retiendra, le candidat a tout intérêt à mobiliser des **connaissances précises** (événements, dates, chiffres, exemples tirés de l'actualité...) : il faut donner du poids à son argumentation grâce à la mobilisation d'illustrations significatives qui rendront les arguments irrécusables. Il est essentiel d'éviter les lieux communs, les idées reçues non démontrées, les bavardages inutiles.

Mais toutes les idées ainsi accumulées ne trouveront sens (sens = signification) que si elles sont organisées en une démonstration qui progresse vers une conclusion (sens = direction) : pas de composition sans plan !

4. Construire un plan

La construction du plan est, les candidats le savent bien, l'étape la plus difficile de l'épreuve : souvent, les candidats, après avoir « expansé les idées » et imaginé des problématiques, disposent de matériaux dont ils ne savent pas très bien que faire : la tentation est donc grande de se contenter d'un « plan bateau » qui pourrait servir à n'importe quel autre sujet ; cette démarche conduit parfois les candidats à éliminer sans discernement des arguments pertinents... mais qui n'entrent pas dans la structure retenue.

Ne vous imaginez pas que le plan va, par une sorte de génération spontanée, se présenter automatiquement à votre esprit dès que vous aurez fini d'accumuler des idées : si, par commodité méthodologique, on sépare souvent (comme ici) la recherche des idées de celle du plan, dans la réalité de l'épreuve le candidat peut très bien partir d'une idée de plan que la recherche des idées invalidera (par exemple parce vous vous rendrez compte que vous ne disposez d'aucun argument pour « remplir » une partie ou une sous-partie que vous aviez imaginée) ou élaborer au fur et à mesure de la recherche des arguments des ébauches de plans possibles que vous retiendrez ou éliminerez après les avoir essayées : **un plan se cherche, s'adapte, se modifie**.

Un conseil : inutile de rédiger une annonce de partie ou de sous-partie si l'on pressent que l'on aura du mal à rédiger cette partie, cette sous-partie ; ce pressentiment est fondé, fiez-vous à votre impression première, vous éprouverez effectivement des difficultés... Trop de compositions commencent bien et se poursuivent par une deuxième partie indigente (volume insuffisant, idées faibles...) parce que le candidat s'est précipité sur ce qu'il savait faire (la première partie) en sous-estimant les difficultés qu'il pressentait pour la suite, plutôt que de prendre le temps de bâtir un autre plan. Une fois le plan bâti, au cours de la rédaction du développement, il faut sans cesse se demander si on répond bien au sujet et ne pas hésiter à revenir à la construction du plan si on s'égare dans des développements hors sujet.

Rassurez-vous toutefois : **mieux vaut un plan bateau que pas de plan du tout**. Soyons clairs : une accumulation d'arguments extrêmement pertinents, intelligents, nuancés, originaux… ne produira jamais une bonne composition, alors que l'organisation rigoureuse de quelques idées recevables, convenablement illustrées, permettra une prestation moyenne, voire supérieure à la moyenne. Comme le chante Brassens : « Sans technique, un don n'est rien qu'une sale manie » ; le génie n'est pas interdit, mais sans technique il ne passera sans doute pas le cap du concours, alors qu'une bonne technique, même sans génie, le permettra.

Pour vous exercer à la construction de plans lorsque vous vous préparez au concours, vous avez tout intérêt à vous entraîner à **forger sur le vif de petites démonstrations à partir de n'importe quel sujet.**

Des plans « passe-partout » « passent » très bien s'ils sont intelligemment utilisés et si vous savez faire mieux qu'annoncer simplement **la structure** de votre développement et en **annoncer précisément le contenu**.

Remarquons également que l'annonce de structure nécessite généralement des formulations pesantes (nous montrerons, nous examinerons, nous soulignerons…) alors que l'annonce du contenu permet une rédaction plus élégante. En toute hypothèse, les mentions « dans une première partie… dans une seconde partie » doivent être éliminées : une bonne utilisation des règles de présentation doit permettre un repérage sans ambiguïté de la fin de l'introduction, donc de l'annonce de plan qui en constitue le dernier paragraphe ; cela acquis, il est bien évident que, sauf à paraître inutilement torturé, on annonce la première partie avant d'annoncer la seconde : nul besoin, donc, d'alourdir l'annonce.

Là encore, de la nuance : si vous ne parvenez pas à rédiger une annonce de plan qui permette de repérer avec suffisamment de netteté l'organisation en parties et sous-parties, mieux vaut tout de même utiliser des ficelles voyantes (« dans une première partie, dans une deuxième partie ») plutôt que de courir le risque d'être perçu comme incohérent…

Parmi les nombreux plans « bateau » ou « passe-partout » possibles, éliminons le fameux plan « thèse/antithèse/synthèse » rendu aujourd'hui caduc par la « dictature » du plan en deux parties comprenant chacune deux sous-parties (baptisé parfois plan « type Sciences Po »). Il paraît pertinent de préférer le plan en deux parties, d'autant que ce type de plan a fait ses preuves et que les troisièmes parties des compositions qui en comportent trois sont souvent faibles, redondantes ou indigentes.

Éliminons aussi le plan chronologique qui ne permet pas d'apporter une réponse aux questions posées par le sujet et conduit à juxtaposer des considérations sur l'histoire du sujet sans construire une argumentation (cela n'enlève rien à la pertinence de références historiques à l'appui des idées qui fondent la démonstration).

Il reste de très nombreux **plans analytiques** qui valent la peine d'être essayés. Remarquons que beaucoup sont une variation autour de la logique du « **oui/mais** », du « **non/mais** », du « **bien que/cependant** » ou du « **si/pourtant** ».

- Thèse/antithèse.
- Thèse/Critique de cette thèse.
- Explication de la thèse, critique par d'autres thèses/Exposé rectificatif.
- Approbation de la thèse, explication/Déplacement du problème.
- C'est vrai/Sous réserve (à condition) que.

- C'est faux/À moins que.
- Convergences/Divergences.
- Causes/Conséquences.
- Dangers/Remèdes.
- Problèmes/Solutions.
- Aspects positifs/Aspects négatifs.
- Avantages/Inconvénients.
- Vertus/Défauts.
- Cela empêche/Cela permet.
- Cela permet/À condition que.
- Bilan/Perspectives.
- Organisation/Fonctionnement.
- Aspects internes/Aspects externes.
- Les faits/Le droit.
- …

5. Maîtriser le temps

1. Ne pas trop écrire

Les découpages horaires proposés par différents guides de préparation aux examens et concours sont variables.

À titre indicatif, on peut proposer le découpage suivant, tout en mesurant bien que, le jour de l'épreuve, les candidats gèrent leur temps en toute liberté en consacrant généralement – les produits qu'ils élaborent le prouvent – trop peu de temps à la recherche des idées, à la rédaction de l'annonce de plan et de la conclusion, à la relecture. Remarquons aussi que **les candidats ne savent pas ne pas écrire** et que l'angoisse de la page blanche les pousse à la fois à trop rédiger au brouillon, ce qui les contraint à passer un temps excessif à un travail de recopie, et, parfois, à conserver dans la rédaction définitive des développements qui n'y ont pas leur place et encombrent inutilement leurs devoirs.

La longueur du devoir n'est pas une qualité, bien au contraire : mieux vaut une copie de 5 à 6 pages bien organisée, élégamment écrite, attentivement relue, qu'une copie fleuve dont les défauts risquent d'être proportionnels à la longueur.

Proposons (à titre purement indicatif !) l'emploi du temps suivant :

Recherche des idées	1 h 20
Recherche du plan	20 min
Rédaction de l'introduction et de la conclusion	20 min
Recopie et rédaction définitive de la dissertation	1 h 45
Relecture	15 min
TOTAL	4 heures

Quoi que vous fassiez de ces conseils, vous devez impérativement prendre le temps de la recherche des idées, de l'élaboration d'un plan opérationnel, de la relecture.

2. Choisir entre brouillon et copie

A. Au brouillon

L'utilisation du temps préconisée ci-dessus repose sur la rédaction au brouillon :

– de l'expansion d'idées : on vous conseille l'utilisation d'un tableau qui permet d'expanser tous les mots-clés du sujet ;

– des phrases construites autour d'arguments à développer (une vingtaine de phrases au minimum qui sont autant d'intentions de démonstration) ;

– de l'ébauche du plan à partir de la validation et de l'organisation des phrases ci-dessus ;

– de la structure du développement : en style « prise de notes », le candidat, à partir du projet de plan, place les arguments qu'il développera dans le schéma de plan.

Ici s'arrête le travail préparatoire : tout ce qui va être rédigé ensuite est destiné à être recopié en l'état :

– l'annonce de plan : celle-ci provient directement du travail précédent qui a permis d'« essayer » une structure et de vérifier que chacune des « intentions » de démonstration serait nourrie d'arguments en nombre suffisant ;

– le reste de l'introduction ;

– la conclusion : on ne peut que conseiller au candidat de rédiger la conclusion dans la foulée de l'introduction : il sait ce qu'il va démontrer, il connaît l'aboutissement de cette démonstration, il dispose de temps, il n'est pas encore victime de la fatigue de l'épreuve ;

– les chapeaux introductifs de la première et de la seconde partie ;

– la phrase de transition entre la première et la deuxième partie.

B. Sur la copie de concours

Le travail de rédaction définitive au propre peut alors commencer :

– recopie du sujet *in extenso* ;

– recopie de l'introduction et du chapeau introductif de la première partie ;

– rédaction des deux sous-parties de la première partie ;

– recopie de la phrase de transition entre les deux parties et du chapeau introductif de la seconde partie ;

– rédaction des deux sous-parties de la seconde partie ;

– recopie de la conclusion.

Si le candidat ne se sent pas la capacité de rédiger directement ses sous-parties au propre à partir de la « structure du développement » (voir ci-dessus), il a intérêt à ne pas rédiger intégralement afin de gagner du temps.

SUJET

Concours externe – session 2022
Toutes spécialités

DURÉE : 4 HEURES

Énoncé

Entre développement local et transition écologique, les collectivités doivent-elles choisir ?

Comment aborder le sujet ?

Ce sujet requiert avant tout des connaissances sur le champ de compétence des collectivités territoriales, le développement local, conformément au libellé réglementaire de l'épreuve (« composition sur un sujet d'ordre général relative à la place et au rôle des collectivités territoriales dans les problématiques locales [démocratie, société, économie, emploi, éducation/formation, santé, culture, urbanisme et aménagement, relations extérieures...] »).

Ce champ de compétence est plus large que celui du sujet de la session précédente, qui portait sur la santé, le développement local relevant à la fois de compétences en matière de social, d'économie, d'emploi, de culture, d'urbanisme et d'aménagement.

La transition écologique, pour sa part, peut paraître faire moins directement écho à des compétences territoriales et mérite une définition afin de mesurer combien cette transition s'impose aujourd'hui dans les politiques de développement que les collectivités entendent conduire. Les candidats qui ne seraient pas familiers de ce concept de transition écologique peuvent utilement se référer à celui du développement durable, moins utilisé aujourd'hui parce qu'il pourrait laisser entendre un changement insuffisant au regard de celui qu'impose le réchauffement climatique.

Il n'est pas besoin de réfléchir beaucoup pour comprendre qu'une réponse péremptoire à la question posée n'est pas acceptable : un candidat qui entendrait démontrer que les collectivités territoriales qui souhaitent se développer ne peuvent le faire qu'en négligeant la transition écologique, ou que celles qui font le choix de la transition écologique ne peuvent se développer, ne serait guère convaincant.

Les principaux arguments à mobiliser

Qu'est-ce que la transition écologique ?

La transition écologique est une évolution vers un nouveau modèle économique et social, un modèle qui renouvelle nos façons de consommer, de produire, de travailler, de vivre ensemble pour répondre aux grands enjeux environnementaux, ceux du changement climatique, de la rareté des ressources, de la perte accélérée de la biodiversité et de la multiplication des risques sanitaires environnementaux.

La transition écologique recouvre plusieurs secteurs :
- la transition énergétique : réduction de la consommation d'énergie et augmentation de la part des énergies renouvelables ;
- la transition industrielle : réduction de l'empreinte carbone et de l'impact écologique de l'industrie ;
- la transition agroalimentaire : développement d'une agriculture respectueuse de l'environnement et des humains.

Elle repose ainsi sur l'investissement dans les énergies renouvelables, le développement de transports propres, la rénovation énergétique des logements, l'adoption de modèles agricoles durables.

Sans marquer d'engagement vers une décroissance, le concept estompe celui de développement qui restait au cœur du « développement durable ».

Quelle différence entre transition écologique et développement durable ?

Le concept de développement durable traduit une volonté de concilier développement économique et protection des ressources. Il apparaît moins radical que celui de transition écologique, en laissant supposer que la croissance a vocation à perdurer, dès lors que « le développement répond aux besoins du présent sans compromettre la capacité des générations futures à répondre aux leurs », selon madame Gro Harlem Brundtland, Première ministre norvégienne (1987). En 1992, le Sommet de la Terre à Rio, tenu sous l'égide des Nations unies, a officialisé la notion de développement durable et celle de ses trois piliers, économie, écologie, social : un développement économiquement efficace, socialement équitable et écologiquement soutenable.

La préférence pour le concept de transition écologique plutôt que pour celui de développement durable a d'ailleurs conduit le ministère de l'Écologie et du Développement durable à prendre le nom de ministère de la Transition écologique et de la Cohésion des territoires. Les médias se sont largement saisis de ce concept de transition écologique, et l'on ne parle plus guère aujourd'hui de développement durable.

Cette évolution sémantique contribue à une certaine opposition entre développement et transition écologique, dans la mesure où cette dernière estompe les menaces que la croissance fait peser sur l'avenir de l'humanité en laissant entendre que, après l'Anthropocène où l'activité humaine détruit l'environnement et met en péril la vie animale sur la planète, une nouvelle étape de l'histoire de l'humanité respectueuse de la planète pourrait commencer.

Le rôle des collectivités territoriales en matière de développement local

Les collectivités territoriales et leurs établissements publics jouent aujourd'hui un rôle essentiel en matière d'aménagement et de développement du territoire. On observe que la transition écologique y trouve également sa place.

La loi du 27 janvier 2014 de modernisation de l'action publique territoriale et d'affirmation des métropoles (dite loi MAPTAM) a renforcé le rôle de « chefs de file » des collectivités territoriales, coordinatrices de l'action commune des collectivités : la région est chef de file en matière d'aménagement et de développement durable du territoire, de protection de la biodiversité, de climat, de qualité de l'air et d'énergie, de développement économique, de soutien de l'innovation et de l'internationalisation des entreprises, d'organisation de l'intermodalité et de complémentarité des modes de transports, de soutien à l'enseignement supérieur et à la recherche.

Le département devient chef de file en matière d'action sociale et de développement social, de contribution à la résorption de la précarité énergétique, d'autonomie des personnes et de solidarité des territoires.

Quant à la commune, l'accent est mis sur la mobilité durable, l'organisation des services publics de proximité, l'aménagement de l'espace et le développement local.

S'agissant de ses compétences propres, la région joue un rôle essentiel en matière de développement : l'article L. 4221-1 du Code général des collectivités territoriales fixe que le conseil régional « a compétence pour promouvoir le développement économique, social, sanitaire, culturel et scientifique de la région, le soutien à l'accès au logement et à l'amélioration de l'habitat, le soutien à la politique de la ville et à la rénovation urbaine et le soutien aux politiques d'éducation et l'aménagement et l'égalité de ses territoires ». Le département, pour sa part, est notamment chargé du « développement social des territoires » (article L. 3211-1 du CGCT).

Enfin, la région a la charge de l'élaboration de documents de planification essentiels qu'elle adopte avant approbation du préfet de région :

Le schéma régional de développement économique, d'innovation et d'internationalisation (SRDEII) définit les orientations de la région concernant les aides aux entreprises, le soutien à l'internationalisation et les aides à l'investissement immobilier et à l'innovation des entreprises, l'attractivité du territoire régional, le développement de l'économie sociale et solidaire, le développement de l'économie circulaire, notamment en matière d'écologie.

Le schéma régional d'aménagement, de développement durable et d'égalité des territoires (SRADDET) précise la stratégie, les objectifs et les règles fixés par la région dans plusieurs domaines de l'aménagement du territoire. Il définit en particulier les objectifs de la région à moyen et long termes en matière d'équilibre et d'égalité des territoires, d'implantation des différentes infrastructures d'intérêt régional, de désenclavement des territoires ruraux, d'habitat, de gestion économe de l'espace, d'intermodalité et de développement des transports, de maîtrise et de valorisation de l'énergie, de lutte contre le changement climatique, d'air, de protection et de restauration de la biodiversité, de prévention et de gestion des déchets ; il définit également les règles générales prévues par la région pour contribuer à atteindre ces objectifs.

Les collectivités territoriales, relais de l'État en matière de transition écologique

L'article L. 1111-2 du Code général des collectivités territoriales fixe que les communes, les départements, les régions « concourent avec l'État à l'administration et à l'aménagement du territoire, au développement économique, social, sanitaire, culturel et scientifique, à la promotion de la santé, à la lutte contre les discriminations, à la promotion de l'égalité entre les femmes et les hommes ainsi qu'à la protection de l'environnement, à la lutte contre l'effet de serre par la maîtrise et l'utilisation rationnelle de l'énergie, et à l'amélioration du cadre de vie ».

Des lois récentes promotrices de la transition écologique confèrent aux collectivités territoriales un rôle essentiel dans sa mise en œuvre :

La loi du 17 août 2015 relative à la transition énergétique pour une croissance verte introduit des dispositions permettant d'accélérer et d'amplifier les travaux de rénovation énergétique des bâtiments pour économiser l'énergie, faire baisser les factures et créer des emplois. Les nouvelles constructions de bâtiments publics seront exemplaires au plan énergétique et, chaque fois que possible, à énergie positive. La loi prévoit également le déploiement de 7 millions de bornes de recharge pour véhicules électriques et hybrides. Elle encourage aussi la lutte contre le gaspillage, la réduction des déchets à la source et le développement de l'économie circulaire, en favorisant la conception innovante des produits et des matériaux ainsi que le tri et le recyclage. Les régions sont invitées à intervenir pour favoriser la transition énergétique dans les territoires, en appui des intercommunalités. Pour financer leurs projets, les collectivités se voient ouvrir l'accès à un nouveau « prêt transition énergétique et croissance verte » de la Caisse des dépôts et consignations. Un fonds spécial de 1,5 milliard d'euros est créé, grâce aux ressources du système énergétique, pour renforcer le soutien aux initiatives locales exemplaires en matière de transition énergétique et d'économie circulaire. Des appels à projets sont lancés pour 200 territoires à énergie positive, 20 villes et territoires « zéro gaspillage, zéro déchet » et pour l'innovation dans la rénovation énergétique des bâtiments.

La loi du 30 octobre 2018 pour l'équilibre des relations commerciales dans le secteur agricole et alimentaire et une alimentation saine, durable et accessible à tous (EGAlim) fait de la restauration collective un levier décisif au service de ce dernier objectif. Dans la restauration collective publique, qui représente plus de la moitié des 7,3 milliards de repas servis chaque année en France dans la restauration hors foyer, l'approvisionnement devra être constitué, à l'horizon 2022, avec un minimum de 50 % de produits agricoles locaux ou sous signes de qualité, dont les produits issus de l'agriculture biologique.

La loi du 22 août 2021 portant lutte contre le dérèglement climatique et renforcement de la résilience face à ses effets (dite loi climat et résilience), outre un ensemble de dispositifs visant à éradiquer les « passoires thermiques », encadre par exemple la bétonisation des terres avec un rythme d'artificialisation divisé par 2 pour 2030, pose l'objectif de 30 % d'aires protégées face à la bétonisation, renforce par exemple la responsabilité des communes dans l'implantation d'éoliennes, impose aux régions l'obligation de tarifs attractifs dans les trains régionaux, instaure la création de voies utilisables uniquement pour le co-voiturage.

Des politiques de développement local qui vont à l'encontre de la transition écologique

Le mode d'élection des conseillers communautaires, certes élus au suffrage universel direct mais par fléchage des listes de candidats aux élections communales, ne donne pas lieu à des campagnes électorales et à des débats démocratiques permettant d'éclairer les arbitrages entre développement local et transition écologique. On peut en outre observer parfois, notamment dans les communautés de communes rurales, des surenchères entre collectivités encore réticentes à faire prévaloir la dimension intercommunale et portées à profiter de la « manne » intercommunale pour leur propre territoire, au risque de choix d'implantations d'équipements ou d'activités redondants et peu tournés vers la transition écologique, en ce qu'ils contribuent notamment à la consommation d'énergie et à l'artificialisation des sols.

Les politiques conduites par les communes et leurs intercommunalités sont très différentes selon leur situation géographique, leur taille, leur potentiel fiscal : les petites communes rurales disposant de peu d'équipements seront davantage portées à consacrer leurs ressources avant tout à leur développement plutôt que de porter leurs efforts sur la transition écologique qui séduira davantage les « grosses collectivités » urbaines riches et déjà équipées, comme on peut l'observer s'agissant des pays émergents avant tout soucieux de se développer comme l'ont fait avant eux, sans se préoccuper de l'environnement, les pays aujourd'hui « riches ».

Il suffit de parcourir la France pour observer que continue en périphérie des villes la construction de nouvelles zones d'activité commerciale, artisanale ou industrielle, alors même que de très nombreux locaux sont disponibles. On estime par exemple que le nombre de mètres carrés de bureaux disponibles en région Île-de-France a doublé entre 2019 et 2022, atteignant 4,4 millions de mètres carrés à la mi-2022.

Si la loi du 24 mars 2014 pour l'accès au logement et un urbanisme rénové (Alur) a supprimé la possibilité de fixer des coefficients d'occupation des sols (COS) ou des superficies minimales des terrains constructibles dans les règlements des plans locaux d'urbanisme (PLU) afin de limiter le « mitage » et l'artificialisation des sols, elle a pour effet de conduire à une densification du bâti existant, souvent au détriment des espaces végétalisés. Il est nécessaire que les PLU évoluent pour mieux répondre aux impératifs d'une gestion économe des sols, respectueuse de la qualité de l'environnement et des paysages, en utilisant d'autres outils réglementaires pour favoriser la construction de formes urbaines qualitatives, tout en limitant l'artificialisation des sols. Trop souvent encore, l'encouragement de la construction immobilière répondant aux attentes de promoteurs à l'affût de la moindre surface constructible, s'inscrivant dans une politique d'attractivité qui, essentiellement dans les communes rurales, entend préserver ou développer école, services publics, commerce de centre-bourg, est contraire à la transition écologique.

Un plan

Pour ordonner ces arguments dans un plan permettant des parties et sous-parties équilibrées, on devra « faire le sacrifice » de quelques développements, essentiellement celui portant sur les compétences des collectivités territoriales.

(I) Fondées sur des concepts en partie contradictoires (A), les politiques de développement local s'opposent parfois à la transition écologique (B).

(II) Pourtant, les compétences des collectivités territoriales associent étroitement développement local et transition écologique (A), alors que l'État fait d'elles des relais de cette transition (B).

Proposition de corrigé

Les médias ont aujourd'hui largement vulgarisé le concept de transition écologique qui dessine le passage d'une ère de développement sans frein portant atteinte à l'environnement à une ère où l'État met en œuvre une politique alternative visant à répondre aux grands enjeux environnementaux. Ce concept paraît renvoyer au passé celui de développement durable qui était au cœur des Agendas 21 locaux adoptés par les collectivités territoriales et accompagner la prise de conscience par les citoyens que le modèle de développement précédent est aujourd'hui périmé. Le terme d'« Anthropocène », qui entend caractériser cette phase de l'histoire de l'humanité où l'activité humaine détruit l'environnement, est largement connu aujourd'hui et la préoccupation environnementale croissante a conduit de nombreux électeurs à porter des candidats écologistes à la tête de grandes villes comme Lyon et Grenoble.

Dans ce contexte où la transition écologique paraît antinomique du développement, les collectivités ont-elles le choix ? Peuvent-elles continuer à se développer sans prendre en compte la transition écologique ? L'obligation de cette transition les contraint-elle à ne plus se développer ?

(I) Fondées sur des concepts en partie contradictoires (A), les politiques de développement local s'opposent parfois à la transition écologique (B).

(II) Pourtant, les compétences des collectivités territoriales associent étroitement développement local et transition écologique (A), alors que l'État fait d'elles des relais de cette transition (B).

I- Une opposition entre développement local et transition écologique

A- Des concepts en partie contradictoires

La transition écologique est une évolution vers un nouveau modèle économique et social, un modèle qui renouvelle nos façons de consommer, de produire, de travailler, de vivre ensemble pour répondre aux grands enjeux environnementaux, ceux du changement climatique, de la rareté des ressources, de la perte accélérée de la biodiversité et de la multiplication des risques sanitaires environnementaux.

La transition écologique recouvre plusieurs secteurs : la transition énergétique (réduction de la consommation d'énergie et augmentation de la part des énergies renouvelables) ; la transition industrielle (réduction de l'empreinte carbone et de l'impact écologique de l'industrie) ; la transition agroalimentaire (développement d'une agriculture respectueuse de l'environnement et des humains). Elle repose ainsi sur l'investissement dans les énergies renouvelables, le développement de transports propres, la rénovation énergétique des logements, l'adoption de modèles agricoles durables.

Sans marquer d'engagement vers une décroissance, le concept estompe celui de développement qui restait au cœur du « développement durable ». Le concept de développement durable traduit pour sa part une volonté de concilier développement économique et protection des ressources. Il apparaît moins radical que celui de transition écologique, en laissant supposer que la croissance a vocation à perdurer, dès lors que « le développement répond aux besoins du présent sans compromettre la capacité des générations futures à répondre aux leurs », selon madame Gro Harlem Brundtland, Première ministre norvégienne (1987). En 1992, le Sommet de la Terre à Rio, tenu sous l'égide des Nations unies, a officialisé la notion de développement durable et celle de ses trois piliers, économie, écologie, social : un développement économiquement efficace, socialement équitable et écologiquement soutenable.

La préférence pour le concept de transition écologique plutôt que pour celui de développement durable a d'ailleurs conduit le ministère de l'Écologie et du Développement durable à prendre le nom de ministère de la Transition écologique et de la Cohésion des territoires. Les médias se sont largement saisis de ce concept de transition écologique, et l'on ne parle plus guère aujourd'hui de développement durable. Cette évolution sémantique contribue à une certaine opposition entre développement et transition écologique, dans la mesure où elle estompe les menaces que la croissance fait peser sur l'avenir de l'humanité en laissant entendre que, après l'Anthropocène où l'activité humaine détruit l'environnement et met en péril la vie animale sur la planète, une nouvelle étape de l'histoire de l'humanité respectueuse de la planète pourrait commencer.

B- Des politiques de développement local contraires à la transition écologique

Il suffit de parcourir la France pour observer que continue en périphérie des villes la construction de nouvelles zones d'activité commerciale, artisanale ou industrielle, alors même que de très nombreux locaux sont disponibles. On estime par exemple que le nombre de mètres carrés de bureaux disponibles en région Île-de-France a doublé entre 2019 et 2022, atteignant 4,4 millions de mètres carrés à la mi-2022.

La couverture de l'ensemble du territoire par les intercommunalités n'est certainement pas étrangère à la poursuite d'un développement local en contradiction avec la transition écologique. Le mode d'élection des conseillers communautaires, certes élus au suffrage universel direct mais par fléchage des listes de candidats aux élections communales, ne donne pas lieu à des campagnes électorales et à des débats démocratiques permettant d'éclairer les arbitrages entre développement local et transition écologique. On peut en outre observer parfois, notamment dans les communautés de communes rurales, des surenchères entre collectivités encore réticentes à faire prévaloir la dimension intercommunale et portées à profiter de la « manne » intercommunale pour leur propre territoire, au risque de choix d'implantations d'équipements ou d'activités redondants et peu tournés vers la transition écologique, en ce qu'ils contribuent notamment à la consommation d'énergie et à l'artificialisation des sols.

Les politiques conduites par les communes et leurs intercommunalités sont très différentes selon leur situation géographique, leur taille, leur potentiel fiscal : les petites communes rurales disposant de peu d'équipements seront davantage portées à consacrer leurs ressources avant tout à leur développement plutôt que de porter leurs efforts sur la transition écologique qui séduira davantage les « grosses collectivités » urbaines riches et déjà équipées, comme on peut l'observer s'agissant des pays émergents avant tout soucieux de se développer comme l'ont fait avant eux, sans se préoccuper de l'environnement, les pays aujourd'hui « riches ».

Si la loi du 24 mars 2014 pour l'accès au logement et un urbanisme rénové (Alur) a supprimé la possibilité de fixer des coefficients d'occupation des sols (COS) ou des superficies minimales des terrains constructibles dans les règlements des plans locaux d'urbanisme (PLU) afin de limiter le « mitage » et l'artificialisation des sols, elle a pour effet de conduire à une densification du bâti existant, souvent au détriment des espaces végétalisés. Il est nécessaire que les PLU évoluent pour mieux répondre aux impératifs d'une gestion économe des sols, respectueuse de la qualité de l'environnement et des paysages, en utilisant d'autres outils réglementaires pour favoriser la construction de formes urbaines qualitatives, tout en limitant l'artificialisation des sols. Trop souvent encore, l'encouragement de la construction immobilière répondant aux attentes de promoteurs à l'affût de la moindre surface constructible, s'inscrivant dans une politique d'attractivité qui, essentiellement dans les communes rurales, entend préserver ou développer école, services publics, commerce de centre-bourg, est contraire à la transition écologique.

Si développement local et transition écologique peuvent paraître contradictoires, leur conciliation est aujourd'hui incontournable.

II- Une conjugaison étroite du développement local et de la transition écologique

A- L'intrication du développement et de la transition dans les compétences locales

Les collectivités territoriales et leurs établissements publics jouent aujourd'hui un rôle essentiel en matière d'aménagement et de développement du territoire. Mais on observe que la transition écologique se trouve également au cœur de leurs compétences.

Ainsi, la loi du 27 janvier 2014 de modernisation de l'action publique territoriale et d'affirmation des métropoles (dite loi MAPTAM) a renforcé le rôle de « chefs de file » des collectivités territoriales, coordinatrices de l'action commune des collectivités : la région est chef de file en matière d'aménagement et de développement durable du territoire, de protection de la biodiversité, de climat, de qualité de l'air et d'énergie, de développement économique, de soutien de l'innovation et de l'internationalisation des entreprises, d'organisation de l'intermodalité et de complémentarité des modes de transports, de soutien à l'enseignement supérieur et à la recherche. Le département devient chef de file en matière d'action sociale et de développement social, de contribution à la résorption de la précarité énergétique, d'autonomie des personnes et de solidarité des territoires. Quant à la commune, l'accent est mis sur la mobilité durable, l'organisation des services publics de proximité, l'aménagement de l'espace et le développement local.

Les compétences propres de la région lui font jouer un rôle essentiel en matière de développement : l'article L. 4221-1 du Code général des collectivités territoriales fixe que « le conseil régional a compétence pour promouvoir le développement économique, social, sanitaire, culturel et scientifique de la région, le soutien à l'accès au logement et à l'amélioration de l'habitat, le soutien à la politique de la ville et à la rénovation urbaine et le soutien aux politiques d'éducation et l'aménagement et l'égalité de ses territoires ». La région est également chargée, avant leur approbation par le préfet de région, de l'élaboration de documents de planification essentiels alliant développement local et transition énergétique : le schéma régional de développement économique, d'innovation et d'internationalisation (SRDEII) définit les orientations de la région concernant les aides aux entreprises, le soutien à l'internationalisation et les aides à l'investissement immobilier et à l'innovation des entreprises, l'attractivité du territoire régional, le développement de l'économie sociale et solidaire, le développement de l'économie circulaire, notamment en matière d'écologie.

Pour sa part, le schéma régional d'aménagement, de développement durable et d'égalité des territoires (SRADDET) précise la stratégie, les objectifs et les règles fixés par la région dans plusieurs domaines de l'aménagement du territoire. Il définit en particulier les objectifs de la région à moyen et long termes en matière d'équilibre et d'égalité des territoires, d'implantation des différentes infrastructures d'intérêt régional, de désenclavement des territoires ruraux, d'habitat, de gestion économe de l'espace, d'intermodalité et de développement des transports, de maîtrise et de valorisation de l'énergie, de lutte contre le changement climatique, d'air, de protection et de restauration de la biodiversité, de prévention et de gestion des déchets ; il définit également les règles générales prévues par la région pour contribuer à atteindre ces objectifs.

B- L'État fait des collectivités ses relais en matière de transition écologique

L'article L. 1111-2 du Code général des collectivités territoriales fixe que les communes, les départements, les régions « concourent avec l'État à l'administration et à l'aménagement du territoire, au développement économique, social, sanitaire, culturel et scientifique, à la promotion de la santé, à la lutte contre les discriminations, à la promotion de l'égalité entre les femmes et les hommes ainsi qu'à la protection de l'environnement, à la lutte contre l'effet de serre par la maîtrise et l'utilisation rationnelle de l'énergie, et à l'amélioration du cadre de vie ».

Des lois récentes promotrices de la transition écologique confèrent aux collectivités territoriales un rôle essentiel dans sa mise en œuvre : la loi du 17 août 2015 relative à la transition énergétique pour une croissance verte introduit des dispositions permettant d'accélérer et d'amplifier les travaux de rénovation énergétique des bâtiments pour économiser l'énergie, faire baisser les factures et créer des emplois. Les nouvelles constructions de bâtiments publics seront exemplaires au plan énergétique et, chaque fois que possible, à énergie positive. La loi prévoit également le déploiement de 7 millions de bornes de recharge pour véhicules électriques et hybrides. Elle encourage aussi la lutte contre le gaspillage, la réduction des déchets à la source et le développement de l'économie circulaire, en favorisant la conception innovante des produits et des matériaux ainsi que le tri et le recyclage. Les régions sont invitées à intervenir pour favoriser la transition énergétique dans les territoires, en appui des intercommunalités. Pour financer leurs projets, les collectivités se voient ouvrir l'accès à un nouveau « prêt transition énergétique et croissance verte » de la Caisse des dépôts et consignations. Un fonds spécial de 1,5 milliard d'euros est créé, grâce aux ressources du système énergétique, pour renforcer le soutien aux initiatives locales exemplaires en matière de transition énergétique et d'économie circulaire. Des appels à projets sont lancés pour 200 territoires à énergie positive, 20 villes et territoires « zéro gaspillage, zéro déchet » et pour l'innovation dans la rénovation énergétique des bâtiments.

Pour sa part, la loi du 30 octobre 2018 pour l'équilibre des relations commerciales dans le secteur agricole et alimentaire et une alimentation saine, durable et accessible à tous (EGAlim) fait de la restauration collective un levier décisif au service de ce dernier objectif. Dans la restauration collective publique, qui représente plus de la moitié des 7,3 milliards de repas servis chaque année en France dans la restauration hors foyer, l'approvisionnement devra être constitué, à l'horizon 2022, avec un minimum de 50 % de produits agricoles locaux ou sous signes de qualité, dont les produits issus de l'agriculture biologique.

Enfin, la loi du 22 août 2021 portant lutte contre le dérèglement climatique et renforcement de la résilience face à ses effets (dite loi climat et résilience), outre un ensemble de dispositifs visant à éradiquer les « passoires thermiques », encadre par exemple la bétonisation des terres avec un rythme d'artificialisation divisé par 2 pour 2030, pose l'objectif de 30 % d'aires protégées face à la bétonisation, renforce par exemple la responsabilité des communes dans l'implantation d'éoliennes, impose aux régions l'obligation de tarifs attractifs dans les trains régionaux, instaure la création de voies utilisables uniquement pour le co-voiturage.

Ainsi, si certaines collectivités peuvent encore être tentées de se développer à marche forcée en reportant leur contribution à la transition écologique, elles n'ont aujourd'hui plus réellement le choix : c'est à une fine conjugaison du développement local et de la transition énergétique que l'exercice de leurs compétences et les dispositions récemment adoptées par l'État les invitent.

Rapport avec solutions opérationnelles (concours interne et 3e voie) et note avec solutions opérationnelles (examen professionnel)

DURÉE 4 HEURES

Planning de révisions 138

Méthodologie et conseils 139

Annales corrigées 180

COEFFICIENT (RAPPORT) 4

COEFFICIENT (NOTE) 1

Planning de révisions

Le **planning** ci-après entend vous proposer un **mode d'acquisition méthodique des savoir-faire et des connaissances indispensables** à la réussite de l'épreuve de rapport avec solutions opérationnelles et note avec solutions opérationnelles.

La date à laquelle vous commencez à utiliser cet ouvrage pour vous préparer déterminera évidemment la durée de chaque période : si, par exemple, vous entamez votre préparation personnelle six mois avant le concours, les dix périodes d'appropriation compteront chacune de l'ordre de deux semaines. Il en ira tout différemment si vous pensez pouvoir préparer le concours en un mois : deux à trois jours seront alors consacrés à chaque période.

Soyez également attentif au fait que cette épreuve requiert non seulement une maîtrise de la technique de la synthèse des éléments d'un dossier, mais aussi celle des connaissances en administration des collectivités territoriales abordées dans la partie 3, auxquelles la période 3 renvoie. Cette période, elle-même découpée en plusieurs périodes, sera de ce fait à l'évidence d'une durée supérieure à celle des autres périodes.

PÉRIODES	CONTENU DES RÉVISIONS	NOS OUTILS
Période 1	Comprendre les exigences de l'épreuve, savoir présenter clairement un rapport ou une note avec solutions opérationnelles.	Page 141
Période 2	Exploiter méthodiquement un sujet, savoir gérer le temps de l'épreuve.	Page 165
Période 3	Se préparer en amont de l'épreuve (voir partie 3).	Page 273
Période 4	Lire intégralement le dossier du sujet d'annales 1.	Page 180
Période 5	Identifier les éléments à valoriser, discerner les apports de connaissances nécessaires, décider d'un plan.	
Période 6	Rédiger intégralement le rapport ou la note demandé sans limite de temps.	
Période 7	Lire et analyser le corrigé type, mesurer et analyser les écarts de sa propre production avec celui-ci.	Page 222
Période 8	Relire l'ensemble des conseils méthodologiques.	Page 139
Période 9	Rédiger intégralement le rapport ou la note du sujet d'annales 2 en se limitant au temps réglementaire de l'épreuve et évaluer la copie.	En ligne
Période 10	À titre d'entraînement complémentaire, traiter les sujets d'annales 3, 4 et 5 proposés en ligne.	En ligne

NOTE DU FORMATEUR

Le cadrage national de l'épreuve du concours d'attaché étant plus précis que celui de l'examen d'attaché principal, nous avons fait le choix d'étendre à l'examen les éléments de cadrage du concours qui sont également pertinents pour l'examen.

Intitulé réglementaire de l'épreuve de rapport avec solutions opérationnelles (concours interne et 3e voie d'attaché territorial) :

« **Rédaction, à l'aide des éléments d'un dossier :**
(spécialité administration générale) soulevant un problème d'organisation ou de gestion rencontré par une collectivité territoriale
(spécialité gestion du secteur sanitaire et social) soulevant un problème sanitaire et social rencontré par une collectivité territoriale
(spécialité animation) relatif au secteur de l'animation dans une collectivité territoriale
(spécialité urbanisme et développement des territoires) soulevant un problème relatif au secteur de l'urbanisme et du développement des territoires rencontré par une collectivité territoriale
- d'un rapport (spécialité urbanisme et développement des territoires : **d'une note**)
faisant appel à l'esprit d'analyse et de synthèse du candidat, à son aptitude à situer le sujet traité dans son contexte général et à ses capacités rédactionnelles afin de dégager des solutions opérationnelles appropriées
- d'un rapport (spécialité analyste)
faisant appel à l'esprit d'analyse et de synthèse du candidat, à son aptitude à concevoir et à mettre en place une application automatisée dans une collectivité territoriale. »
(durée : 4 heures ; coefficient 4).

Intitulé réglementaire de l'épreuve de note avec solutions opérationnelles (examen professionnel d'attaché principal) :

Rédaction d'une note à partir d'un dossier de mise en situation professionnelle, ayant pour objet de vérifier l'aptitude du candidat à l'analyse et la capacité à proposer des **solutions opérationnelles argumentées**.
(durée : 4 heures ; coefficient 1)

D'autres épreuves proches :

- **Le rapport du concours interne d'attaché territorial avant sa réforme** *(spécialité administration générale)*

Rédaction, à l'aide des éléments d'un dossier soulevant un problème d'organisation ou de gestion rencontré par une collectivité territoriale, d'un rapport faisant appel à l'esprit d'analyse et de synthèse du candidat, à son aptitude à situer le système traité dans son contexte général et à ses capacités rédactionnelles.

NOTE DU FORMATEUR

Une différence essentielle : l'ancienne épreuve ne comprenait pas la formulation de « solutions opérationnelles appropriées ».

- **La note du concours externe d'ingénieur territorial**

À partir de l'analyse d'un dossier remis au candidat, rédaction d'une note tenant compte du contexte technique, économique ou juridique lié à ce dossier. Celui-ci porte sur l'une des spécialités choisie par le candidat au moment de son inscription.

NOTE DU FORMATEUR

Bien que l'intitulé réglementaire ne le précise pas, cette épreuve est cadrée comme une épreuve de note (sur 8 points) avec propositions (sur 12 points). Ce n'est le cas ni du rapport avec solutions opérationnelles des concours interne et de troisième voie d'attaché territorial ni de la note avec solutions opérationnelles de l'examen d'attaché principal qui se voient en attribuer une note globale sur 20 points.

1. Comprendre les exigences de l'épreuve

Extrait du rapport de la présidente du jury de la session 2018 du concours d'attaché territorial organisée par le centre interdépartemental de gestion (CIG) de la petite couronne au sujet de l'épreuve de rapport avec solutions opérationnelles (concours interne et 3e concours)

Forces	Points à améliorer
Maîtrise de la forme du rapport	Méthodologie de projet stéréotypée et inadaptée au contexte
Compréhension des sujets et identification des enjeux	Faible adaptation des propositions au contexte de la commande
Capacités de synthèse	Solutions souvent générales, peu opérationnelles ou irréalistes
Construction de plans annoncés et structurés	Manque d'apports extérieurs au dossier et d'équilibre entre les parties
Démarche projet présente	Style et orthographe insuffisants

« Conseils aux candidats :
- s'informer sur les attendus de l'épreuve ;
- lire les annales et les rapports des jurys ;
- bien lire la commande et ses spécificités ;
- travailler la méthodologie de conduite d'un projet ;
- mettre en avant ses connaissances des collectivités territoriales ;
- faire preuve d'originalité dans les propositions ;
- garder en tête que le rapport doit être rédigé dans un but d'aide à la décision. »

Extrait du rapport du président du jury de la session 2021 de l'examen d'attaché principal organisée par le centre de gestion du Rhône et de la Métropole de Lyon

« Comme le précise la note de cadrage, l'épreuve écrite d'admissibilité entend vérifier, au-delà de l'aptitude à analyser des informations pour les présenter de manière organisée et claire, la capacité du candidat à mobiliser les acquis de son expérience pour proposer des solutions opérationnelles argumentées adaptées au contexte territorial. En cela, cette épreuve se différencie d'une épreuve de note de synthèse.

Le sujet de la session 2021, assorti d'un dossier de 12 documents totalisant 40 pages, portait sur le renforcement des pratiques culturelles des jeunes, dans une ville de 60 000 habitants, ville-centre d'une communauté d'agglomération.
Le jury souligne que le sujet était pertinent et d'actualité, adapté à la nature de l'épreuve et au niveau de l'examen d'attaché principal. Si la thématique correspondait aux problématiques du domaine culturel, le sujet présentait un caractère suffisamment transversal. Il comportait de multiples aspects (juridiques, institutionnels, sociologiques, sociétaux, financiers et organisationnels...) de nature à alimenter aussi bien l'analyse du dossier que les solutions opérationnelles.
Les copies sont, sur le fond, d'un niveau disparate.
Les meilleures copies ont su proposer un plan valorisant et hiérarchisant les informations pertinentes du dossier, ainsi que des solutions opérationnelles, contextualisées et inscrites dans une démarche de projet.
Les copies moyennes ont perçu les enjeux du sujet mais n'ont pas toujours su valoriser et hiérarchiser les informations essentielles, n'ont pas su inscrire les solutions proposées dans une stratégie d'action culturelle, tout en proposant une démarche de projet.
Les copies les plus faibles n'ont pas perçu les enjeux du sujet, ont fait du "copier-coller" des éléments du dossier, sans tirer et hiérarchiser les informations essentielles, se sont perdues dans des listes de solutions souvent inopportunes et sans lien entre elles et parfois sont restées inachevées.
Sur la forme, le formalisme de la note est en général respecté (en-tête, parties et sous-parties titrées). Le style est souvent relâché, certains candidats écrivant "comme ils parlent". Les fautes d'orthographe, de syntaxe et de grammaire sont anormalement élevées pour ce niveau d'examen. Enfin, la correction des copies peut se transformer en exercice de déchiffrement, tant l'écriture est parfois peu lisible. »

NOTE DU FORMATEUR

Cette approche méthodologique est fondée sur le cadrage national élaboré par les centres de gestion.
Ce cadrage national est notamment consultable en ligne sur le site www.cdg69.fr

1. Rédiger...

A. Une rédaction intégrale

La concision et l'efficacité requises nécessitent que le rapport et la note soient parfaitement lisibles : cette lisibilité requiert une écriture simple, précise, une orthographe et une syntaxe le plus irréprochables possible. Une **rédaction intégrale** (pas de phrases sans verbe, pas d'accumulation de tirets...) est ici exigée.

> **CADRAGE NATIONAL**
>
> « Le rapport ou la note doit être intégralement rédigé (pas de style télégraphique, "prise de notes").
> Le niveau attendu en matière de maîtrise de la langue (orthographe, syntaxe) est le même qu'en composition ou dissertation.
> Le style doit être neutre, sobre, précis. »
> Un rapport ou une note ne devrait pas obtenir la moyenne lorsqu'il :
> (...)
> - traduit une incapacité à rédiger clairement, ou ;
> - témoigne d'une maîtrise linguistique insuffisante (trop nombreuses erreurs d'orthographe, de syntaxe, de ponctuation, de vocabulaire) (...).

L'insistance du cadrage sur la qualité rédactionnelle de cette unique épreuve écrite d'admissibilité du concours interne et du troisième concours d'attaché territorial et de l'examen professionnel d'attaché principal traduit une exigence marquée s'agissant d'un concours d'accès à un cadre d'emplois de catégorie A ou d'un examen d'avancement à un grade de catégorie A.

B. Sans « langue de bois »

Mettons en garde le candidat contre l'**abus de la langue de bois**, les jargons, formules creuses, toutes les formules que l'écrivain et académicien Bertrand Poirot-Delpech, aujourd'hui disparu, qualifiait, dans un article du *Monde*, de « RAS », « **remplissage** n'ayant rigoureusement aucun sens » : « La parole publique – écrivait Bertrand Poirot-Delpech – est confisquée par quelques centaines d'hommes politiques, patrons, experts variés, publicitaires et communicants qui manient langue de bois, euphémismes, jargons technocratiques, métaphores passe-partout et formules faussement savantes, pour capter nos suffrages, masquer la vérité, endormir nos vigilances, nous imposer idées, images, camelote.

Les victimes de ces tromperies les recopiant par contagion, c'est tout le langage qui risque d'être bientôt perverti en machine à vendre, vidé de sens, suspect, ridiculisé [...].

Pour résister à ces manipulations, beaucoup suggèrent un lexique français-français de dessillement, de désintoxication. Voici quelques pistes :

– Absolu (impératif, nécessité, etc.) : RAS

– Alléger (les procédures administratives, les charges sociales, les programmes scolaires, etc.) : les remplacer par d'autres

– Annonce (effet d') : bla bla, laïus, baratin, rideau de fumée, pour faire patienter

– Central : important (voir *fondamental, majeur*)

– Clair, clairement (« il a été tout à fait clair », « il a indiqué clairement ») : RAS

– Concertation (ouvrir, mener, conduire, une grande, une large…) : noyer le poisson (a remplacé : créer une commission)

– Confidence (je vais vous faire une confidence…) : annoncer sur les ondes, comme si personne n'était au courant, quelque chose que tout le monde sait déjà.

– Conjoncturel : on n'y peut rien, mais ça peut encore s'arranger (voir *structurel*)

– Déficit d'exploitation : quand l'opinion renâcle, la faute aux porte-parole, aux médias

– Dysfonctionnement : erreur sans cause, la faute à personne, aux autres, à pas de chance

– Faut (il faut que…) : nous ne l'avons pas fait, nous y pensons sérieusement

– Fondamental : important (voir *central*)

– Large (tour d'horizon, débat, négociation…) : RAS. Voir *vaste*

– Lourd (tendances…) : on n'y peut pas grand-chose. Voir *structurel*

– Majeur : important. Voir *central, fondamental*

– Moment (quand le … sera venu) : quand cela nous arrangera

– Naturellement : ne me demandez pas pourquoi

– Nécessité : toujours *absolue*. Voir ce mot

– Perspectives (ouvrir, tracer…) : parler un peu de l'avenir

– Peu (J'ai un… le sentiment que) : je trouve que

– Significatif (augmentation, mesure) : engagement faisant impression, mais non chiffré

– Structurel : On n'y peut vraiment rien (voir *conjoncturel*)

– Synergie : copinage moderniste

– Terme (à plus ou moins long…) : bientôt, ou peut-être avant

– Tout à fait : oui (synonymes : absolument, complètement, totalement)

Dans la même veine, Max Dorra, écrivain et professeur de médecine, se livrait dans *Le Monde* (13 et 14 juillet 2008) à « La chasse aux perroquets : ébauche d'un dictionnaire des idées reçues et formules absurdes employées dans les médias » :

– Fort [signal…] : ultime recours des pensées flasques.

– Indique [je vous…] : se dit sur un ton neutre, objectif, discrètement protecteur, pour vous refiler à l'esbroufe des informations habituellement inexactes.

– Mentalité d'assisté : se dit avec une moue réprobatrice, en général au volant d'une Mercedes.

– Modernité : confond « actuel, à la mode » et « universel, éternel » par la vertu de l'art. Stendhal et Rimbaud sont modernes. X, Y, Z (suivez mon regard) sont actuels.

– Politologue [on va demander l'avis d'un…] : croyance médiatique (faussement) naïve en l'« objectivité scientifique » d'un « expert ». On apprend d'ailleurs toujours, incidemment, que le « politologue » en question est « proche » de tel ou tel homme politique.

– Quelque part : évocation de ce qui n'est ni dans le temps ni dans l'espace, mais dans une autre dimension. Utilisé en général pour se donner un air vaguement analytique. Permet de jouer à l'initié. (Il est recommandé de prendre un air mystérieux.)

– TRANSPARENCE [souci de…] : prétexte pris par les administrations et les grandes entreprises pour publier régulièrement une masse de chiffres inutilisables sortis d'un ordinateur. Rideau de fumée qui permet de mettre soigneusement de côté les vrais problèmes, ceux qu'on se gardera bien d'aborder. Les chiffres vraiment gênants, par exemple.

– TROP DÉPENSIER [l'État est…] : artifice de présentation culpabilisant destiné à faire accepter, dans un collectif budgétaire, la réduction des crédits alloués à la santé, l'Éducation nationale, la culture, la recherche… »

Et que dire de :

– « INITIER », voire « INITIALISER », pour *commencer, débuter, mettre en chantier, entamer, engager*

– « FINALISER », pour *achever, parachever, terminer, mener à bien, mener à terme, conclure*

– « IMPULSER », pour *encourager, favoriser*

– « IMPACTER », pour *peser sur, avoir des conséquences sur*

… sans oublier qu'en cours de route on va viser la facilitation, pour une bonne continuation, qui nécessite peut-être une procéduralisation, voire une juridicisation…

Un relevé dans des copies d'examen et de concours des mots et expressions favoris des candidats illustre une tendance à écrire comme tout le monde écrit, qui devrait pousser les candidats à se distinguer par la qualité de leur style.

Citons, dans le désordre :

– SE DOIT DE, qui peut souvent être avantageusement remplacé par *doit*

– PALLIER, la plupart du temps fautif : on ne pallie pas à une difficulté, on pallie une difficulté. Il s'agit d'un verbe transitif direct

– METTRE EN EXERGUE

– PAR LE BIAIS : confusion entre *biais* et *moyen*

– NOTRE SOCIÉTÉ D'AUJOURD'HUI, ou *notre société contemporaine*

– DE TOUS TEMPS, alors que bien rares sont les phénomènes qui remontent aux origines de l'humanité !

– DE PAR, DU FAIT DE

– EN QUELQUE SORTE, POUR AINSI DIRE

– GÉRER UN PROBLÈME, à remplacer souvent par *résoudre*

– ENGENDRER, GÉNÉRER

– PARTICIPER D'UN

– FORCE EST DE CONSTATER QUE, pour *on observe, il est indéniable que, incontestablement*

– LES TENANTS ET LES ABOUTISSANTS, pour *les causes et les conséquences*

Chacun est à même de juger les raisons de l'emploi de ces mots : intoxication par le jargon véhiculé par la presse et la télévision, séduction de formulations « ronflantes »…

C. Sans « jargon administratif »

Soyons conscients de la tendance de l'administration à utiliser un langage qui lui est propre et que certains candidats ont tendance, inconsciemment ou non, à imiter :

l'administration affectionne en effet particulièrement les expressions « bavardes » et lénifiantes, dans le but, conscient ou inconscient, d'atténuer le caractère impératif de l'ordre ou absolu du refus, de valoriser ses actions, de masquer ses insuffisances.

Quelques exemples de ce « **style administratif** » dont le candidat doit se méfier :

Style administratif	Peut être remplacé par
Votre correspondance en date du... (date)	Votre lettre du... (date)
Je porte à votre connaissance	Je vous informe
Je vous fais connaître	Je vous informe
Votre autorisation vient à expiration	Vous n'êtes plus autorisé
Un refus a été opposé à votre demande	Votre demande a été refusée
Il ne nous a malheureusement pas été possible de réserver une suite favorable à votre demande	Votre demande a été refusée
Vous voudrez bien nous faire retour du document	Restituez le document
Vous faites l'objet d'une mesure de suspension	Vous êtes suspendu
Ces dispositions se proposent de réglementer, s'attachent à réglementer	Ces dispositions réglementent
Ce rapport se plaît à signaler	Ce rapport signale
Une erreur s'est malencontreusement glissée dans ce document	Ce document est erroné

Ainsi, le candidat devra éviter de jargonner tout en sachant utiliser des **formulations qui évitent le « je » et l'abus du « nous »** en ayant recours à des formulations comme « il convient d'être attentif à », « on s'attachera à », « on veillera particulièrement à », « des expériences méritent attention »...

D. Sans fautes d'orthographe

La liste inépuisable des **fautes d'orthographe** et des impropriétés est également éclairante : trop de candidats doutent trop peu d'eux-mêmes... Sans nul doute, les listes d'erreurs font sourire plus d'un candidat qui serait prêt à jurer : « Moi, ça, jamais » : et pourtant...

- Émergeance, pour *émergence*
- Exigeances, pour *exigences*
- Être en but à, pour *être en butte à*
- Boulversement, pour *bouleversement*
- Repaire alors qu'il s'agit de repère : le repaire, c'est le lieu de refuge de bêtes sauvages ou des individus dangereux ; notre besoin de repères ne serait-il que la recherche d'un repaire ?
- Palier à, pour *pallier*, verbe transitif direct : on pallie un problème, c'est-à-dire qu'on trouve une solution provisoire
- De part la loi, le maire..., pour *de par*
- Quelques soient les difficultés, pour *quelles que soient les difficultés...*
- Encré dans les esprits, pour *ancré*. Sans doute s'agit-il d'encre indélébile...
- Basé sur, incorrect ; on doit écrire : *fondé sur*
- Voir, à la place de *voire* (un acte, voire deux, doivent être pris...)

– Tout à chacun, pour *tout un chacun*

– Être juge et parti, pour *juge et partie* ; n'allons pas soupçonner tous les juges de partis pris idéologiques

– Ilettré, illétré, pour *illettré* !

– Stipuler, confondu avec *fixer, disposer que* (un contrat stipule ; une loi, un décret fixent que, disposent que…)

Pour faire sourire, terminons par (cherchez l'erreur !) :

– Un pied d'estale
– Une vie descente
– Les enjeux sont différends
– Le bas blesse
– Hardue
– Les soubresaults
– Le partenaria
– Des cours d'analphabétisation

2. À partir d'un dossier…

Le sujet comporte une « commande » et un dossier à l'appui de cette commande.

CADRAGE NATIONAL

« Le sujet est présenté sous forme d'une **commande qui met précisément le candidat en situation**, en lui donnant notamment des informations sur la collectivité territoriale ou l'établissement concerné(e).
Cette commande ne contient que des informations utiles au traitement du sujet. D'une part elle indique le thème de la question à traiter, et, d'autre part, elle invite le candidat, **en fonction de la situation décrite**, à **dégager des solutions adaptées** au problème posé.
Elle est suivie d'une liste signalétique de documents, mentionnant le titre, l'auteur, la source, la date et le nombre de pages de chaque document. »

A. Une commande précisant le contexte

Dans de nombreuses épreuves de synthèse, la mise en situation est minimale et ne sert guère qu'à compléter le timbre et comprendre l'objet de la note (exemple : « Le maire de la commune de X vous demande de rédiger une note sur… »).

C'est le cas, par exemple, de l'épreuve de note du concours externe d'attaché territorial.

Ici, compte tenu de la nature de l'épreuve, qui requiert du candidat la mise en valeur de solutions opérationnelles appropriées, **les éléments de contexte sont également nécessaires à l'identification des solutions adaptées à ce contexte précis**.

La nature de la collectivité (commune, département ou région) ou de l'établissement public local concerné, la strate démographique à laquelle elle ou il appartient, la qualité du destinataire, celle de l'auteur du rapport ou de la note, le contexte précis dans lequel le destinataire passe commande du rapport ou de la note et tous les autres éléments éventuellement fournis (mode d'organisation de la collectivité, modes de gestion de ses services, mode de réalisation d'un projet, etc.) sont destinés à orienter tant la valorisation des informations utiles du dossier que la mobilisation de connaissances afin de dégager des solutions opérationnelles appropriées.

Le cadrage national est très explicite sur ce point :

CADRAGE NATIONAL

« Le sujet est présenté sous forme d'une commande qui met précisément le candidat en situation, en lui donnant notamment des informations sur la collectivité territoriale ou l'établissement public local concerné.
Cette commande indique précisément la ou les questions que le rapport ou la note devra traiter et invite le candidat, en fonction de la situation décrite, à dégager des solutions opérationnelles adaptées au problème posé. »

Exemples :

1. La commande d'un maire nouvellement élu porte sur la faisabilité d'une délégation de service public dans une commune de 40 000 habitants qui emploie 2 000 agents.

Cette précision sur le nombre d'agents permet au candidat bien au fait du contexte territorial de mesurer que cette commune gère actuellement un grand nombre de ses services en régie directe. Cette observation, sans être déterminante, conduit à ajuster ses arguments en ayant en tête la « révolution culturelle » que constitue pour cette commune le nouveau mode de gestion qui fait l'objet du rapport ou de la note commandé par un maire « nouvellement élu » qui s'interroge sur de nouvelles manières de faire.

Le rédacteur du rapport ou de la note devra également prendre en compte le fait qu'une éventuelle réorganisation des services requiert une information du comité technique.

2. La commande précise que le maire veut présenter un dossier sensible en bureau municipal avant de le soumettre le cas échéant au conseil municipal.

Le candidat doit bien mesurer que la présentation au bureau municipal ne devra occulter aucune dimension du dossier afin que l'exécutif de la commune puisse décider si ce dossier peut ou non être soumis au conseil municipal ou si d'autres étapes préalables sont nécessaires, comme l'examen par différentes commissions municipales. Le fait que le rapport ou la note éclaire les choix de l'exécutif rend possible la présentation de solutions alternatives.

Un candidat qui ne connaîtrait pas l'articulation de ces instances décisionnelles ou consultatives risquerait de proposer des solutions opérationnelles hors contexte.

3. La commande précise le budget prévisionnel alloué à une opération.

Le montant de ce budget guidera le candidat dans ses propositions en termes de mode de passation des marchés.

4. La commande précise que le maire de la commune, qui compte 40 000 habitants, entend soumettre tel dossier au prochain conseil municipal.

Cette précision permet au candidat bien au fait des modes d'information des conseillers municipaux dans les communes de 3 500 habitants et plus de mettre en valeur dans son rapport ou sa note les informations essentielles à communiquer avec la convocation du conseil municipal.

B. Un dossier : quelle longueur, combien de documents ?

CADRAGE NATIONAL

« Le dossier rassemble **une dizaine de documents** et comporte **une trentaine de pages.** Il est composé de documents de nature (documents juridiques, documents officiels, articles de presse spécialisée ou non...) et de forme (textes, documents graphiques ou visuels) variées dont le candidat doit mesurer l'importance relative.
Si des informations peuvent être redondantes d'un document à l'autre, aucun document n'est jamais totalement inutile, le dossier ne contenant pas de « document piège ».

C. Le dossier et plus que le dossier

CADRAGE NATIONAL

« Le candidat devra être attentif à ne négliger aucun élément du dossier afin de ne pas omettre d'information essentielle.
L'épreuve revêt un caractère professionnel affirmé. En effet, contrairement à l'épreuve de note sur dossier du concours externe, l'épreuve de rapport ou de note avec solutions opérationnelles impose au candidat la mobilisation de son expérience des collectivités territoriales et de ses connaissances professionnelles notamment dans la spécialité choisie.
Cette expérience et ces connaissances sont nécessaires pour :
- comprendre le contexte décrit et le rattacher le cas échéant à un contexte plus général ;
- identifier en fonction de ce contexte les informations importantes à valoriser ;
- proposer des solutions crédibles en adéquation avec les moyens et compétences des collectivités ;
- assurer un caractère opérationnel aux solutions proposées ;
- veiller à l'ajustement des solutions avec le niveau de compétence attendu d'un attaché territorial. »

On attend ainsi du candidat qu'il produise le rapport ou la note demandé **avant tout à partir des éléments du dossier, tout en sachant mobiliser des apports extérieurs**, reposant tant sur ses savoirs que sur ses savoir-faire, dès lors que ceux-ci sont utiles à l'analyse des situations et des problèmes comme à la proposition de solutions opérationnelles.

On peut en déduire aisément que les bonnes copies seront celles qui sauront mobiliser ce qu'il faut d'apports personnels pour présenter les analyses et les solutions les plus pertinentes.

3. Un rapport ou une note dégageant des solutions opérationnelles appropriées...

Le rapport ou la note est destiné à un responsable – administratif ou élu – le plus souvent situé plus haut dans la « hiérarchie » que le rédacteur du document. Il peut s'agir d'un directeur général des services, d'un adjoint au maire, d'un président de conseil départemental, régional…

Le cadrage national situe clairement le candidat dans la hiérarchie administrative :

CADRAGE NATIONAL

« Le rapport ou la note avec solutions opérationnelles vise à informer rapidement et efficacement un destinataire – en général en position d'autorité hiérarchique – sur un enjeu qui fait l'objet d'interrogations au sein d'une collectivité territoriale ou d'un établissement public local ; il s'inscrit souvent dans un processus de prise de décision. »

L'information transmise doit donc être efficace, concise, organisée, la présentation matérielle du rapport ou de la note (voir ci-après) devant contribuer à cette efficacité. Le rapport ou la note ne doit être ni trop court, ni trop long : **environ 6 pages** (une copie double plus un intercalaire recto verso) sont attendues.

CADRAGE NATIONAL

« Le rapport ou la note doit être concis : 6 à 7 pages sont nécessaires et suffisantes. »

A. Un rapport, une note

Le destinataire du document doit être à même de comprendre, sans avoir à recourir au dossier, les informations qui lui sont communiquées, et celles-ci ne doivent être **ni partielles, ni partiales** : l'approche exagérément optimiste d'un dispositif, d'un phénomène, de problèmes et de difficultés, induisant des solutions excessivement simples…, alors que le dossier comporterait des éléments problématiques, serait à la fois partielle et partiale et donc récusée.

> **CADRAGE NATIONAL**
>
> « Le destinataire est supposé ne pas connaître précisément le sujet sur lequel porte le rapport ou la note ni disposer du dossier et n'avoir entre les mains que le rapport ou la note pour s'informer et étayer sa réflexion, orienter sa décision.
> Aussi est-il exclu de restituer les informations de manière allusive ou de faire référence aux textes pour se dispenser d'en exprimer le contenu. Il est donc malvenu de mentionner les références aux documents dans le rapport (document 1, document 2...). On considère que le dossier disparaît en tant que tel lors de la rédaction du rapport ou de la note : le candidat n'en conserve que les informations essentielles. »
> « Le rapport ou la note doit également se garder de juxtaposer des résumés successifs des documents et s'attacher à valoriser les informations les plus utiles au traitement du sujet en les synthétisant et en les organisant au moyen d'un plan pertinent. »

Le rapport ou la note n'est donc pas écrit par un candidat anonyme rédigeant de manière peu convaincue un document sans enjeu : c'est un document écrit par un professionnel en situation réelle, répondant précisément à une commande, à une attente, qui entend informer et orienter l'action publique, avec la conscience de ses responsabilités, une compréhension du contexte général et des contraintes.

> **CADRAGE NATIONAL**
>
> « Le candidat doit être capable de **prendre la mesure des responsabilités qui lui incombent dans une situation professionnelle** correspondant au grade d'attaché territorial ou d'attaché territorial, qu'il s'agisse d'encadrement, d'expertise, de conduite de projet, dans un secteur opérationnel ou fonctionnel. »

B. Des solutions opérationnelles appropriées

a. Des solutions

Les solutions ne sauraient « sortir du chapeau » du candidat. Pour convaincre, elles doivent être fondées sur une analyse précise des problèmes, argumentées (en s'appuyant par exemple sur l'élimination de solutions inappropriées) et adaptées au contexte précisé dans le sujet.

> **CADRAGE NATIONAL**
>
> « L'exploitation du dossier et les connaissances du candidat doivent lui permettre de repérer les informations qu'il peut utiliser pour dégager des solutions, comme :
> - le cadre juridique ;
> - le cadre financier ;
> - les ressources humaines ;
> - les orientations politiques ;
> - des expériences éclairantes conduites par différentes collectivités territoriales. »

b. Des solutions opérationnelles

CADRAGE NATIONAL

« Le futur attaché ou attaché principal doit être à même de dégager des **solutions réalistes** et de préciser les **conditions et les moyens de leur réalisation** : moyens humains et financiers à mobiliser, échéances, contraintes réglementaires à prendre en compte, faisabilité...
Le candidat devra prendre appui sur son **expérience professionnelle** (notamment sa connaissance des causes d'échec possibles et des facteurs de facilitation) pour valoriser le caractère opérationnel des solutions qu'il avance. »

c. Des solutions appropriées

CADRAGE NATIONAL DU CONCOURS D'ATTACHÉ TERRITORIAL

« Les solutions doivent être **ajustées aux éléments de contexte** précisés dans le sujet et au contexte général dans lequel agit la collectivité ou l'établissement qui fait l'objet de la mise en situation : **elles viennent en réponse à des questions soulevées par la commande et le dossier**. Le candidat doit donc repérer les enjeux qui émanent, explicitement ou implicitement, de la commande et du dossier.
Les propositions formulées doivent être en adéquation avec les compétences et moyens juridiques, financiers, humains... des collectivités territoriales et de leurs établissements, leur organisation et leur fonctionnement. »

CADRAGE NATIONAL DE L'EXAMEN PROFESSIONNEL D'ATTACHÉ PRINCIPAL

L'exploitation du dossier doit permettre au candidat de repérer les informations susceptibles de l'aider à cerner le contexte et à élaborer des solutions opérationnelles :
- le cadre juridique ;
- le cadre financier ;
- les ressources humaines ;
- les orientations politiques ;
- des expériences éclairantes conduites par différentes collectivités territoriales ;
- ...

Le dossier constitue une base suffisante à l'élaboration des propositions, mais **le candidat a tout intérêt à mobiliser également ses acquis** afin de rédiger les propositions les plus pertinentes.

- Des propositions tenant compte du contexte

Les propositions doivent s'attacher à prendre en compte les éléments de contexte précisés dans la commande pour formuler des propositions adaptées.

Le candidat doit être capable de prendre l'exacte mesure des responsabilités qui lui incombent dans une situation professionnelle correspondant au grade d'attaché principal, qu'il s'agisse de management, de direction de service, d'expertise, de conduite de projet, dans un secteur opérationnel ou fonctionnel…

- Des propositions qui prouvent des connaissances précises en matière d'administration territoriale

Les propositions élaborées par le candidat doivent faire la preuve de sa maîtrise précise des compétences et des moyens (juridiques, financiers, humains…) des collectivités territoriales et de leurs établissements, de leur organisation, leur fonctionnement et leurs méthodes.

L'environnement institutionnel dans lequel les collectivités territoriales agissent (juridique, institutionnel, économique, financier…) doit également être connu.

- Des solutions réellement opérationnelles

Le futur attaché principal territorial doit être capable de formuler des propositions réalistes et de préciser les conditions et les moyens de leur réalisation, de se situer dans une démarche d'aide à la décision, d'argumenter de façon claire et synthétique sur les avantages et inconvénients des solutions proposées et être capable aussi éventuellement de mettre en œuvre une conduite de projet.

4. Un rapport ou une note démontrant une aptitude à l'analyse et à la synthèse

A. L'analyse

Elle est évidemment requise pour :

– comprendre la commande (que me demande-t-on exactement ?) et le contexte précis dans lequel cette demande est formulée ;

– repérer dans la liste des documents joints, tant par les sources, les dates et les titres, ceux qui vont me permettre d'identifier des problèmes et ceux dans lesquels je trouverai des solutions ; plus finement encore, repérer dans les titres des documents, dans la mesure où ils sont explicites, des problèmes ou des solutions précis ;

– distinguer, pendant la « lecture de survol » du dossier, en m'aidant de la « titraille », les informations pertinentes et les informations inutiles ;

– rattacher les informations pertinentes à la famille des problèmes ou à celle des solutions.

CADRAGE NATIONAL

« Cette épreuve vise à évaluer notamment les capacités du candidat à :
- analyser une commande et un dossier afin d'en identifier les éléments utiles au traitement du sujet ;
- (...) »

B. La synthèse

Elle est ensuite nécessaire pour organiser en un ensemble cohérent, bâti à partir d'un plan clair, les éléments dont on dispose.

CADRAGE NATIONAL

« Cette épreuve vise à évaluer notamment les capacités du candidat à :
- organiser méthodiquement les informations nécessaires à la rédaction du rapport ou de la note ;
- produire en un temps limité un document synthétique parfaitement compréhensible. »

« Le candidat doit restituer les informations par un travail de reformulation. Il ne peut se contenter de recopier intégralement des parties de textes. Les citations directes doivent être réservées aux seuls extraits succincts de textes juridiques, documents officiels, prises de position éclairantes de personnalités qualifiées ou réflexions de "grands auteurs". »

5. Les sujets des précédentes sessions

A. Les sujets du concours d'attaché territorial

L'épreuve des concours interne et de troisième voie d'attaché territorial a été organisée depuis 2010 sur la base de sujets nationaux identiques dans tous les centres de gestion métropolitains organisateurs. Il en sera de même pour la session 2024.

Les thèmes des sessions précédentes étaient les suivants :

- **Spécialité administration générale**

Session 2022 : La gestion dématérialisée de la relation aux usagers dans les collectivités territoriales

Session 2020 : L'accroissement de l'attractivité d'une commune en matière de recrutement

Session 2018 : La mise en place d'une organisation harmonisée et moderne du temps de travail

Session 2016 : La mise en place d'un projet d'administration

Session 2014 : Le dialogue social dans la fonction publique territoriale

Session 2012 : La tarification des équipements publics municipaux

Session 2011 : L'emploi des personnes handicapées dans une commune

Session 2010 : La mise en place d'un partenariat ville-associations dans une commune

Spécialité gestion du secteur sanitaire et social

Session 2022 : Le soutien à l'autonomie des personnes âgées

Session 2020 : La lutte contre toutes les violences faites aux femmes

Session 2018 : L'accompagnement au numérique

Session 2016 : L'évolution des logements-foyers

Session 2014 : Les départements et l'habitat des personnes âgées et handicapées

Session 2012 : La politique de soutien à la parentalité

Session 2011 : Les aides dites « extralégales » du CCAS en direction des publics en difficultés

Session 2010 : L'implication du centre communal d'action sociale dans le dispositif « revenu de solidarité active »

Spécialité analyste

Session 2022 : Les enjeux et l'opportunité de créer une plateforme de mobilité servicielle

Session 2020 : Les réseaux d'objets connectés

Session 2018 : La mise en œuvre d'un espace numérique de travail – ou environnement numérique de travail (ENT) – dans les écoles de premier degré

Session 2016 : La mise en œuvre d'un bouquet de services mobiles à destination du citoyen

Session 2014 : Le télétravail

Session 2012 : La mise en œuvre d'un portail collaboratif

Session 2011 : La mise en œuvre d'une démarche de gestion informatisée des procédures dans une communauté d'agglomération

Session 2010 : La gestion de la circulation des documents au sein d'un EPCI regroupant 18 communes

Spécialité animation

Session 2022 : Les tiers lieux centrés sur la jeunesse

Session 2020 : La prise en charge des enfants en situation de handicap pendant les temps périscolaires et extrascolaires

Session 2018 : Les politiques enfance-jeunesse intercommunales

Session 2016 : La mise en œuvre d'un bouquet de services mobiles à destination du citoyen

Session 2014 : La démarche de médiation

Session 2012 : La mise en œuvre d'un projet d'école ouverte sur les accueils de loisirs et les activités associatives

Session 2011 : La mise en place d'une politique d'animation adaptée en direction des personnes retraitées et des personnes âgées dans une commune de 53 000 habitants

Session 2010 : La municipalisation d'un centre social, les services avant et après l'école pour les enfants de plus de 3 ans

- **Spécialité urbanisme et développement des territoires**

Session 2022 : La prévention et la lutte contre la pollution lumineuse

Session 2020 : Le rôle de l'urbanisme dans la préservation de la bio-diversité

Session 2018 : L'agriculture périurbaine

Session 2016 : Les enjeux du secteur logistique pour les collectivités territoriales

Session 2014 : La gestion urbaine de proximité

Session 2012 : La prise en compte du risque d'inondation dans l'urbanisme et l'aménagement

Session 2011 : La promotion, dans le cadre d'un SCOT rural, d'un urbanisme durable dans des territoires non métropolitains et ruraux confrontés aux risques d'un développement non maîtrisé

Session 2010 : L'accroissement de l'offre en logements diversifiés en augmentant la densité urbaine dans une commune de 60 000 habitants

B. Les sujets de l'examen professionnel d'attaché principal

L'épreuve de l'examen professionnel d'attaché principal a été organisée depuis 2010 sur la base de sujets nationaux identiques dans tous les centres de gestion organisateurs. Il en sera de même pour la session 2025. Rappelons que, contrairement à celle du concours, l'épreuve n'est pas organisée par spécialité, mais que **le sujet de l'unique épreuve écrite d'admissibilité est le même pour tous les candidats**.

On observe que tous ces sujets pourraient être traités par des candidats aux concours interne et de troisième voie d'attaché territorial.

Session 2021 : Le renforcement des pratiques culturelles des jeunes

Session 2019 : La revitalisation d'un centre-ville

Session 2017 : La mise en œuvre des lois relatives à la déontologie dans une communauté d'agglomération

Session 2015 : Un plan de mise en œuvre de la part incitative de la taxe d'enlèvement des ordures ménagères

Session 2013 : La mise en accessibilité d'une commune

Session 2012 : La mutualisation des services opérationnels et fonctionnels d'une communauté d'agglomération et des communes membres

Session 2011 : Le déploiement d'une commande publique durable

Session 2010 : Les moyens de rendre plus attractive la collectivité et de renforcer la motivation des agents en individualisant les rémunérations

L'ESSENTIEL À RETENIR

Le **rapport ou la note n'est pas la juxtaposition d'une synthèse du dossier et de propositions inventées par le candidat** mais un document organisé dans lequel celui-ci présente les problèmes que la « commande », les documents au dossier et ses propres connaissances lui permettent d'identifier ainsi que les solutions opérationnelles appropriées à ce contexte, en puisant à la fois dans le dossier et dans ses connaissances.
En d'autres termes, il s'agit de **mettre au service de l'élaboration du rapport ou la note tous les éléments de la commande et du dossier utiles** tant à l'identification et à la présentation des problèmes qu'à l'élaboration de solutions opérationnelles, tout en sachant mobiliser les **connaissances complémentaires indispensables :**
- à la compréhension et la présentation des problèmes ;
- à l'élaboration de solutions opérationnelles adaptées au contexte.

Bien traiter un sujet de rapport ou de note avec solutions opérationnelles impose ainsi :
- de bien comprendre, en mobilisant ses connaissances, les attentes du destinataire, le contexte dans lequel des problèmes se posent et dans lequel des solutions doivent être proposées ;
- d'exploiter tous les éléments du dossier nécessaires à une présentation objective et cohérente de ces problèmes, tout en faisant appel à des apports personnels s'ils complètent ces éléments de manière pertinente ;
- de proposer des solutions réalistes, applicables, adaptées au contexte, en prenant en compte les éléments utiles dans le dossier et en mobilisant les connaissances indispensables à la pertinence de ces solutions.

Ne constitue pas un bon rapport ou une bonne note celui qui :
- disserte sur le thème sans exploiter le dossier ;
- réalise une synthèse du dossier éloignée du contexte, présentant par exemple des situations ou des problèmes qui figurent dans le dossier mais qui ne concernent pas la collectivité ;
- valorise des solutions totalement inadaptées au contexte ;
- escamote des problèmes qui concernent très directement la collectivité ;
- valorise à l'excès une solution en escamotant d'autres solutions présentées ou suggérées par le dossier.

2. Présenter clairement un rapport ou une note

1. Un certain formalisme respectant l'anonymat

A. Une présentation formalisée…

Le rapport ou la note obéit à un formalisme dont la transgression est toujours pénalisante au moins en ce qu'elle risque d'indisposer les correcteurs attachés à ces règles. La note de cadrage précise en effet que le barème peut pénaliser faiblement le non-respect des règles formelles de présentation de la note.

Une excellente copie qui ne respecterait pas ces règles n'en demeurerait pas moins excellente, une copie très mauvaise qui les respecterait n'en serait pas meilleure, mais ce défaut mineur s'ajoutant à d'autres dans une copie moyenne peut coûter le demi-point ou le point fatidique qui sépare le candidat admissible du candidat non admissible.

Le cadrage national de l'épreuve contient un « modèle » de présentation :

Collectivité émettrice (Ville de… Service…)	Le *(date de l'épreuve)*

RAPPORT OU NOTE
à l'attention de Monsieur (ou Madame) le (la)…

Objet :

Références :

Il est donc vivement conseillé de se plier à ces règles aisées à respecter :

– L'**objet** vise simplement à décrire le **thème** (le **sujet**) **du rapport ou de la note** : il ne s'agit en aucun cas de la thèse (ce que le rapport ou la note va dire sur ce sujet) ; l'objet doit être concis et précis.

– L'utilisation de la zone des **références**, qui ne doit pas être confondue avec une liste bibliographique, présente l'avantage, dès lors qu'un texte est précisément référencé (exemple : loi n° 2019-828 du 6 août 2019 de transformation de la fonction publique), de permettre d'y faire référence dans le développement sans s'embarrasser de précisions déjà apportées (une fois la loi du 27 janvier 2019 clairement référencée dans la zone *ad hoc*, on pourra écrire dans le corps du rapport : « la loi de 2019 »).

L'attention doit toutefois être attirée sur la nécessité de respecter la hiérarchie des normes (Constitution, traité et droit communautaire dérivé – règlement et directive –, loi organique, loi ordinaire, décret, arrêté, circulaire…) et de discerner les textes principaux afin de ne pas « encombrer » en vain cette zone ni de perdre un temps inutile à la remplir.

Un texte référencé peut être présent dans le dossier ou cité par des documents au dossier.

B. … dans le respect de l'anonymat de la copie

Les candidats sont invités à se méfier, particulièrement dans ce type d'épreuve, de tout ce qui pourrait être interprété par le jury comme un **signe distinctif**.

Les sujets de concours et examens organisés par les centres de gestion comportent fréquemment des mentions du type :

- Vous ne devez faire apparaître aucun signe distinctif dans votre copie, ni votre nom ou un nom fictif, ni initiales, ni votre numéro de convocation, ni le nom de votre collectivité employeur, de la commune où vous résidez ou du lieu de la salle d'examen où vous composez, ni nom de collectivité fictif non indiqué dans le sujet, ni signature ou paraphe.
- Sauf consignes particulières figurant dans le sujet, vous devez impérativement utiliser une seule et même couleur non effaçable pour écrire et/ou souligner. Seule l'encre noire ou bleue est autorisée. L'utilisation de plus d'une couleur, d'une couleur non autorisée, d'un surligneur, pourra être considérée comme un signe distinctif.

Le non-respect des règles ci-dessus peut entraîner l'annulation de la copie par le jury.

Les feuilles de brouillon ne seront en aucun cas prises en compte.

Les causes d'annulation des copies pour rupture d'anonymat sont nombreuses.

Dans le timbre :

- nom et prénom du candidat ;
- nom et prénom fictifs ;
- nom de la collectivité du candidat ;
- nom d'une autre collectivité existante ;
- nom d'une collectivité fictive (autre que celle éventuellement mentionnée dans la commande) ;
- référencement fictif (par exemple : initiales du rédacteur/date de rédaction/n° d'ordre).

En signature :

- nom et prénom du candidat ;
- paraphe lisible du candidat ;
- nom et prénom fictifs ;
- paraphe illisible.

Encres « distinctives ».

2. Une organisation visible

A. Une introduction

CADRAGE NATIONAL

« Le rapport ou la note doit comporter une **introduction d'une vingtaine de lignes,** qui s'apparente à celle d'une composition ou dissertation (entrée en matière, reformulation du sujet, présentation de la problématique dans son contexte), et doit impérativement comprendre une annonce de plan. »

L'introduction peut ainsi comporter :

- **Une entrée en matière (ou « accroche »)**

(une ou deux phrases)

Suivant le sujet, cette entrée en matière pourra consister par exemple en :
- l'approche historique ou géographique d'un phénomène ;
- des données chiffrées significatives ;
- une expérience récente particulièrement éclairante ;
- ...

- **Une définition (si nécessaire)**

On veillera évidemment à ce que cette définition soit brève, mais il est souvent bienvenu de définir ce dont on va parler (la périurbanisation, les établissements publics de coopération culturelle...) avant d'en parler.

- **(et/ou) Un bref rappel du contexte juridique**

Les sujets à forte tonalité juridique se prêtent fréquemment à un bref rappel des textes intervenus antérieurement aux nouvelles dispositions qui font l'objet du rapport.

- **Une reformulation de la commande (ou problématique)**

Toute commande pose question, plus ou moins explicitement. Il convient de reformuler cette commande dans les termes posés par le dossier.

Cette reformulation est généralement présentée sous une forme affirmative, mais il est également envisageable de la rédiger sous une forme interrogative.

L'attention des candidats doit être cependant attirée sur la nécessité de bien ajuster la reformulation de la commande aux enjeux du dossier et de se méfier de problématiques trop formelles (rhétoriques) et trop imprécises sur le fond.

- **L'annonce de plan**

Alors que la problématique peut être exprimée de manière interrogative, l'annonce de plan sera toujours rédigée sous forme affirmative.

Cette annonce est incontestablement un **passage stratégique du rapport ou de la note.**

Le cadrage national précise que :

CADRAGE NATIONAL

« La commande passée par le destinataire donne la ligne directrice du rapport ou de la note, sans indiquer de plan à suivre. »

Une annonce de plan réussie est un laissez-passer vers une bonne note. Séduisante, pertinente, elle prédispose favorablement le destinataire/correcteur.

À l'inverse, des informations pertinentes dont l'organisation serait mal présentée risquent de n'être pas perçues comme telles.

L'annonce de plan doit non seulement permettre le repérage le plus facile possible de la structure du développement, mais aussi donner les indications les plus précises possibles sur son contenu : il s'agit d'aller au-delà d'une simple annonce de « boîtes » (**Exemple :** la boîte « problèmes » et la boîte « solutions ») pour préciser ce que l'on va trouver dans ces boîtes.

Cette annonce peut ainsi constituer une indexation du rapport ou de la note qui doit permettre au formateur/correcteur d'aller droit à l'information à laquelle il souhaite accéder.

Comment annoncer le plan en fin d'introduction ?

L'introduction se termine par l'annonce de plan. On passe ensuite au développement.

Deux techniques d'annonce sont praticables :

– **L'annonce des parties (la plus orthodoxe)**

Cette présentation offre l'avantage de la clarté et de la concision. Elle se prête bien à la mise en valeur de plans organisés autour de grands axes clairement identifiés, comme :

I. Questions (problèmes, problématiques, difficultés à résoudre, cas à résoudre, diagnostic, enjeux, etc.)

II. Réponses (solutions, préconisations, propositions, remèdes, moyens, etc.)

Elle impose la rédaction de titres des parties et sous-parties clairs et suffisamment **informatifs**.

Exemple :

(Dernier paragraphe de l'introduction, annonce de plan)

Après l'examen des problèmes essentiels posés par l'accueil des gens du voyage (I.) seront présentés les moyens d'y répondre dans la communauté de communes CCACCUEIL (II.).

(Début du développement)

I. La double dimension sociale et urbaine de l'accueil des gens du voyage

(Bref chapeau introductif)

L'accueil des gens du voyage pose à la fois des problèmes humains (A.) et d'aménagement urbain (B.)

A. Des aspects humains conflictuels

....

....

....

B. Une organisation spatiale inadaptée

....

....

....

(Phrase de transition : ainsi..., mais...)

II. La nécessité pour la communauté de communes CCACCUEIL d'agir légalement et d'accompagner socialement

(Bref chapeau introductif)

La résolution de ces problèmes impose de satisfaire aux obligations légales (A.) tout en organisant un accompagnement social (B.).

A. Une réponse aux obligations légales dans un cadre concerté

....

....

....

B. Un accompagnement social individualisé des personnes accueillies

....

– **L'annonce des parties et des sous-parties**

L'annonce des sous-parties est dans ce cas mise en œuvre dès l'introduction, au moyen de l'annonce de plan.

Exemple :

(Dernier paragraphe de l'introduction)

L'accueil des gens du voyage (I.) pose à la fois des problèmes humains (A.) et d'aménagement urbain (B.), dont la résolution impose à la communauté de communes CCACCUEIL (II.) de satisfaire aux obligations légales dans un cadre concerté (A.) et d'organiser l'accompagnement social des personnes accueillies (B.).

(Début du développement)

I. La double dimension sociale et urbaine de l'accueil des gens du voyage

A. Des aspects humains conflictuels

....

....

....

B. Une organisation spatiale inadaptée

....

....

....

(Phrase de transition : ainsi..., mais...)

II. La nécessité pour la communauté de communes CCACCUEIL d'agir légalement et d'accompagner socialement

A. Une réponse aux obligations légales dans un cadre concerté

....

....

....

B. Un accompagnement social individualisé des personnes accueillies

....

B. Un développement visiblement organisé

CADRAGE NATIONAL

« Le développement est organisé en parties et sous-parties. Le plan est matérialisé par des titres comportant des numérotations au début des parties et sous-parties. »

On conseille donc vivement aux candidats de **matérialiser le plan suivi** en titrant les parties et les sous-parties : cela permet non seulement de vérifier si le plan annoncé « fonctionne » réellement mais aussi de repérer très facilement l'information à laquelle on veut accéder. La numérotation des parties et sous-parties au niveau de l'annonce de plan est, on l'a vu, possible, même si certains correcteurs jugent parfois qu'elle alourdit inutilement la présentation : mieux vaut être un peu lourd mais clair qu'élégant mais confus.

Le défaut de coïncidence entre le plan annoncé et les titres choisis pour les parties et les sous-parties est assez fréquent chez les candidats : on peut l'expliquer par une crainte de la répétition qui conduit à reformuler. Ce souci est louable, mais une reformulation ratée conduit souvent à « dire » autre chose dans les titres que ce qui a été annoncé dans l'annonce de plan. On ne court pas ce risque si l'on rédige une annonce de plan qui peut se découper en autant de « tranches » que de titres de parties et sous-parties.

NOTE DU FORMATEUR

L'obligation de proposer un plan matérialisé par des titres de parties et sous-parties n'implique en aucun cas que le candidat puisse se passer de rédiger annonce de plan, chapeau introductif et transition. La copie doit pouvoir parfaitement se lire sans les intitulés.

La **présentation de la copie** est également un outil essentiel dont le candidat doit se servir pour améliorer la lisibilité de celle-ci en rendant sa structure la plus évidente possible. Le destinataire/correcteur pourrait « passer à côté » d'une organisation qui ne serait pas suffisamment apparente.

Au-delà des titrages, il faut aussi utiliser de façon logique les sauts de ligne(s), les retraits par rapport à la marge.

Exemple :

– On saute 3 lignes entre l'introduction et le développement comme entre le développement et la conclusion.

– On saute 2 lignes entre la première partie et la deuxième partie.

– On saute 1 ligne entre deux sous-parties.

– On ne saute pas de ligne entre les paragraphes de chaque sous-partie mais on marque un retrait (toujours le même) par rapport à la marge pour la première ligne de chaque paragraphe.

– Une phrase de transition est bienvenue entre les parties.

C. Un développement réellement organisé

Un rapport ou une note organisé n'est pas seulement un rapport ou une note clairement structuré en parties et en sous-parties : encore faut-il que les sous-parties ne soient ni le lieu d'un déversement d'informations en vrac, ni une juxtaposition d'informations : il est indispensable que les informations soient elles-mêmes organisées et que cette organisation soit rendue évidente par des mots de liaison (articulations logiques, connecteurs argumentatifs) sans lesquels ces informations apparaissent juxtaposées.

La juxtaposition d'informations procède souvent d'une synthétisation insuffisante qui conduit les candidats à « coller » de façon parfois hasardeuse des informations diverses recueillies dans le dossier.

D. Une conclusion facultative mais bienvenue

CADRAGE NATIONAL

« La conclusion est facultative. Elle peut toutefois souligner l'essentiel, sans jamais valoriser des informations oubliées dans le développement. »

Au vu de ce cadrage, l'absence de conclusion ne saurait en aucun cas être pénalisée.

Ne sera évidemment pas pénalisé non plus un candidat qui fera l'effort de conclure son rapport ou sa note.

Toutefois, la pratique de la correction montre qu'**une conclusion présente le double avantage de rendre évidents le caractère achevé de la copie, signe d'une bonne maîtrise du temps, et la capacité du candidat à reformuler en quelques mots l'essentiel**.

Si conclusion il y a, elle doit être facilement identifiable : les règles de présentation adoptées (par exemple 3 lignes sautées entre la fin du développement et le début de la conclusion), une formulation nettement conclusive (ainsi, pour en terminer, au total, finalement…) évitent toute ambiguïté.

Mieux vaut rédiger la conclusion tôt dans l'épreuve (rien, logiquement, ne devrait empêcher qu'elle le soit juste après la mise au point définitive de l'introduction) : trop de conclusions trahissent la fatigue et le manque de temps.

Sur le fond, la conclusion n'est pas un résumé du rapport ou une note mais une reformulation rapide (quelques lignes suffisent) de l'essentiel du message qu'il contient : le candidat dispose ici d'un espace de liberté pour apporter sur le sujet l'éclairage qui, tout bien considéré, lui paraît le plus pertinent, dans la logique des réflexions préalablement conduites.

Attention, **la conclusion ne sera jamais le lieu du « repentir »** où placer des éléments importants oubliés dans le développement : si l'on omet une information, laissons croire qu'on l'a fait en toute connaissance de cause et n'allons pas pointer du doigt notre propre erreur. Il n'est pas rare que des candidats démarrent ce type de conclusion par un « Sans oublier… » particulièrement révélateur !

3. Exploiter méthodiquement le sujet

La difficulté majeure que les candidats disent rencontrer est celle de la longueur du dossier (une trentaine de pages) et, en conséquence, un manque de temps. Comment s'en sortir ?

1. Analyser finement la commande

Les candidats consacrent généralement trop peu de temps à cette analyse qui détermine pourtant les informations à trouver dans les « documents joints ».

En effet :

– L'analyse de la commande permet d'abord de déterminer l'auteur supposé du rapport ou de la note et, surtout, son destinataire.

– Elle permet de déterminer précisément l'objet du rapport ou de la note : il ne sera pas inutile, pendant la phase d'exploitation des documents du dossier, de revenir régulièrement au sujet pour vérifier que l'on ne s'éloigne pas du « cahier des charges ».

– Elle contient des éléments de contexte précis permettant de mesurer l'utilité du rapport ou de la note attendu.

Ces éléments de contexte permettent de valoriser les informations au dossier les plus adaptées à ce contexte.

Avant même d'aborder le dossier, on pourra se demander, à partir de la commande, quels **éléments incontournables** devrait (sous réserve que le contenu du dossier valide cette analyse) comprendre le rapport ou de la note :

- moyens : humains, techniques, financiers, économiques ;
- risques : juridiques, politiques, économiques, sociaux ;
- avantages : politiques, économiques, sociaux/inconvénients ;
- modes d'organisation (partenariat) ;
- résultats attendus ;
- précautions indispensables ;
- …

D'autres listes préconçues de mots peuvent aussi aider à prédéterminer quelles informations rechercher dans le dossier.

C'est le fameux **QQOQC**, auquel on peut adjoindre quelques mots clés :

– **Q**ui ? (quels sont les principaux acteurs ?)

– **Q**uoi ? (de quoi s'agit-il précisément ? Peut par exemple conduire à rechercher des définitions afin que l'objet même du rapport ou de la note soit précis)

– **O**ù ? (quelles expériences déjà réalisées ? Renvoie souvent aux expériences locales)

– **Q**uand ? (la question a-t-elle une histoire ? Que s'est-il passé avant ? Cela explique-t-il maintenant ?)

– **C**omment ? (quels moyens mis en œuvre ? quelle logique de l'action : créer puis gérer, ou expérimenter puis évaluer…)

On peut ajouter le **PDA** :

– **P**ourquoi ? (quelles sont les causes du phénomène ? Pourquoi ces acteurs, ces objectifs, ces moyens ?…)

– **D**ans quel but ? (quels sont les objectifs ?)

– **A**vec quels effets ? (quel bilan ? Quelles incertitudes demeurent ?)

2. Analyser la liste des « documents joints » et leurs titres

Les documents peuvent être de nature diverse :

– Documents juridiques : loi, décret, arrêté, circulaire, décision jurisprudentielle (Tribunal administratif, Conseil d'État…)

– Documents officiels : rapports…

– Articles de presse spécialisée : doctrine juridique, presse spécialisée « collectivités territoriales »

– Articles de presse d'information générale

– Extraits d'ouvrages

– Documentation professionnelle sous d'autres formes : fiches techniques, documents graphiques et visuels, plans, cartes…

– …

L'analyse de la composition du dossier vous permet d'adopter une stratégie (par quel document commencer ?) que la lecture de survol du dossier vous permettra de valider ou d'invalider.

Si le dossier comporte des **documents juridiques**, on aura généralement intérêt à commencer par la circulaire qui précise les modalités d'application de la loi : dans la plupart des cas, les informations de la circulaire dispenseront d'utiliser celles de la loi qui seraient redondantes (ce qu'il faudra tout de même vérifier !).

C'est souvent, lorsque le dossier a une forte tonalité juridique, dans les documents commentant les documents juridiques que l'on trouvera le « **document pivot** », celui qui fournit le maximum d'informations sur le sujet.

C'est généralement dans la presse, spécialisée ou non, que l'on trouve des approches problématiques de la question faisant l'objet du rapport.

Les **titres** et les **dates** des documents peuvent par ailleurs permettre une première approche problématique du sujet :

– Il n'est pas rare que les seuls titres des documents vous donnent déjà une idée de sous-parties, voire plus.

– Les dates peuvent être également très éclairantes : si des articles sont antérieurs à la création d'une institution, à l'instauration d'un dispositif, il y a tout lieu de penser qu'on va y trouver une analyse des causes de la réforme de cette institution, de ce dispositif.

3. Parcourir le dossier

Ce parcours (on parle aussi de « lecture de survol » va vous permettre de hiérarchiser les différents articles :

– celui qui semble directement permettre de répondre à la demande ou à une partie importante de la demande : on parle alors de « **document pivot** » ;

– celui qui n'en aborde qu'un aspect : il apporte un complément d'information sur un aspect particulier : c'est le document complémentaire ;

– celui qui illustre le sujet : article ou reportage sur telle ou telle réalisation ou mise en œuvre ;

– celui qui est périphérique : il ne concerne pas directement la demande, mais est un élément de compréhension du sujet, il sert souvent pour l'introduction, ou pour la phase « ouverture » de la conclusion ;

– celui qui est hors sujet : c'est exceptionnel, mais des parties d'un article peuvent très bien être hors sujet.

Plusieurs articles peuvent remplir la même fonction : on parlera d'articles redondants. Après s'en être assuré, on sélectionnera celui qui se prête le mieux à la synthèse et on ne lira pas les autres.

D'une manière générale, il est rare qu'il faille lire l'intégralité du dossier remis. Par exemple, les textes juridiques sont la plupart du temps « doublés » par des articles parus dans des périodiques qui les présentent, en font l'analyse. Cela vous dispensera fréquemment de la lecture des textes juridiques eux-mêmes.

Trop souvent négligée par le candidat qui craint d'y perdre du temps, cette « lecture de survol » est utile si elle permet de valider l'analyse de la commande et de la liste des documents joints et, surtout, de déterminer le **document pivot** : ce document est celui dont l'exploitation va permettre d'identifier le plus grand nombre possible d'arguments pour traiter le sujet. Plus ce document permettra d'alimenter de fiches par thèse (correspondant chacune à l'un des aspects du sujet), plus l'exploitation des autres documents sera rapide et facile.

Remarquons qu'une erreur sur le caractère « pivot » d'un document ne serait pas dramatique : si l'on n'y trouve que peu d'informations utilisables pour traiter le sujet, il faudra rapidement passer à un autre document pour tenter d'en extraire la « substantifique moelle ».

Soyons également conscients du fait que, parfois, un dossier ne comprendra pas un document « pivot » mais plusieurs documents d'égale importance.

Soulignons enfin qu'on ne lit pas un dossier de synthèse comme on lit habituellement : cette lecture doit être rapide et utile. Le but : **repérer l'essentiel** (on peut se servir des titres et sous-titres, des intertitres, des chapeaux introductifs, des conclusions), **éliminer l'inutile**, le redondant ou le hors sujet.

4. Exploiter le dossier et ses connaissances personnelles

Plusieurs méthodes sont enseignées. Elles ont toutes leur pertinence et, de même qu'un formateur pourra en privilégier une, de même les candidats pourront être plus à l'aise avec telle méthode plutôt qu'avec telle autre.

Pour autant, la nécessité de construire en quatre heures un rapport ou une note synthétisant des informations et mobilisant des connaissances personnelles rend de loin la technique de rédaction à partir d'un plan préconçu la plus pertinente.

L'analyse de la commande me donne des indications sur des axes importants du rapport ou de la note et me met en quête d'informations que j'espère trouver dans le dossier.

Quelle que soit la technique utilisée, une **analyse fine de la commande et des titres** des documents au dossier puis une **« lecture de survol » de l'ensemble du dossier** sont vivement conseillées puisqu'elles vont permettre à la fois :

– **de construire un ordre d'exploitation du dossier :** la première lecture permet de hiérarchiser les textes en fonction de leur nature (texte juridique, presse spécialisée, presse généraliste…), de leur date, de leur longueur, de leur pertinence pour honorer la commande. Elle va déterminer le document par lequel je commencerai l'exploitation du dossier parce qu'il me paraît contenir le plus d'informations utiles à la rédaction du rapport ou de la note ;

– **de distinguer des thèses :**

• qui peuvent parfois permettre de préconcevoir le plan du rapport ou de la note **(technique 1)**, technique idéale, mais que des dossiers touffus rendent parfois difficilement praticable,

• qui permettent de préconcevoir des fiches synthétiques par thèse **(technique 2)**,

• qui aident à discerner les points à mettre en valeur lorsqu'on rédige une fiche par document **(technique 3)**.

Si on peut les distinguer par commodité d'exposition, ces trois méthodes ne sont pas totalement « étanches » les unes par rapport aux autres, et le traitement d'un sujet donné pourra requérir par exemple de passer à la fois par la technique 1 et la technique 2.

Technique 1 : la rédaction de fiches synthétiques à partir d'un plan préconçu

Vous rédigez une fiche par sous-partie, voire par partie.

Deux approches sont possibles, l'approche thématique ou l'approche binaire.

■ **L'approche thématique :**

– l'analyse de la commande et des titres ;

– une lecture de survol du dossier, particulièrement attentive aux **titres, chapeaux introductifs, sous-titres, intertitres, encadrés, légendes**…

vous ont permis d'identifier les thèmes principaux à mettre en valeur, si possible au nombre de quatre, ou à ramener rapidement au nombre de quatre.

Pourquoi quatre ? Parce que vous visez en priorité un rapport ou de la note organisé en deux parties comprenant chacune deux sous-parties, même si d'autres plans sont possibles.

Il vous reste à aller chercher dans le dossier les éléments nécessaires pour remplir ces futures sous-parties, complétées des informations utiles qui ne figurent pas dans le dossier mais s'avèrent nécessaires tant à l'analyse du (des) problème(s) posé(s) qu'à l'élaboration de solutions opérationnelles.

Vous devrez ensuite les articuler au sein de parties cohérentes.

L'approche binaire

Autre manière de travailler à partir d'un plan préconçu, le travail préliminaire d'analyse de la commande et des titres vous permet d'opter pour un plan binaire classique, du type :

Problèmes/Solutions

Problèmes		Solutions
– politiques – économiques – financiers – juridiques – sociaux – culturels – environnementaux	– d'organisation – de fonctionnement – anciens – nouveaux – chance de gain – risque de perte – …	– politiques – économiques – financières – juridiques – sociales – culturelles – environnementales – organisationnelles (choix de gestion… – méthodologiques (méthodologie de projet) – …

NOTE DU FORMATEUR

Soulignons que ce plan « bateau » paraît de nature à « fonctionner » avec un grand nombre de sujets de rapport dans la spécialité administration générale, compte tenu de l'intitulé réglementaire même de l'épreuve qui fait référence à des « **problèmes d'organisation ou de gestion** » et à des « **solutions opérationnelles appropriées** ».

Pour mémoire, on peut identifier de nombreux plans binaires :
- dangers/remèdes ;
- bilan/perspectives ;
- constat/préconisations ;
- causes/conséquences ;
- aspects positifs/aspects négatifs ;
- avantages/inconvénients ;
- avantages/limites ;
- vertus/défauts ;
- dispositif/conditions de bon fonctionnement ;
- cela permet/à condition que ;
- organisation/fonctionnement ;
- aspects internes/aspects externes ;
- les faits/le droit.

Ou, plus finement :

- un dispositif/mais des difficultés dans son application ;
- des objectifs/une mise en œuvre ;
- des avancées/mais des insuffisances ;
- de nouvelles missions/avec de nouveaux moyens ;
- etc.

Il s'agira ensuite de trouver les intitulés des sous-parties en adéquation avec les deux thèmes annoncés dans les intitulés des grandes parties.

En effet, des plans binaires peuvent ensuite se décliner encore plus finement.

Cela peut par exemple se faire en classant au fur et à mesure de l'exploitation du dossier les informations dans les grandes parties, puis en subdivisant chaque partie en deux sous-parties (c'est praticable par une simple indexation par A ou par B des informations de chaque partie) :

- Les faits/Des réponses insuffisantes// Une nouvelle réponse/Les conditions de réussite
- Un bilan positif/non sans insuffisances// Une politique nouvelle/qui laisse des questions en suspens
- Un bilan négatif/des réponses// Des problèmes non traités/qui imposeront d'autres réponses
- Un bilan positif/et négatif// Des propositions nouvelles/qui soulèvent des inquiétudes à dépasser
- Un problème ancien/qui évolue// L'organisation actuelle est dépassée/et doit évoluer
- Un problème ancien/mal résolu// Des solutions nouvelles/encore incertaines
- Des principes nouveaux/qui fondent un nouveau dispositif// Des expériences éclairantes/les conditions de réussite
- etc.

Exemple :

Si on reprend le plan binaire constat/remèdes, on peut ensuite affiner de la sorte les sous-parties :

I. Un bilan décevant

A. Les faits

B. Des réponses insuffisantes

II. Des perspectives conditionnées

A. Une nouvelle réponse

B. Les conditions de réussite

ou :

I. Un problème récurrent

A. Le phénomène

B. Des remèdes inadaptés

II. Des solutions incertaines

A. Un nouveau dispositif

B. Des insuffisances

Il s'agit bien sûr d'une étape dans la rédaction finale du plan, qui devra être le plus informatif possible.

Avantages : l'exploitation du dossier est aisée, efficace et rapide. Vous ne retenez que ce qui sert chacune des sous-parties ou parties.

Inconvénients : une erreur initiale de plan va fausser tout le rapport. Si on ne « tient » d'entrée de jeu que les deux grandes parties, un travail important de classement (A. et B. de chaque partie, puis hiérarchisation à l'intérieur de chaque A. et chaque B.) reste à accomplir avant la rédaction définitive. Si l'on « tient » trop de « sous-parties », un travail de réorganisation reste à accomplir pour parvenir à un plan satisfaisant.

Technique 2 : la rédaction de fiches synthétiques par thèse

> **NOTE DU FORMATEUR**
> Une technique proche de la première à ceci près que la prise de notes commence avant l'identification d'un plan.

Vous rédigez une fiche par thèse.

Il s'agit bien d'une rédaction par thèse et non par document.

L'analyse de la commande et des titres, la lecture de survol du dossier (et notamment celle des **titres, sous-titres, chapeaux introductifs, intertitres, encadrés, légendes**...) vous ont permis de repérer des thèses qui vous paraissent « incontournables » pour traiter le dossier, mais vous n'êtes pas encore en capacité de rédiger un plan, généralement parce que les thèses sont trop nombreuses.

À partir d'un document, vous ouvrez autant de fiches que ce document aborde de thèses (idées principales) différentes.

Bien sûr, vous n'ouvrez pas de fiche lorsqu'une thèse contenue dans le document est sans lien avec l'objet du rapport.

Il peut arriver qu'un document ne contienne qu'une seule thèse et ne donne donc lieu qu'à la rédaction d'une seule fiche.

Si vous retrouvez cette même thèse (idée principale) dans un autre document, vous n'ouvrez pas une autre fiche, mais vous complétez celle que vous avez déjà ouverte.

Pensez, à la fin de chaque information sur un thème donné, à noter le document d'où provient l'information. Cette mention ne sera évidemment pas reprise dans la rédaction finale, mais elle vous permet si nécessaire d'aller retrouver la source de l'information si, au moment de la rédaction définitive, celle-ci ne vous paraît plus suffisamment claire (ce qui n'est nullement souhaitable : perte de temps !).

Avantages : vous n'écrirez jamais deux fois la même chose. La rédaction définitive est facilitée par le regroupement logique des informations.

Inconvénients : l'ouverture d'un nombre excessif de fiches peut retarder l'élaboration du plan définitif. Certaines fiches auront été ouvertes « pour rien » dans la mesure où le faible nombre d'informations qu'elles contiendront ne permettra pas de nourrir une sous-partie, quelle qu'en soit la pertinence sur le fond. Parfois, vous n'osez pas vous « risquer » à mettre en valeur des thèses, de crainte de faire fausse route.

Technique 3 : la rédaction de fiches synthétiques par document

NOTE DU FORMATEUR

Une technique à manier avec la plus grande prudence compte tenu de la durée limitée de l'épreuve.

Vous rédigez une fiche par document.

L'analyse de la commande et des titres, la lecture de survol du dossier ne vous ont pas permis de mettre en valeur des thèses qui vous satisfassent. Vous avez tout de même repéré quelques « incontournables » qui vont vous aider. Rien n'est donc perdu !

Pour que la méthode soit efficace, mettez en valeur l'essentiel dans la marge en vous aidant des titres, des chapeaux introductifs et des intertitres.

Vous pouvez utiliser des codes couleurs qui faciliteront le regroupement des informations au moment de la rédaction définitive, ou travailler par colonnes à partir de mots-clés.

Avantages : la méthode est rassurante, vous engrangez des informations au fur et à mesure de la lecture du dossier. C'est la méthode la moins risquée, la plus « besogneuse ».

Inconvénients : vous risquez d'écrire deux fois la même chose. Vous devez regrouper des informations éparses (éclatées sur plusieurs fiches) pour procéder à la rédaction définitive. Cela requiert une indexation rigoureuse de l'information (des résumés des différents documents qui n'en mettraient pas en valeur les grands axes, les « arêtes », seraient très peu opérants). Vous risquez de vous trouver au terme du travail de prise de notes avec des fiches nombreuses qui ne vous permettent pas facilement d'élaborer un plan.

5. Arrêter définitivement le plan

À partir de là, il ne reste plus qu'à adopter un agencement cohérent des fiches pour construire le plan, ou affiner une intention de plan, ou valider un plan préconçu. En valorisant plus ou moins telle ou telle information (dans la limite de l'obligation d'objectivité), on peut bâtir à partir des fiches plusieurs plans entre lesquels il faudra choisir.

Notons également que les intitulés doivent être informatifs, clairs, le plus concis possible et qu'ils doivent faire apparaître très clairement le lien avec la commande.

Exemple :

Un plan trop peu informatif :

I. L'accueil des gens du voyage

A. L'aspect social

B. L'aspect urbain

II. Le cas de la communauté de communes CCACCUEIL

A. Les obligations légales

B. L'accompagnement social

Un plan plus informatif (voir *supra*)

I. La double dimension sociale et urbaine de l'accueil des gens du voyage

A. Des aspects humains conflictuels

B. Une organisation spatiale inadaptée

II. La nécessité pour la communauté de communes CCACCUEIL d'agir légalement et d'accompagner socialement

A. Une réponse aux obligations légales dans un cadre concerté

B. Un accompagnement social individualisé des personnes accueillies

Mieux vaut cependant un titre un peu long, s'inscrivant bien dans la progression adoptée, qu'un titre tellement concis qu'il ne donne aucune explication. Il convient également de respecter le parallélisme des formes entre le (I.) et le (II.) : un intitulé long de trois mots en (II) ne peut répondre à un intitulé long d'une ligne et demie en (I.).

Enfin, il faut proscrire les intitulés interrogatifs puisqu'ils doivent apporter une réponse à la question posée dans la problématique.

A. Deux ou trois parties ?

CADRAGE NATIONAL

« Le développement est organisé en parties et en sous-parties. »

Le cadrage n'impose pas le nombre des parties : même si le plan en deux parties comprenant chacun deux sous-parties s'est largement imposé dans ce type d'épreuve, un plan en trois parties est également possible.

Le nombre de sous-parties de chaque partie n'est pas non plus précisé. L'organisation binaire classique est possible (les deux parties comportent chacune deux sous-parties) mais non imposée.

En toute hypothèse, **on veillera à un équilibre des différentes parties**.

B. De nombreux plans possibles

Exemples :

Sujet : « Vous êtes chargé de mission à la Direction de l'administration et des marchés publics de la ville de X.

Désireux d'améliorer les conditions d'exploitation de chauffage de sa commune et ne souhaitant pas avoir recours à la gestion en régie, le nouveau maire s'interroge sur la procédure à adopter de façon à concilier la sécurité juridique des contrats conclus par la ville et leur efficacité économique, en tenant compte de son engagement à développer des énergies renouvelables et de son souci de réaliser des économies de frais de fonctionnement.

Le maire se montre particulièrement intéressé par la possibilité de confier à un unique cocontractant l'ensemble des missions impliquées par cette opération complexe qu'il envisage, mais semble redouter d'éventuels risques contentieux. Il vous demande, dans ce contexte et à l'aide du dossier joint, de rédiger un rapport sur l'opportunité que l'administration aurait ou non à mettre en œuvre un contrat de partenariat public-privé pour répondre aux objectifs précédemment énoncés. »

À partir d'un **plan binaire de type problèmes/solutions**, on peut, compte tenu des éléments précisés dans la commande, préconcevoir plus finement les sous-parties suivantes :

I. Le contrat de partenariat public-privé : un dispositif risqué
A. Un dispositif juridiquement complexe
B. Des risques contentieux sérieux

II. Des gains possibles sous réserve d'élaborer un projet adapté
A. Un dispositif efficace économiquement
B. La nécessité d'un projet concerté entre les services fonctionnels de la ville

D'autres plans sont possibles, comme :

I. Le contrat de partenariat public-privé : un dispositif ambivalent
A. Un dispositif qui présente de nombreux avantages
B. Un dispositif juridiquement risqué

II. Une option possible mais exigeante
A. Le bilan coût-avantages rend légitime le recours à ce dispositif
B. Les services fonctionnels de la ville ne sauraient l'élaborer sans concertation
C. Un plan d'action précis s'impose

Ou :

I. La connaissance des risques constitue un préalable indispensable
A. L'analyse du contentieux doit précéder toute décision
B. Le contrat de partenariat public-privé apparaît juridiquement fondé pour améliorer le chauffage

II. Le montage du projet requiert la plus grande rigueur
A. Une concertation étroite entre service financier et service juridique est indispensable
B. Un plan d'action cohérent doit être suivi rigoureusement

Ou :

I. Un projet de rénovation ambitieux peut s'inscrire dans un contrat de partenariat public-privé
A. La rénovation du système de chauffage entend concilier économie et écologie
B. Le recours au contrat de partenariat public-privé apparaît alors juridiquement fondé

II. Cependant, les contraintes méthodologiques sont fortes
A. Le dispositif est juridiquement complexe
B. Un plan d'action concerté entre les services de la ville est indispensable

Ou encore :

I. L'observation et l'analyse conduisent à opter pour le contrat de partenariat public-privé
A. L'expérience des autres collectivités est encourageante
B. La jurisprudence est riche d'enseignements

II. La mise en œuvre est cependant loin d'aller de soi
A. Le dispositif semble juridiquement très complexe
B. S'engager dans un contrat de partenariat public-privé requiert un plan d'action concerté

6. Rédiger la copie

Il reste à rédiger au brouillon l'introduction : on dispose déjà du passage essentiel de l'introduction, l'annonce de plan. On a également repéré les éléments utiles à une entrée en matière en analysant les documents. Il reste à exprimer clairement la problématique.

Profitons-en pour rédiger également la conclusion, qui, en quelques lignes, doit, si l'on choisit de conclure, souligner l'essentiel.

On peut alors procéder directement à la rédaction au propre en recopiant, avec quelques réécritures ponctuelles, dans les parties et sous-parties *ad hoc*, les informations contenues dans les fiches.

NOTE DU FORMATEUR

Pour éviter le piège du « copié-collé » et pour gagner du temps, adoptez un style « prise de notes » pour la rédaction de vos fiches (brouillon).

4. Gérer le temps de l'épreuve

La réussite au concours ou à l'examen ne dépend pas de la seule capacité à rédiger un rapport ou une note, mais à le faire en temps limité. Cette contrainte de temps implique que les feuilles de brouillon ne sont pas corrigées. Les prendre en compte équivaudrait de fait à accorder plus de temps à certains candidats qu'à d'autres.

1. La nécessité de s'entraîner en temps limité

C'est seulement en vous entraînant que vous mesurerez les difficultés que vous aurez à surmonter. Certains ont des difficultés dans la première partie du travail, celle qui permet d'accéder au plan, d'autres dans la prise de notes, d'autres enfin dans la rédaction. Il faut savoir situer ses faiblesses, et les travailler pour les atténuer.

Le travail de rédaction synthétique exige une capacité particulière à travailler vite, à ne pas « paniquer » devant la taille du dossier, les documents qui peuvent apparaître longs à lire, des textes peu lisibles pour qui n'a pas l'habitude d'en lire.

Souvent demandé par les candidats lors de formations de préparation aux concours, le découpage du temps ci-après est purement indicatif et peut connaître de fortes variations d'un candidat à un autre. La qualité de la prise de notes à partir du dossier détermine en effet largement la durée de la rédaction définitive.

2. La gestion des 4 heures de l'épreuve

■ **10 minutes d'exploitation de la commande et de la liste signalétique**

10 minutes seront consacrées à travailler à l'identification des informations essentielles de la commande (que me demande-t-on précisément ? dans quel contexte ?) et aux titres des documents. C'est un minimum pour percevoir quelles informations on devra trouver dans le dossier, où les trouver et comment les organiser. Les titres permettent souvent de repérer des « incontournables » du traitement du sujet.

Une ébauche de plan peut alors être posée comme hypothèse.

■ **20 minutes de parcours (survol méthodique) du dossier**

Cette lecture très sélective ne s'intéresse qu'à ce qui se détache des documents, la titraille, leur introduction et leur conclusion s'ils en comportent. Elle doit néanmoins être très attentive et réflexive, interrogeant constamment ce qui est lu.

L'ébauche de plan faite précédemment doit pouvoir être remaniée et précisée en fonction de ce parcours. Il est particulièrement utile, même s'il n'est pas définitif, de disposer d'un plan qui va faciliter la prise de notes.

140 minutes de prise de notes à partir du dossier intégrant les connaissances personnelles

C'est le travail le plus long, et si vous arrivez à le réaliser plus rapidement, c'est autant de temps supplémentaire dont vous disposerez pour rédiger définitivement votre copie.

Il vous faudra pourtant sans doute plus d'une heure et demie pour relever et compléter les points importants sur les feuilles que vous aurez préparées en fonction de votre plan.

60 minutes de rédaction définitive sur la copie de concours

Rédigez très soigneusement intégralement au brouillon introduction et titres avant de les recopier. Pour le reste, le rapport sera rédigé directement, à partir de vos notes, feuille par feuille. Vous aurez regroupé sur chaque feuille les points qui doivent être évoqués ensemble, vous les aurez numérotés dans l'ordre où vous souhaitez les recopier.

10 minutes de relecture

Il est essentiel de conserver un temps suffisant pour se relire sans complaisance, corriger les fautes mais aussi rajouter le mot qui manque, amender une phrase mal bâtie.

Le barème pénalisant l'orthographe rend ce temps particulièrement utile, le seuil fatidique des 10 fautes pouvant être très rapidement franchi faute de relecture.

Votre emploi du temps se présente donc ainsi :

Exploitation de la commande et de la liste signalétique	10 min
Parcours du dossier	20 min
Prise de notes	140 min
Rédaction définitive	60 min
Relecture	10 min
Total	4 heures

5. Se préparer en amont de l'épreuve

Outre un entraînement à la rédaction d'une synthèse organisée à partir d'un dossier, la préparation de l'épreuve requiert la maîtrise de connaissances nécessaires tant à la compréhension du contexte qu'à la formulation de solutions opérationnelles adaptées.

CADRAGE NATIONAL

« L'épreuve revêt un caractère professionnel affirmé. En effet, contrairement à l'épreuve de note sur dossier du concours externe, l'épreuve de rapport ou de note avec solutions opérationnelles impose au candidat la mobilisation de **son expérience des collectivités territoriales** et de **ses connaissances professionnelles** notamment dans la spécialité. »

Plus précisément, on peut estimer nécessaire une bonne maîtrise des données suivantes :

- le service public, grands principes, principaux modes de gestion ;
- les principales politiques publiques ;
- le rôle de l'État et de l'Union européenne ;
- notions sur le système juridictionnel français ;
- notions sur les normes juridiques et leur hiérarchie ;
- notions sur la responsabilité administrative ;
- les principales compétences et attributions des collectivités territoriales ;
- les principaux modes d'élection locale et leurs conséquences ;
- les modes de fonctionnement des collectivités territoriales et de leurs établissements publics.

Exemples :

– bureau municipal/commission municipale/conseil municipal,

– bureau départemental/commission permanente/commission départementale/conseil départemental ;

- les modes d'organisation des collectivités territoriales selon leur importance démographique.

Exemples :

– organisation des services dans une commune de 40 000 habitants,

– organisation des services dans une commune de 100 000 habitants ;

- le processus décisionnel au sein des collectivités ;
- les principaux modes de recrutement des agents publics et des fonctionnaires territoriaux ;
- notions sur les finances publiques locales et les budgets locaux.

Exemples :

– montant des budgets par strate démographique,
– principales recettes et dépenses des collectivités territoriales,
– calendrier d'élaboration et adoption du budget ;

- notions sur les marchés publics ;
- le contrôle des actes des collectivités territoriales ;
- notions sur les modes d'information des administrés et des élus ;
- notions sur la démocratie consultative et participative ;
- la conduite de projet ;
- les modes de management.

SUJET

Concours interne et troisième concours –session 2022
Spécialité administration générale

DURÉE : 4 HEURES

Énoncé

Attaché territorial, vous êtes directeur adjoint du pôle « services à la population » de la commune d'Admiville (60 000 habitants). Votre pôle comprend les directions Démarches administratives et état civil, Citoyenneté et conseils de quartier, Accueil, courrier et location de salles et le Guichet unique d'inscription.

Conformément aux obligations réglementaires, votre collectivité a commencé à dématérialiser certaines procédures et démarches administratives. Afin de faciliter les liens entre les habitants et les services municipaux, le Maire souhaite aujourd'hui aller plus loin et mettre en place une gestion dématérialisée de la relation aux usagers, qui devra concerner, à terme, la majorité des démarches proposées à l'usager par la commune.

Dans ce contexte, votre Directeur Général des Services vous demande de rédiger, à son attention, un rapport sur la gestion dématérialisée de la relation aux usagers dans les collectivités territoriales, permettant de dégager des solutions opérationnelles de mise en œuvre de cette démarche au sein d'Admiville.

Vous rédigerez ce rapport à l'aide des éléments du dossier et en mobilisant vos connaissances.

Liste des documents :

Document 1 : « Les applications citoyennes boostent les collectivités » - Julie Krassovsky - *lagazette.fr* - 27 avril 2015 - 4 pages

Document 2 : « Guide de sensibilisation au RGPD pour les collectivités territoriales » (extrait) - *Commission nationale informatique et libertés* - *cnil.fr* - septembre 2019 - 3 pages

Document 3 : « Les impacts de la transition numérique sur les métiers de la fonction publique territoriale - volet rétrospectif » (extrait) - *cnfpt.fr* - juillet 2018 - 3 pages

Document 4 : « Livre blanc. Gestion de la relation usagers - Retours d'expérience et enjeux » (extraits) - *entrouvert.com* - juin 2019 - 7 pages

Document 5 : « Protection des données : adoptez les 6 bons réflexes » - Commission nationale Informatique et Libertés - *cnil.fr* - septembre 2019 - 1 page

Document 6 : « Rapport - Dématérialisation et inégalités d'accès aux services publics » (extrait) - Défenseur des droits - *défenseurdesdroits.fr* - janvier 2019 - 2 pages

Document 7 : « En finir avec les fritures sur la ligne agents-publics » - Maud Parnaudeau - *Le courrier des Maires et des élus locaux* - 12 février 2019 - 2 pages

Document 8 : « Ouverture des données et digitalisation de l'écosystème public, un enjeu managérial » - Alexandre Evin-Leclerc et Jean-Alain Thiébaud - *lagazette.fr* - 16 avril 2018 - 2 pages

Document 9 : « Numérique : les relations avec l'e-administration jugées encore trop complexes » - Laura Fernandez Rodriguez - *lagazette.fr* - 27 novembre 2019 - 2 pages

Document 10 : « Mounir Mahjoubi : "le numérique doit libérer les agents de tâches inutiles" » - Propos recueillis par Delphine Gerbeau et Romain Mazon - *lagazette.fr* - 13 novembre 2017 - 3 pages

Document 11 : « L'État à l'écoute des usagers pour améliorer ses services publics numériques » - Emile Marzolf - *Acteurs publics* - 15 janvier 2020 - 2 pages

Document 12 : Code des relations entre le public et l'administration (extraits) - *Legifrance* - mis à jour 23 février 2022 - 2 pages

Document 13 : « Échange de données : ce que change la loi 3DS » (extraits) - Alexandre Léchenet et Laura Fernandez Rodriguez - *La Gazette des communes* - 25 février 2022 - 2 pages

Document 14 : « Démarches administratives en ligne : le Conseil d'État fixe un cadre général et se prononce sur les demandes de titre de séjour » - *Conseil d'État* - 3 juin 2022 - 1 page

la gazette·fr

DOCUMENT 1

Numérique

Les applications citoyennes boostent les collectivités

Par Julie Krassovsky
Rubrique Pratiques locales
N°2267 | 27/04/2015

Pourquoi ? La gestion de la relation citoyen s'appuie sur des applications internet destinées aux administrés d'une collectivité. Ces outils visent à améliorer la qualité et l'efficacité de l'information.
Pour qui ? Les applications bénéficient aux citoyens, en optimisant le traitement des demandes administratives en ligne, mais également aux collectivités, en permettant d'améliorer leur fonctionnement interne.
Comment ? Ces logiciels intègrent tous les canaux de communication (web, emails, SMS) dans la relation avec les administrés. La gestion en back-office suppose une réorganisation des services.

Extraits d'actes de naissance, formulaires de demande ou de renouvellement de passeport, prise de rendez-vous... Les citoyens peuvent aujourd'hui accomplir quantité de démarches administratives en ligne. Si le portail « mon-service-public.fr » existe depuis 2009, les communes, les intercos, les départements et les régions se convertissent aussi progressivement à l'usage de la gestion de la relation citoyen (GRC). Par le biais des smartphones et des tablettes, les collectivités délivrent désormais à distance des services à leurs administrés. « La moyenne des demandes par an et par habitant est de 2,5 requêtes nécessitant une action de la collectivité : prise de rendez-vous, demande de formulaires... » signale Jean-Charles Bossard, président de Localeo, une société qui équipe plus de 200 établissements publics. « Si les deux principaux canaux de communication restent le téléphone et le guichet physique, c'est aussi parce que les emails entrant par le site internet d'une collectivité sont mal adressés et encore souvent laissés sans suite », poursuit-il.

L'approche GRC suppose en effet la décomposition du traitement de la requête d'un citoyen en trois phases : la qualification, le traitement et la délivrance. A Rosny-sous-Bois, ce n'est pas le chantier technique, avec la création de nouvelles procédures dématérialisées, qui a été le plus laborieux mais bien l'évolution des habitudes de travail qu'il a induit. « Les demandes des administrés faites via l'application web sont directement réparties, depuis 2010, entre les services compétents. Pour que cela fonctionne, il a fallu créer des alertes dans les messageries des agents concernés chaque fois qu'une requête arrivait dans la base », explique Romain Dacosta, directeur de la communication et des relations publiques.

Polyvalence des agents

Une petite révolution vécue par certains comme une contrainte supplémentaire. « Le personnel de l'état civil craignait de crouler sous les envois. Pour ce service, nous avons donc supprimé les alertes. En contrepartie, les agents se sont engagés à consulter les requêtes tombées dans la base GRC tous les deux jours et à y répondre dans les huit jours », précise Romain Dacosta. Au conseil général du Loiret, le constat est le même. « La GRC, c'est 20 % de technique et 80 % de conduite du changement », remarque Thierry Lascou, chef de projet « nouveaux usages et modernisation numérique ». De fait, l'utilisation d'applications citoyennes substitue à l'organisation verticale des collectivités une approche transversale qui place la polyvalence du personnel au cœur du système. Fini le temps des employés traitant uniquement les demandes relevant de leur service. La GRC aboutit concrètement, dans certaines collectivités, à la création d'un guichet unique. A la mairie de Massy (43 000 hab., Essonne), toutes les réclamations, les demandes d'acte, de carte de stationnement, de logement, les inscriptions sur les listes électorales, etc., sont désormais recueillies par l'« espace accueil service ». « Cette nouvelle direction se compose de quinze agents, répartis entre l'hôtel de ville et l'annexe. Ils viennent de l'état civil, du service de l'éducation, du service technique. Notre critère de sélection a été leur capacité de polyvalence et d'accueil, bien plus que leur compétence technique », précise Cyril Way, directeur « organisation et systèmes d'information ». Aujourd'hui, tous sont capables de répondre aux demandes quelles qu'elles soient et d'où qu'elles arrivent (téléphone, email, courrier, SMS, accueil physique). « Les seuls services qui existent encore sont l'urbanisme et l'état civil, tout le reste est géré par le guichet unique. »

Nouveaux circuits de décision

Pour y arriver, Massy a réalisé, en sept ans, un énorme travail de documentation des procédures afin de baliser le parcours du personnel. Le budget engagé s'est élevé à 40 000 euros. Chaque agent du guichet unique peut aujourd'hui prendre en charge jusqu'à 59 prestations différentes. « Sur les 41 800 demandes traitées en 2014, tous canaux confondus, un peu plus de 8 600 ont été réalisées par internet », conclut Cyril Way. Une évolution qui suppose un raccourcissement des circuits de décision. En effet, les informations sont échangées de manière horizontale entre les agents, sans passer obligatoirement par leur chef respectif.

Un gain de temps et d'efficacité également recherché par le conseil général du Loiret, qui a engagé un vaste programme de modernisation et de numérisation de ses procédures. Au menu : un accueil téléphonique centralisé, créé en avril 2014, une gestion dématérialisée du courrier entrant et sortant, ainsi qu'un espace « usager » personnalisé sur le site internet de la collectivité. « En un an, nous avons déjà conçu 152 fiches de connaissance qui sont des supports utilisés par les agents pour répondre à la plupart des sollicitations », indique Thierry Lascou. Un projet porté par le directeur général des services, Jean-Charles Manrique. « Nous travaillons à la mise en place, pour la rentrée 2015, grâce à un contrat de prestation avec un tiers de confiance, d'une procédure pour imprimer et envoyer certaines réponses directement depuis le bureau de poste du lieu d'habitation de l'administré. Et ce, afin de diminuer considérablement la gestion du courrier (affranchissement et envoi) par nos services. »

L'administré à la rescousse

Contrainte de coût et de personnel oblige, les collectivités voient dans la GRC un moyen de reporter une partie des opérations de saisie vers les usagers. L'objectif ? Recentrer les agents sur leur métier mais aussi accroître l'efficacité des interventions, sur la voie publique notamment. L'un des usages de la GRC se développant le plus est celui qui permet aux administrés d'avertir leur commune, depuis leur mobile ou tablette, de problèmes en matière de voirie, de dégradations ou d'incivilités sur la voie publique. « Nous proposons une application qui trie ces avertissements. Dix signalements sur un même endroit génèrent une seule alerte en direction des services techniques », assure Emilie Forster. La responsable des offres « smart » chez Ineo digital prévient quand même : « Les collectivités sont attirées par ce type d'interface, mais il faut en avoir bien envisagé les conséquences. Autrement dit, ne donnez pas la possibilité aux usagers d'effectuer des signalements dans des domaines où la ville n'est pas performante. » Témoin, cette petite commune de bord de mer ayant mis en place une telle application alors même que sa couverture réseau est déficiente !

Sans prévisions en amont, ni mise en relation avec les besoins réels des citoyens, les logiciels de GRC s'apparentent vite à des gadgets. Un enjeu compris très tôt par Valbonne (12 800 hab., Alpes-Maritimes). Il y a trois ans, la mairie a ouvert sur son site un « portail famille » destiné à faciliter toutes les démarches liées aux activités scolaires et extrascolaires. « C'était une vraie demande de la part des familles que nous remontait le service. La GRC a donc commencé dans la ville par cette thématique », témoigne Frédéric Bossard, conseiller municipal chargé du haut-débit.

Fournisseur d'informations et réseau social

Valbonne a également développé une application disponible sur les smartphones délivrant des alertes sur les risques d'inondations et la météo, mais aussi sur des sujets plus généraux comme l'agenda culturel associé à une cartographie des événements. Car tout l'enjeu de la maîtrise des logiciels de GRC pour les communes consiste aujourd'hui à répondre aux attentes des usagers sans verser dans une « gamification » à outrance. Comme le rappelle Jean-Charles Bossard, de Localeo, « la collectivité du XXIe siècle est à la fois un prestataire de services, un fournisseur d'informations et un réseau social ».

Atouts

- Les applications citoyennes permettent d'accroître l'efficacité et la productivité des services.
- Elles simplifient l'accès des usagers aux services à partir d'un point d'entrée unique.

Limites

- La gestion de la relation citoyen oblige à revoir l'organisation interne.
- Un mauvais choix d'outils peut la rendre compliquée.

63 % des Français ont déjà utilisé au moins une application mobile citoyenne

52 % estiment que celles permettant d'entrer en contact avec l'administration sont les plus utiles. Pour 47 % des Français, le gain de temps est le premier avantage de ce type d'outils. Enfin, 46 % considèrent que l'Etat et les collectivités sont les acteurs les plus légitimes pour éditer ces applications.

À Massy, le guichet reste prépondérant

Dans l'Essonne, avec ses 43 000 habitants, Massy gère annuellement 170 000 demandes : 50 000 effectuées au guichet, 25 000 via les téléservices du site internet, 50 000 appels entrants par téléphone et 45 000 messages entrants par le courrier postal et les emails.

L'expert - Philippe Sajhau, président du comité « ville numérique » du syndicat professionnel Syntec numérique - « Les habitants sont des utilisateurs de services »

« La qualité de service rendue aux citoyens, l'attractivité et une bonne gestion interne sont les trois motivations des collectivités s'agissant du recours aux applications mobiles citoyennes. Nous avons déjà réalisé deux baromètres « villes numériques » sur l'usage de ces nouveaux outils. Ils mettent en avant les champs actuellement couverts par la gestion de la relation citoyen et maîtrisés par les communes, qui sont la sécurité, les loisirs et la culture. L'éducation est un sujet en cours. L'énergie et les transports sont encore peu mûrs. Un sondage complémentaire, portant sur l'appétence pour les applications mobiles, montre que la moitié des personnes interrogées ont déjà été en contact avec l'administration en quelques clics. Le citoyen, aujourd'hui, est un utilisateur de services. Les collectivités utilisant des outils de GRC recourent finalement à des codes de communication similaires à ceux de la relation client. De même que l'acheteur en ligne trouve rébarbatif de rappeler chaque fois son nom et ses coordonnées pour acquérir un produit, l'usager souhaite dorénavant une gestion personnalisée de sa relation avec l'administration, qui doit s'aligner sur cette attente. Pour ce faire, la codécision avec les citoyens est de plus en plus nécessaire. »

Rosny-sous-Bois (Seine-Saint-Denis) - 41 300 hab. - Tous les services connectés avec les usagers

Mise en place il y a quatre ans, la base de gestion de la relation citoyen de Rosny-sous-Bois permet aux habitants de contacter la mairie 24 heures sur 24 grâce à une application accessible en ligne. Sur le site internet de la collectivité, l'administré crée son compte, formule sa demande en sélectionnant un secteur : éducation, cantine scolaire, état civil, etc. Chaque secteur est associé aux messageries des agents du service concerné qui se chargent de la réponse. L'usager choisit aussi le mode par lequel il souhaite être recontacté : email, téléphone portable ou fixe. Un accusé de réception lui est aussitôt envoyé. Tout le back-office est ensuite assuré en interne. Les agents savent qui a posté la requête et avec quel moyen de communication (smartphone, téléphone, email). De cette façon, la traçabilité des demandes est assurée. Depuis un an, ce système est étendu à tous les services de la ville qui, par souci de pédagogie, a procédé par étapes. « Ce sont d'abord quelques services pilotes - communication, services sociaux et économique, police - qui ont accepté de recevoir les requêtes. Nous avons voulu que les agents créent leur propre valeur d'usage avant de généraliser l'emploi de cet outil », confie Romain Dacosta, directeur de la communication et des relations publiques.

LE BILAN

La base de GRC a été étendue à l'ensemble des services, y compris à l'accueil physique en mairie.

FICHES PRATIQUES

DOCUMENT 2

GUIDE DE SENSIBILISATION AU RGPD POUR LES COLLECTIVITÉS TERRITORIALES (extrait)

septembre 2019

(...)

2 COMMENT COMMUNIQUER EN LIGNE ?

Dans un contexte d'évolution des relations entre l'administration et le public et de dématérialisation croissante des services publics, les collectivités sont amenées à être de plus en plus présentes en ligne : sur leur site institutionnel, les réseaux sociaux ou encore en mettant en œuvre des téléservices. Intégrez les bonnes pratiques vous garantissant une présence en ligne en conformité avec le RGPD.

Votre collectivité utilise un site web et des comptes sociaux pour communiquer ?

Vérifiez si vous protégez suffisamment les données personnelles des personnes qui visitent votre site et vos réseaux sociaux.
Le caractère viral des plateformes comme Facebook, Twitter, LinkedIn ou Instagram mérite d'attacher un soin particulier à protéger les données des publics qui vous suivent.

À la clé : moins de risques de piratage et de fuites de données et une réputation en ligne préservée !

Vous avez un site institutionnel ?

Votre site présente votre collectivité, vos activités et vos actualités. Vous proposez un formulaire de contact et éventuellement l'inscription à un bulletin d'information.

Sur un site institutionnel, quelques réflexes de base sont à retenir. Prévoyez au minimum :

- Des « mentions CNIL » en bas des formulaires de contact et d'abonnement. Des modèles sont proposés par la CNIL sur son site web.
- Un moyen de contact pour que les personnes puissent exercer leurs droits par voie électronique.
- Des mentions légales identifiant l'éditeur du site.

POUR EN SAVOIR PLUS

Quelles sont les mentions obligatoires sur un site internet ?

CNIL.

Votre site dépose des cookies ou des traceurs publicitaires ?

Lors de la consultation de votre site web vous pouvez déposer des cookies et autres traceurs sur les outils utilisés par les internautes (ordinateur, tablette, smartphone, etc.) pour analyser leur navigation et leurs habitudes de consultation.

Selon l'objectif du traceur que vous utilisez sur votre site, il est nécessaire, **soit d'informer** l'internaute de son existence (exemple : cookie de session pour un téléservice), **soit d'obtenir son consentement** avant de déposer ou de lire un traceur sur son terminal.

Si votre site utilise des fonctionnalités offertes par d'autres sites (exemples : solutions de statistiques, boutons sociaux, vidéos provenant de plateformes tierces telles que Google, YouTube, Facebook, etc.), **vous devez obtenir le consentement des visiteurs**.

Vous mettez en place des téléservices ?

Un téléservice constitue le « guichet d'accueil » numérique proposé par une collectivité permettant aux usagers d'accomplir certaines démarches ou formalités administratives : demande de permis de construire, inscription au ramassage scolaire, demande de logement social, demande de pièces extraites de l'état civil, etc.

Un site web diffusant des informations sur la commune ou l'inscription à un bulletin municipal ne constitue pas un téléservice.

Les téléservices qui reposent sur la collecte de données personnelles constituent des traitements soumis à la réglementation sur la protection des données personnelles.

La collectivité, et son sous-traitant, doivent respecter **des principes essentiels pour garantir le respect de la vie privée des usagers** :

La pertinence et la proportionnalité
Le téléservice permet de faire transiter des données entre les usagers et les « applications métiers », les informations collectées et enregistrées doivent être pertinentes et strictement nécessaires à l'accomplissement de la démarche concernée.

EXEMPLE DE PERTINENCE ET PROPORTIONNALITÉ

Ne pas imposer une authentification préalable de l'usager si celle-ci n'est pas strictement nécessaire à l'accomplissement d'une démarche ou d'une formalité administrative (la création d'un compte utilisateur pour se voir délivrer la copie d'un acte de mariage) et ne pas recueillir des données supplémentaires qui ne seraient pas strictement nécessaires (demander le numéro de carte d'identité pour la délivrance d'un extrait d'acte d'état civil).

CNIL.

La pluralité des identifiants
Pour mettre en œuvre un téléservice, la CNIL recommande l'utilisation d'un identifiant par service public proposé.

EXEMPLE D'IDENTIFIANT

Une collectivité qui propose un téléservice permettant d'accomplir différentes démarches administratives devra générer un identifiant par service public : état civil, permis de construire, etc.

Vous pouvez également utiliser le service « FranceConnect » pour gérer l'identification de vos usagers dans les démarches. Ce service est développé par la direction interministérielle du numérique et du système d'information et de communication de l'État (DINSIC) pour simplifier les démarches en ligne.

Le cloisonnement des données des différentes sphères administratives
Le responsable de traitement doit maintenir un cloisonnement des informations personnelles collectées en fonction de la finalité de leur collecte, qui est garanti par une politique de gestion des droits des personnes habilitées à accéder aux données en fonction de leurs missions.

La sécurité des données
Les mesures de sécurité décrites dans le Guide de la sécurité des données personnelles de la CNIL, avec une attention particulière aux questions relatives à la sécurisation des sites web, constituent un socle de bonnes pratiques à respecter pour mettre en œuvre un téléservice.

En matière de téléservice, la CNIL rappelle qu'une analyse de risque de la sécurité des systèmes d'informations est requise pour l'homologation du Référentiel Général de Sécurité (RGS). Des conseils méthodologiques sont disponibles.

BONNE PRATIQUE

Le délégué à la protection des données (DPO) doit être associé à la mise en œuvre des téléservices.

POUR ALLER PLUS LOIN

- Téléservices et protection des données.
- Le service FranceConnect.

Les différents téléservices doivent être inscrits au registre des activités de traitement tenu par le responsable du traitement.

CNIL.

DOCUMENT 3

LES IMPACTS DE LA TRANSITION NUMÉRIQUE SUR LES MÉTIERS DE LA FONCTION PUBLIQUE TERRITORIALE

(extrait)

VOLET RÉTROSPECTIF - JUILLET 2018 *cnfpt.fr*

(...)

VII. CONCLUSIONS

A. PRINCIPAUX CONSTATS ET POINTS DE TENSION

UNE ACTION PUBLIQUE PLUS EFFICIENTE

L'enjeu de la transition numérique porte principalement sur l'intégration des outils numériques dans la gestion et les services de la collectivité. Cette transition a pour objectif de rendre les services existants plus efficients et de développer la gamme des services aux usagers-citoyens et aux partenaires de la collectivité.

La nouvelle e-administration se définit par son efficience, ses « internalités » (enrichissement des tâches, redéploiement des effectifs, efficacité du service rendu), et ses externalités (amélioration et développement du service public).

Cette transition se caractérise par des changements d'organisation sous l'effet, notamment, du partage de l'information et de la mutualisation des services chargés du traitement des données.

L'investissement croissant et global du champ numérique par les collectivités n'est qu'une étape. À ce jour, les services « physiques » et traditionnels restent majoritaires au sein des organisations et poursuivent eux aussi leur modernisation.

LA TRANSITION NUMÉRIQUE : ENTRE MOYEN ET FINALITÉ

La place accordée au numérique dans la stratégie d'administration reste un point de partage et de différence entre collectivités. Alors que pour certaines collectivités, les outils numériques et l'e-administration ne représentent qu'une amélioration des services existants, d'autres placent les outils numériques au cœur de leur projet d'administration, comme un vecteur de modernisation et de performance des organisations.

ENTRE ÉVOLUTION AU FIL DE L'EAU ET RUPTURE

Face au numérique, les collectivités mais plus encore les collectifs d'agents, se trouvent encore dans un entre-deux qui justifie pleinement le qualificatif de « transition ». Cette situation crée des tensions entre les agents porteurs du numérique et ceux qui en sont plus éloignés.

L'appréhension des enjeux du numérique par les agents et l'anticipation des changements à venir sont divers. Alors que certaines collectivités engagent de réels transformations et anticipent, d'autres semblent seulement suivre les évolutions au « fil de l'eau ». Rares encore sont les collectivités qui identifient l'acculturation numérique de l'ensemble de leurs agents comme un enjeu primordial de développement et comme un nécessaire investissement à moyen terme.

DES ORGANISATIONS MOINS CLOISONNÉES

Tous les outils/projets numériques étudiés impactent les organisations, les pratiques et les identités professionnelles. Les logiques horizontales et transversales, le partage d'information, modifient profondément les relations internes à l'organisation.

Les nouveaux services numériques, plus faciles d'usage et mieux intégrés, favorisent un double mouvement de rationalisation et de mutualisation des fonctions supports : accueil, gestion comptable, instruction de dossier...

LES MÉTIERS MOINS IMPACTÉS QUE LES FONCTIONS ET LES ACTIVITÉS/COMPÉTENCES

La transition numérique génère ses propres métiers liés aux données, à l'administration des outils et des procédures numériques. L'animateur ou animatrice de communautés (community manager), le directeur ou la directrice des données (chief data officer), ou encore le directeur ou la directrice de la stratégie digitale (chief digital officer) sont des métiers émergents dans les organisations.

Dans un contexte de transition encore partielle et inachevée à l'échelle des principaux processus internes ou des services rendus, l'impact des transitions semble encore limité sur les métiers « traditionnels ». En revanche, certains postes semblent quant à eux, voués à évoluer fortement, voire à disparaître dans leur configuration actuelle.

LE QUOTIDIEN DES AGENTS : ENTRE VALORISATION ET APPAUVRISSEMENT DES ACTIVITÉS

Le quotidien professionnel des agents est diversement impacté par les services numériques. Le vécu de ce quotidien professionnel est contrasté : alors que certains connaissent une valorisation notable de leurs activités avec davantage de responsabilité ou d'expertise, d'autres agents estiment que leurs activités profes-

38. L'externalité caractérise le fait qu'un service administratif, un agent, génèrent un effet externe par leur activité.

sionnelles se sont appauvries avec la multiplication et la répétition des tâches de saisies et de routines informatiques.

L'e-administration permet de supprimer des activités sans réelle plus-value telle que la manutention, l'archivage, la reprographie...

En retour, elle crée aussi, pour certains agents, de l'isolement et de la perte de sens, en particulier pour ceux qui ont des tâches postées devant les écrans ou pour ceux dont l'activité quotidienne est fractionnée entre plusieurs postes.

B. DES PISTES DE QUESTIONNEMENT POUR LE VOLET PROSPECTIF

Les entretiens effectués sur les 9 sites d'observation ont permis d'identifier un certain nombre de signaux faibles ou forts, comme autant de pistes à explorer dans le second volet de l'étude.

VERS PLUS DE PARTICIPATION CITOYENNE ?

Les « Civic tech », les territoires numériques, les villes intelligentes, le numérique 2.0 et désormais 3.0 (...), tous ces dispositifs et outils sont présentés comme des leviers de démocratie participative et d'urbanité qui renouvellent profondément les relations entre le territoire, l'administration et l'usager.

Dans le même temps, les questions de fracture numérique sont de plus en plus présentes ; certains font le constat d'une virtualité croissante et d'outils numériques qui appauvriraient les échanges.

Comment cette e-démocratie locale fabrique-t-elle simultanément de la participation citoyenne et de l'exclusion numérique auprès des usagers ? Comment les collectivités préviennent-elles l'apparition de ces « nouvelles » formes d'inégalité ? Enfin, quel visage le service public local offrira-t-il à travers les e-services développés dans les collectivités ?

UN ENJEU DE DÉVELOPPEMENT ÉCONOMIQUE ?

Les projets d'e-administration étudiés dans le volet rétrospectif concernent essentiellement les services internes, les prestations et les services fournis aux administrés. Désormais, les projets pionniers ont cédé la place pour certaines collectivités à des investissements plus importants. Dans une logique d'externalité, le secteur numérique public local peut-il devenir un facteur d'attractivité et de développement des territoires ?

QUELS MODES DE GESTION À TERME DES SERVICES NUMÉRIQUES ?

Seules deux collectivités sur neuf ont investi dans l'internalisation de la production numérique. Les autres, par choix ou par manque de moyens, sous-traitent la production, la collecte et le traitement des données des services numériques qu'elles rendent.

Pour ce faire, certaines ont opté pour des partenariats public/privé ou de la sous-traitance auprès de start-up. Elles misent à terme sur un développement de l'offre privée en matière de traitement et de services liés à l'Open Data. Dans un contexte de vive concurrence dans le traitement et la commercialisation des données, comment les collectivités conserveront-elles leur souveraineté sur celles-ci ?

Avec des technologies de plus en plus en complexes, nécessitant des moyens techniques, humains et financiers importants, les collectivités garderont-elles en interne la maîtrise de leur développement numérique ou seront-elles davantage contraintes d'externaliser tout ou partie de leurs services numériques ?

LES COÛTS DU NUMÉRIQUE

Comme évoqué précédemment, la prise en compte des coûts direct et indirect de l'e-administration (dont le coût environnemental) est une problématique émergente dans les collectivités. Comment cette question des coûts sera-t-elle intégrée dans le pilotage des projets ? Plus globalement, quelle sera la place des pratiques et des indicateurs d'évaluation dans la conduite des futurs projets numériques ?
Enfin, n'existe-t-il pas là encore, un risque de fracture entre des collectivités qui auront les moyens de rentrer pleinement dans l'ère du numérique et les autres ?

UN RISQUE DE BANALISATION DES CHANGEMENTS EN COURS ?

Actrices centrales de la conduite du changement, les ressources humaines pourront-elles poursuivre l'accompagnement en faveur de la transition numérique ? Par rapport à une acculturation numérique dont on peut penser qu'elle se fera, quoi qu'il en soit, au fil du temps, les enjeux, le sens de la transition numérique et les enjeux des nouveaux services ne risquent-ils pas d'être escamotés à terme au profit d'une approche plus technique qui reposerait sur la seule maîtrise des outils ?

PROMOUVOIR ET MANAGER DES FONCTIONS ET DES COMPÉTENCES PARTAGÉES

Au sein des organisations, les pratiques de mutualisation, la consolidation des compétences transverses en lien à la conduite de projet, aux compétences numériques, à la médiation (...) déplacent le centre de gravité de certains postes et métiers. Comment ces évolutions seront-elles prises en compte dans les modes de management, comment se traduiront-elles dans des organigrammes plus matriciels et plus « agiles » ?

VERS UNE DISPARITION À TERME DES EMPLOIS LES MOINS QUALIFIÉS ?

Dans les collectivités étudiées, la plupart ont encore moins d'agents non concernés que d'agents impactés par les nouvelles fonctionnalités numériques. Cette proportion devrait s'inverser ou, en tous les cas, diminuer dès lors que tout agent, à terme, sera amené à être directement ou indirectement concerné par les outils numériques.

Les disparitions annoncées de certains métiers ne semblent pas encore d'actualité. Dans un contexte de ressources contraintes pour les collectivités, quelles seront les évolutions à venir ? Les activités de moindre valeur et les postes à faibles niveaux de qualification disparaîtront-ils avec la progression de l'e-administration ? Bien que la marge de manœuvre soit réduite, ces postes intermédiaires constituent encore un vivier important pour accueillir les mobilités des agents en usure professionnelle.

Si le numérique met souvent la focale sur le devenir des métiers les moins qualifiés, qu'en sera-t-il de son impact sur des métiers les plus qualifiés et sur l'encadrement ?

LE CNFPT : RÉALISER SA PROPRE TRANSITION NUMÉRIQUE POUR GAGNER EN ATTRACTIVITÉ

Lors de la première vague de mise en œuvre des projets d'e-administration, le CNFPT n'a pas été identifié comme un partenaire possible pour accompagner ces dynamiques. Depuis quelques années, le CNFPT renouvelle pourtant son offre et propose aux collectivités de développer l'innovation publique.

DOCUMENT 4

« Livre blanc. Gestion de la relation usagers - Retours d'expérience et enjeux » (extraits) - *entrouvert.com* - juin 2019

SIMPLIFIER

La GRU doit être, avant tout le reste, synonyme de simplification.

La simplification pour les citoyens est connue et assez évidente : pouvoir faire des démarches en ligne quand on le souhaite et sans se déplacer, pouvoir suivre leur évolution en ligne, procure un confort et un gain de temps considérables.

Pour les agents instructeurs des demandes, la simplification doit aussi être au rendez-vous : si le projet ne permet pas d'améliorer leur travail, il ne sera pas efficient. C'est pour cette raison qu'il faut travailler avec les services, lors d'ateliers pratiques dédiés, afin d'évaluer les process et de les épurer.

GAGNANT SI RECENTRÉ SUR L'UTILE

Recentrer les agents sur l'essentiel, c'est les décharger des tâches mécaniques et répétitives... et c'est ce que l'informatique fait le mieux. Cette simplification permet aux agents de se consacrer à des activités à plus forte valeur ajoutée où l'humain est nécessaire.

Lors de la conception des démarches à mettre en ligne, il faut éviter de produire une simple réplique mécanique des procédures existantes, il faut profiter de l'opportunité qu'offre la dématérialisation pour simplifier ce que l'outil informatique permet de simplifier. C'est plus long, parce qu'il faut négocier avec les différents services, mais indispensable si l'on souhaite s'assurer du succès du projet. Cette négociation est une co-construction de solutions qui crée de l'appropriation.

Il ne faut jamais accepter de complexifier 100 % des traitements pour traiter 5 % des cas.

Par exemple, lorsque vous hésitez longuement quant au fait de savoir si vous avez besoin d'exiger telle ou telle information pour traiter une demande, c'est que vous n'en avez pas besoin.

CONSTRUIRE UNE SOLUTION SUR MESURE

Concernant un projet aussi stratégique, transversal et évolutif qu'une GRU, il est fondamental de pouvoir travailler au plus près de vos besoins réels, en construisant pas à pas la solution.

Cette approche est incompatible avec le fait de prendre un produit sur étagère, prêt-à-intégrer, avec lequel on échouera concernant quatre impératifs majeurs :

être autonome dans la construction des démarches pour que **solution rime avec optimisation**

co-construire les démarches avec les services métier, pour qu'**appropriation rime avec satisfaction**

décloisonner le système d'information, pour qu'**organisation rime avec simplification**

pilotage statistique pour que l'**utilisation rime avec évolution.**

Être autonome

La solution GRU qui répond à vos attentes doit vous permettre :

- de concevoir tous les workflows de traitement nécessaires à vos besoins sans vous limiter ;
- garantir la variété des étapes et des actions possibles à l'intérieur de ces workflows ;
- et surtout, vous laisser libre dans la réalisation ou la modification des workflows, sans développement et sans recours à un prestataire.

Le point de vigilance au regard de l'autonomie, c'est bien de veiller à ne pas complexifier vos workflows à outrance pour conserver un usage et une maintenance simple.

FOCUS

IMPLIQUER AVEC DES ATELIERS PRATIQUES

Il est indispensable d'accompagner les services dans l'appropriation des nouveaux modes opératoires qui seront mis en place. Mais à côté des méthodes classiques d'accompagnement (formations, documentation), nous insistons beaucoup sur la nécessité d'organiser des ateliers pratiques de co-construction des démarches, très tôt dans le projet. Ces ateliers auront le double mérite de créer des démarches en ligne correspondant au besoin et de générer de l'adhésion pour les participants qui verront que leurs exigences sont prises en compte et orientent véritablement le projet.

Co-construire

La mise en place d'une solution de GRU est susceptible de modifier en profondeur les processus métiers des agents de la collectivité, dans tous les services.

Afin d'avoir une GRU effectivement centrée sur les besoins réels, il faut travailler en lien étroit avec les services métiers de la collectivité tout au long du projet.

Il est nécessaire d'organiser périodiquement des ateliers (centrés sur un seul service ou regroupant plusieurs services, c'est selon) pour aider les gens du métier à :

- formaliser les démarches à dématérialiser ;
- se familiariser avec l'outil de traitement des démarches ;
- échanger à propos des éventuelles insuffisances de l'outil ou des démarches déjà dématérialisées.

Ces ateliers, organisés autour du dernier prototype disponible à date, sont un élément fondamental de l'accompagnement et nécessitent une préparation soignée, avec un travail de réflexion en amont demandé aux participants (travail réalisé par eux plutôt que par un consultant) concernant les démarches dont ils ont la charge.

Piloter l'activité pour que l'utilisation rime avec évolution

Afin d'évaluer et de comprendre l'utilisation qui est faite de la solution par les agents et les citoyens, un outil statistique peut être intégré à la solution de GRU. Mais là encore il importe que vous ayez la main pour construire des indicateurs sur mesure et ne pas vous contenter de statistiques standards qui seraient incapables de prendre en compte les spécificités de votre territoire (les quartiers par exemple).

L'outil statistique doit en particulier permettre d'identifier des points de blocage éventuels dans le traitement des demandes pour adapter les ressources ou revoir les circuits.

Une fois paramétré, l'outil doit vous permettre de choisir des critères de sélection, filtrage, mesure, regroupement sur les valeurs disponibles globalement (catégories de formulaires, canal d'entrée, statut...) et pour chaque démarche. Ces données pourront être exportées vers un tableur ou affichées sur une page web, permettant la construction de rapports statistiques sur mesure.

+ D'INFOS

STATISTIQUES ANONYMISÉES

Attention, les demandes doivent être anonymisées trois mois après le traitement, les statistiques de plus long terme ne peuvent être faites que sur des données anonymisées.

CONSTRUIRE UNE SOLUTION SUR MESURE

Décloisonner le système d'information

Dématérialiser une démarche en permettant au citoyen de faire sa demande en ligne, c'est bien. Si on amène les données jusqu'aux applications métiers utilisées par les agents pour traiter les demandes... c'est mieux ! En effet, les agents sont parfois obligés de ressaisir les informations (parfois même d'imprimer la demande faite en ligne avant de la ressaisir) dans leur application métier.

Cela existe et nous rappelle qu'une dématérialisation réussie est une dématérisalisation aboutie.

La GRU doit offrir des connecteurs avec les nombreuses applications utilisées au sein des collectivités, qu'il s'agisse d'applications métier ou d'applications transversales.
Il est bien sûr préférable que les connecteurs soient diffusés sous licence libre pour permettre leur réutilisation sans encombre d'une collectivité à une autre.

+ D'INFOS

CONNECTÉS À LA SIMPLICITÉ : BE API

Chez Entr'ouvert, nous mettons en place des interfaces avec de nouveaux logiciels métiers lorsque ceux-ci possèdent des API avec un format d'échange standard (XML, SOAP, JSON, REST) permettant l'interconnexion.
Nous utilisons pour cela une brique intergicielle qui implémente l'API de nos applications d'une part, et l'API de ces applications métiers d'autre part.
Les applications métiers ne disposant pas encore d'API web peuvent s'inspirer de la nôtre.

(...)

ORGANISER LES RÉPONSES AUX USAGERS

Multi-canal et cross-canal

Le multi-canal désigne la capacité à présenter une interface de traitement unique des demandes, quel que soit le moyen par lequel un usager a décidé de formuler sa demande : courrier, portail web, téléphone, mobile, courriel, guichet physique...

Le cross-canal, quant à lui, renvoie à la possibilité de répondre à une demande par un canal différent du canal d'entrée. Par exemple répondre par courriel à une demande formulée initialement au téléphone.

Regrouper les demandes, un impératif

La solution de GRU doit permettre d'offrir aux agents instructeurs un listing unique des demandes, indépendamment du canal choisi par l'usager pour faire sa demande. Cela peut se faire de deux façons :

- en saisissant en backoffice (saisie pour le compte d'un citoyen) toutes les demandes qui arrivent par un autre canal que le portail web, forme de multi-canal low-tech.
- en connectant la plate-forme de GRU au logiciel de gestion du courrier d'une part et à la plate-forme d'appel téléphonique d'autre part. C'est plus complexe à mettre en œuvre mais apporte des fonctionnalités supplémentaires aux agents d'accueil.

+ D'INFOS

SUPPRIMER LES ADRESSES ÉLECTRONIQUES DE CONTACT GÉNÉRIQUES

Il est classique de permettre aux usagers de contacter leur administration par une ou plusieurs adresses emails génériques.
Mais ces courriels délivrent une information **peu qualifiée, non structurée, cloisonnée,** qui va nécessiter un traitement manuel pour en assurer la distribution. Dans le cadre de la mise en place d'une GRU, **il convient de remplacer ces adresses par des formulaires simples.**

LIER LE SITE INSTITUTIONNEL À LA GRU

Charte graphique unifiée

Pour l'usager, le site web de la collectivité, son espace usager, ses démarches en ligne, son porte-document, son fournisseur d'identité, ... sont le même interlocuteur. L'environnement d'accueil doit donc être harmonisé pour que l'usager « se sente chez lui ».

Pour cela la charte graphique de la collectivité doit être intégrée à toutes les composantes de la GRU : l'usager peut ainsi passer de façon relativement transparente, du site institutionnel à ses démarches en ligne, de l'édition de son profil à son porte-document, etc.
La similitude graphique des sites permettra cette navigation transparente pour l'usager.

Il convient donc de faire en sorte que la différence entre le site institutionnel et le site des démarches soit peu détectable par le citoyen, en soignant la fluidité des parcours d'un site à l'autre.

Site institutionnel indépendant de la solution

Pourtant, il est tout aussi fondamental que les services en ligne, leur fabrique et leur interface de traitement, restent techniquement indépendants du gestionnaire de contenu du site institutionnel (CMS) : ce ne sont pas les mêmes agents qui vont utiliser ces outils, il faut préserver des accès différenciés. Pour l'usager, il est également intéressant de disposer d'un espace dédié aux démarches en ligne où il retrouve l'ensemble des télé-services.

+ D'INFOS

INTÉGRATION GRAPHIQUE ET INDÉPENDANCE TECHNIQUE

Il est nécessaire d'assurer une expérience sans couture à l'usager, tout en permettant d'avoir deux outils indépendants techniquement concernant leur gestion. Chercher à lier techniquement (via des API ou pire via des iframes) les deux sites, induit une complexité et une fragilité superflues, sans apporter de plus-value réelle.

(...)

PENSER MOBILE

Alors que plus de la moitié des consultations de sites web sont faites avec un appareil mobile, le gouvernement français se donne pour objectif de rendre la totalité de ses services publics accessibles via un téléphone mobile au 1er janvier 2022*. Même débarrassé de la dimension incantatoire inhérente aux effets d'annonce, cet objectif consacre une tendance réelle.

Un standard : le web

Le respect strict des standards du web peut permettre à une solution d'être « multi-devices » sans effort particulier. Pour les usages sur smartphone et tablette, il est donc inutile de recréer des applications lourdes réservées aux supports mobiles. Le web a permis à l'informatique de se libérer de certaines contraintes techniques liées aux différentes plateformes clientes (système d'exploitation), il serait contre-productif de revenir en arrière avec l'obligation de développer et maintenir des versions différentes pour des stores mobiles spécifiques.

Le web offre une solution réellement multi plate-formes sans devoir multiplier les bases de code et les supports mobiles à maintenir tout en offrant une garantie d'équité de traitement pour l'usager (accessibilité et application identique pour tout le monde) et une optimisation des coûts pour la collectivité (une seule base de code à maintenir).

La GRU doit au même titre que les autres usages de consommation et de service être au rendez-vous de la mobilité.

+ D'INFOS

MOBILE FIRST

Il est désormais préférable de développer une interface GRU en mode « mobile first », c'est-à-dire en développant nativement pour les appareils mobiles et en se souciant du rendu sur les écrans plus larges seulement dans un deuxième temps.

*Comité Interministériel de la Transformation Publique du 01/02/2018

(...)

DOCUMENT 5

PROTECTION DES DONNÉES
ADOPTEZ LES 6 BONS RÉFLEXES

1 NE COLLECTEZ QUE LES DONNÉES VRAIMENT NÉCESSAIRES POUR ATTEINDRE VOTRE OBJECTIF

Les données sont collectées pour un but bien déterminé et légitime et ne sont pas traitées ultérieurement de façon incompatible avec cet objectif initial.
Le principe de finalité limite la manière dont vous pourrez utiliser ou réutiliser ces données dans le futur et évite la collecte de données « au cas où ».
Le principe de minimisation limite la collecte aux seules données strictement nécessaires à la réalisation de votre objectif.

2 SOYEZ TRANSPARENT

Les administrés doivent conserver la maîtrise des données qui les concernent. Cela suppose qu'ils soient clairement informés de l'utilisation qui sera faite de leurs données dès leur collecte. Les données ne peuvent en aucun cas être collectées à leur insu. Les personnes doivent également être informées de leurs droits et des modalités d'exercice de ces droits.

3 ORGANISEZ ET FACILITEZ L'EXERCICE DES DROITS DES ADMINISTRÉS

Vous devez organiser des modalités permettant aux administrés d'exercer leurs droits et répondre dans les meilleurs délais à ces demandes de consultation ou d'accès, de rectification ou de suppression des données, voire d'opposition, sauf si le traitement répond à une obligation légale (par exemple, un administré ne peut s'opposer à figurer dans un fichier d'état civil). Ces droits doivent pouvoir s'exercer par voie électronique à partir d'une adresse dédiée.

4 FIXEZ DES DURÉES DE CONSERVATION

Vous ne pouvez pas conserver les données indéfiniment.
Elles ne sont conservées en « base active », c'est-à-dire la gestion courante, que le temps strictement nécessaire à la réalisation de l'objectif poursuivi. Elles doivent être par la suite détruites, anonymisées ou archivées dans le respect des obligations légales applicables en matière de conservation des archives publiques.

5 SÉCURISEZ LES DONNÉES ET IDENTIFIEZ LES RISQUES

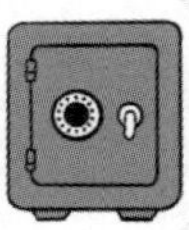

Vous devez prendre toutes les mesures utiles pour garantir la sécurité des données : sécurité physique ou sécurité informatique, sécurisation des locaux, armoires et postes de travail, gestion stricte des habilitations et droits d'accès informatiques.
Cela consiste aussi à s'assurer que seuls les tiers autorisés par des textes ont accès aux données.
Ces mesures sont adaptées en fonction de la sensibilité des données ou des risques qui peuvent peser sur les personnes en cas d'incident de sécurité.

6 INSCRIVEZ LA MISE EN CONFORMITÉ DANS UNE DÉMARCHE CONTINUE

La conformité n'est pas gravée dans le marbre et figée.
Elle dépend du bon respect au quotidien par les agents, à tous les niveaux, des principes et mesures mis en œuvre. Vérifiez régulièrement que les traitements n'ont pas évolué, que les procédures et les mesures de sécurité mises en place sont bien respectées et adaptez-les si besoin.

CNIL.
COMMISSION NATIONALE INFORMATIQUE & LIBERTÉS

www.cnil.fr

DOCUMENT 6

Rapport | Dématérialisation et inégalités d'accès aux services publics (extrait) - 2019

(...) Synthèse des principales recommandations[1]

Conserver toujours plusieurs modalités d'accès aux services publics

- Adopter une disposition législative au sein du code des relations entre les usagers et l'administration imposant de préserver plusieurs modalités d'accès aux services publics pour qu'aucune démarche administrative ne soit accessible uniquement par voie dématérialisée.

Prendre en compte les difficultés pour les usagers

- Créer une clause de protection des usagers en cas de problème technique leur permettant de ne pas être considérés comme responsables du non-aboutissement de la démarche.
- Instaurer le principe de l'envoi sous forme papier des notifications d'attribution, de suppression ou de révision de droits comportant des délais et des voies de recours, sauf si la personne consent expressément et au préalable aux échanges dématérialisés.
- Garantir un délai permettant de faire des rectifications dans le cadre d'une démarche administrative dématérialisée.
- Prévoir des exceptions juridiques aux obligations de paiement dématérialisé imposées par la réglementation, et que soit garanti, quelle que soit la procédure dématérialisée, l'existence d'une autre modalité de paiement que celles liées à la possession d'un compte bancaire.

Repérer et accompagner les personnes en difficulté avec le numérique

- Organiser un test d'évaluation des apprentissages fondamentaux de l'usage du numérique à l'occasion de la journée défense et citoyenneté.
- Evaluer systématiquement les besoins d'accompagnement liés aux projets de dématérialisation, prévoir les moyens dédiés et expliciter les mesures prises ou à prendre pour y faire face.
- Redéployer une partie des économies procurées par la dématérialisation des services publics vers la mise en place de dispositifs pérennes d'accompagnement des usagers.
- Instaurer un service public de proximité réunissant un représentant de chaque organisme social, des impôts, de pôle emploi, un travailleur social ainsi qu'un médiateur numérique pour réaliser un accompagnement généraliste et de qualité de la population, en particulier la plus fragile. L'échelon de mise en œuvre du nouveau dispositif pourrait être adapté en fonction des besoins des territoires.

[1] Les recommandations figurent dans leur intégralité à la fin de chaque partie.

Améliorer et simplifier les démarches dématérialisées pour les usagers

- Favoriser l'usage d'un identifiant unique pour accéder à l'ensemble des services publics dématérialisés.
- Améliorer l'information des usagers afin de faire mieux connaitre la gratuité des démarches administratives et mettre fin aux pratiques d'orientation des usagers vers un service privé payant.

Former les accompagnateurs

- Renforcer la formation initiale et continue des travailleurs sociaux et des agents d'accueil des services publics à l'usage numérique, à la détection des publics en difficulté et à leur accompagnement.
- Former les volontaires du service civique à l'accueil des publics fragiles et mobiliser ces volontaires non pour remplacer les agents d'accueil mais en complément de la mobilisation des agents de l'organisme qui dématérialise des procédures.

Prendre en compte les publics spécifiques

- Permettre à l'ensemble des personnes privées de leur liberté, en particulier dans les établissements pénitentiaires, de disposer d'un accès effectif aux sites internet des services publics, des organismes sociaux et aux sites de formation en ligne reconnus par le ministère de l'Education nationale.
- Généraliser rapidement le double accès aux comptes personnels à tous les sites des services publics, un pour le majeur protégé, un pour le mandataire judiciaire, adaptés à chaque mandat.
- Mettre en œuvre systématiquement des mesures appropriées afin de permettre aux personnes handicapées d'accéder effectivement à leurs droits en cas d'impossibilité avérée de mise en accessibilité d'un site internet existant et dans l'attente de la mise en place d'un site répondant aux normes d'accessibilité.

(...)

DOCUMENT 7

LE COURRIER DES MAIRES

Nom de la source

Le Courrier des maires et des élus locaux

Type de source

Presse • Magazines et revues

Périodicité

Mensuel ou bimensuel

Couverture géographique

Nationale

Provenance

Paris, Ile-de-France, France

Mardi 12 février 2019

Le Courrier des maires et des élus locaux • no. 331 • p. 18 • 716 mots

En finir avec les fritures sur la ligne agents-publics

Maud Parnaudeau

Pour simplifier les démarches administratives des citoyens et faciliter leurs échanges avec la collectivité, il est indispensable de s'appuyer à la fois sur leur vécu et sur l'expérience des agents.

L'usager moderne veut effectuer ses démarches administratives facilement et rapidement. Il attend davantage de réactivité de la part des administrations, des réponses précises et personnalisées à ses demandes. L'adaptation des collectivités à ces nouvelles attentes nécessite, d'abord et avant tout, de faire un diagnostic des relations avec les différents publics.

Pour ce faire, les citoyens eux-mêmes et le personnel territorial devront être consultés. Au sein de la communauté de communes Erdre et Gesvres, les agents ont été sondés à partir d'un questionnaire bâti en interne et remis à chaque service portant sur « le volume de l'activité d'accueil, la diversité des publics, les types de demandes, les canaux, les délais de réponse, l'organisation et les processus de relation au public... » indique Françoise Hottin, directrice générale adjointe des services.

L'accueil physique et téléphonique doit être repensé dans une logique de « guichet unique », thématique ou non.

Expérience client. A Rouen, une soixantaine d'agents volontaires ont analysé les flux et les processus de traitement. « Il nous a fallu deux ans pour tout remettre à plat », indique Jean-Loup Gervaise, maire adjoint chargé des systèmes d'information. Pour améliorer sur le long terme la relation aux citoyens, les collectivités doivent entrer dans une logique collaborative, placer l'usager au coeur des préoccupations et se recentrer sur le « vécu » qui servira notamment à « définir des parcours types de l'usager », plaide Clémence Patin, consultante spécialisée en gestion de la relation à l'usager. C'est au coeur de cette « expérience client » que se trouvent en partie les éléments d'amélioration.

Automatisation des processus. Côté outils, difficile de faire sans une plateforme de services dématérialisés. « Celle proposée par l'Etat (demarches-simplifiees. fr) est gratuite et fonctionne très bien », souligne Sophie Garnier, responsable du service gestion de la relation à la population du Sicoval.

Celle du Groupe La Poste, Localeo, bénéficie aussi d'une bonne audience auprès des collectivités.

Derrière le service rendu aux usagers, ce type de plateforme simplifie et améliore le fonctionnement de l'administration grâce à l'automatisation des processus et à la dématérialisation des documents. « Le temps gagné permet aux agents de se concentrer sur des tâches plus complexes et de remplir d'autres missions », observe Nicolas Bonneau, maire de La Chapelle-Saint-Mesmin.

La qualité de la relation au public repose également sur l'accueil physique et téléphonique qui doit être repensé dans une logique de « guichet unique », thématique ou non, avec des agents pour accueillir les administrés, les aiguiller et traiter les primo-demandes. Mission que la communauté de communes Coeur Côte Fleurie a choisi de confier à un centre d'appel pour les questions relatives à la collecte et au tri des déchets. « Je ne vois pas la plus-value de faire répéter aux agents d'accueil toujours la même chose. Ce système permet d'évacuer tout ce qui est répétitif », estime Marc Bourhis, le DGS.

Démarche qualité. Au-delà des nouveaux outils et processus de traitement, il est indispensable de laisser aux agents des marges de manoeuvre afin qu'ils puissent ajuster la réponse de l'administration à la situation de l'usager quand cela est nécessaire. Quant à savoir s'il faut ou non s'inscrire dans une « démarche qualité » (Qualiville, Marianne, norme ISO 9001...), Clémence Patin y voit un moyen de « donner un cadre d'action, de légitimer les décisions, de motiver le personnel ». Mais « ce n'est pas obligatoire », selon elle.

Encadré(s) :

« Faire monter en compétences les agents d'accueil »

« Le Sicoval a élaboré une charte de l'accueil signé par les maires de nos 36 communes. Il y est notamment inscrit d'arrêter le "C'est pas moi, c'est l'autre", car une primo-réponse peut toujours être donnée ou un aiguillage vers la collectivité compétente proposé. Arrêter aussi le "veuillez rappeler", car c'est à la collectivité de le faire. Autre élément important, le Sicoval et les communes se sont engagés à faire monter en compétences les agents d'accueil pour atteindre les objectifs fixés dans la charte, en les faisant se connaître, en les formant et les informant, en facilitant leurs échanges et l'émergence collective de solutions. Un numéro d'appel unique a également été créé, ainsi qu'une carte de visite que les agents remettent aux usagers qui les interpellent afin qu'ils puissent se renseigner directement à l'accueil. »

laGazette.fr DOCUMENT 8

Ouverture des données et digitalisation de l'écosystème public, un enjeu managérial

Publié le 16/04/2018 • Par **Alexandre Evin-Leclerc et Jean-Alain Thiébaud**, respectivement consultant, ADEL Conseil et consultant, KBU Conseil

L'open data et la digitalisation de l'écosystème public local modifient en profondeur les conditions de production des services publics et l'environnement de travail des agents. Elles mettent également en exergue trois enjeux structurants : l'exigence d'une transparence accrue, l'accompagnement R.H. des agents, enfin la relation avec le citoyen.

Le renforcement de la transparence et de la performance

L'ouverture des données accentue le mouvement de transparence du bloc local. Ce mouvement, récent mais irréversible, s'inscrit dans le continuum initié par la notation de collectivités émettrices d'obligations, les articles 107 et suivants de la loi NOTRe, ou encore la phase expérimentale de certification des comptes.

De plus en plus, les collectivités seront tenues d'informer leur environnement sur leur capacité à honorer durablement leurs engagements, la solidité de leur trajectoire financière et la maîtrise de leurs risques, et ce, quels que soient les aléas conjoncturels. Transparence va de pair avec responsabilisation (*accountability*).

Mais pas de confiance et de transparence sans donnée propre ! Les difficultés rencontrées par les collectivités lors du passage au SEPA, les travaux actuels sur la BAN et la DADS (Déclaration Annuelle de Données Sociales) montrent la nécessité d'organiser et de structurer en amont les données extraites de dizaines d'applications stockées dans des bases de données hétérogènes. Ce travail préalable de structuration permet, outre de substantielles économies, de sécuriser le dispositif de production, d'utilisation et de stockage de la data.

L'open data conduit également les collectivités à poursuivre l'urbanisation de leur système d'information (par exemple, l'introduction de clauses dans les cahiers des charges d'acquisition de progiciels : ergonomie, Interface Homme Machine,...) et à nouer des relations plus équilibrées avec les éditeurs (renforcement des mécanismes de contrôle de cohérence de données, affichage de messages compréhensibles,...).

Appréhendée non pas exclusivement sous un angle juridique ou technique, l'open data est un inducteur de performance au sein du bloc local.

Accompagner les agents dans leur parcours professionnel

Le rapport Mettling a démontré en quoi la transformation numérique révolutionne les conditions et l'organisation du travail. L'accélération de cette transformation au sein de l'administration publique locale est réelle. L'*analytics* est progressivement appropriée par les services ; certains s'interrogent sur l'apport des bots, de la blockchain, du développement d'algorithmes pour la prise de décisions.

La capacité à accompagner les équipes est centrale. Il ne faut pas se voiler la face : la numérisation se traduit déjà par la disparition de tâches et d'emplois au sein des entreprises. Pourquoi l'administration locale échapperait-elle à ce mouvement ? Il faut donc s'y préparer maintenant.

Les enjeux de maturité digitale des équipes, de montée en compétences, de mobilité professionnelle, d'automatisation et d'externalisation de tâches remettent la gestion des emplois et des compétences au cœur de la réflexion stratégique de la collectivité. L'introduction de nouvelles expertises (data scientist), la définition du profil de poste du délégué à la protection des données, l'articulation DSI/DPD/Métiers ou encore la place des plateformes de services désintermédiés constituent des questions centrales d'une GPEEC à l'ère du digital et du big data.

Ré-enchanter la relation avec le citoyen

Toutes les enquêtes d'opinion le montrent : les Français plébiscitent les services publics de proximité. Même si dans deux générations, la population sera entièrement « *digital native* », le besoin d'un contact de proximité incarnée, et pas simplement humanoïde, perdurera probablement.

En replaçant le citoyen au cœur de l'administration, en mobilisant le savoir-faire des agents, les démarches agiles, d'amélioration du parcours client ou la suppression des irritants constituent des solutions pertinentes. Il faudra cependant apprendre à naviguer sur cette ligne de crête entre automatisation des tâches et création de lien social, du vivre ensemble. C'est sans aucun doute au niveau local que des solutions concrètes, durables et acceptables se dessineront.

Les collectivités locales sont devant un enjeu managérial d'ampleur. Elles doivent à la fois s'approprier les enjeux technologiques, juridiques, financiers et d'urbanisation des systèmes d'information et conduire le changement, et ce, dans un environnement budgétaire sous pression … et disruptif.

la gazette·fr

DOCUMENT 9

Baromètre annuel du numérique

Numérique : les relations avec l'e-administration jugées encore trop complexes

Par Laura Fernandez Rodriguez - 27/11/2019

L'Arcep, le Conseil général de l'économie (CGE) et l'Agence du numérique ont publié mercredi 27 novembre les résultats du baromètre du numérique du Credoc. Une étude riche d'enseignements pour les collectivités, tant pour les questions relatives à l'accessibilité des services publics (via un smartphone, plutôt qu'un ordinateur !), que concernant la dématérialisation...

Parmi les chiffres clés de l'édition 2019 du baromètre annuel du Crédoc(1), on peut commencer par citer la prégnance du smartphone dans le quotidien des Français : 77% des Français en possèdent un (+2 points en un an).

La démat' sur smartphone

Pourtant, l'étude montre que « 30% des utilisateurs éprouvent des difficultés à passer des appels ou envoyer des SMS. C'est pourquoi, parmi les obligations du New Deal Mobile, figure la mise à disposition des services de communication en voix sur Wi-Fi, permettant d'améliorer la couverture téléphonique mobile au sein des bâtiments », indique l'Arcep.

Enfin, le smartphone est bien davantage utilisé pour se connecter à Internet que l'ordinateur : 51% via un smartphone contre 31% avec un ordinateur, soit 20 points d'écart. « Cela pose une exigence particulière sur la dématérialisation et l'accès natif en smartphone », a d'ailleurs souligné le secrétaire d'Etat en charge du numérique Cédric O, qui a présenté les résultats à Bercy.

« Accéder à des services en ligne via un ordinateur est une pratique de salarié métropolitain. Nombre de Français n'accèdent pas au service public par un ordinateur mais par un smartphone, dès lors que vous n'êtes pas accessibles nativement en smartphone vous perdez une partie des utilisateurs », a-t-il mis en garde.

Complexification des rapports avec l'administration

Cédric O a également cité la mise en place de l'observatoire des 250 démarches administratives les plus utilisées par les Français et qui comporte par exemple le critère « Compatible mobile ». « L'interface numérique est devenue pour beaucoup de Français leur vision de l'administration. Et donc, l'image de l'administration est conditionnée à cette vision », a-t-il déclaré.

Et il y a encore des marges de progression. Car l'étude met en évidence un jugement sévère porté sur l'administration : pour 41% des personnes interrogées, les relations avec l'administration publique n'ont pas changé, pour 37% elles se sont complexifiées, quand pour seulement 19% elles se sont simplifiées (3% ne savent pas). « Et la proportion des personnes qui déclarent que le numérique joue un rôle est plus importante dans la complexification (31%) que dans la simplification (18%) », pointe l'étude.

FOCUS

Le numérique et l'environnement

En 2008, si la majorité de la population (53%) considérait le numérique comme une chance pour l'environnement (et 35% comme une menace), « aujourd'hui, cette proportion s'est inversée », pointe le rapport.
Le numérique est désormais perçu comme une chance à 38%, et comme une menace à 44%. Seulement un Français sur deux (52%) s'estime suffisamment informé des impacts environnementaux du numérique, et « 80% de la population a envie de réduire l'empreinte environnementale de ses équipements (et 69% de réduire l'impact de ses usages) », détaille le rapport.

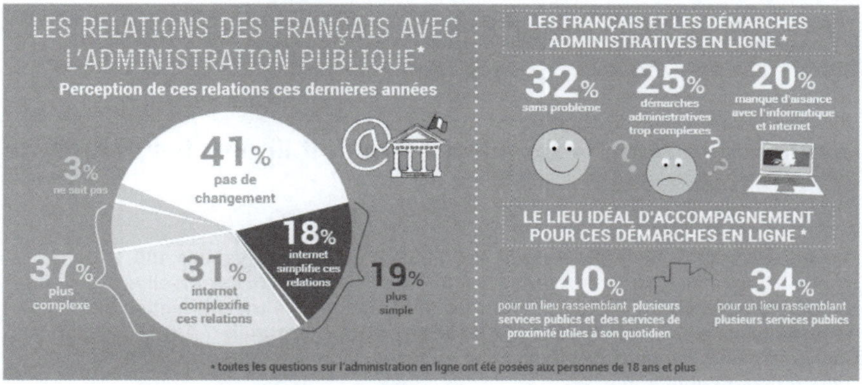

Des démarches et des outils jugés trop difficiles

Parmi les freins à l'utilisation de l'e-administration, « la complexité des démarches administratives est la première cause évoquée, par 25% des Français (particulièrement évoquée par les plus âgés, les non diplômés et les habitants de petites communes), suivi d'un manque général d'aisance avec l'informatique et internet pour 20% d'entre eux (particulièrement évoqué par les plus âgés, les non diplômés, les retraités) », indique le rapport.

On retrouve également, parmi les difficultés mises en avant, le manque d'interlocuteur disponible pour porter assistance dans la réalisation des démarches en ligne (18%), et une mauvaise conception des sites des institutions publiques (18%).

« 13% des Français pointent le manque d'information sur les démarches qu'il est possible de réaliser en ligne, tandis que 9% font état de difficultés à gérer leurs comptes, identifiants et mots de passe. »

Ces résultats mettent l'accent sur le besoin de simplification des démarches administratives (...) ainsi que sur le besoin d'une meilleure formation », a fait valoir Cédric O.

Réintroduire des points physiques

Face à ces difficultés, 40% des personnes interrogées sont en faveur d'un lieu réunissant plusieurs services publics et des services de proximité utiles au quotidien. 34% sont pour un lieu rassemblant seulement plusieurs services publics, et 19% pour une antenne locale pour chaque service.

Cédric O a plaidé pour la « complémentarité des Maisons France Services, où quelqu'un peut faire à votre place, et une dynamique où on doit rendre autonomes une part des Français, qui peuvent l'être, soit 6 à 7 millions de personnes. Cela nécessite à la fois de créer des lieux, et il en existe déjà beaucoup, des tiers lieux, des médiathèques numériques, des Epn, des initiatives prises par les collectivités territoriales ou les associations... On doit densifier le réseau de lieux de formation et massifier la capacité à financer ces formations. », a-t-il déclaré, citant un « nouveau monde qui se transforme extrêmement vite et qui peut être d'une très grande violence sociale ».

RÉFÉRENCES :

Baromètre du numérique 2019.

la gazette.fr

DOCUMENT 10

Interview Mounir Mahjoubi (extraits)

Mounir Mahjoubi : « Le numérique doit libérer les agents de tâches inutiles »

Publié le 13/11/2017 • Par Delphine Gerbeau Romain Mazon

L'administration innove-t-elle assez ? Comment peut-on parvenir à 100 % de procédures dématérialisées à court terme ? A quelles conditions resteront-elles accessibles au plus grand nombre ? Quels seront les impacts de cette transformation sur les services publics, et la fonction publique, de l'État comme territoriale ? A quelques jours du lancement de la semaine de l'innovation publique, interview de Mounir Mahjoubi, secrétaire d'État au numérique

Le cadre réglementaire de l'action publique est-il assez souple pour permettre l'innovation ?

J'étais à Rennes il y a peu, lors d'une conférence sur la commande publique organisée par la région Bretagne, qui est la plus innovante sur le sujet. Ce qu'ils prévoient, c'est précisément cela : comment on met en place un partenariat d'innovation, alors que tout le monde est tétanisé par le procédé. Le constat, c'est que bien souvent, nous avons créé l'outil juridique, mais nous n'avons pas créé la culture de sécurisation qui va avec. Aujourd'hui, lorsqu'un fonctionnaire territorial veut se lancer dans un process innovant d'achat public, il reste bloqué, car il se dit qu'il y a peu d'historique, pas de précédent. Nous n'avons pas non plus suffisamment valorisé, à ce jour, le fait, pour les territoriaux de monter ce type d'expérimentation.

Il s'agirait simplement d'une culture à diffuser ?

Pas uniquement, mais je soutiens que nous avons déjà des outils juridiques bien faits. Nous menons cette réflexion sur les achats numériques de l'État, pour ne plus lancer d'appels d'offres sur des systèmes d'information à plusieurs centaines de millions, sans avoir réfléchi à l'architecture technique : comment les concevoir pour inclure des lots d'innovation pour ces architectures systèmes. Effectivement, une start up ne sait pas faire une architecture à la taille de l'État, mais ceux qui font l'architecture de l'État ne sont pas forcément les meilleurs pour formuler les services à mettre en œuvre.

Pour les collectivités, c'est pareil : une start up dispose rarement d'une solution prête à installer dans le système d'information d'un département ou d'une commune. Par contre, elle peut proposer un service qui, si la collectivité a conçu son SI de manière ouverte, va pouvoir être déployé très rapidement, à un prix raisonnable. Il faut instiller une tolérance au risque, à l'approximation, qui va permettre d'expérimenter et d'être plus audacieux.

(...)

Le programme Action publique 2022 prévoit une nouvelle étape de simplification des services. Quels chantiers comptez-vous ouvrir ?

Le premier service attendu par tous les français, c'est la justice. On ne s'en rend pas forcément compte car on ne passe pas tous devant la justice tous les ans, mais c'est une procédure historiquement, et profondément papier. La saisine, la réponse, les échanges entre les parties..., c'est un nombre incalculable d'échanges de pièces papiers, perçus par les citoyens comme autant de contraintes, alors même que dans certains cas, les parties sont d'accord, comme dans le cas du divorce par consentement mutuel.

Appelez-vous les collectivités à rejoindre vos démarches d'état plateformes, et de dématérialisation ?

Nous les appelons surtout à la co création, comme cela se produit dans le cadre du programme DCANT. Nous avons la volonté, dans ce que j'appelle la plateforme numérique de l'Etat, de développer des briques qui permettront aux collectivités de bénéficier de nouveaux services et de créer les leurs à moindre coûts. Ainsi, le Premier ministre a annoncé récemment la création d'une identité numérique unique. Lorsqu'elle sera en place, elle sera connectable à cette fameuse plateforme numérique de l'Etat qui offre un échange standard de données et d'identification. Les collectivités qui l'utiliseront pourront déployer des services à peu de frais. Nous allons créer des boîtes à outils pour les collectivités. A elles ensuite de développer les services qu'elles voudront.

En quoi l'identification unique se distingue de France Connect ?

France Connect, c'est une fédération d'identités existantes. On s'y connecte en fait avec son identifiant DGFIP ou Sesam Vitale. C'est un identifiant de niveau faible, avec login et mot de passe. L'objectif demain c'est de faire, en plus, un niveau fort de reconnaissance, qui sera plus contraignant sans doute, mais plus sûr. C'est un chantier que nous portons, avec le ministère de l'Intérieur. Nous voulons aussi mettre en place la brique de protection des connexions, qui constitue le troisième pilier de la plateforme numérique de l'État.

Avec la dématérialisation de plus en plus de services et procédures, comment garantir l'accès aux services à tous, partout sur le territoire ?

Il y a deux sujets : comment nous offrons un accès partout sur le territoire, et comment nous nous assurons que tous puissent accéder aux services dématérialisés. Sur ce deuxième point, on parle des 13 millions de français identifiés comment ayant des difficultés à accomplir une procédure numérique. Nous nous sommes engagés, d'ici la prochaine conférence nationale des territoires, en décembre, à proposer une stratégie nationale de l'inclusion numérique. En relation avec les collectivités, les services déconcentrés de l'Etat, et les grands opérateurs sociaux (la CAF, Pole emploi...), nous allons définir comment nous identifions collectivement les personnes qui ont besoin d'accompagnement, vers qui elles sont orientées, et comment sont financés ceux qui assureront l'assistance numérique. Ce qui fonctionne bien, c'est quand, sur un territoire donné, tous les acteurs se sont mis d'accord pour aiguiller les personnes à aider vers les bons interlocuteurs qui les prendront en charge, via des chèques numériques par exemple, ou d'autres modes de médiation numérique. L'objectif de la stratégie nationale d'inclusion numérique serait de créer dans tous les départements, via le préfet, cet espace de dialogue.

La mutation numérique menace des emplois, tous secteurs confondus, donc y compris dans les administrations. Comment abordez-vous cette question ?

Il est certain que le numérique va très profondément changer le travail des agents dans les prochaines années, au niveau national comme territorial. La question pour nous est : comment nous accompagnons la transformation des compétences sur ces 10 ans ?

Qui sont les agents, ou les missions les plus concernées ?

C'est un périmètre identifié depuis une quinzaine d'années : il s'agit du traitement administratif et documentaire, qui a déjà largement diminué puisque ce processus de numérisation a commencé il y a 15 ou 20 ans. Deuxième secteur : la fonction de guichet sur des renseignements simples. Ce qui ne changera jamais, c'est l'accueil humain, pour les publics les plus faibles et les publics difficiles. Ce qui va donc disparaître d'ici 10 ans, c'est le guichet d'accueil et de récupération de pièces. C'est pratiquement réalisé aujourd'hui dans les préfectures, où ne se déroulent plus que les procédures complexes, les « guichets longs ». C'est un peu moins vrai dans les collectivités locales, sauf dans les grandes métropoles. A l'exception, il faut le relever, de la délivrance des pièces d'identité ou de ces activités pour lesquelles nous avons besoin d'un garant de la sécurité et de la confiance, qui est le fonctionnaire.

Une autre situation se pose, moins certaine : que deviennent tous les fonctionnaires, de catégorie A ou B, qui assurent des fonctions d'analyse, et qui seront équipés d'outils d'assistance à la prise de décision. A ce jour, nous n'avons pas fait le choix de développer la prise de décision par algorithme. Par contre, les algorithmes peuvent participer à la prise de décision, ce qui modifiera la nature du métier des fonctionnaires qui effectuent du contrôle, de manière quasi artisanale. Ce qui permettra un meilleur recouvrement par exemple, et offrira donc une plus grande justice sociale, en limitant les fraudes, de toute nature.

Est-ce que cela induit nécessairement une baisse du nombre de fonctionnaire ?

Ce n'est en tout cas pas l'objectif. L'objectif est de s'assurer que les fonctionnaires créent le plus de valeur pour les citoyens et les entreprises. A l'hôpital, il ne faut surtout pas supprimer des postes mais, grâce au numérique, libérer les agents de toutes ces tâches inutiles dans la valeur créée pour les malades.

Avez-vous évalué le nombre d'emplois concernés ?

C'est l'un des sujets du forum de l'action publique qui va démarrer. Ce forum est porté par les syndicats, par les fonctionnaires, et à vocation à parler de l'avenir. C'est à l'issue de ce processus que l'on pourra parler des stratégies d'investissement dans la formation, dans la définition des nouveaux métiers, etc. Les syndicats de fonctionnaires ont conscience de cette transformation à venir, et sont là pour faire en sorte que les fonctionnaires ne soient pas pénalisés par un manque d'investissement de l'Etat dans l'accompagnement à la transformation de ces métiers.

Emmanuel Macron a cependant projeté 120 000 postes en moins…

Oui, mais ce n'est pas uniquement lié à la numérisation de l'administration. Il y a aussi la simplification, l'allègement des procédures de contrôle, qui a pour effet de faire baisser les besoins humains pour les traiter. Il y a aussi la re priorisation de l'action publique. C'est d'ailleurs pour cela que cette année, vous n'avez pas entendu de décisions définitives sur le sujet. Il ne sert à rien de ne pas renouveler des postes de façon automatique : cela a déjà été fait avant et ça n'a jamais marché. Il ne faut le faire que dans le cadre d'une stratégie. D'où le forum, et le processus Action publique 2022. Le but n'est pas de supprimer 120 000 postes à périmètre constant. Si 120 000 postes sont supprimés, c'est parce qu'on aura fait des choix.

Comptez-vous poursuivre le soutien à l'opendata et l'opendata local ?

Nous sommes très volontaristes, mais en même temps très responsables : on ne peut demander tout, en même temps. On ne peut pas demander à une collectivité, surtout les petites, de courir vers l'opendata si on ne l'a pas accompagné dans cette transformation numérique. Avec les régions, les départements, et les intercos, il y a un vrai enjeu de promouvoir l'opendata, d'accélérer pour avoir des datas plus fraîches, plus dynamiques, dans des formats standardisés. Nous sommes donc dans la continuité, mais en proposant des outils, en accompagnant, et en étant exigeant quand il le faut sur les données essentielles.

(…)

Certains de ces services, par leur efficacité, peuvent remettre en cause l'existence même des services publics « traditionnels ». Faut-il laisser faire cette ubérisation, ou existe-t-il un intérêt général « supérieur » ?

Je ne veux pas de dogme. En revanche, il ne faut pas qu'un service privé se déploie sur le terrain d'un service public et que je ne puisse pas m'en libérer pour de mauvaises raisons. Si j'utilise un service privé pour assurer mon transport, ou mon éducation, je dois le faire parce que je l'ai choisi, pas parce qu'il possède sur moi des données qui le rende plus pertinent alors que c'est moi qui devrait décider quelles données personnelles je mets à disposition pour calibrer le service que j'utilise. Je dois aussi pouvoir facilement le quitter pour aller vers un autre, ce qui pose la question des standards. Si on parle d'Uber, je dois pouvoir me dire que si je continue de l'utiliser, c'est parce que c'est le service que je préfère, et pas parce qu'il est compliqué de passer sur un autre service.

Aujourd'hui, ce n'est pas aussi fluide, parce que l'opérateur maîtrise la porte d'entrée sur internet, ou le smartphone. Cette situation n'est pas souhaitable dans un monde où de grands opérateurs vont exploiter un service de type service public. Mais bien malin celui qui pourra décrire ce à quoi ressemblera le transport autonome dans 10 ans : sera-t-il opéré par l'État, par les collectivités, par Blablacar, par Peugeot, par Autolib' ? Sera-t-il opéré en DSP ? Sera-t-il éclaté en une dizaine de marques différentes qui seront en compétition ? Personne ne sait à l'heure actuelle, et celui qui prétend le contraire se trompe forcément. Mais nous ne devons pas subir l'avancée technologique. C'est pourquoi nous avons demandé à Cédric Villani d'identifier les sujets sur lesquels nous devons avoir une réflexion au niveau national, pour se préparer au futur.

(…)

acteurspublics

Nom de la source
Acteurs Publics
Type de source
Presse • Presse Web
Périodicité
Quotidien
Couverture géographique
Nationale
Provenance
France

DOCUMENT 11

Mercredi 15 janvier 2020 • 5:24:00 +0100

Acteurs Publics • Emile Marzolf

L'État à l'écoute des usagers pour améliorer ses services publics numériques

Le secrétaire d'État en charge du Numérique, Cédric O, a installé, le 13 janvier, l'instance de pilotage d'un nouveau dispositif de participation citoyenne. Trois "Ateliers d'écoute" des usagers doivent aiguiller l'État dans l'amélioration de ses services publics en ligne ainsi que dans l'accompagnement des personnes en difficultés.

Simplification et inclusion sont-ils vraiment synonymes de dématérialisation ? Nombre d'études et d'acteurs associatifs en doutent, mais la dématérialisation complète des services publics promise par Emmanuel Macron en début de quinquennat suit toujours son cours. Pour faire en sorte que cette numérisation ne s'accompagne pas d'une marginalisation de certains publics, et d'une complexification pour l'ensemble des usagers, le secrétaire d'État au Numérique, Cédric O, a annoncé le lancement, lundi 13 janvier, d'un nouveau dispositif de consultation des usagers.

Des "ateliers d'écoute" seront en effet organisés trois fois par an autour de différents "événements de vie", comme la perte et la recherche d'un emploi, la prise en compte du handicap ou la poursuite d'études supérieures. *"Mon objectif est qu'aucun Français ne soit laissé en dehors de cette transition. Pour concevoir un service public en ligne de qualité, il faut d'abord se mettre à la place des usagers, dans différentes situations concrètes, dans ses parcours de vie, face à des événements. L'objectif de ces ateliers est d'avoir des retours de terrain très concrets, pragmatiques, au-delà des beaux schémas théoriques"*, déclare Cédric O dans un communiqué.

Ce dispositif avait été annoncé dans le cadre du dernier comité interministériel de la transformation publique (CITP) de novembre, 2019. *"Afin de mieux identifier les difficultés concrètes posées par la dématérialisation des démarches, un panel représentatif des usagers associant chercheurs et représentants d'usagers se réunira régulièrement à compter de décembre 2019 afin de passer en revue les démarches administratives par grandes thématiques. Il permettra une prise en compte en continu des retours d'expérience des citoyens"*, indiquait alors le gouvernement dans un communiqué.

"L'idée est de remettre le citoyen au coeur des services publics aussi bien pour améliorer l'existant que pour mieux concevoir les prochains", explique à *Acteurs publics* le cabinet de Cédric O. Le dispositif est coanimé par la mission "Société numérique", qui a intégré l'Agence nationale de cohésion des territoires (ANCT), et par la direction interministérielle du numérique (Dinum) et notamment son pôle "Design des services numériques". Il reviendra toutefois au chercheur Pierre Mazet, qui

a longtemps travaillé pour l'Observatoire de non-recours aux droits et services, de coordonner les travaux. C'est lui qui sera notamment *"en charge de rédiger une synthèse sur les retours des usagers qui servira à produire des propositions concrètes en phase avec les problématiques posées. Afin d'acter ces propositions, les plus pertinentes seront ajoutées dans les actions du comité interministériel de la transformation publique"*, précise le sécrétariat d'État.

Parce qu'ils portent sur des événements de vie dans leur globalité et non sur des services numériques spécifiques, les retours d'expérience des usagers offriront à la fois des pistes au pôle "Design" pour améliorer les services publics en ligne, par exemple en matière de partage d'informations entre administrations pour éviter la double saisie par les usagers, mais aussi pour ajuster la stratégie pour un numérique inclusif portée par l'ANCT.

Car les ateliers serviront aussi, explique un conseiller du secrétaire d'État, à *"questionner les initiatives et stratégies portées en matière d'inclusion, au niveau des parcours d'accompagnement des personnes et de formation des aidants et travailleurs sociaux"*. Selon lui, l'État aura beau simplifier encore et toujours ses services, il y aura toujours des personnes en difficultés qu'il faudra accompagner.

Instance de pilotage représentative

Pour ce faire, les services de l'État s'appuieront très largement sur les acteurs de terrain. Les clés ont été non seulement confiées au chercheur Pierre Mazet, mais une instance de pilotage a également été mise en place, associant différents représentants d'associations qui ont justement l'habitude de travailler auprès des personnes en difficultés. On y retrouve notamment l'Union des centres communaux d'action sociale (Unccas), le Conseil national consultatif des personnes handicapées, le défenseur des droits, la présidente de l'association des secrétaires de mairie de communes rurales, la fédération des acteurs de la solidarité, l'ONG ATD Quart Monde, mais aussi des experts du design.

"C'est grâce à ces associations de terrain et leur capacité à mobiliser leurs réseaux locaux que l'État va pouvoir écouter, entendre et échanger avec les usagers concernés, dans une relation de confiance" , indique le cabinet de Cédric O. En s'appuyant sur ces associations, l'État veut pouvoir entendre les vraies difficultés tout en instaurant un dialogue direct entre les administrations et les usagers. *"Ce type d'ateliers est très utile car ils nous donnent à voir parfois des petites choses très concrètes qui peuvent être résolues assez rapidement et qui ne nous avaient jamais été remontées"*, ajoute-t-on au cabinet.

Avec ce type d'initiative, le gouvernement entend donc faire savoir qu'il redonne de la voix aux usagers, souvent délaissés par les concepteurs de services numériques. En juin, il avait lancé un nouvel "observatoire de la qualité des démarches en ligne" visant à noter les 250 démarches administratives les plus utilisées sur Internet par les Français. Chaque démarche y est passée au crible par la Dinum et par ses usagers, afin d'évaluer le niveau d'accessibilité, leur compatibilité smartphone, leur degré d'automatisation, etc., et ainsi espérer faire pression sur les ministères porteurs pour qu'ils corrigent le tir.

Publics

https://www.acteurspublics.fr/articles/letat-a-lecoute-des-usagers-pour-ameliorer-ses-services-publics-numeriques

RÉPUBLIQUE FRANÇAISE
Liberté Égalité Fraternité

DOCUMENT 12

Legifrance - mis à jour 23 février 2022

Code des relations entre le public et l'administration (extraits)

(...)

L. 112-3 ORDONNANCE n°2015-1341 du 23 octobre 2015 - art.

Toute demande adressée à l'administration fait l'objet d'un accusé de réception.

Les dispositions de l'alinéa précédent ne sont pas applicables :

1° Aux demandes abusives, notamment par leur nombre ou leur caractère répétitif ou systématique ;

2° Aux demandes, définies par décret en Conseil d'État, pour lesquelles l'administration dispose d'un bref délai pour répondre ou qui n'appellent pas d'autre réponse que le service d'une prestation ou la délivrance d'un document prévus par les lois ou règlements.

Les modalités d'application du présent article sont fixées par décret en Conseil d'État.

(...)

L. 112-8 ORDONNANCE n°2015-1341 du 23 octobre 2015 - art.

Toute personne, dès lors qu'elle s'est identifiée préalablement auprès d'une administration, peut, dans des conditions déterminées par décret en Conseil d'Etat, adresser à celle-ci, par voie électronique, une demande, une déclaration, un document ou une information, ou lui répondre par la même voie. Cette administration est régulièrement saisie et traite la demande, la déclaration, le document ou l'information sans lui demander la confirmation ou la répétition de son envoi sous une autre forme.

L. 112-9 ORDONNANCE n°2015-1341 du 23 octobre 2015 - art.

L'administration met en place un ou plusieurs téléservices, dans le respect des dispositions de *loi n° 78-17 du 6 janvier 1978* relative à l'informatique et aux libertés et des règles de sécurité et d'interopérabilité prévues aux chapitres IV et V de l'ordonnance n° *2005-1516* du 8 décembre 2005 relative aux échanges électroniques entre les usagers et les autorités administratives et entre les autorités administratives.

Lorsqu'elle met en place un ou plusieurs téléservices, l'administration rend accessibles leurs modalités d'utilisation, notamment les modes de communication possibles. Ces modalités s'imposent au public.

Lorsqu'elle a mis en place un téléservice réservé à l'accomplissement de certaines démarches administratives, une administration n'est régulièrement saisie par voie électronique que par l'usage de ce téléservice.

Un décret en Conseil d'Etat détermine les conditions d'application du présent article.

(...)

L. 112-11 LOI n°2016-1321 du 7 octobre 2016 - art. 89

Tout envoi à une administration par voie électronique ainsi que tout paiement opéré dans le cadre d'un téléservice au sens de l' *article 1er de l'ordonnance n°* 2005-1516 du 8 décembre 2005 relative aux échanges électroniques entre les usagers et les autorités administratives et entre les autorités administratives fait l'objet d'un accusé de réception électronique et, lorsque celui-ci n'est pas instantané, d'un accusé d'enregistrement électronique. Ils sont émis selon un procédé conforme aux règles fixées par le référentiel général de sécurité mentionné au I de l'article 9 de l'ordonnance précitée.

L'administration est également tenue de respecter l'obligation prévue au premier alinéa du présent article pour les envois par voie électronique effectués par tout usager résidant en France ou à l'étranger ou par toute autorité administrative étrangère lorsque celle-ci agit pour le compte d'un Français établi à l'étranger.

Les conditions et délais d'émission de l'accusé de réception et de l'accusé d'enregistrement ainsi que les indications devant y figurer sont déterminés par décret en Conseil d'État.

L'administration n'est pas tenue de respecter l'obligation prévue à l'alinéa premier pour les envois abusifs, notamment par leur nombre ou leur caractère répétitif ou systématique, ou les envois susceptibles de porter atteinte à la sécurité de son système d'information.

Après en avoir, si possible, informé la source des envois en cause, un système d'information peut être configuré pour bloquer la réception des envois provenant de sources identifiées comme ayant émis un nombre significatif d'envois abusifs ou émis des envois susceptibles de porter atteinte à la sécurité du système d'information.

Les dispositions des articles ***L. 112-3*** et ***L. 112-6*** ne s'appliquent pas aux demandes relevant du présent article.

(...)

L. 114-2 ORDONNANCE n°2015-1341 du 23 octobre 2015 - art.

Lorsqu'une demande est adressée à une administration incompétente, cette dernière la transmet à l'administration compétente et en avise l'intéressé.

L. 114-3 ORDONNANCE n°2015-1341 du 23 octobre 2015 - art.

Le délai au terme duquel est susceptible d'intervenir une décision implicite de rejet court à compter de la date de réception de la demande par l'administration initialement saisie.

Le délai au terme duquel est susceptible d'intervenir une décision implicite d'acceptation ne court qu'à compter de la date de réception de la demande par l'administration compétente. Si cette administration informe l'auteur de la demande qu'il n'a pas fourni l'ensemble des informations ou pièces exigées par les textes législatifs et réglementaires en vigueur, le délai ne court qu'à compter de la réception de ces informations ou pièces.

(...)

L. 131-1 ORDONNANCE n°2015-1341 du 23 octobre 2015 - art.

Lorsque l'administration décide, en dehors des cas régis par des dispositions législatives ou réglementaires, d'associer le public à la conception d'une réforme ou à l'élaboration d'un projet ou d'un acte, elle rend publiques les modalités de cette procédure, met à disposition des personnes concernées les informations utiles, leur assure un délai raisonnable pour y participer et veille à ce que les résultats ou les suites envisagées soient, au moment approprié, rendus publics.

(...)

L. 231-1 ORDONNANCE n°2015-1341 du 23 octobre 2015 - art.

Le silence gardé pendant deux mois par l'administration sur une demande vaut décision d'acceptation.

D. 231-2 DÉCRET n°2015-1342 du 23 octobre 2015 - art.

La liste des procédures pour lesquelles le silence gardé sur une demande vaut décision d'acceptation est publiée sur un site internet relevant du Premier ministre. Elle mentionne l'autorité à laquelle doit être adressée la demande ainsi que le délai au terme duquel l'acceptation est acquise.

D. 231-3 Décret n°2020-1119 du 8 septembre 2020 - art. 2

La liste mentionnée à l'article ***D. 231-2*** est publiée sur le site internet dénommé "service-public.fr".

la gazette des communes · des départements · des régions

DOCUMENT 13

DÉMATÉRIALISATION

Échange de données : ce que change la loi 3DS (extraits)

Publié le 25/02/2022 • Par Alexandre Léchenet et Laura Fernandez Rodriguez • dans : Actu juridique

Tiko / Adobestock

La loi 3DS va permettre aux différentes administrations de s'échanger plus facilement des données au bénéfice des usagers, notamment grâce aux interfaces de programmation (API). Elle pose aussi une première brique législative pour construire une « administration proactive ».

La logique du « Dites-le-nous une fois » entre dans une nouvelle dimension avec la promulgation de la loi 3DS, publiée au Journal officiel trois semaines après le compromis trouvé en commission mixte paritaire, et notamment son article 162 (également appelé article 50 tout au long de la discussion parlementaire).

Pour un usager, les échanges avec l'administration pouvaient sembler répétitifs, tant les justificatifs à fournir étaient parfois redondants. Afin d'y remédier, un travail de simplification avait été entrepris avec la mise en place de France Connect et le développement des API, ces interfaces qui rendent techniquement possible le fait d'échanger des informations entre administrations.

De l'exception à la généralisation

La loi 3DS va faciliter davantage l'échange d'informations entre administrations : « On passe d'un régime d'exception à une généralisation. Auparavant, chaque API devait être mentionnée dans un décret, sur lequel la Cnil s'exprimait. Désormais, l'ouverture est la règle et c'est l'exception qui devra être mentionnée », explique-t-on au cabinet d'Amélie de Montchalin, ministre de la Transformation et de la Fonction publiques (MFTP).

(...)

A l'heure actuelle, selon le ministère, plus de 350 collectivités sont raccordées aux données de la DGFIP pour récupérer le revenu fiscal de référence, 150 sont connectées avec la CNAF pour le quotient familial et plus de 1091 sont connectées à France Connect. Des raccordements encouragés dans le cadre du plan de relance, via un chèque de 5 000 euros pour faciliter la connexion à France Connect ou aux API de l'État.

Trois millions de justificatifs économisés

L'API Particuliers aurait permis d'économiser à l'usager l'envoi de près de trois millions de justificatifs toutes administrations confondues, estime-t-on à la Dinum. Celle-ci devrait d'ailleurs bientôt s'étoffer avec le statut de demandeur d'emploi ou d'étudiant, boursier ou non. Pour les entreprises, on estime que le recours aux API a permis de leur épargner la communication de 53 millions de justificatifs.

C'est désormais aux collectivités, et surtout aux éditeurs, de prendre la main maintenant et d'utiliser les API proposées. « Quand on essaie de regarder comment adopter ces API, ce n'est pas simple », explique Emmanuel Vivé, patron de Déclic, qui fédère les opérateurs publics de services numériques, citant les éditeurs frileux ou la difficulté d'identifier des cas d'usages. Dans le cadre du programme TNT, Déclic et la Dinum ont été missionnés au sein d'un groupe de travail pour encourager le recours aux API, notamment autour d'exemples simples.

Côté 3DS, c'est l'article 162 qui modifie le code des relations entre le public et l'administration (CRPA) et qui permet désormais aussi aux collectivités de proposer à leur tour des API pour échanger les données qu'elles détiennent. Une démarche qui demandera une certaine maturité numérique.

Administration proactive

Enfin, au-delà du pré-remplissage des formulaires, permis par ces échanges d'information, la loi 3DS pose aussi une première brique législative pour le chantier dit d' « administration proactive », qui a rejoint le programme phare de l'État, Tech.gouv. Une démarche « d'aller vers » numérique, qui consiste à informer l'usager de son éligibilité potentielle à des aides et prestations, voire lui accorder automatiquement des droits sans attendre une démarche de sa part.

L'article 162 de la loi 3DS dispose ainsi : « Les administrations peuvent échanger entre elles les informations ou les données strictement nécessaires pour informer les personnes sur leur droit au bénéfice éventuel d'une prestation ou d'un avantage prévus par des dispositions législatives ou des actes réglementaires et pour leur attribuer éventuellement lesdits prestations ou avantages[1]. »

Céline Colucci, des Interconnectées donne un exemple : « A partir de la transmission automatique du quotient familial de l'usager qui y a consenti, la collectivité peut proposer directement la bonne tarification réduite pour l'inscription à la cantine. » Elle s'interroge toutefois sur la « capacité des collectivités plus petites de pouvoir mettre en place ces échanges de données de manière opérationnelle. Toutes les collectivités n'en sont pas là aujourd'hui ».

« Il ne faut cependant pas imaginer que parce qu'on déploie tout cela on a réglé le problème de l'accès aux droits. Et nous considérons qu'il faut systématiquement une alternative au numérique qui puisse permettre le même niveau de services : un accueil physique, un accueil téléphonique, un être humain qui répond et peut prendre en charge la démarche », nuance-t-elle également. Elle évoque aussi un « devoir d'informations et de transparence vis-à-vis des ayants droits », et donc l'importance « d'associer les citoyens, publics cibles, qui peuvent avoir une incompréhension ou des craintes, pour leur expliquer la démarche ».

Pour les collectivités, l'administration proactive pourra également servir d'appui dans leurs politiques publiques de lutte contre le logement vacant, en facilitant le croisement des données fiscales et les données foncières. Elles peuvent ensuite prendre contact avec les propriétaires concernés et leur proposer « d'entrer dans un programme de remise sur le marché » et de « mobiliser des aides (financement de travaux, intermédiation locative…) ».

[1] L'article 162 ajoute également : "Les informations et les données ainsi recueillies et les traitements mis en œuvre en application du présent article pour procéder à ces échanges ne peuvent être ultérieurement utilisés à d'autres fins, en particulier pour la détection ou pour la sanction d'une fraude."

DOCUMENT 14

Démarches administratives en ligne : le Conseil d'État fixe un cadre général et se prononce sur les demandes de titre de séjour, Conseil d'Etat, 3 juin 2022

Peut-on imposer aux usagers d'accomplir des démarches administratives en ligne ? Le Conseil d'État fixe un cadre général et se prononce sur le cas particulier des demandes de titre de séjour des étrangers

Au printemps 2021, le Gouvernement a imposé aux étrangers souhaitant obtenir un titre de séjour en France de déposer leur demande par internet, via un téléservice, tout en prévoyant une entrée en vigueur progressive de ce nouveau dispositif (décret n° 2021-313 du 24 mars 2021, arrêté du 27 avril 2021, arrêté du 19 mai 2021). Plusieurs associations d'aide aux étrangers ont demandé au Conseil d'État d'annuler cette mesure.

La section du contentieux du Conseil d'État, formation de jugement qui juge notamment les affaires qui soulèvent une question de droit nouvelle, s'est réunie pour examiner le recours déposé par les associations.

Rendre obligatoire un téléservice est possible, mais avec des garanties

Le Conseil d'État juge que, de façon générale, l'obligation d'avoir recours à un téléservice pour l'accomplissement de démarches administratives auprès de l'État peut être instaurée par le Gouvernement. Cette obligation ne relève pas du domaine réservé à la loi, et aucun droit ou principe constitutionnel ne s'y oppose.

Toutefois, le Conseil d'État précise qu'une telle obligation ne peut être imposée que si l'accès normal des usagers au service public et l'exercice effectif de leurs droits sont garantis. Pour cela, l'administration doit tenir compte de la nature de la démarche qui est dématérialisée, et de son degré de complexité, des caractéristiques de l'outil numérique proposé, ainsi que de celles du public concerné – notamment des difficultés d'accès ou d'utilisation des services en ligne.

Pour certaines démarches particulièrement complexes et sensibles, le texte qui impose l'usage obligatoire d'un téléservice doit prévoir une solution de substitution : tel est le cas pour les demandes de titres de séjour

Le Conseil d'État fixe deux conditions pour que l'obligation d'utiliser un téléservice pour les demandes de titres de séjour soit légale. Tout d'abord, les usagers qui ne disposent pas d'un accès aux outils numériques, ou qui rencontrent des difficultés dans leur utilisation de l'outil, doivent pouvoir être accompagnés. Ensuite, s'il apparaît que certains usagers sont dans l'impossibilité, malgré cet accompagnement, de recourir au téléservice, pour des raisons tenant à sa conception ou à son mode de fonctionnement, l'administration doit leur garantir une solution de substitution. Ces conditions visent à prendre en compte les caractéristiques et situations particulières des étrangers demandant un titre de séjour, qui pourraient perdre le droit de se maintenir sur le territoire si leur demande n'était pas enregistrée.

Actuellement, si le Gouvernement prévoit un accompagnement des usagers du téléservice, il ne prévoit pas de solution de substitution en cas de défaillance liée à la conception ou au mode de fonctionnement du téléservice. Le Conseil d'État juge ainsi que le Gouvernement doit compléter ses textes pour prévoir l'existence d'une telle solution de substitution. D'ici là, si un étranger ne parvient pas à déposer sa demande par le téléservice pour de tels motifs, l'administration sera tenue, par exception, de permettre le dépôt de celle-ci selon une autre modalité.

Le Conseil d'État précise enfin, dans la réponse qu'il apporte à une question posée par le tribunal administratif de Montreuil et le tribunal administratif de Versailles, que les préfets ne pouvaient pas rendre obligatoire, avant l'entrée en vigueur du décret du 24 mars 2021, l'emploi de téléservices pour le dépôt des demandes de titres de séjour.

Comment aborder le sujet ?

Le contexte et la commande

Le **contexte** est présenté de manière précise.

- Il indique tout d'abord le positionnement précis de l'attaché territorial chargé de rédiger le rapport demandé, directeur adjoint du pôle services à la population de la commune d'Admiville. Il est ainsi le supérieur hiérarchique des responsables des différentes directions de ce pôle : Démarches administratives et état civil, Citoyenneté et conseils de quartier, Accueil, courrier et location de salles et Guichet unique d'inscription. On attend de lui une approche transversale du projet, qui doit associer tous les services placés sous sa responsabilité mais aussi les autres services concernés. Au vu de son niveau de responsabilité et du destinataire du rapport, le directeur adjoint ne devra pas s'embarrasser de détails techniques inutiles.

- La collectivité dans laquelle le chargé de mission exerce est une commune de 60 000 habitants, précision démographique qui peut notamment permettre de valoriser les expériences de collectivités de même importance si le dossier en contient.

- Cette collectivité a déjà dématérialisé certaines procédures et démarches, mais le maire souhaite généraliser ce mode de gestion en mettant en place une gestion dématérialisée de la relation aux usagers. Face à cette commande politique, les propositions devront être réellement opérationnelles, avec des solutions concrètes réalisables dans un délai raisonnable.

- Si la dématérialisation des procédures et démarches peut concerner d'autres « clients » que les usagers (par exemple des entreprises, des associations, des clients internes), c'est bien à la mise en place de procédures dématérialisées facilitant la formulation et la satisfaction des demandes des usagers qu'il convient de se consacrer.

La **commande**, permet au rédacteur du rapport d'adopter un plan très « classique » présentant une synthétisation des enjeux de la gestion dématérialisée de la relation aux usagers avant de « dégager des solutions opérationnelles » : (I) Les enjeux de la gestion dématérialisée de la relation aux usagers ; (II) Des solutions opérationnelles pour mettre en œuvre cette démarche au sein d'Admiville.

Les sources et les titres des documents

Les sources et les titres permettent de repérer assez facilement ceux des documents qui pourront être utilisés pour rendre compte des enjeux (première partie), et ceux qui alimenteront les propositions opérationnelles (deuxième partie).

On trouve essentiellement des documents de quatre natures différentes dans le dossier :
- des articles de presse spécialisée « collectivités territoriales », issus de *La Gazette des communes* (documents 1, 8, 9, 10, 13) ou du *Courrier des maires et des élus locaux* (document 7) ;
- une étude émanant d'un acteur institutionnel de la fonction publique territoriale, le CNFPT (document 3) ;
- des documents produits par des autorités administratives indépendantes, CNIL (documents 2 et 5), Défenseur des droits (document 6) ;
- des documents de nature juridique : extrait du Code des relations entre le public et l'administration (document 12), jurisprudence du Conseil d'État (document 14).

On peut ainsi augurer qu'on trouvera notamment dans le dossier le cadre juridique de la gestion dématérialisée de la relation aux usagers, ainsi que des expériences transposables essentiellement dans les documents de presse spécialisée « collectivités territoriales ».

Un classement sommaire des titres des documents fait apparaître deux axes possibles pour structurer la première partie :

Première partie Les enjeux de la gestion dématérialisée de la relation aux usagers		Deuxième partie Solutions opérationnelles
Le cadre institutionnel	**La prise en compte des usagers**	
« Guide de sensibilisation au RGPD pour les collectivités territoriales » (document 2)	« Les impacts de la transition numérique sur les métiers de la fonction publique territoriale – volet rétrospectif » (document 3)	« Les applications citoyennes boostent les collectivités » (document 1)
« Protection des données : adoptez les 6 bons réflexes » (document 5)	« Livre blanc. Gestion de la relation usagers – Retours d'expérience et enjeux » (document 4)	« Ouverture des données et digitalisation de l'écosystème public, un enjeu managérial » (document 8)
« L'État à l'écoute des usagers pour améliorer ses services publics numériques » (document 11)	« Rapport – Dématérialisation et inégalités d'accès aux services publics » (document 6)	
Code des relations entre le public et l'administration (document 12)	« En finir avec les fritures sur la ligne agents-publics » (document 7)	
« Échange de données : ce que change la loi 3DS » (document 13)	« Numérique : les relations avec l'e-administration jugées encore trop complexes » (document 9)	
« Démarches administratives en ligne : le Conseil d'État fixe un cadre général et se prononce sur les demandes de titre de séjour » (document 14)	« Mounir Mahjoubi : "le numérique doit libérer les agents de tâches inutiles" » (document 10)	

Le plan

Le plan de la première partie se dessine aisément. À partir de là, la technique 1 exposée dans les conseils méthodologiques (ouverture de fiches à partir d'un plan préconçu) peut être facilement mise en œuvre. On ouvrira également a priori une fiche « introduction » où l'on placera les éléments requis au fur et à mesure de l'exploitation du dossier.
La seconde partie n'est pas pour l'instant organisée, mais on pourra opérer une prise de notes rapide sur les données qui peuvent y trouver place, avant de la structurer au fur et à mesure du recueil des informations. Mettre en valeur les thèmes saillants au fil de la prise de note facilitera la structuration de cette partie.

L'exploitation du dossier

Fiche introduction

Extraits d'actes de naissance, formulaires de demande ou de renouvellement de passeport, prises de rendez-vous… les citoyens accomplissent aujourd'hui un grand nombre de formalités administratives en ligne. Après la mise en œuvre par l'État du portail « mon-service-public.fr » en 2011, de nombreuses collectivités territoriales et intercommunalités développent aujourd'hui une gestion dématérialisée de la relation aux usagers, ou GRC, au moyen de logiciels intégrant tous les canaux de communication (web, emails, SMS). (document 1)
Les Français plébiscitent les services publics de proximité : même lorsque, dans deux générations, la population sera entièrement née à l'ère numérique, le besoin de contact humain perdurera certainement. L'automatisation des tâches doit donc se conjuguer avec le maintien du lien social. (document 8)
25 % des Français évoquent la complexité des démarches administratives et 22 % le manque d'aisance informatique comme empêchant le recours à l'e-administration. 13 % soulignent un manque d'informations sur les démarches à réaliser en ligne, et 9 % les difficultés à gérer leurs comptes. (document 9)
Dans le cadre du programme Action publique 2022, l'État entend permettre aux collectivités de développer à moindre coût des « briques » au sein de sa propre plateforme avec une identité numérique unique. (document 10)

Fiche 1

Le cadre juridique

Il convient de veiller à protéger les données personnelles des usagers qui utilisent le site et les réseaux sociaux de la collectivité. Sur les formulaires de contact doivent figurer les mentions CNIL légales, les contacts permettant l'exercice des droits par voie électronique, les mentions légales permettant l'identification de l'éditeur. L'utilisation de traceurs nécessite d'en informer les internautes et d'obtenir leur consentement, de même que l'utilisation de fonctionnalités offertes par d'autres sites. La collectivité et son sous-traitant doivent garantir le respect de la vie privée des usagers en ne collectant et enregistrant que les données pertinentes strictement nécessaires à l'accomplissement de la démarche, en utilisant un identifiant par service, en cloisonnant et sécurisant les données collectées. (document 2)
La CNIL précise qu'il convient de ne collecter que les données strictement nécessaires, en respectant les principes de finalité et de minimisation, les administrés devant en conserver la maîtrise en étant clairement informés de leur utilisation ; il faut également organiser et faciliter l'exercice du droit des administrés à accéder aux données pour en demander la rectification ou la suppression, et fixer des délais de conservation. La sécurisation des données passe par une sécurisation des locaux mais aussi par une gestion stricte des habilitations et droits d'accès informatiques, en s'assurant que les procédures sont respectées et régulièrement adaptées. (document 5)
Le Défenseur des droits préconise notamment de conserver plusieurs modalités d'accès aux services publics, de créer une clause de protection des usagers en cas de problème technique et d'envoyer sous forme papier des notifications d'attribution, de suppression ou de révision des droits, de garantir un délai de rectification, de prévoir des exceptions juridiques à l'obligation de paiement dématérialisé. (document 6)
Le Code des relations entre le public et l'administration dispose notamment (article L. 112-3) que « toute demande adressée à l'administration fait l'objet d'un accusé de réception ». « Toute personne, dès qu'elle s'est identifiée préalablement auprès d'une administration, peut [...] adresser à celle-ci, par voie électronique, une demande, une déclaration, un document ou une information, ou lui répondre par la même voie. Cette administration est régulièrement saisie et traite la demande, la déclaration, le document ou l'information sans lui demander la confirmation ou la répétition de son envoi sous une autre forme » (article L. 112-8). « [...] Lorsqu'elle met en place un ou plusieurs téléservices, l'administration rend accessibles leurs modalités d'utilisation, notamment les modes de communication possibles. Ces modalités s'imposent au public [...] » (article L. 112-9). (document 12)
La loi 3DS permet aux administrations d'échanger leurs données au bénéfice des usagers grâce à des interfaces de programmation (API). L'article 162 de la loi permet aux collectivités de proposer des API pour échanger leurs données. (document 13)
Le Conseil d'État a décidé que l'obligation d'avoir recours à un téléservice pour l'accomplissement de démarches administratives ne peut être imposée que si l'accès normal des usagers au service public et l'exercice effectif de leurs droits sont garantis. Pour des démarches particulièrement complexes et sensibles, le texte qui impose l'usage obligatoire d'un téléservice doit prévoir une solution de substitution. (document 14)

Fiche 2

La prise en compte des usagers

La GRC impose de substituer à une organisation verticale une approche transversale qui requiert le développement de la polyvalence des agents. Il faut donc revoir l'organisation interne afin que les informations s'échangent de manière horizontale entre les agents, sans obligatoirement passer par les chefs de service, ce qui réduit le délai de réponse aux usagers. Il faut être attentif à ne pas proposer des « gadgets » inopérants, permettant par exemple des signalements que la collectivité n'est pas en mesure de traiter ou ne correspondant pas aux besoins réels de la population. La qualité du service rendu doit être la motivation essentielle des collectivités qui développent une GRC, permettant une gestion personnalisée de la relation de l'usager avec l'administration. (document 1)
Le dépôt de cookies et de traceurs sur les outils utilisés par les internautes (ordinateurs, smartphones, tablettes...) permet d'analyser leur navigation et leurs habitudes de consultation afin d'améliorer le service. (document 2)
L'objectif essentiel est de rendre les services existants plus efficients et d'offrir de nouveaux services aux usagers. Si, pour certaines collectivités, les outils numériques servent à améliorer les services existants, d'autres les placent au cœur de leur projet d'administration comme outils de performance et de modernisation. (document 3)

Si la GRC contribue au développement de la démocratie citoyenne, elle risque aussi de renforcer l'exclusion numérique de certains usagers. (document 3)
Le maître-mot de la GRC doit être la simplification, tant pour les usagers que pour les instructeurs : il faut simplifier tout ce que l'outil informatique permet de simplifier. Pour les citoyens, la simplification est évidente avec la possibilité d'opérer des démarches en ligne et d'en suivre l'évolution sans contraintes de temps ni de déplacement. L'intégration d'un outil statistique à la GRU, avec des indicateurs sur mesure, peut permettre d'améliorer le traitement des demandes en adaptant les circuits et les ressources. (document 4)
Tout doit être fait pour que l'usager se sente « chez lui » lorsqu'il utilise le site web de la collectivité, son espace usager, ses démarches en ligne, grâce à une intégration de la charte graphique de la collectivité à toutes les composantes de la GRU, permettant un passage fluide d'un site à l'autre. (document 4)
Le Défenseur des droits préconise de repérer et d'accompagner les personnes en difficulté avec le numérique, d'améliorer et de simplifier les démarches dématérialisées pour les usagers, notamment par un identifiant unique et une meilleure information sur la gratuité des démarches, la formation d'accompagnateurs et la prise en compte des publics spécifiques. (document 6)
L'automatisation des processus doit s'accompagner d'une amélioration de l'accueil physique et téléphonique dans une logique de « guichet unique », en laissant aux agents des marges de manœuvre pour ajuster leur réponse à la situation de l'usager. (document 7)

Fiche 3

Les solutions opérationnelles

L'accompagnement RH du changement
La gestion décentralisée de la relation aux usagers peut créer des tensions entre les agents porteurs du numérique et les autres. L'acculturation numérique de l'ensemble des agents de la collectivité est essentielle. L'organisation des services doit être revue pour favoriser la transversalité et le partage des informations. La transition numérique peut s'appuyer par exemple sur un animateur ou une animatrice de communauté (*community manager*). Certains postes sont appelés à évoluer ou à disparaître. Certains agents voient leurs activités valorisées, tandis que d'autres peuvent vivre un appauvrissement de leurs tâches avec un sentiment d'isolement et de perte de sens. Les modes de management doivent s'adapter pour favoriser une administration plus « agile », tout en anticipant la disparition de certains métiers. (document 3)
Des méthodes classiques d'accompagnement des agents, par la formation et la documentation, doivent être mises en place. (document 4)
La montée en puissance numérique des agents, l'automatisation et l'externalisation des tâches imposent à la collectivité de revoir la gestion des emplois et des compétences, avec de nouvelles expertises. (document 8)
Le processus Action publique 2022 mis en œuvre par l'État intègre la nécessité de prendre en compte les effets de la simplification et de l'allègement des procédures, qui réduisent les besoins humains pour les traiter et imposent de ne pas renouveler automatiquement les postes. Les agents chargés du traitement administratif et documentaire, d'accueil au guichet et de récupération des pièces sont amenés à disparaître, et le métier des agents de catégorie A et B effectuant des missions de contrôle va changer avec des outils d'assistance à la prise de décision. (document 10)

La co-construction avec les agents de la collectivité
Un travail étroit avec les services tout au long de la démarche s'impose. Il faut organiser périodiquement des ateliers pratiques de co-construction des démarches, afin d'adapter ces dernières aux besoins et de permettre aux agents d'adhérer au projet dès lors que leurs exigences sont prises en compte. Ces ateliers, précédés d'un travail personnel des agents sur les démarches qu'ils gèrent, leur permettent de formaliser les démarches à dématérialiser, de se familiariser avec l'outil de traitement, d'échanger sur les insuffisances des outils déjà mis en place. (document 4)
Dans la communauté de communes d'Erdre et Gesvres, les agents ont été sondés sur la base d'un questionnaire par service conçu en interne sur le volume d'accueil, les publics, les demandes, les canaux, les délais de réponse… À Rouen, une soixantaine d'agents volontaires ont analysé les flux et les processus de traitement. (document 7)

L'exploitation des retours des usagers
Une expérience dont la collectivité peut s'inspirer : en 2020, l'État a inauguré l'organisation trois fois par an d'« ateliers d'écoute » des usagers afin d'identifier les difficultés concrètes posées par la dématérialisation des démarches, puis de synthétiser les retours des usagers pour améliorer les services publics en ligne. Ces ateliers permettent également de concevoir les manières d'accompagner les usagers en difficulté en s'appuyant sur des associations de terrain. (document 11)

Ce travail méthodique d'exploitation des éléments du dossier, qui s'attache à éliminer les informations redondantes tout en valorisant les informations essentielles, aboutit à deux sous-parties relativement équilibrées constitutives de la première partie.

Les éléments utilisables en seconde partie (propositions opérationnelles) sont moins nombreux, et on devra s'attacher à mobiliser des **connaissances personnelles** et à **bien prendre en compte le contexte** pour proposer des solutions opérationnelles crédibles.

Proposition de corrigé

Commune d'Admiville — Le 17 novembre 2022
Pôle Services à la population — *(date de l'épreuve)*

RAPPORT

à l'attention de Monsieur le Directeur général des services

Objet : La mise en œuvre d'une démarche de gestion dématérialisée de la relation aux usagers dans les collectivités territoriales et à Admiville

Références :
- Code des relations entre le public et l'administration
- Loi n° 78-17 du 6 janvier 1978 relative à l'informatique et aux libertés
- Ordonnance n° 2005-1516 du 8 décembre 2005 relative aux échanges électroniques entre les usagers et les autorités administratives et entre les autorités administratives
- Loi du 21 février 2022 relative à la différenciation, la décentralisation, la déconcentration et portant diverses mesures de simplification de l'action publique locale, dite 3DS
- Décision du Conseil d'État du 3 juin 2022

Extraits d'actes de naissance, formulaires de demande ou de renouvellement de passeport, prises de rendez-vous… les citoyens accomplissent aujourd'hui un grand nombre de formalités administratives en ligne. Après la mise en œuvre par l'État du portail « mon-service-public.fr » en 2011, de nombreuses collectivités territoriales et intercommunalités développent aujourd'hui une gestion dématérialisée de la relation aux usagers, ou GRC, au moyen de logiciels intégrant tous les canaux de communication (web, emails, SMS).

Cependant, les Français plébiscitent les services publics de proximité : même lorsque, dans deux générations, la population sera entièrement née à l'ère numérique, le besoin de contact humain perdurera certainement. L'automatisation des tâches doit donc se conjuguer avec le maintien du lien social. 25 % des Français évoquent la complexité des démarches administratives, et 22 % le manque d'aisance informatique comme empêchant le recours à l'e-administration. 13 % soulignent un manque d'informations sur les démarches à réaliser en ligne, et 9 % les difficultés à gérer leurs comptes. Dans le cadre du programme Action publique 2022, l'État entend permettre aux collectivités de développer à moindre coût des « briques » au sein de sa propre plateforme avec une identité numérique unique.

Dans ce contexte, la commune d'Admiville entend mettre en œuvre une gestion dématérialisée de la relation aux usagers, qui devra concerner, à terme, la majorité des démarches proposées à l'usager par la commune.

Dans quel cadre juridique une telle évolution s'inscrit-elle ? Comment s'assurer que la démarche concilie satisfaction des besoins des usagers et réponde aux attentes des agents ?

(I) La GRC s'inscrit dans un cadre juridique protecteur des usagers (A) qui rend possible une GRC avant tout attentive à répondre au mieux à leurs besoins. (II) Sa réalisation dans la commune d'Admiville requiert une mise en œuvre méthodique (A) associant tous les acteurs au changement (B).

(I) La GRC, une réponse normée aux besoins des usagers

A- Un droit protecteur des usagers

Le Code des relations entre le public et l'administration dispose notamment (article L. 112-3) que « toute demande adressée à l'administration fait l'objet d'un accusé de réception ». « Toute personne, dès qu'elle s'est identifiée préalablement auprès d'une administration, peut [...] adresser à celle-ci, par voie électronique, une demande, une déclaration, un document ou une information, ou lui répondre par la même voie. Cette administration est régulièrement saisie et traite la demande, la déclaration, le document ou l'information sans lui demander la confirmation ou la répétition de son envoi sous une autre forme » (article L. 112-8). « [...] Lorsqu'elle met en place un ou plusieurs téléservices, l'administration rend accessibles leurs modalités d'utilisation, notamment les modes de communication possibles. Ces modalités s'imposent au public [...] » (article L. 112-9). La loi 3DS permet aux administrations d'échanger leurs données au bénéfice des usagers grâce à des interfaces de programmation (API). L'article 162 de la loi ouvre aux collectivités la possibilité de proposer des API pour échanger leurs données.

Cette communication dématérialisée s'inscrit dans un cadre protecteur des droits des usagers : il convient de veiller à protéger les données personnelles des usagers qui utilisent le site et les réseaux sociaux de la collectivité. Sur les formulaires de contact doivent figurer les mentions CNIL légales, les contacts permettant l'exercice des droits par voie électronique, les mentions légales permettant l'identification de l'éditeur. L'utilisation de traceurs nécessite d'en informer les internautes et/ou d'obtenir leur consentement, de même que l'utilisation de fonctionnalités offertes par d'autres sites. La collectivité et son sous-traitant doivent garantir le respect de la vie privée des usagers en ne collectant et enregistrant que les données pertinentes strictement nécessaires à l'accomplissement de la démarche, en utilisant un identifiant par service, en cloisonnant et sécurisant les données collectées.

La CNIL précise par ailleurs qu'il convient de ne collecter que les données strictement nécessaires, en respectant les principes de finalité et de minimisation, les administrés devant en conserver la maîtrise en étant clairement informés de leur utilisation ; il faut également organiser et faciliter l'exercice du droit des administrés à accéder aux données pour en demander la rectification ou la suppression, et fixer des délais de conservation. La sécurisation des données passe par une sécurisation des locaux mais aussi par une gestion stricte des habilitations et droits d'accès informatiques, en s'assurant que les procédures sont respectées et régulièrement adaptées.

Pour sa part, le Défenseur des droits préconise notamment de conserver plusieurs modalités d'accès aux services publics, de créer une clause de protection des usagers en cas de problème technique et d'envoyer sous forme papier des notifications d'attribution, de suppression ou de révision des droits, de garantir un délai de rectification, de prévoir des exceptions juridiques à l'obligation de paiement dématérialisé.

Enfin, le Conseil d'État a décidé que l'obligation d'avoir recours à un téléservice pour l'accomplissement de démarches administratives ne peut être imposée que si l'accès normal des usagers au service public et l'exercice effectif de leurs droits sont garantis. Pour des démarches particulièrement complexes et sensibles, le texte qui impose l'usage obligatoire d'un téléservice doit prévoir une solution de substitution.

B- Un développement axé sur les besoins des usagers

L'objectif essentiel est de rendre les services existants plus efficients et d'offrir de nouveaux services aux usagers. Si, pour certaines collectivités, les outils numériques servent à améliorer les services existants, d'autres les placent au cœur de leur projet d'administration comme outils de performance et de modernisation.

Tout doit être fait pour que l'usager se sente « chez lui » lorsqu'il utilise le site web de la collectivité, son espace usager, ses démarches en ligne, grâce à une intégration de la charte graphique de la collectivité à toutes les composantes de la GRU, permettant un passage fluide d'un site à l'autre. Le maître-mot de la GRC doit être la simplification, tant pour les usagers que pour les instructeurs : il faut simplifier tout ce que l'outil informatique permet de simplifier. Pour les citoyens, la simplification est évidente avec la possibilité d'opérer des démarches en ligne et d'en suivre l'évolution sans contraintes de temps ni de déplacement. L'intégration d'un outil statistique à la GRU, avec des indicateurs sur mesure, peut permettre d'améliorer le traitement des demandes en adaptant les circuits et les ressources. Le dépôt de cookies et de traceurs sur les outils utilisés par les internautes (ordinateurs, smartphones, tablettes...) permet d'analyser leur navigation et leurs habitudes de consultation afin d'améliorer le service.

L'atteinte de l'objectif de satisfaction des besoins des usagers passe également par un changement d'organisation et de méthode : la GRC impose de substituer à une organisation verticale une approche transversale qui requiert le développement de la polyvalence des agents. Il faut donc revoir l'organisation interne afin que les informations s'échangent de manière horizontale entre les agents, sans obligatoirement passer par les chefs de service, ce qui réduit le délai de réponse aux usagers. Il faut être attentif à ne pas proposer des « gadgets » inopérants, permettant par exemple des signalements que la collectivité n'est pas en mesure de traiter ou ne correspondant pas aux besoins réels de la population. La qualité du service rendu doit être la motivation essentielle des collectivités qui développent une GRC, permettant une gestion personnalisée de la relation de l'usager avec l'administration.

Toutefois, si la GRC contribue au développement de la démocratie citoyenne, elle risque aussi de renforcer l'exclusion numérique de certains usagers. Le Défenseur des droits préconise de repérer et d'accompagner les personnes en difficulté avec le numérique, d'améliorer et de simplifier les démarches dématérialisées pour les usagers, notamment par un identifiant unique et une meilleure information sur la gratuité des démarches, la formation d'accompagnateurs et la prise en compte des publics spécifiques. L'automatisation des processus doit également s'accompagner d'une amélioration de l'accueil physique et téléphonique dans une logique de « guichet unique », en laissant aux agents des marges de manœuvre pour ajuster leur réponse à la situation de l'usager.

Inscrite dans un cadre normatif tourné vers les besoins des usagers, la gestion dématérialisée de la relation aux usagers impose à la collectivité des méthodes de travail novatrices et une réorganisation.

II- Le déploiement de la GRC à Admiville

A- Une mise en œuvre méthodique fondée sur la transversalité

La nature transversale de la démarche requiert une conduite rigoureuse en mode projet, afin de favoriser la collaboration de plusieurs services de la collectivité, les services qui dématérialisent leurs procédures, la direction des systèmes d'information, la direction des finances, la direction de la communication, en s'affranchissant d'une organisation pyramidale peu adaptée à un travail transversal auquel les agents ont vocation à participer indépendamment de leur place dans la hiérarchie.

Le comité de pilotage (COPIL), instance de validation, associera le directeur du pôle Services à la population, chef de projet, le maire ou les adjoints au maire que le maire souhaitera déléguer, le directeur (la directrice) des systèmes d'information, le directeur (la directrice) des ressources humaines, le directeur (la directrice) de la communication. Les relevés de ses décisions seront transmis à l'ensemble des acteurs du projet et au comité social territorial. Le comité technique (COTECH) responsable de l'élaboration des solutions techniques associera systématiquement le chef de projet, le directeur (la directrice) des systèmes d'information et, en tant que de besoin, d'autres directeurs, ainsi qu'un pilote par service à dématérialiser. Il paraît pertinent que chaque chef de service désigne un pilote en fonction de sa pertinence sans critère de place dans la hiérarchie.

Les différentes étapes de la mise en œuvre du projet doivent être clairement définies en amont et communiquées à tous les agents au moyen d'une lettre de cadrage de la direction générale des services préalablement présentée en bureau municipal : en partant d'un service « test », par exemple le guichet unique d'inscription, le chef de projet pourra expérimenter la mise en œuvre de la GRC au moyen des étapes suivantes : benchmark auprès de collectivités de même importance, consultation des agents sur les méthodes de travail actuelles et leurs propositions d'amélioration, recueil des avis des usagers sur la qualité du service, proposition de solution, mise en œuvre en phase test, recueil des avis des agents et des usagers, déploiement avec communication interne et externe, évaluation à 6 mois.

Après la conduite de l'ensemble du processus pour le service « test », le projet sera conduit simultanément dans l'ensemble des services concernés.

B- L'association des agents et des citoyens à la démarche

Pour réussir le déploiement de la GRC à Admiville, plusieurs conditions doivent être remplies.

Il faut d'abord mettre la politique des ressources humaines de la collectivité au service du changement : le processus Action publique 2022 mis en œuvre par l'État intègre la nécessité de prendre en compte les effets de la simplification et de l'allègement des procédures, qui réduisent les besoins humains pour les traiter et imposent de ne pas renouveler automatiquement les postes. Les agents chargés du traitement administratif et documentaire, d'accueil au guichet et de récupération des pièces sont amenés à disparaître, et le métier des agents de catégorie A et B effectuant des missions de contrôle va changer avec des outils d'assistance à la prise de décision.

À la lumière de cette expérience, la commune d'Admiville doit anticiper le fait que le déploiement de la GRC peut créer des tensions entre les agents porteurs du numérique et les autres : certains postes sont appelés à évoluer ou à disparaître. Certains agents voient leurs activités valorisées, tandis que d'autres peuvent vivre un appauvrissement de leurs tâches avec un sentiment d'isolement et de perte de sens. Les modes de management doivent s'adapter pour favoriser une administration plus « agile », tout en anticipant la disparition de certains métiers. L'acculturation numérique de l'ensemble des agents de la collectivité est également essentielle. L'organisation des services doit être revue pour favoriser la transversalité et le partage des informations. La transition numérique peut s'appuyer par exemple sur un animateur ou une animatrice de communauté (*community manager*).

Il convient ensuite de co-construire avec les agents de la collectivité : un travail étroit avec les services tout au long de la démarche s'impose. Il faut organiser périodiquement des ateliers pratiques de co-construction des démarches, afin d'adapter ces dernières aux besoins et de permettre aux agents d'adhérer au projet dès lors que leurs exigences sont prises en compte. Ces ateliers, précédés d'un travail personnel des agents sur les démarches qu'ils gèrent, leur permettent de formaliser les démarches à dématérialiser, de se familiariser avec l'outil de traitement, d'échanger sur les insuffisances des outils déjà mis en place. On pourra s'inspirer des outils déployés dans d'autres collectivités : dans la communauté de communes d'Erdre et Gesvres, par exemple, les agents ont été sondés sur la base d'un questionnaire par service conçu en interne sur le volume d'accueil, les publics, les demandes, les canaux, les délais de réponse... À Rouen, une soixantaine d'agents volontaires ont analysé les flux et les processus de traitement.

Enfin, l'exploitation des retours des usagers est primordiale : expérience transposable dans la collectivité, l'État a, en 2020, inauguré l'organisation trois fois par an d'« ateliers d'écoute » des usagers afin d'identifier les difficultés concrètes posées par la dématérialisation des démarches, puis de synthétiser les retours des usagers pour améliorer les services publics en ligne. Ces ateliers permettent également de concevoir les manières d'accompagner les usagers en difficulté en s'appuyant sur des associations de terrain.

Ainsi, privilégiant la qualité du service rendu dans le respect de la réglementation, le déploiement de la GRC pourra réussir pleinement s'il sait associer méthodiquement et prendre en compte les idées et les observations tant des agents que des usagers pour dépasser une possible résistance au changement.

PARTIE 2

Réussir les **épreuves d'admission**

- Entretien avec le jury (concours externe, interne, 3e voie, examen professionnel) 229
- Langue vivante étrangère (concours externe, interne et 3e voie) 269

Entretien avec le jury

(concours externe, interne, 3e voie, examen professionnel)

DURÉE 20 À 25 MINUTES

Planning de révisions 230

Méthodologie et conseils 232

Simulation d'entretien 261

COEFFICIENT CONCOURS

EXTERNE	INTERNE, 3e VOIE
4	5

COEFFICIENT EXAMEN

1

Planning de révisions

Le **planning** ci-après entend vous proposer un **mode d'acquisition méthodique des connaissances et des savoir-faire indispensables** à la réussite de l'épreuve d'entretien.

La date à laquelle vous commencez à utiliser cet ouvrage pour vous préparer déterminera évidemment la durée de chaque période : si, par exemple, vous entamez votre préparation personnelle six mois avant le concours, les onze périodes d'appropriation compteront chacune de l'ordre de deux semaines. Il en ira tout différemment si vous pensez pouvoir préparer le concours en un mois : deux à trois jours seront alors consacrés à chaque période.

Soyez également attentif au fait que cette épreuve requiert non seulement une maîtrise de la technique de l'entretien, mais aussi celle, notamment, des connaissances en administration des collectivités territoriales abordées dans la partie 3, auxquelles la période 1 renvoie. Cette période, elle-même découpée en plusieurs périodes, sera de ce fait à l'évidence d'une durée supérieure à celle des autres périodes.

PÉRIODES	CONTENU DES RÉVISIONS	NOS OUTILS
Période 1	Se préparer en amont de l'épreuve (voir partie 3).	Page 273
Période 2	Prendre connaissance de la totalité des conseils méthodologiques.	Page 232
Période 3	Approfondir les connaissances dans la spécialité excédant le champ de l'administration territoriale.	
Période 4	Candidats au concours externe et au 3e concours : rédiger la fiche individuelle de renseignements (concours externe) ou le document retraçant le parcours professionnel (3e concours) (à joindre au dossier d'inscription).	Page 243
Période 5	Candidats aux concours et à l'examen : élaborer l'exposé de 10 minutes (concours) ou 5 minutes (examen professionnel)	Page 238
Période 6	Candidats aux concours et à l'examen : mémoriser l'exposé de 10 minutes (concours) ou 5 minutes (examen professionnel), s'entraîner à le livrer à un auditoire, sans notes et en 10 minutes, ne laissant percevoir aucun « par cœur ».	
Période 7	Relire l'ensemble des conseils méthodologiques, approfondir les questions portant sur l'encadrement.	Page 232

Période 8	Multiplier les entraînements en temps réel devant un « jury » composé de plusieurs personnes (collègues, amis...).	Page 261
Période 9	Candidats aux concours et à l'examen : retravailler l'exposé de 10 minutes (concours) ou 5 minutes (examen professionnel) en fonction du déroulement de la simulation de l'épreuve de 25 minutes.	
Période 10	Être particulièrement attentif à l'actualité des collectivités territoriales à l'approche de l'épreuve.	Fil d'actualité en ligne
Période 11	S'entraîner une dernière fois en temps réel devant un « jury » quelques jours avant l'épreuve d'admission.	

CONCOURS EXTERNE D'ATTACHÉ TERRITORIAL

• Un **entretien** visant à apprécier, le cas échéant sous forme d'une **mise en situation professionnelle**, les connaissances administratives générales du candidat et sa capacité à les exploiter, sa motivation et son aptitude à exercer les missions dévolues au cadre d'emplois, notamment dans la spécialité choisie.
L'entretien débute par une **présentation par le candidat de son parcours et de sa motivation**, à partir d'une fiche individuelle de renseignements dont le modèle est disponible sur le site du centre de gestion organisant le concours. Lors de son inscription, chaque candidat constitue et transmet la fiche précitée au service organisateur du concours à une date fixée par celui-ci. Seul l'entretien avec le jury donne lieu à notation. La fiche de présentation n'est pas notée (durée : **25 minutes, dont 10 minutes au plus de présentation par le candidat** ; coefficient 4).
Les candidats titulaires d'un doctorat peuvent, conformément à l'article L. 412-1 du Code de la recherche, présenter leur parcours en vue de la reconnaissance des acquis de l'expérience professionnelle résultant de la formation à la recherche et par la recherche qui a conduit à la délivrance du doctorat. La fiche individuelle de renseignements mentionnée à l'alinéa précédent comprend une rubrique prévue à cet effet. Pour présenter cette épreuve adaptée, ils transmettent une copie de ce diplôme au service organisateur du concours au plus tard avant le début de la première épreuve d'admission.

CONCOURS INTERNE D'ATTACHÉ TERRITORIAL

• Un **entretien** débutant par une **présentation par le candidat de son expérience professionnelle et des compétences qu'il a acquises à cette occasion**. Cet entretien est suivi d'une conversation visant à apprécier, le cas échéant sous forme d'une **mise en situation professionnelle**, la capacité du candidat à analyser son environnement professionnel et à résoudre les problèmes techniques ou d'encadrement les plus fréquemment rencontrés par un attaché.

• Cette épreuve doit permettre au jury d'apprécier l'expérience professionnelle du candidat, sa motivation et son aptitude à exercer les missions dévolues au cadre d'emplois, notamment dans la spécialité choisie (durée : **25 minutes, dont 10 minutes au plus de présentation** ; coefficient 5).

TROISIÈME CONCOURS D'ATTACHÉ TERRITORIAL

• Un **entretien** ayant pour point de départ un **exposé du candidat sur son expérience et les compétences qu'il a acquises à cette occasion**, sur la base d'un document retraçant son parcours professionnel, remis par le candidat au moment de l'inscription et établi conformément à un modèle fixé par arrêté du ministre chargé des Collectivités territoriales.

• L'entretien vise ensuite à évaluer, le cas échéant sous forme d'une **mise en situation professionnelle**, la capacité du candidat à s'intégrer dans l'environnement professionnel au sein duquel il est appelé à exercer, sa motivation et son aptitude à exercer les missions dévolues au cadre d'emplois, notamment dans la spécialité choisie (durée : 25 minutes, dont 10 minutes au plus d'exposé ; coefficient 5).

EXAMEN PROFESSIONNEL D'ATTACHÉ PRINCIPAL

• Un entretien ayant pour point de départ un exposé du candidat sur son expérience professionnelle. L'entretien vise ensuite à apprécier les aptitudes de l'intéressé, en particulier en matière d'encadrement, ses connaissances administratives générales, notamment sur le fonctionnement et les activités des collectivités territoriales, ainsi que sa motivation à exercer les fonctions généralement assumées par les attachés territoriaux principaux (durée : **20 minutes, dont 5 minutes au plus d'exposé** ; coefficient 1).

On observe que les épreuves des concours externe, interne et de 3e voie sont très proches :

– leur durée est identique (25 minutes) ;

– elles débutent par une présentation ou un exposé (10 minutes au plus) par le candidat sur son parcours et sa motivation (concours externe), sur son expérience professionnelle et ses compétences acquises (concours interne et troisième concours) ;

– elles se poursuivent par un entretien (ou conversation), le cas échéant sous forme d'une mise en situation professionnelle, permettant de mesurer la motivation et l'aptitude à exercer les missions dévolues au cadre d'emplois, notamment dans la spécialité choisie.

On observe toutefois quelques différences selon les voies du concours :

– le candidat au concours externe produit une fiche individuelle de renseignements, le candidat au troisième concours un document retraçant son expérience professionnelle ;

– l'« entretien » du concours externe vise à apprécier les connaissances administratives générales du candidat et sa capacité à les exploiter ;

– la « conversation » du concours interne vise à apprécier la capacité du candidat à analyser son environnement professionnel et à résoudre des problèmes techniques ou d'encadrement ;

– l'« entretien » du troisième concours entend évaluer la capacité du candidat à s'intégrer dans l'environnement professionnel.

Ces différences de libellé sont dues au fait que :

– les candidats au **concours externe** sont supposés être de « vrais externes » n'exerçant pas encore dans la fonction publique territoriale, alors même que nombreux sont ceux qui y travaillent déjà, mais ne justifient pas de la durée de services requise pour se présenter au concours interne : le jury apprécie donc leurs « connaissances administrative générales » ;

– les candidats au **concours interne** sont réputés connaître l'environnement professionnel dans lequel ils exercent déjà : aussi, le jury apprécie leur « capacité à analyser leur environnement professionnel et résoudre des problèmes techniques ou d'encadrement » ;

– les candidats au **troisième concours** sont admis à concourir au titre d'une expérience acquise hors fonction publique (activité professionnelle, mandat électif local ou responsabilité associative), d'où « l'évaluation de leur aptitude à s'intégrer dans l'environnement professionnel », même si l'on sait d'expérience que les candidats au troisième concours sont le plus souvent des candidats qui sont déjà agents publics ou fonctionnaires mais font valoir leur expérience hors fonction publique pour concourir.

Notons toutefois que la mesure de **l'aptitude à exercer les missions, qui comprend l'encadrement**, rend très voisines voire identiques les questions posées aux candidats aux deux voies de concours.

Depuis l'entrée en vigueur du décret n° 2013-593 du 5 juillet 2013, ces épreuves sont dotées d'une note éliminatoire (toute note inférieure à 5 sur 20).

L'épreuve d'entretien de l'examen d'attaché principal est très proche de l'épreuve des différentes voies de concours d'attaché, à la différence essentielle près de sa durée (20 minutes et non 25, 5 minutes d'exposé et non 10) et des missions auxquelles les candidats doivent être aptes, qui sont celles dévolues aux attachés principaux dont le décret n° 87-1099 du 30 décembre 1987 modifié portant statut particulier du cadre d'emplois des attachés territoriaux précise les collectivités d'exercice et les emplois :

« Les titulaires du grade d'attaché principal exercent leurs fonctions dans les communes de plus de 2 000 habitants, les autres collectivités territoriales, les services départementaux d'incendie et de secours [...] ainsi que les établissements publics locaux assimilés à une commune de plus de 2 000 habitants dans les conditions fixées par le décret n° 2000-954 du 22 septembre 2000 relatif aux règles d'assimilation des établissements publics locaux aux collectivités territoriales pour la création de certains grades de fonctionnaires territoriaux. Ils peuvent, en outre, occuper l'emploi de directeur général des services de communes de plus de 2 000 habitants, des mairies d'arrondissement ou de groupe d'arrondissements des communes de Lyon et de Marseille assimilés à des communes de plus de 10 000 habitants et des conseils de territoire de la métropole d'Aix-Marseille-Provence assimilés à des communes de plus de 20 000 habitants [...]. »

NOTE DU FORMATEUR

Vous pouvez très utilement vous référer au cadrage indicatif des épreuves accessibles sur les sites des centres de gestion.

Extrait du rapport de la présidente du jury de la session 2020 du concours d'attaché territorial organisée par le centre de gestion d'Ille-et-Vilaine (cdg35)

Concours externe

« Le jury remarque que peu de candidats sont de "véritables candidats externes". Nombreux sont ceux déjà en poste dans la fonction publique territoriale. Les jurys observent un niveau général hétérogène. Dans l'ensemble, les candidats ont plutôt bien préparé leur exposé, d'où un temps de présentation bien respecté. Toutefois, le jury relève que nombre d'entre eux avait un plan identique et normé.

Il regrette que leur présentation soit trop formatée, notamment par les formations de préparation au concours. Les mises en situation ont été privilégiées au cours de l'entretien, permettant aux jurys de déceler de futurs potentiels collaborateurs. Les jurys sont parfois surpris des méconnaissances de l'environnement territorial, ils relèvent notamment un manque de réponse concernant des questions complexes. Ils ont néanmoins pu entendre de très bons candidats exerçant plutôt dans de petites collectivités. »

Concours interne

« Le jury note que le niveau des candidats internes pour l'épreuve d'entretien est varié et variable. Certains candidats avaient de très bonnes connaissances théoriques tandis que d'autres présentaient un manque certain de connaissance de l'environnement territorial. Le jury relève également un manque de transversalité, notamment pour les candidats en poste dans des grandes collectivités et/ou métropoles, qui ne semblent pas réussir à se projeter au-delà de leur poste actuel et souffrent d'une forte spécialisation.

Les candidats des petites et moyennes collectivités semblent se démarquer par une connaissance globale du monde territorial et une meilleure capacité d'adaptation sur des futures missions de cadre. Le jury constate également une bonne préparation pour la partie "présentation". Les questions ont bien été préparées également pour la plupart des candidats, conduisant parfois à des réponses formatées. »

Troisième concours

« Le jury souligne des entretiens de bonne qualité. Il constate que les profils des candidats sont variés et parfois atypiques, réussissant à faire valoir leurs compétences professionnelles. Toutefois, le jury relève qu'un bon nombre de candidats se présentant au 3e concours sont déjà en poste dans le secteur public. »

1. Un entretien avec un jury

1. Un entretien, une conversation

L'intitulé réglementaire de l'épreuve ne doit pas vous induire en erreur : les 15 minutes qui font suite à l'exposé de 10 minutes (**concours**) ou de 5 minutes minutes (**examen professionnel**) ne se réduisent nullement à une aimable conversation de salon. L'entretien ou la conversation prend la forme de questions généralement brèves du jury, qui peuvent être d'abord inspirées par votre exposé avant de s'élargir pour mesurer vos aptitudes à exercer les missions d'un attaché territorial ou d'un attaché principal. Le concept d'entretien correspond bien à la nature même de l'épreuve en ce qu'il fait écho à celui d'entretien de recrutement : si le jury ne cherche pas à recruter un attaché territorial ou un attaché principal pour pourvoir un poste précis, l'entretien n'est guère éloigné d'un **entretien de recrutement** en ce sens que le jury cherche à mesurer si ce que vous dites et votre positionnement pendant l'épreuve vous donnent vocation à exercer l'ensemble des missions confiées à un attaché territorial ou à un attaché principal.

Ces questions ne comportent à l'évidence **ni temps de préparation, ni tirage au sort**.

2. Un jury

Les textes réglementaires qui déterminent l'organisation des concours et examens précisent la qualité des membres des jurys. S'agissant des concours et examens de la fonction publique territoriale, un décret en Conseil d'État (décret du 5 juillet 2013) valable pour tous ces concours et examens dispose que chaque jury de concours (également baptisé jury réglementaire, au sens où il s'agit du jury qui choisit le cas échéant les sujets, prononce l'admissibilité et l'admission des candidats) est composé d'au moins six membres. Ce décret précise en outre que les jurys sont composés de trois collèges égaux, celui des **élus locaux**, celui des **fonctionnaires territoriaux**, celui des **personnalités qualifiées**. En application des dispositions de ce décret, lorsque le jury se scinde en groupes d'examinateurs pour auditionner les candidats admissibles convoqués à l'épreuve d'entretien, chaque groupe d'examinateurs (également baptisé sous-jury, ou jury d'entretien) respecte la répartition en trois collèges égaux. Cela signifie que le jury d'oral, s'il comprend trois personnes, sera composé d'un élu local, d'un fonctionnaire territorial et d'une personnalité qualifiée ; celle-ci peut, par exemple, appartenir à une autre fonction publique que la fonction publique territoriale, être salariée de droit privé, etc.

L'article 13 du décret n° 2009-756 du 22 juin 2009 modifié fixant les modalités d'organisation des concours pour le recrutement des attachés territoriaux précise que, dans un jury de 6 membres, le collège des fonctionnaires territoriaux « est constitué de deux fonctionnaires de catégorie A dont un du cadre d'emplois des **administrateurs** ou d'un cadre d'emplois équivalent et un du cadre d'emplois des **attachés territoriaux**. [...]

En cas d'augmentation du nombre des membres du jury, la proportion des fonctionnaires relevant du cadre d'emplois des administrateurs ou d'un cadre d'emplois équivalent doit être supérieure ou égale à la moitié des membres appartenant à ce collège ».

L'affichage de la composition du jury sur le lieu des épreuves vous permettra d'être informé de la qualité des différents membres de ce jury.

Exemple de composition d'un jury d'oral

L'adjointe au maire d'une commune de 10 000 habitants, un administrateur territorial directeur général adjoint chargé des ressources d'une communauté d'agglomération, la directrice générale des services d'une commune de 20 000 habitants.

Soyez attentif si les membres du jury – c'est une pratique assez courante – se présentent en début d'épreuve. Cela vous permettra de bien repérer qui est qui. Bien évidemment, un élu local au moins siégeant réglementairement dans votre jury, vous serez attentif à ce que rien dans vos propos ne laisse transparaître un jugement de valeur déplacé à l'encontre des élus.

Les autorités organisatrices déterminent le mode d'organisation de l'épreuve en fonction du nombre de candidats. Lorsque le nombre de candidats admissibles dans une spécialité (concours) est faible, un même jury peut entendre l'ensemble des candidats dans cette spécialité.

2. Une présentation (concours externe, interne), un exposé (troisième concours et examen professionnel) du parcours, de l'expérience et des compétences

1. L'utilisation des 10 minutes (concours) ou 5 minutes (examen) réglementaires

La différence d'intitulé entre voies de concours, d'une part, et examen, d'autre part, est sans réelle influence sur la nature de l'exercice attendu, à savoir une présentation par le candidat de son expérience sous la forme d'un exposé.

L'intitulé réglementaire des épreuves indique que cet exposé peut durer jusqu'à 10 minutes (concours) ou 5 (examen), ce qui signifie que chaque candidat dispose du droit d'exposer pendant 10 minutes (concours) ou 5 minutes (examen). S'il est envisageable qu'un exposé dure moins de dix ou cinq minutes, il paraît vivement souhaitable d'utiliser pleinement ce temps dans la mesure où un exposé trop bref risque d'être pénalisé par le jury et vous expose à une durée d'entretien d'autant plus longue que l'exposé aura été court, évidemment moins « confortable » que le temps d'exposé puisque vous n'êtes pas maître des questions posées par le jury.

Vous ne serez généralement pas interrompu pendant cet exposé, sauf si vous excédez le temps réglementaire, auquel cas le jury vous invitera fermement à conclure. Le jury peut toutefois, si un candidat apparaît incapable de développer un exposé, l'inviter au moyen de questions à faire valoir son expérience, mais une telle incapacité à exposer sera inévitablement pénalisée, traduisant une préparation insuffisante ou une incapacité du candidat à gérer son stress, alors même qu'on attend d'un futur attaché territorial ou attaché principal qu'il prépare ses interventions et sache, dans des situations professionnelles parfois complexes, dépasser son stress éventuel.

Une précision essentielle : **vous n'êtes pas autorisé à utiliser quelque document que ce soit**, ni CV, ni la fiche de renseignements (concours externe), ni le document retraçant votre parcours professionnel (troisième concours), ni le texte même de votre exposé. Cela signifie que vous devez **préparer votre exposé** et veiller, en vous y entraînant, à ce que la restitution orale du texte que vous aurez préalablement rédigé n'excède pas 10 ou 5 minutes.

Il est donc vivement conseillé de s'entraîner dans les conditions réelles de l'épreuve.

2. Un parcours raisonné

Les jurys déplorent souvent que les exposés soient, selon le cas :

- trop anecdotiques ;
- trop plats ;
- exclusivement chronologiques ;
- abusivement valorisants ;
- dénués de toute motivation ;
- vides de tout projet ;
- stéréotypés ;
- incomplets ;
- exagérément détaillés ;
- insuffisamment détaillés ;
- peu compréhensibles ;
- déséquilibrés ;
- trop tournés vers le passé ;
- …

Vous avez donc tout intérêt à préparer très soigneusement votre exposé, en sachant éviter une approche trop anecdotique pour **valoriser les compétences** que vous avez acquises tout au long de votre parcours.

> **ATTENTION**
> Les membres du jury déplorent souvent, lorsqu'ils dressent le bilan des opérations, que trop de candidats récitent par cœur un exposé préparé et mémorisé, ce qui le rend assez pénible à écouter et pèse inévitablement sur son évaluation.

Cette préparation minutieuse vous impose en toute hypothèse de mémoriser les grands axes de votre exposé. **Une bonne préparation va donc jusqu'à donner l'impression de ne pas avoir appris par cœur même lorsque l'on restitue ce que l'on a, le cas échéant, entièrement mémorisé.**

3. Semez des « petits cailloux »

Le temps de l'exposé, contrairement aux temps suivants de l'entretien, vous appartient totalement, puisqu'il ne donne lieu à aucune intervention du jury. Dès que votre exposé est achevé, le jury reprend la main.

Pour autant, vous pouvez, de manière non négligeable, influer sur la suite de l'entretien en semant dans votre exposé des « petits cailloux » que le jury ramassera peut-être.

Un « petit caillou », c'est un terme ou une expression que vous utilisez sans la développer parce que vous souhaitez que le jury s'en saisisse pendant le temps qui suit l'exposé. En d'autres termes, vous vous efforcez d'emmener le jury sur un terrain que vous connaissez et qui vous permet de vous valoriser.

À titre d'exemple, nous reproduisons ci-après un exposé en faisant apparaître les questions du jury qu'il peut susciter :

Entraînement

Bonjour,

Je vais vous exposer mon déroulement de carrière qui peut se présenter en deux temps, un début de carrière en tant que **contractuelle**[1] cadre A, puis en tant qu'agent titulaire de la fonction publique territoriale. Je vous préciserai les compétences que j'ai développées au cours de mon parcours professionnel. Enfin, je présenterai ce qui aujourd'hui justifie mon souhait d'**obtenir le grade d'attaché principal**[2].

Après des études d'administration économique et sociale (option gestion territoriale), j'ai décidé d'orienter ma carrière vers la fonction publique. J'avais le souhait de m'investir sur des missions de service public. Par ailleurs les **collectivités territoriales** et les **services de l'État**[3] présentent des opportunités de projets intéressants dans des domaines variés, et une perspective d'évolution de carrière vers des responsabilités élargies.

J'ai ainsi débuté ma carrière en 2006 dans des **collectivités locales**[4] sur des postes d'attaché en tant que contractuel. Pour mon premier poste, j'étais chargé de mission auprès du directeur général des services et responsable à ce titre du suivi des séances du conseil municipal et des bureaux municipaux dont j'assurais également les comptes rendus. J'avais par ailleurs en charge le secteur des assurances et la passation des marchés de fournitures et services pour la commune. Ce premier poste où j'étais positionné sur des fonctions polyvalentes et en relation de travail avec les différents services de la ville, m'a permis de me familiariser avec le fonctionnement administratif territorial au sein d'une commune de 46 000 habitants.

Après deux années d'expérience, je me suis investi **dans une autre collectivité locale**[5] où je me suis plus particulièrement spécialisé dans le domaine des marchés publics. Responsable adjoint des marchés publics à la direction générale des services techniques de la ville j'ai acquis une **réelle**[6] expertise dans le domaine de la réglementation des marchés publics et de son évolution. **J'ai organisé les procédures sur des marchés**[7] de toutes natures. En tant qu'adjoint, j'ai débuté une **première expérience d'encadrement**[8] d'une équipe.

J'ai ensuite eu l'opportunité de m'impliquer dans la mise en œuvre d'un projet d'envergure dans un poste de chargé de mission dans les ministères en 2012 sur le plan Biotox. Ce plan est destiné à lutter contre une hypothétique attaque chimique ou bactériologique et à renforcer la détection d'une contamination possible de l'air ou de l'eau. À ce titre, j'étais chargé d'assurer le suivi et la gestion des achats de traitements médicaux pour les victimes éventuelles d'une attaque chimique ou bactériologique et de mettre en place une procédure de marchés publics au sein de la Direction générale de la santé.

Fort de ces premières expériences variées, et de ma réussite au concours d'attaché territorial en 2018, je me suis orientée vers des responsabilités élargies sur un nouveau poste en collectivité territoriale, à X. J'exerce ainsi depuis 2019 la fonction de responsable administratif et budgétaire au sein d'un service chargé de doter en équipements pédagogiques les lycées publics.

Ce poste m'a permis d'exercer des missions fonctionnelles et opérationnelles. Parmi les missions fonctionnelles, j'encadre une structure composée de six agents (un cadre A, trois cadres B, et deux agents de catégorie C) chargés d'assurer la passation des procédures de marchés publics et leur exécution. Je gère également le budget du service. J'assure enfin l'interface entre la direction et les unités juridiques et financières de la région, dans le cadre de la préparation des délibérations des élus et des présentations de dossiers en commission d'appel d'offre. Je suis correspondant qualité pour la mise en œuvre de la certification ISO 9001 sur la passation des marchés.

Parmi les missions opérationnelles, je contribue à la mise en œuvre de la politique régionale d'équipement des lycées. Je négocie avec les proviseurs et les représentants des académies les dotations en matériel mobilier et pédagogique répondant à leurs besoins. J'ai pris l'initiative de concevoir et mettre en œuvre une politique de collecte et de gestion des déchets d'activité issus des établissements. Ce poste m'a permis de développer des compétences en **conduite de projets**[9]. Je me suis appuyée sur un comité de pilotage associant des compétences et des acteurs multiples de la Région, de l'Éducation nationale ou des organismes institutionnels (ADEME). J'ai appris à déléguer, fixer des objectifs, évaluer et contrôler. Je me suis investie pour communiquer sur les enjeux et les avancées du projet.

Mes expériences m'ont permis de bien connaître le fonctionnement des collectivités territoriales et d'acquérir une expertise dans le domaine réglementaire des marchés. Je me suis adaptée à des domaines et techniques variés et j'ai travaillé avec des personnalités d'horizons divers : **élus et cadres**[10] d'une ville moyenne, Direction générale de la Santé, Éducation nationale.

Ces acquis me permettent d'envisager des prises de responsabilités étendues, d'une part dans le management d'équipes ou de services pluridisciplinaires, d'autre part dans le pilotage de projets complexes. La préparation de l'examen d'attaché principal est, pour moi, un élément important dans la réalisation de cet objectif. Plus précisément, j'envisage de postuler sur des postes de **directeur général adjoint**[11] dans des communes de 20 000 habitants ou plus et à terme de directeur général des services. Mes atouts sont la diversité de mon parcours qui me permet de me familiariser rapidement avec des domaines pluridisciplinaires (administration générale, marchés, enseignement, enfance, santé…).

La nomination au grade d'attaché principal après plus de quatre ans dans le grade d'attaché territorial m'offrira de nouvelles opportunités. Il me semble qu'occuper un poste de direction est plus légitime avec l'examen professionnel d'attaché principal[12].

Commentaires

1. Question possible : « La généralisation du contrat, est-ce la mort du statut ? »

2. Plutôt : « d'accéder au grade de… ».

3. Question possible : « Pourquoi avez-vous d'abord choisi la fonction publique territoriale et non la fonction publique de l'État ? »

4. Plutôt : « territoriales ».

5. Plutôt : « Dans une autre commune, qui, comptait, elle, x habitants… ».

6. Vous risquez la question : « Vous avez parlé de "réelle expertise". Voulez-vous dire qu'il existe des fausses expertises ? »

7. Question possible : « Qu'entendez-vous par organisation des procédures sur des marchés ? »

8. Question possible : « Qu'est-ce qu'encadrer ? »

ou « Selon vous, qu'est-ce qu'un bon chef de service ? »

ou « Pour bien encadrer un équipe, est-il nécessaire de savoir faire ce que chaque agent fait ? »

9. Question possible : « Qu'est-ce que la conduite de projet ? »

ou « Quel est le rôle d'un comité de pilotage ? »

10. Question possible : « Dans certaines communes, le maire assure lui-même les fonctions de directeur général des services : qu'en pensez-vous ? »

11. Question possible : « Qu'est-ce qu'un emploi fonctionnel ? »

12. Question possible : « On reproche souvent aux concours et examens professionnels leur caractère académique : qu'en pensez-vous ? »

ou « Pensez-vous un attaché principal nommé à l'ancienneté moins légitime qu'un attaché principal nommé après la réussite de l'examen ? »

3. La fiche individuelle de renseignements (concours externe), le document retraçant le parcours professionnel (troisième concours)

Le décret fixant les modalités d'organisation du concours d'attaché territorial fait référence :

– pour le concours externe, à « une **fiche individuelle de renseignements** dont le modèle est disponible sur le site du centre de gestion organisant le concours. Lors de son inscription, chaque candidat constitue et transmet la fiche précitée au service organisateur du concours à une date fixée par celui-ci. Seul l'entretien avec le jury donne lieu à notation. La fiche de présentation n'est pas notée [...].

Les candidats titulaires d'un doctorat peuvent, conformément à l'article L. 412-1 du Code de la recherche, présenter leur parcours en vue de la reconnaissance des acquis de l'expérience professionnelle résultant de la formation à la recherche et par la recherche qui a conduit à la délivrance du doctorat. La fiche individuelle de renseignements mentionnée à l'alinéa précédent comprend une rubrique prévue à cet effet. Pour présenter cette épreuve adaptée, ils transmettent une copie de ce diplôme au service organisateur du concours au plus tard avant le début de la première épreuve d'admission » ;

– pour le troisième concours, à un arrêté du 29 janvier 2007 fixant le modèle de **document retraçant l'expérience professionnelle** des candidats.

L'intitulé de l'épreuve réglementaire de l'épreuve précise que ce document est « remis par le candidat au moment de l'inscription ».

Ainsi, selon la voie de concours dans laquelle vous vous inscrivez, vous devez retourner l'un ou l'autre de ces documents complété au centre de gestion organisateur avec les autres éléments de votre dossier d'inscription. Vous trouverez ces documents dans les dossiers d'inscription des concours et, le cas échéant, sur les sites des centres de gestion.

Ces documents sont importants à plus d'un titre, même s'ils ne font pas l'objet d'une notation en tant que telle :

– communiqués au jury par l'organisateur du concours, ils permettent au jury qui en prend connaissance avant de vous entendre de connaître l'essentiel de votre parcours avant même que vous exposiez. Vous avez donc tout intérêt à bâtir votre exposé en cohérence avec ce document (conservez-en une copie lorsque vous adressez votre dossier à l'organisateur). Des distorsions trop fortes entre le document écrit et l'exposé ne pourraient que troubler inutilement le jury et le faire douter de l'authenticité du parcours. Des points non abordés dans l'exposé et repérés dans ce document peuvent également susciter des questions que le jury posera pendant l'entretien qui suit l'exposé ;

– ils peuvent constituer pour vous une aide à la construction de votre exposé : la colonne « nature des activités » du document retraçant l'expérience professionnelle (troisième concours), par exemple, comprend des items qui peuvent être utilisés pour valoriser les expériences et les compétences acquises :

- principales missions,
- responsabilités confiées,
- réalisations,
- publics visés,
- outils ou méthodes employées,
- travail en équipe,
- …

Ces documents attirent également l'attention sur l'opportunité de valoriser, le cas échéant, au-delà de la formation initiale, la **formation continue**. Il vous appartient de privilégier, si vous avez suivi de nombreuses formations, celles qui vont convaincre le jury d'une réelle motivation pour l'acquisition de nouveaux savoirs, savoir-faire ou savoir-être, d'autant plus valorisantes qu'elles contribueront à renforcer les aptitudes à assumer les missions incombant au cadre d'emplois postulé.

Il convient de préciser, s'agissant du troisième concours, que, vous portant candidat au titre de votre expérience professionnelle dans le secteur privé, ou de votre mandat électif local, ou de votre responsabilité associative, vous devez faire valoir ces expériences dans votre exposé, sans négliger de présenter également l'expérience acquise, le cas échéant, dans la fonction publique. Vous pourrez très utilement valoriser particulièrement celles de vos expériences antérieures qui se sont avérées ou s'avéreront particulièrement utiles dans l'exercice des missions confiées au cadre d'emplois des attachés territoriaux.

Modèle de fiche individuelle de renseignements (concours externe)

FICHE INDIVIDUELLE DE RENSEIGNEMENTS ÉPREUVE ORALE D'ADMISSION : ENTRETIEN

IDENTIFICATION DU CANDIDAT

■ Le numéro de dossier qui vous a été attribué lors de votre inscription est un numéro d'enregistrement dans l'application qui gère le concours auquel vous vous êtes inscrit(e). Il se distingue du numéro d'anonymat qui vous sera attribué le jour du déroulement de la première épreuve dudit concours.

DOSSIER D'INSCRIPTION : ....
NOM DE FAMILLE : ....
NOM D'USAGE : .... PRÉNOMS : ....

ÉTUDES ET FORMATIONS

■ Mentionnez au minimum le diplôme ou le titre le plus élevé dont vous êtes titulaire. Ceci ne vous dispense pas de fournir, lors de la constitution du dossier d'inscription, la copie du diplôme ou titre requis pour accéder au cadre d'emplois concerné.

■ Indiquez les stages effectués dans le cadre d'un cursus d'études et/ou les formations suivies dans un cadre professionnel ou personnel.

DIPLÔMES/TITRES

Diplôme(s) /Titre(s)	Date d'obtention (jj/mm/aaaa)

FORMATIONS/STAGES

Intitulé	Organisme	Durée « du… au… » ou « nombre de jours/mois/ années »

EXPÉRIENCE PROFESSIONNELLE (pour tous les candidats)

■ Indiquez votre expérience professionnelle (emploi salarié, emploi étudiant, service civique, etc.).

Durée	Employeur(s)	Activité(s)	Description de la ou des fonctions exercées

RENSEIGNEMENTS COMPLÉMENTAIRES pour tous les candidats :

Travaux de recherche, responsabilités associatives
(domaines : social, sportif, culturel...)

■ Si vous le souhaitez, vous pouvez porter à la connaissance du jury, en 20 lignes (police : Times new roman, taille : 12, marges gauche et droite : 2 cm au minimum, sans interligne) des renseignements complémentaires sur votre situation, vos travaux de recherche, etc.

■ Le document dactylographié sur lequel vous aurez notamment exposé les renseignements relatifs à vos travaux de recherche et vos responsabilités associatives devra mentionner vos noms et prénoms. Il devra obligatoirement être agrafé à la présente fiche de renseignements.
S'il ne parvient pas au centre de gestion en temps voulu, le jury qui procédera à votre audition ne pourra pas en prendre connaissance.

CADRE RÉSERVE AUX TITULAIRES D'UN DOCTORAT

Intitulé du doctorat	Date d'obtention (jj/mm/aaaa)

LES ACQUIS DE VOTRE EXPÉRIENCE PROFESSIONNELLE RÉSULTANT DE LA FORMATION À LA RECHERCHE ET PAR LA RECHERCHE (uniquement pour les doctorants)

■ Caractérisez, en 20 lignes maximum (police : Times new roman, taille : 12, marges gauche et droite : 2 cm au minimum, sans interligne), les éléments qui constituent, selon vous, les acquis de votre expérience professionnelle et précisez vos motivations.

■ Le document dactylographié sur lequel vous aurez notamment exposé les acquis de votre expérience professionnelle devra mentionner vos noms et prénoms. Il devra obligatoirement être agrafé à la présente fiche de renseignements.
S'il ne parvient pas au centre de gestion en temps voulu, le jury qui procédera à votre audition ne pourra pas en prendre connaissance.

Modèle réglementaire du document retraçant l'expérience professionnelle (troisième concours)

DOCUMENT RETRAÇANT L'EXPÉRIENCE PROFESSIONNELLE DU CANDIDAT À L'EXAMEN PROFESSIONNEL DE ...

Nom et prénom du candidat : ....

Date de naissance : ....

Date d'entrée dans la fonction publique : ....

Date d'entrée dans la fonction publique territoriale (si différente) : ....

Autre expérience professionnelle que dans la fonction publique :

oui – non

Si oui, préciser la durée : ....

EXPÉRIENCE PROFESSIONNELLE DANS LA FONCTION PUBLIQUE OU DANS LE SECTEUR PRIVÉ

Employeur (désignation, adresse, téléphone, domaine d'intervention) :

....

....

Service d'affectation (désignation, nombre d'agents ou de salariés) :

....

....

Informations sur les emplois occupés par le candidat :

Période d'emploi (dates de début et de fin) : ....

....

Intitulé de l'emploi : ....

....

Nature des activités (principales missions, responsabilités confiées, réalisations, publics visés, outils ou méthodes employées, travail en équipe...) : ....

....

....

....

....

....

....

FORMATION INITIALE OU VALIDATION DES ACQUIS DE L'EXPÉRIENCE DU CANDIDAT

Diplôme préparé (intitulé précis) : ....

Spécialité éventuelle : ....

Niveau de certification du diplôme* : ....

Obtenu (oui/non) : ....

Année d'obtention : ....

Pays de délivrance du diplôme : ....

FORMATION CONTINUE

Intitulé précis du stage suivi : ....

....

Organisme de formation : ....

....

Année : ....

Nombre de jours : ....

Attestation établie le : ....

Signature du candidat :

Cette attestation est la propriété exclusive du candidat, qui certifie l'authenticité des informations. Elle est faite pour servir et valoir ce que de droit.

* Niveau V : BEP, CAP, diplôme national du brevet ; niveau IV : baccalauréat, brevet de technicien ; niveau III : BTS, DUT ; niveau II : licence, master 1 ; niveau I : doctorat, master 2.

4. Les capacités du candidat

1. Répondre à des questions liées à une mise en situation professionnelle (concours d'attaché et examen professionnel d'attaché principal)

Le libellé réglementaire de l'épreuve dans les trois voies du concours d'attaché prévoit que les capacités du candidat soient appréciées « le cas échéant sous forme d'une mise en situation professionnelle ». Rien n'empêche le jury de l'examen d'attaché principal de recourir également à des mises en situation professionnelle.

Ce libellé permet que, vous plaçant dans une situation professionnelle plausible qui peut être liée aux expériences que vous avez fait valoir dans votre exposé, le jury vous pose plusieurs questions liées à cette mise en situation. Le jury peut également préférer à une seule mise en situation **plusieurs mises en situation**.

Entraînement

Le jury peut par exemple vous placer dans la situation suivante : « Vous venez d'être recruté en qualité de chef d'un service comptant neuf agents dans une commune de 40 000 habitants. Vous succédez à un chef de service qui a exercé ces mêmes fonctions pendant 20 ans. »

À partir de cette situation, de nombreuses questions peuvent vous être posées, comme :

– Lors de votre prise de fonctions, quelles sont vos premières actions ?

– Concrètement, comment encadrer une équipe de neuf agents ?

– Comment réussir les changements que vous souhaitez ?

– Un des agents du service se montre particulièrement opposé au changement : que faites-vous ?

– Un conflit latent entre deux agents pèse sur le service depuis plusieurs années : comment agissez-vous ?

– Une violente altercation oppose deux agents du service en présence d'un administré : comment réagissez-vous ?

– Les insuffisances du chef de service auquel vous succédez ont conduit l'adjoint au maire en charge du secteur dont relève votre service à exercer directement la responsabilité de ce service. Comment agissez-vous ?

– La répartition des tâches entre les différents agents est confuse : comment agissez-vous ?

– L'adjoint au maire en charge de votre secteur vous demande de mettre en œuvre une procédure qui vous paraît juridiquement contestable : que faites-vous ?

– Pouvez-vous nous décrire l'organisation des services dans une commune de 40 000 habitants ?

– Le maire vous demande une note sur un sujet qu'il entend soumettre au bureau municipal : en quoi le rôle et le fonctionnement de cette instance éclairent-ils la rédaction de cette note ?

– …

2. Analyser son environnement professionnel et résoudre des problèmes (concours interne)

Le libellé réglementaire de l'épreuve indique sans aucune ambiguïté que le candidat au concours interne aura à répondre à des questions destinées à évaluer :

A. Sa compréhension de son environnement professionnel

Une connaissance précise de l'environnement institutionnel dans lequel exerce l'attaché territorial est ainsi requise.

Comme dans beaucoup de concours et examens de la fonction publique territoriale comportant une épreuve d'entretien, les candidats doivent être prêts à apporter réponse à des questions portant notamment sur :

- les compétences des collectivités territoriales ;
- les modes de désignation et les compétences des organes délibérants et exécutifs des collectivités territoriales et de leurs établissements publics ;
- l'intercommunalité ;
- la fonction publique territoriale, les droits et obligations des fonctionnaires ;
- des notions générales sur les finances publiques locales ;
- des notions générales sur les moyens d'action des collectivités territoriales ;
- l'**actualité des collectivités territoriales**.

Le **cadrage national indicatif de l'épreuve** élaboré par les centres de gestion précise les connaissances attendues dans chaque spécialité, **quelle que soit la voie de concours choisie par le candidat** (concours interne, concours externe, troisième concours). Il précise en outre les connaissances attendues dans les autres spécialités que la spécialité Administration générale.

CADRAGE NATIONAL

« **Un socle de connaissances commun à toutes les spécialités : les connaissances administratives générales.**

Des connaissances minimales des collectivités territoriales sont indispensables à tout candidat quelle que soit sa spécialité, le jury pouvant vérifier notamment la maîtrise de connaissances basiques qu'un citoyen éclairé et *a fortiori* un futur fonctionnaire territorial ne saurait ignorer.

Dans la spécialité **administration générale**, des connaissances particulièrement approfondies sont attendues des candidats.

Les questions peuvent notamment porter sur les thèmes ci-après, donnés à titre indicatif et qui ne sauraient constituer un programme réglementaire dont le candidat pourrait se prévaloir :

- Décentralisation et déconcentration
- Droits et obligations des fonctionnaires
- La fonction publique territoriale
- Les collectivités territoriales et leurs établissements publics : leurs organes et leurs principales compétences
- Les principales caractéristiques des collectivités territoriales selon leur nature et leur taille
- La répartition des pouvoirs et les modes de décision dans les collectivités territoriales
- Notions de base en matière de finances publique locales
- Notions sur le processus d'élaboration budgétaire
- La démocratie locale
- Les moyens juridiques d'action des collectivités territoriales, la commande publique (marchés publics, partenariat public-privé...)
- Les relations entre l'administration et les administrés
- L'accessibilité des services publics
- Le contrôle de légalité des actes des collectivités territoriales
- Notions sur les politiques publiques sectorielles des collectivités territoriales
- L'évaluation des politiques publiques
- ...

Des connaissances plus spécifiques pour les spécialités gestion du secteur sanitaire et social, analyste, animation, urbanisme et développement des territoires.

Gestion du secteur sanitaire et social

- Données générales (bases de la protection sociale, évolution de la population, de la population active, disparités territoriales)
- Les conditions de travail (comité d'hygiène, de sécurité et des conditions de travail - CHSCT -, accidents de travail, maladies professionnelles, risques psycho-sociaux)
- Le rôle des collectivités territoriales en matière de politique de l'emploi, de formation et d'insertion professionnelle
- La protection sociale et l'aide sociale : distinction, les publics, le schéma départemental, financements, cheminement d'un dossier, disparités, minima sociaux
- Les politiques sociales et de solidarités : politiques familiales, de prévention et de protection de l'enfance et de l'adolescence, politique de la santé (offre et demande, loi Hôpital, patients, santé et territoire - HPST -, Agences régionales de santé - ARS -,

planification médicale et médico-sociale des territoires), du handicap, du vieillissement, lutte contre la pauvreté et l'exclusion, politique du logement social, politique de la ville.

Analyste

- Les marchés publics d'informatique et de télécommunication
- Maîtrise d'ouvrage, maîtrise d'œuvre, maîtrise d'usage
- La sécurité juridique en matière d'informatique
- La dématérialisation
- L'aménagement numérique des territoires
- Informatique et liberté, propriété intellectuelle
- L'interopérabilité (communication entre les systèmes)
- Les réseaux sociaux et leurs usages
- Les principaux matériels et leurs évolutions récentes
- L'e-administration
- Les logiciels libres
- La sécurité technique informatique
- La gestion de projet informatique
- L'interface techniciens-utilisateurs-décideurs
- La libération des données publiques
- ...

Animation

- La politique de la ville
- Données essentielles de la législation et de la réglementation spécifiques aux secteurs des loisirs, du travail social, en matière de protection des mineurs et concernant l'hygiène et la sécurité (restauration, locaux...)
- L'intervention des collectivités territoriales et de leurs partenaires dans les secteurs :
  • périscolaires
  • de la culture
  • des sports
  • de la jeunesse
  • des personnes âgées
  • de l'animation des quartiers
  • du développement social urbain
  • de la prévention de la délinquance
  • du développement des territoires
  • de l'insertion
- Les acteurs institutionnels et les partenaires
- Les aspects financiers (recherche des financements...)
- La prise en compte de la différence (mixité, handicap...)
- La démarche participative (conseils municipaux de jeunes...)

Urbanisme et développement des territoires

- L'aménagement du territoire
- La législation relative à l'environnement
- Le développement durable
- Le développement local
- La politique de la ville et le développement social urbain

- La mixité sociale
- Les programmes locaux de l'habitat (PLH)
- Les opérations d'intérêt national (OIN)
- La concertation
- L'intercommunalité
- Les documents d'urbanisme et leur élaboration
- La fiscalité de l'urbanisme
- Les outils opérationnels (ZAC, PAE, PUP, lotissement...)
- La domanialité publique et ses revenus
- La gestion foncière
- Les autorisations du sol
- Les autorisations d'occupation temporaire
- L'aménagement numérique du territoire
- Les réserves foncières
- ... »

B. Sa capacité à résoudre les problèmes techniques qu'un attaché territorial rencontre

Exemples :

Spécialité *administration générale*

– Comment assurer la reprise en régie d'un service concédé ?

Spécialité *gestion du secteur sanitaire et social*

– Comment le CIAS peut-il mettre en œuvre une politique sociale adaptée aux réalités d'une commune ?

Spécialité *analyste*

– Quelles sont les conditions de réussite de la mobilité servicielle ?

Spécialité *animation*

– Quel bilan du dispositif « quartier de reconquête républicaine » ?

Spécialité *urbanisme et développement du territoire*

– Comment concilier développement urbain et protection de l'environnement ?

C. Son aptitude à résoudre les problèmes d'encadrement

On a déjà rencontré dans la mise en situation ci-dessus des problèmes d'encadrement, mais bien d'autres questions peuvent être posées, comme :

– Qu'est-ce qu'encadrer ?
– Qu'est-ce qui fait la légitimité d'un responsable ?
– Faut-il savoir faire pour faire faire ?
– Quel type (mode) de management pratiquez-vous ou entendez-vous pratiquer ?
– Comment articuler confiance et contrôle ?
– Quelles sont les conditions d'une délégation réussie ?
– Comment motiver un collaborateur ?

– Comment évaluer la « manière de servir » ?
– Quelles sont les conditions de l'évaluation réussie d'un collaborateur ?
– À partir d'un cas précis que vous avez connu, que signifie gérer un conflit ?
– Qu'est-ce que la conduite de projet ?
– Qu'est-ce qui vous paraît essentiel dans la conduite de projet ?
– Qu'est-ce qu'un expert ?
– Qu'est-ce qui rend un expert légitime ?
– La transversalité : mythe ou réalité ?
– Qu'est-ce que l'évaluation d'une action, d'une politique ?
– Comment conduire le changement ?
– Comment vaincre les résistances au changement ?

On peut aussi envisager des questions transversales permettant d'évaluer votre capacité à résoudre des problèmes plus ou moins complexes :

– Votre directeur vous demande d'appliquer une mesure illégale : que faites-vous ?

– Chef de service, vous devez mettre en œuvre une décision prise par votre directeur qui soulève une forte opposition de tous les agents de votre service : que faites-vous ?

– En fort désaccord avec votre hiérarchie, quelle autre alternative que se taire ou démissionner ?

– Peut-on bien encadrer sans aimer encadrer ?

– Un cadre peut-il avoir raison seul contre tous ?

CADRAGE NATIONAL

« Le jury recourt à des questions et/ou mises en situation pouvant concerner notamment les thèmes suivants :
- Le recrutement
- L'évaluation
- La conduite d'entretien/la communication/la capacité à rendre compte
- La gestion de conflit
- La capacité à motiver, proposer, conduire/déléguer
- La capacité d'organisation
- La conduite de projet/le pilotage d'opération/la conduite du changement
- La connaissance du statut en matière de gestion des ressources humaines
- … »

3. S'intégrer dans l'environnement professionnel (troisième concours)

La **compréhension de l'environnement professionnel** est évidemment requise du candidat au troisième concours comme du candidat au concours interne.

Si le libellé de l'épreuve ne prévoit pas explicitement que le candidat fasse preuve de sa capacité à résoudre des problèmes techniques ou d'encadrement, il paraît évident que, même si elles demeurent plus générales que les questions posées aux candidats au concours interne, les questions porteront inévitablement sur des problèmes qui se posent aux attachés territoriaux, et notamment des problèmes d'encadrement, puisque, comme au concours interne, l'épreuve cherche à évaluer l'**aptitude à exercer les missions**.

Les connaissances en administration générale et, le cas échéant, dans la spécialité choisie par le candidat sont identiques à celles requises des candidats au concours interne (voir ci-dessus).

Comme au concours interne, les aptitudes à l'encadrement sont notamment appréciées au moyen d'une ou de plusieurs mise(s) en situation (voir ci-dessus).

4. Exploiter les connaissances administratives générales (concours externe d'attaché)

Ce libellé souligne à l'évidence que les questions sur l'environnement institutionnel dans lequel exerce l'attaché territorial occupent une place déterminante dans l'entretien.

Les questions peuvent ainsi porter notamment sur :

– la décentralisation et l'organisation des territoires (par exemple : libre administration, partenariats locaux, aménagement du territoire...) ;

– l'organisation des collectivités territoriales (par exemple : les modes de désignation des organes délibérants et exécutifs, l'organisation des services...) ;

– la fonction publique territoriale (par exemple : la gestion des ressources humaines, le management territorial, le statut, la gestion prévisionnelle des emplois et des compétences, la responsabilité des agents...) ;

– la démocratie locale (par exemple : le statut des élus, le référendum local, l'information des citoyens, la portée des modes d'élection, la parité homme-femme, la responsabilité des élus...) ;

– les moyens juridiques d'action des collectivités territoriales (par exemple : contrats, actes, modes de gestion des services publics, marchés publics...) ;

– les politiques publiques locales et leur évaluation (par exemple : action économique et sociale, politique de la ville...).

Les connaissances en administration générale et, le cas échéant, dans la spécialité choisie par le candidat sont identiques à celles requises des candidats au concours interne (voir ci-dessus).

L'entretien étant destiné, plus largement, à mesurer l'aptitude à exercer les missions, des questions sur l'encadrement trouveront également place dans l'entretien.

Comme au concours interne, ces aptitudes à l'encadrement sont notamment appréciées au moyen d'une ou de plusieurs mises en situation (voir ci-dessous).

5. Être apte au management et à l'encadrement supérieur, maîtriser les connaissances administratives générales et connaître l'environnement territorial (examen professionnel)

CADRAGE NATIONAL

« 1. Aptitude au management et à l'encadrement supérieur

Le jury, tant au moyen de questions que de mises en situation, détermine les acquis et les aptitudes du candidat en matière de management de projets, d'encadrement ainsi que son aisance à manier des techniques et des outils utilisés en la matière.
Des questions formulées sous forme de mises en situation permettent d'évaluer la capacité du candidat à prendre des décisions adaptées.

2. Les connaissances administratives générales

Le contexte dans lequel les collectivités territoriales exercent leurs compétences et notamment les réformes institutionnelles projetées ou en cours – les rapports officiels ayant des incidences sur le fonctionnement des collectivités territoriales –, doivent être connus du candidat, qui doit être à même de porter sur eux un jugement éclairé.

3. La connaissance de l'environnement territorial

Des connaissances très précises sur les collectivités territoriales sont indispensables, le jury pouvant vérifier la maîtrise de connaissances basiques qu'un citoyen éclairé et a fortiori un fonctionnaire territorial souhaitant accéder à un niveau de responsabilité supérieur ne sauraient ignorer.

En l'absence de programme réglementaire, à titre indicatif, et sans que cela constitue un programme réglementaire, on peut se référer au champ des connaissances que l'épreuve aujourd'hui disparue d'interrogation orale dans l'option administration générale entendait vérifier, et qui portait notamment sur :
1- la décentralisation et l'organisation des territoires (par exemple : la libre administration, les partenariats locaux, l'aménagement du territoire...) ;
2- la fonction publique territoriale (par exemple : la gestion des ressources humaines, le management territorial, le statut, la gestion prévisionnelle des emplois et des compétences, la responsabilité des agents...) ;
3- la démocratie locale (par exemple : le statut des élus, le référendum local, l'information des citoyens, le mode d'élection, la parité, la responsabilité des élus...) ;
4- les moyens juridiques d'action des collectivités territoriales (par exemple : les contrats, les actes, les modes de gestion des services publics, les marchés publics...) ;
5- les politiques publiques locales et leur évaluation (par exemple : l'action économique et sociale, la politique de la ville...). »

5. Une épreuve dans laquelle le comportement joue un rôle essentiel

Incontestablement, le jury cherche à évaluer non seulement des connaissances mais aussi, compte tenu des missions incombant au cadre A qu'est l'attaché territorial ou l'attaché principal, la capacité à assumer les responsabilités exercées par un attaché territorial ou un attaché principal, à communiquer, faire preuve de réactivité, argumenter…

Faire face à l'adversité, rester lucide devant l'imprévu, savoir s'adapter, faire preuve à la fois de souplesse et de fermeté, tenir à ses idées tout en sachant prendre en compte la contradiction, être capable de faire avancer la réflexion même lorsqu'on n'a pas réponse, savoir « rebondir »… autant d'aptitudes que le jury va chercher à évaluer pendant les 15 minutes qui suivent l'exposé.

1. La communication est pour une bonne part non verbale

Votre **posture**, votre **comportement** pendant l'épreuve doivent délivrer le message que vous êtes une personne ouverte, équilibrée (assise bien droite, utilisant bien l'espace, sachant regarder la personne qui lui parle et les membres du jury quand elle parle…), à l'écoute, impliquée, responsable.

Un candidat avachi, ou replié sur lui-même, crée un *a priori* défavorable, inévitablement pénalisant.

L'exposé (concours) ne vous permet pas toujours suffisamment de regarder les membres du jury : la réflexion projette parfois vers le haut un regard vide, avec des clignements d'yeux, qui ne cherche pas à recueillir des informations sur l'environnement mais à traquer des idées « à l'intérieur de la tête ». Ce sera souvent votre attitude si vous cherchez à reconstituer un exposé cohérent à partir de bribes insuffisamment mémorisées.

Évitez également pendant cette phase d'exposé la tête baissée, le regard obstinément fixé sur la table (souvent accompagné du marmonnement…), posture qui traduit souvent la livraison un peu trop laborieuse d'un exposé appris par cœur.

Efforcez-vous au contraire, tout au long de votre exposé et tout au long de l'entretien, de **regarder équitablement les membres du jury** afin de mesurer si vous êtes entendu et si vous intéressez. Si vous percevez une incompréhension, n'hésitez pas à reformuler. Si vous croyez sentir un manque d'intérêt, adoptez un ton plus convaincant, moins monocorde, introduisez des ruptures de rythme par des reformulations fortement synthétiques (par exemple : « un an, donc, d'apprentissage du management » ou « suit une expérience d'une tout autre nature »).

Ensuite, pendant l'entretien proprement dit, efforcez-vous de regarder le membre du jury qui vous pose une question, et lorsque vous répondez, regardez-le mais regardez aussi les autres membres du jury afin de recueillir des informations sur la manière dont vos propos sont reçus et aussi d'éviter une possible « entrée dans le jeu » un peu agressive du membre ou des membres du jury que vous ne regarderiez jamais...

Attention aux gestes parasites : ne vous balancez pas sur votre chaise, ne tripotez pas vos cheveux, votre stylo, contrôlez vos jambes. Asseyez-vous confortablement sur votre chaise.

Vous pouvez vous détendre mais ne vous relâchez pas.

Parlez assez fort (pas trop), assez lentement (pas trop), articulez : ni lenteur solennelle, ni précipitation. Le ton est celui de la conversation, même quand vous exposez.

Pensez à respirer : pas de trop longues apnées...

Vos gestes doivent être naturels mais maîtrisés (ni paralysie, ni désordre gestuel), ils ne doivent pas donner d'indications sur votre trouble. Soyez sincère et « assurez » (lorsque le jury affirme quelque chose, n'opinez pas systématiquement du chef : c'est dangereux !).

Vous n'êtes pas une victime, les membres du jury ne sont pas vos bourreaux.

Vous n'êtes ni celui qui sait tout, ni celui qui ne sait rien.

Les membres du jury ne sont ni ceux qui savent tout, ni ceux qui ne savent rien.

Pas d'agressivité à l'encontre du jury. Retourner les questions au jury, lui demander d'apporter réponse aux questions qu'il pose est contraire à la « posture » requise et peut être vécu par le jury comme une forme d'agression.

Dans ce contexte, ne vous laissez aller à **aucune familiarité avec le jury**, même si vous avez l'impression que « tout se passe bien » et si vous pensez que le « bon climat » que vous percevez vous permet un certain relâchement. Veillez également à ne pas envahir l'espace du jury (« *Don't invade my privacy* », disent les Américains). À cet égard, serrer en arrivant la main de chacun des membres du jury est plutôt malvenu et peut laisser entendre au jury que vous cherchez à forcer la sympathie pour obtenir une appréciation très favorable de votre prestation.

Efforcez-vous toujours d'apporter réponse et de vous comporter comme vous le feriez en situation professionnelle si la question vous était posée par le directeur général des services ou par l'exécutif d'une collectivité.

2. Une expression correcte

Ne recherchez pas à tout prix la perfection du langage (au risque du blocage) : la spontanéité n'est pas interdite et « passe » mieux qu'un temps trop long de réflexion imposé par le souci maniaque d'une syntaxe absolument parfaite.

Cependant, évitez la langue de bois, le « remplissage n'ayant rigoureusement aucun sens », pour reprendre une expression inventée par le journaliste et académicien aujourd'hui disparu, Bertrand Poirot-Delpech, qui se moquait du langage « RAS » (voir plus haut). La langue de bois « passe » moins bien que jamais aujourd'hui : trop souvent maniée notamment par les fonctionnaires et les hommes politiques, elle n'est plus admirée, mais moquée, et condamne celui qui l'utilise à devenir totalement inaudible.

Le registre de langue (niveau de langage) ne sera jamais relâché, ni, évidemment, vulgaire, mais normal et parfois soutenu, plutôt dans le registre technique que littéraire (les « forces de l'ordre » de préférence à « la maréchaussée »), sans affectation inutile toutefois.

Si possible, préparez-vous à plusieurs avant le concours ou l'examen et enregistrez-vous afin de repérer vos tics de langage et vos formules d'hésitation (ben, heu...).

3. Une tenue adaptée

Un seul slogan : « À l'aise dans vos baskets... mais ne venez pas en baskets. »

« Tenue correcte exigée », ce qui n'impose ni la cravate ni le tailleur, mais empêche le pull avachi, la barbe de trois jours. Choisissez une tenue dans laquelle vous vous sentez à l'aise (si vous portez une cravate, qu'elle ne vous étrangle pas ; si vous avez choisi un tailleur, que la jupe ne soit pas trop courte...).

Évidemment, pas de signe distinctif (appartenance à une collectivité, une association...), bref pas de signes ostensibles qui pourraient donner l'impression que vous cherchez à influencer le jury.

Une tenue trop provocante peut donner l'impression que vous cherchez à utiliser pour convaincre des arguments qui ne relèvent pas des aptitudes attendues d'un attaché.

4. Encore quelques conseils

Méfiez-vous des questions simples, simplistes (empoisonnées). Ne répondez jamais seulement par « oui » ou par « non » : argumentez.

Écoutez, entendez : ne dites pas « c'est une bonne question », mais plutôt « c'est une question difficile, délicate, actuelle, controversée... ».

N'hésitez jamais à reformuler : cela donne du temps et des idées.

Quand la conversation « marche » bien, les difficultés des questions vont croissant ou s'élargissent : c'est bon signe. La note monte, le jury cherche à savoir jusqu'où monter.

Prenez les questions comme une chance que vous devez saisir (des balles pour jongler, pas des balles pour vous tuer).

Efforcez-vous de ne pas détester le jury : celui qui questionne vous permet de vous faire valoir.

Vous pouvez faire préciser une question, ou mieux la préciser vous-même (« Si j'ai bien compris, vous me demandez si, de... »). En toute hypothèse, évitez : « vous pouvez répéter la question ? ».

Lorsque vous tenez une question, prenez le temps de vous en servir : définition, actualisation, élargissement. Si vous relancez la balle trop vite, le rythme va s'accélérer, et tout le monde, vous-même, le jury, va s'y épuiser.

Ne vous laissez pas enfermer dans vos contradictions : sachez admettre que vous vous êtes trompé.

Sachez revenir au sujet, donnez l'impression de maîtriser le débat : la digression est choisie, les glissements sont programmés. Mais sachez aussi abandonner sans regret un « terrain » qui vous est cher : lorsque le jury perçoit que vous être très à l'aise sur telle ou telle question, par exemple parce qu'elle coïncide avec votre champ de compétences professionnelles, il peut vous emmener sur un autre terrain : acceptez d'y aller sans réticence visible.

Ne répondez jamais au jury : « je vous l'ai déjà dit ». Si le jury vous pose une question que vous pensez déjà avoir traitée, reformulez, le jury ne vous a peut-être pas compris ou souhaite une réponse plus précise.

Pour conclure, en fin d'entretien, le jury, au moment d'attribuer une note à un candidat, aura toujours en tête la question suivante : au vu de son exposé, de ses réponses, de son comportement, lui confierions-nous ou non des fonctions de chef de service (de directeur, de directeur général adjoint, de directeur général des services) dans une commune, un département ou une région ou un établissement public local ? Travaillerions-nous quotidiennement avec lui en toute confiance ? Les qualités que nous avons perçues compensent-elles ou non les possibles imperfections éventuelles de l'exercice imposé ?

Simulation d'entretien

Construit à partir d'exemples réels, cet entretien est celui d'une candidate (dénommée **C**) au **concours interne d'attaché territorial** auditionnée par un jury de trois personnes, une élue locale (**EL**), un fonctionnaire territorial (**FT**), et une personnalité qualifiée (**PQ**).

L'épreuve d'entretien du concours externe, à partir de la session 2020, est également d'une durée de 25 minutes dont 10 minutes d'exposé du candidat.

EL : Bonjour madame. Installez-vous tranquillement : vous disposez de 10 minutes pour présenter votre expérience professionnelle. Nous vous interromprons seulement si vous dépassez les 10 minutes réglementaires. Nous vous poserons ensuite des questions nous permettant d'évaluer vos aptitudes à exercer les missions dévolues à un attaché territorial, dans la limite des 25 minutes réglementaires. Ne soyez pas surprise, au terme de ces 25 minutes, nous serons interrompus par la sonnerie d'un minuteur. Êtes-vous prête ?

C : Je suis prête.

EL : Je lance le chronomètre. C'est à vous !

C : Bonjour, je suis C. J'occupe depuis deux ans le poste de chef du service ressources humaines au sein d'une communauté de communes, en qualité de rédacteur territorial. C'est le troisième poste que j'occupe depuis que je suis entrée dans la fonction publique territoriale. Je vais vous présenter successivement ces trois postes, en mettant en valeur pour chacun d'eux les compétences que j'y ai acquises.

Mon premier poste, occupé de 2012 à fin 2015, était un poste de gestionnaire logement dans une commune de 30 000 habitants comptant 600 agents, poste que j'ai occupé pendant trois ans. Titulaire d'un baccalauréat « Services de proximité et vie locale », j'ai été recrutée en qualité de contractuelle en remplacement de la personne titulaire du poste, en congé-maternité suivi d'une disponibilité. Ayant fait la preuve de ma capacité à occuper ce poste devenu vacant, j'ai été nommée stagiaire puis titularisée dans le grade d'adjoint administratif. J'avais en charge, au sein d'un service Affaires générales placé sous la responsabilité d'un attaché territorial, l'instruction et le suivi des dossiers de demandes de logements sociaux formulées par les personnes habitant déjà la commune ou souhaitant y habiter. Concrètement, j'avais la responsabilité d'assurer la complétude des dossiers de demandes de logement, de coter les dossiers en fonction des critères de priorité déterminés par la commune, d'organiser si nécessaire les rendez-vous entre les demandeurs et l'adjoint au maire en charge du logement, préalablement aux réunions de la commission d'attribution associant bailleurs, représentants de l'État et de la commune. J'y ai appris à la fois à gérer rigoureusement des dossiers, à dialoguer avec des demandeurs parfois en grande difficulté, à travailler en bonne intelligence avec le chef de service et l'élu en charge du secteur. Au bout de trois ans, j'ai souhaité exercer de nouvelles responsabilités afin d'accroître mon champ de compétences dans la perspective d'évoluer professionnellement.

J'ai alors postulé un poste de gestionnaire concours au sein d'un établissement public local notamment en charge de l'organisation des concours et examens d'accès aux différents grades de la fonction publique territoriale, poste que j'ai occupé de 2016 à 2019. Sans doute mon expérience de la gestion de dossiers et des relations avec les usagers a-t-elle permis ce recrutement, alors que mes connaissances statutaires étaient peu développées.

J'ai pu rapidement bénéficier de plusieurs formations au statut proposées par le Centre national de la fonction publique territoriale (CNFPT) afin de devenir autonome dans l'instruction des dossiers de candidatures. Au sein d'un service de cinq personnes placé sous la responsabilité d'un rédacteur territorial, dont trois gestionnaires concours, j'avais en effet en charge de trois à quatre opérations chaque année pour environ 2 000 à 3 000 candidats. J'étais chargée de répondre aux demandes des collectivités et des candidats potentiels sur les conditions d'accès aux examens et concours dont j'avais la charge. Je rejetais les dossiers hors-délai ou non conformes et instruisais les dossiers de candidatures : des connaissances statutaires précises sont nécessaires pour déterminer si les candidats remplissent ou non les conditions requises, parfois complexes s'agissant des examens professionnels. Je contribuais également, avec les autres agents du service, à l'organisation matérielle des épreuves et à la préparation des documents nécessaires aux jurys pour statuer sur l'admissibilité et l'admission des candidats. Enfin, je communiquais aux candidats leurs résultats et les documents qui leur sont communicables, comme leurs copies de concours. Cette mission requiert une grande rigueur et une capacité à gérer des situations parfois conflictuelles avec les candidats.

Ayant réussi le concours de rédacteur en 2019, et mon poste n'étant pas éligible à ce grade, j'ai postulé et obtenu, sans doute grâce à mes connaissances statutaires, le poste de chef du service des ressources humaines dans la commune-centre d'une communauté de communes. Le service des ressources humaines gère l'ensemble des dossiers du personnel, de la paye à la gestion de carrière, en passant par l'aide au montage de dossiers de retraite ou le suivi médical des agents. Il prend également en charge la gestion des recrutements, du planning de formation et des absences. Le transfert des compétences des communes vers la communauté de communes a donné lieu à un transfert automatique des personnels et des services exerçant les compétences transférées, dans le respect de leurs conditions de travail et de leur régime indemnitaire.

Au-delà de l'encadrement des six agents en charge des missions traditionnelles d'un service des ressources humaines, je suis plus particulièrement chargée du pilotage du plan de formation et de l'harmonisation des régimes indemnitaires. Il est en effet très délicat de faire travailler ensemble des agents précédemment employés par des communes dont les modes de management, l'organisation du travail et les régimes indemnitaires étaient très différents d'une commune à l'autre. Les formations, assurées pour l'essentiel par le CNFPT, jouent un rôle important dans l'émergence d'une culture commune. S'agissant des régimes indemnitaires, les cessations d'activité et les recrutements de nouveaux agents offrent l'opportunité d'avancer vers un régime indemnitaire identique pour tous les agents à grades et fonctions équivalents, sur les bases fixées par le conseil communautaire. Avant mon arrivée, le conseil communautaire avait également délibéré sur le temps de travail, mais les dispositions de la loi du 6 août 2019 de transformation de la fonction publique vont nécessiter une nouvelle délibération qui sera précédée d'une concertation avec les organisations syndicales que je serai chargée d'animer.

Le poste que j'occupe actuellement étant éligible au grade d'attaché territorial, je souhaite, dans l'hypothèse de ma réussite au concours, continuer à exercer en qualité d'attaché les fonctions que j'exerce actuellement dans ma collectivité, avant d'envisager de postuler à un poste de directrice des ressources humaines dans une collectivité plus importante, commune ou communauté de communes. À moyen ou long terme, lorsque j'aurai acquis une expérience suffisante, j'aimerais ensuite exercer les missions de directrice générale adjointe chargée des ressources. Cela nécessitera que j'élargisse le champ de mes compétences et connaissances notamment en matière de budget et d'informatique. J'envisage de m'engager bientôt, si ma charge de travail le permet, dans une licence d'administration publique dans le cadre de la validation des acquis de l'expérience.

J'en ai terminé et suis prête à répondre à vos questions.

EL : Merci. Un tout petit moins de 10 minutes, nous sommes dans les temps ! Première question : vous avez appris, semble-t-il, à bien connaître le statut des fonctionnaires territoriaux. Quelle différence entre promotion interne et avancement de grade ?

C : La promotion interne permet à un fonctionnaire titulaire de son grade d'accéder à un autre cadre d'emplois de « niveau » supérieur, soit uniquement au titre de l'ancienneté acquise, soit après réussite d'un examen professionnel lorsque celui-ci existe. Un exemple : la promotion interne permet à un membre du cadre d'emplois des adjoints territoriaux, s'il remplit les conditions de grade et d'ancienneté, d'accéder au cadre d'emplois des rédacteurs territoriaux, le cas échéant après réussite d'un examen professionnel. Il sera alors, si son employeur le souhaite, inscrit sur une liste d'aptitude qui lui donne vocation à être promu au grade de rédacteur.

L'avancement de grade permet à un fonctionnaire titulaire de son grade d'accéder au grade supérieur dans le même cadre d'emplois, également avec ou sans examen professionnel. Par exemple, un attaché territorial peut accéder au deuxième grade du cadre d'emplois, le grade d'attaché principal. Lorsqu'il remplit les conditions, il est, si son employeur le souhaite, inscrit sur un tableau d'avancement.

EL : Oui, c'est clair. Et le RIFSEEP ?

C : Cet acronyme de « régime indemnitaire tenant compte des fonctions, sujétions, expertises et engagement professionnel », désigne le nouveau dispositif indemnitaire de référence qui, depuis 2017, remplace la plupart des primes et indemnités existantes dans les fonctions publiques.

Il s'agit d'un régime indemnitaire composé de deux primes : d'une part, une indemnité de fonctions, de sujétions et d'expertise (IFSE), versée mensuellement, d'autre part, un complément indemnitaire (CI), versé annuellement. Ces deux primes sont cumulatives mais diffèrent dans leur objet comme dans leurs modalités de versement.

L'IFSE est une part fixe déterminée en appréciant la place au sein de l'organigramme et les spécificités de la fiche de poste. Le CI est une part facultative et variable fixée au regard des critères d'évaluation établis pour l'entretien professionnel annuel.

FT : Vous exercez dans une communauté de communes. Où en sommes-nous en matière d'intercommunalité aujourd'hui ?

C : Le schéma départemental de coopération intercommunale, ou SDCI, institué par la loi du 16 décembre 2010 de réforme des collectivités territoriales dite loi RCT, document servant de cadre de référence à l'évolution de la carte intercommunale dans chaque département, devait être arrêté avant le 31 décembre 2011. Il avait pour objectif la couverture intégrale du territoire par des établissements publics de coopération intercommunale, ou EPCI, à fiscalité propre, et la suppression des enclaves et discontinuités territoriales, la rationalisation des périmètres des EPCI à fiscalité propre, la réduction du nombre de syndicats intercommunaux ou mixtes.

Chaque département devait être couvert par un ensemble d'EPCI à fiscalité propre regroupant initialement au moins 5 000 habitants. La loi portant sur la nouvelle organisation du territoire de la République du 7 janvier 2015, dite loi NOTRe, a relevé ce seuil du nombre minimum d'habitants des EPCI à fiscalité propre de 5 000 à 15 000 habitants.

Le résultat : la couverture du territoire français par des intercommunalités est aujourd'hui achevée et la France compte au 1er janvier 2022 environ 1 250 établissements publics intercommunaux à fiscalité propre, soit environ 1 000 communautés d'agglomération, 220 communautés d'agglomération, 13 communautés de communes, 21 métropoles.

FT : Tout est donc pour le mieux dans le meilleur des mondes possible ?

C : Incontestablement, l'objectif a été atteint. Pourtant, l'intercommunalité fait l'objet de deux critiques récurrentes. L'une porte de manière persistante sur le « mille feuilles territorial ». Malgré la diminution du nombre de communes grâce au dispositif des communes nouvelles qui permet la fusion de communes, la coexistence des 35 000 communes métropolitaines avec les intercommunalités favorise l'exercice de certaines compétences par un nombre excessif de collectivités ou établissements. De plus, les citoyens, peu au fait des évolutions institutionnelles et des transferts de compétences, éprouvent les plus grandes difficultés à savoir « qui fait quoi ».

Autre reproche souvent entendu : le caractère insuffisamment démocratique de l'intercommunalité.

FT : Pourquoi ? Les organes communautaires ne sont pas élus ?

C : Les membres des assemblées délibérantes des EPCI sont élus grâce à un système de « fléchage » lors des élections municipales dans les communes de 1 000 habitants mis en œuvre pour la première fois à l'occasion des municipales de mars 2014. Mais les exécutifs des EPCI sont élus par les élus communautaires, pas directement par les électeurs eux-mêmes. De plus, lors des élections municipales, les enjeux communautaires sont largement absents des débats et les futurs élus communautaires sont plus perçus comme des élus municipaux que comme des élus communautaires porteurs de projets clairement identifiables entre lesquels arbitrer.

PQ : Vous pensez donc qu'il y a encore trop de communes en France ?

C : Comme je le disais, le développement et le renforcement de l'intercommunalité constituent un remède au trop grand nombre de communes, même si on peut parfois déplorer que certaines compétences soient exercées sur un territoire par un nombre excessif de collectivités ou établissements. L'essor des communes nouvelles, qui fusionnent plusieurs communes préexistantes, est également une bonne solution.

Les défenseurs des communes font toutefois valoir que les communes sont un échelon de proximité indispensable, incarné par des maires que les administrés connaissent et apprécient. Les maires échappent d'ailleurs largement au discrédit dont sont victimes les autres acteurs institutionnels, même si des agressions à leur encontre régulièrement recensées sont préoccupantes et ont conduit nombre d'entre eux à hésiter à se représenter aux dernières élections municipales.

PQ : Passons à autre chose… Votre exposé a laissé apparaître que vous encadrez 6 agents que vous évaluez certainement une fois par an.

C : Effectivement

PQ : Pensez-vous qu'une évaluation annuelle est suffisante pour assurer le bon fonctionnement d'un service ?

C : Non, je ne pense pas. Encadrer, c'est d'abord réguler et « recadrer » si des choses ne vont pas dans le service. Encadrer c'est ainsi à la fois ne pas accepter les comportements inappropriés, comme les retards ou les absences injustifiées, et savoir utiliser si nécessaire les sanctions disciplinaires. C'est aussi gérer les conflits en sachant écouter mais également trancher.

Et, pour prendre un peu de hauteur, je dirais aussi qu'encadrer, c'est « donner du sens ». Si les agents d'un service ne sont pas bien au fait du sens de leur mission, de ce à quoi ils servent, on ne peut pas dire que le service soit bien encadré. Un entretien annuel d'évaluation ne suffit ni à réguler, ni à recadrer, ni à « donner du sens ». Cet entretien est nécessaire pour fixer des objectifs et évaluer l'atteinte des objectifs précédemment fixés, pour apprécier la manière de servir, mais il n'exonère en rien des recadrages quotidiens si nécessaire, ni des réunions hebdomadaires de service permettant d'organiser l'activité du service, de donner des instructions et d'en faire comprendre le sens. Et il ne faut surtout pas attendre d'avoir « une collection de post-it » remplis de remarques à formuler à l'encontre d'un agent pour convier ce dernier à un entretien…

EL : Vaste programme pour l'encadrant… Puisque vous en parlez : les moins graves des sanctions disciplinaires ?

C : La moins grave, c'est l'avertissement, suivi du blâme. Contrairement au blâme, l'avertissement ne nécessite pas la prise d'un arrêté et n'est pas inscrit au dossier de l'agent sanctionné.

EL : Et la plus grave des sanctions disciplinaires ?

C : La révocation, sanction du 4e groupe.

EL : Supposons qu'un élu vous demande d'appliquer une décision qui vous paraît inadéquate : que faites-vous ?

C : J'ai bien conscience que l'élu détermine la politique de la collectivité ou de l'établissement et que l'administration l'exécute. Pour autant, je peux faire valoir mon point de vue avant d'obtempérer.

Mes marges de manœuvre dépendent de mon positionnement dans la collectivité : agent d'exécution, j'en réfère à mon chef de service en lui faisant part de mon avis afin qu'il m'indique si je dois ou non obtempérer. Chef de service (ou directeur, ou directeur général adjoint), je peux argumenter auprès de l'élu et demander l'arbitrage de ma hiérarchie si l'élu ne modifie pas sa position. Directeur général des services, si l'élu n'entend pas mes arguments, je peux solliciter l'arbitrage de l'exécutif de ma collectivité, maire, président du conseil départemental, président du conseil régional, ou de mon établissement.

FT : Et supposons que votre directeur général vous demande d'appliquer une mesure illégale : que faites-vous ?

C : Le devoir d'obéissance du fonctionnaire connaît des limites : il n'est pas tenu d'obéir à un ordre manifestement illégal et de nature à compromettre gravement un intérêt public. Même si cette dernière condition n'est pas remplie, je suis fondée à ne pas appliquer une mesure illégale dans la mesure où ma propre responsabilité pourrait se trouver engagée. Je fais évidemment part à mon directeur général des arguments juridiques qui fondent ma position et peux solliciter un arbitrage auprès de l'exécutif de la collectivité ou d'une autorité administrative d'un niveau supérieur au mien selon le cas.

FT : Directeur général adjoint, vous devez mettre en œuvre une décision prise par votre directeur général qui soulève une forte opposition de tous les agents de votre secteur : que faites-vous ?

C : Tout d'abord, j'ai pleinement conscience que le fait que je sois ou non d'accord avec cette décision est sans incidence sur ma manière d'agir. Si je ne suis pas d'accord, j'ai pu faire valoir mes arguments auprès du directeur général, mais, une fois la décision prise, je dois la faire appliquer sans état d'âme. On peut comparer cette position à celle d'un ministre qui ne serait pas d'accord avec une mesure prise par le premier ministre mais qui la ferait appliquer sans faire connaître son désaccord au nom du principe de « solidarité gouvernementale ».

En toute hypothèse, je vais m'efforcer d'expliquer la mesure prise aux cadres placés sous ma responsabilité afin qu'ils fassent de même auprès des agents qu'ils encadrent. Si nécessaire, j'organise une réunion associant ces agents et leur encadrement, animée par moi-même et l'encadrement, afin de tenter de convaincre les agents du bien-fondé de cette mesure. *In fine*, même si l'opposition demeure, la mesure devra être mise en œuvre et respectée.

PQ : En fort désaccord avec sa hiérarchie, quelle autre alternative que se taire ou démissionner ?

C : Démissionner serait une décision extrême qui me pénaliserait lourdement : dans les faits, les fonctionnaires en fort désaccord avec leur hiérarchie peuvent solliciter un changement d'affectation ou envisager une mutation externe. Se taire n'est pas non plus la meilleure des solutions : j'ai tout intérêt à faire valoir mes arguments pour tenter d'infléchir la position de ma hiérarchie et je peux, en avertissant ma hiérarchie, solliciter des arbitrages auprès des autorités sous la responsabilité desquelles ma hiérarchie est placée. Si ces démarches s'avèrent infructueuses, l'hypothèse d'un changement d'affectation ou d'une mutation interne sera à envisager.

FT : Un cadre peut-il avoir raison seul contre tous ?

C : Encadrer, ce n'est pas être démagogue : il peut arriver qu'un cadre soit amené à prendre, au nom de l'intérêt général, des décisions très « impopulaires » auprès des agents qu'il encadre. Cela ne signifie pas qu'il faille toujours décider seul sans prendre l'avis de ses collaborateurs : cet avis peut permettre, sans perdre de vue l'objectif à atteindre, de lever des freins ou de trouver des compromis acceptables.

Toutefois, un cadre doit mesurer qu'il agit dans un cadre hiérarchique et qu'il est à ce titre soumis au devoir d'obéissance : il est donc amené à exécuter des décisions avec lesquelles il n'est pas nécessairement d'accord. Peut-être a-t-il raison, mais il ne lui faut pas moins obtempérer.

EL : Vous venez de recruter un jeune collaborateur titulaire du grade de rédacteur qui ne connaît rien à la commande publique. Que lui dites-vous d'essentiel à ce sujet ?

C : Je lui dirais tout d'abord que la commande publique est un terme générique relatif à l'ensemble des contrats passés par les personnes publiques pour satisfaire leurs besoins.

L'article L.3 du Code de la commande publique énonce trois grands principes fondamentaux que doivent respecter les acheteurs, quel que soit le montant du marché public : la liberté d'accès à la commande publique, l'égalité de traitement des candidats et la transparence des procédures. Le respect de ces principes permet d'assurer l'efficacité de la commande publique et la bonne utilisation des deniers publics.

J'ajouterais que…

Le minuteur sonne.

EL : Et bien nous n'en saurons pas plus : les 25 minutes sont écoulées. Nous vous remercions. Bonne après-midi.

C : Bonne après-midi également, je vous remercie.

Langue vivante étrangère
(concours externe, interne et 3e voie)

DURÉE

15 MINUTES

Méthodologie et conseils 270

COEFFICIENT

1

Le concours d'attaché territorial comporte, dans les trois voies d'accès (externe, interne et troisième concours), une **épreuve orale d'admission de langue étrangère**.

Cette épreuve est organisée dans la langue choisie par le candidat au moment de son inscription, parmi celles limitativement énumérées par le décret fixant la nature des épreuves : allemand, anglais, espagnol, italien, grec, néerlandais, portugais, russe et arabe moderne.

Une différence essentielle selon la voie de concours : l'épreuve, dotée d'un coefficient 1, est **obligatoire au concours externe et facultative aux concours interne et de troisième voie**.

Cela signifie que tous les candidats admissibles au concours externe subissent obligatoirement cette épreuve, et que les points obtenus s'ajoutent au total des points obtenus aux autres épreuves après application de leurs coefficients respectifs.

Avec le décret n° 2013-593, cette épreuve de langue obligatoire est désormais dotée d'une note éliminatoire (toute note inférieure à 5 sur 20).

NOTE DU FORMATEUR

Le choix de la langue dans laquelle vous subissez subit cette épreuve est définitif à la clôture des inscriptions. Un candidat absent à cette épreuve obligatoire est éliminé, de même que le candidat qui obtient moins de 5 sur 20, quel que soit le total des points obtenus aux autres épreuves.

En revanche, les candidats admissibles aux **concours interne et de troisième voie** peuvent ou non subir cette épreuve selon le choix qu'ils opèrent en s'inscrivant, qui devient, de même que le choix de la langue, définitif à la clôture des inscriptions. Un candidat qui a choisi de subir l'épreuve facultative et qui, admissible, ne s'y présente pas, n'est pas éliminé. Réglementairement, seuls les points qui excèdent 10 sur 20 s'ajoutent au total des points pour l'admission. Ainsi, un candidat au concours interne ou au troisième concours qui obtient la note de 13 sur 20 à cette épreuve voit 3 points ajoutés au total de ses points.

Le cadrage national indicatif de cette épreuve est accessible en ligne sur les sites des centres de gestion organisateurs (et notamment sur les sites www.cig929394.fr et www.cdg69.fr). Les rapports des présidents de jurys peuvent également constituer une source d'informations utile, notamment pour cette épreuve.

Comme ce cadrage l'indique de manière très explicite, il s'agit d'une épreuve de **traduction en français** d'un texte écrit dans la langue vivante étrangère choisie par le candidat, suivie d'une **conversation dans cette langue étrangère**.

L'intitulé réglementaire de l'épreuve fixe la durée de celle-ci à 15 minutes, précédées d'un **temps de préparation** de même durée.

L'épreuve est généralement conduite par deux examinateurs spécialisés qui remettent le sujet au candidat, le plus souvent après tirage au sort du sujet par celui-ci avant qu'il ne parte en préparation. Cette opération de tirage au sort peut aussi être mise en œuvre par des agents du centre organisateur.

Lorsque le candidat revient devant les examinateurs au terme du temps de préparation de sa traduction sans dictionnaire, l'épreuve se déroule sur la base du découpage indicatif suivant :

- **lecture du texte** ou d'une partie du texte **(deux minutes)** ;
- **traduction en français** du texte **(cinq minutes)** ;
- **conversation en langue vivante** étrangère à partir du texte **(huit minutes)**.

Les textes se prêtent le plus souvent à des questions relatives aux grands problèmes politiques, économiques, culturels ou sociaux du monde contemporain.

Le cadrage précise que « le niveau de langue requis est celui attendu à l'issue des études secondaires pour la langue vivante 1 (LV1) au baccalauréat (niveau B2 du CERCL – cadre européen commun de référence pour les langues) ».

ANALYSE DU NIVEAU B2

L'étudiant peut comprendre le contenu essentiel de sujets concrets ou abstraits dans un texte complexe, y compris une discussion technique dans sa spécialité. Il peut communiquer avec un degré de spontanéité et d'aisance tel qu'une conversation avec un locuteur natif ne comporte de tension ni pour l'un ni pour l'autre. Il peut s'exprimer de façon claire et détaillée sur une grande gamme de sujets, émettre un avis sur un sujet d'actualité et exposer les avantages et inconvénients de différentes possibilités.

CADRAGE INDICATIF NATIONAL

« Le candidat est ainsi évalué à la fois :

- sur sa capacité à lire distinctement un texte en langue étrangère ;
- sur sa capacité à le comprendre et à le restituer dans un français correct : la traduction d'un texte d'une langue dans une autre requiert une bonne connaissance non seulement du lexique dans les deux langues, mais aussi des tournures idiomatiques propres à chaque langue. Une bonne maîtrise de la grammaire des deux langues est également nécessaire pour bien traduire un texte. Enfin, une juste perception, au-delà des mots, de l'esprit même du texte, est indispensable à une bonne traduction ;
- sur son aptitude à comprendre les questions posées et à y répondre correctement. Il est attendu du candidat qu'il sache exprimer son point de vue, qu'il ne fasse pas de fautes conduisant à des malentendus, qu'il fasse preuve d'une aisance suffisante dans la langue pour faciliter la discussion et qu'il soit capable de produire un discours clair et cohérent.

Enfin, si le jury évalue avant tout la maîtrise de la langue du candidat, la manière dont celui-ci se comporte pendant l'épreuve – notamment sa juste appréciation des obligations que lui impose sa qualité de candidat face à un jury souverain – joue un rôle non négligeable. »

PARTIE 3

Connaissances indispensables sur l'environnement territorial

- Planning de révisions 274
- Tout le cours 276

Planning de révisions

Le **planning** ci-après entend vous proposer un **mode d'acquisition méthodique des connaissances** indispensables à la réussite :

– de l'épreuve écrite de rapport avec solutions opérationnelles, si vous êtes candidat au concours interne et au 3e concours ;

– de l'épreuve écrite de composition sur un sujet d'ordre général territorial si vous êtes candidat au concours externe ;

– de l'épreuve orale d'entretien, que vous soyez candidat au concours externe, interne ou de 3e voie ou à l'examen professionnel d'attaché principal.

La date à laquelle vous commencez à utiliser cet ouvrage pour vous préparer déterminera évidemment la durée de chaque période : si, par exemple, vous entamez votre préparation personnelle six mois avant le concours ou l'examen, les onze périodes d'appropriation compteront chacune de l'ordre de deux semaines. Il en ira tout différemment si vous pensez pouvoir préparer le concours ou l'examen en un mois : deux à trois jours seront alors consacrés à chaque période.

Soyez également attentif au fait que ces épreuves requièrent non seulement des connaissances en administration des collectivités territoriales, mais aussi une maîtrise de la méthodologie des différentes épreuves, elle-même découpée en différentes périodes.

Ces périodes ne constituent pas un sommaire de la partie 3, mais en présentent un ordre d'appropriation des principales connaissances.

PÉRIODES	CONTENU DES RÉVISIONS	NOS OUTILS
Période 1	Le service public, grands principes, principaux modes de gestion.	Page 277
Période 2	Les grands axes du système juridictionnel français, les normes juridiques et leur hiérarchie, la responsabilité administrative.	Page 282
Période 3	Les principales compétences et attributions des collectivités territoriales.	Page 313
Période 4	Les réformes territoriales.	Page 327
Période 5	Les principaux modes d'élection locale et leurs conséquences.	Page 335
Période 6	Les modes de fonctionnement des collectivités territoriales et de leurs établissements publics.	Page 345
Période 7	Les principaux modes de recrutement des agents publics, fonctionnaires et contractuels.	Page 289
Période 8	Les finances publiques et les budgets locaux, les marchés publics, le contrôle des actes.	Pages 361, 295 et 377
Période 9	Les modes d'information des administrés et des élus, la démocratie consultative et participative.	Pages 379 et 300
Période 10	La conduite de projet, les modes de management.	Pages 303 et 306
Période 11	Révision d'ensemble.	Page 276

Tout le cours

Sans viser l'exhaustivité, nous entendons fournir ici des repères solides qui devraient permettre à chacun de maîtriser les connaissances de base en matière d'administration territoriale, nécessaires à l'élaboration des solutions opérationnelles du **rapport** du **concours interne** et du **troisième concours**.

Soulignons que les candidats au **concours externe** ont également tout intérêt à se familiariser avec ces notions pour traiter de manière convaincante le sujet de **composition sur un sujet d'ordre général territorial** et, de manière moins déterminante, pour ne pas rencontrer des difficultés de compréhension des éléments du dossier à partir duquel ils vont rédiger leur copie de note dans la spécialité.

Enfin, aux **concours interne et externe** comme au **troisième concours**, l'épreuve orale d'admission requiert également une connaissance précise de l'environnement territorial dans lequel le futur attaché territorial évoluera.

1. Le service public, grands principes et principaux modes de gestion

1. Définition et grands principes du service public

A. Définition

Une activité constitue un service public quand elle est assurée ou assumée par une personne publique en vue d'un intérêt public. C'est une activité d'intérêt général gérée par une personne publique ou sous son contrôle par une personne privée, soumise, à des degrés variables suivant les catégories de services, au droit administratif.

B. Grands principes

Le service public obéit aux « lois de Rolland », du nom du juriste Louis Rolland qui les a systématisées dans les années 1930.

Premier principe : la **continuité**. Un service public doit fonctionner de manière continue et régulière, sans autres interruptions que celles prévues par la réglementation. Ce principe a une valeur constitutionnelle. Corollaire de ce principe, l'**adaptabilité** ou **mutabilité** : afin de continuer à poursuivre l'intérêt général, le service public doit s'adapter aux mutations techniques et à l'évolution de la demande sociale. Cette nécessité d'adaptation fonde l'administration à modifier unilatéralement le service public pour répondre à l'évolution de l'intérêt général.

Le principe d'**égalité** impose que tous les usagers, à situation égale, bénéficient des mêmes prestations. Toute discrimination est donc exclue dans l'accès au service comme dans l'usage du service. Les différences de traitement sont possibles dans le respect de la loi et pour des motifs d'intérêt général, sous réserve de ne pas être arbitraires ou discriminatoires.

La **neutralité** signifie que le service public doit être sous-tendu par l'intérêt général sans être influencé par les intérêts privés. Elle interdit à tous les agents des services publics d'exprimer leurs opinions politiques ou religieuses dans l'exercice de leurs missions. En découle le principe de l'égal accès aux emplois publics.

La **laïcité** est inscrite tant dans le Préambule de la Constitution de 1946 que dans la Constitution du 4 octobre 1958 : l'article 1er du titre premier du Préambule de la Constitution de 1946 fixe en effet que « la France est une République indivisible, laïque, démocratique et sociale ». La Constitution de 1946 précise également que « l'organisation de l'enseignement public, gratuit et laïque à tous les degrés, est un devoir de l'État ». Ces termes sont repris et complétés par l'article 1 de la Constitution du 4 octobre 1958 : « La France est une République indivisible, laïque, démocratique et sociale. Elle assure l'égalité devant la loi de tous les citoyens sans distinction d'origine, de race ou de religion. Elle respecte toutes les croyances. [...] »

La jurisprudence a également affirmé d'autres principes comme l'obligation de fonctionnement correct des services publics.

2. Les modes de gestion des services publics

A. La gestion en régie

Un service public est géré en régie lorsque la collectivité le gère elle-même avec ses propres moyens financiers et en matériel, et avec ses propres agents.

On distingue la régie directe, où la collectivité gère directement un service en prélevant sur son budget les moyens financiers, et en utilisant ses propres moyens en matériel et en personnel, et la régie autonome, qui bénéficie d'un budget autonome sans pour autant jouir de la personnalité morale, contrairement à la régie personnalisée, désormais dénommée établissement public local, dotée d'une personnalité morale propre.

B. Les marchés publics

Les **marchés publics** permettent à l'administration de recourir à une personne publique ou privée pour répondre à ses besoins en matière de travaux, de fournitures ou de services, nécessaires à l'exécution d'un service public, en échange d'un prix qu'elle acquitte. L'article L. 1111-1 du Code de la commande publique fixe en effet qu'« un marché est un contrat conclu par un ou plusieurs acheteurs soumis au présent code avec un ou plusieurs opérateurs économiques, pour répondre à leurs besoins en matière de travaux, de fournitures ou de services, en contrepartie d'un prix ou de tout équivalent ».

Ce sont des contrats conclus par l'État et ses établissements publics administratifs (ceux à caractère industriel et commercial en sont exclus) ou les collectivités territoriales et les établissements publics locaux.

Il existe plusieurs types de marchés publics : les marchés de travaux publics pour la construction de bâtiments publics, les marchés de fourniture nécessaire au fonctionnement de l'administration (ex. : papier, équipements divers), les marchés de services pour la réalisation de prestations (ex. : nettoyage de locaux administratifs).

C. Les délégations de service public

L'article L. 1411-1 du Code général des collectivités territoriales dispose que « les collectivités territoriales, leurs groupements ou leurs établissements publics peuvent confier la gestion d'un service public dont elles ont la responsabilité à un ou plusieurs opérateurs économiques par une convention de délégation de service public définie à l'article L. 1121-3 du Code de la commande publique préparée, passée et exécutée conformément à la troisième partie de ce code. »

L'article L. 1121-3 du Code de la commande publique précise qu'« un contrat de concession de services a pour objet la gestion d'un service. Il peut consister à concéder la gestion d'un service public.

Le concessionnaire peut être chargé de construire un ouvrage ou d'acquérir des biens nécessaires au service.

La délégation de service public mentionnée à l'article L. 1411-1 du Code général des collectivités territoriales est une concession de services ayant pour objet un service public et conclue par une collectivité territoriale, un établissement public local, un de leurs groupements, ou plusieurs de ces personnes morales. »

Par convention, une personne morale de droit public (délégant) confie ainsi pour une durée limitée à une personne publique – une autre administration publique – ou privée – qui peut être un particulier ou une entreprise –, la gestion d'un service public dont elle a la responsabilité. Ce mode de gestion de services publics est aujourd'hui répandu tant pour ceux qui relèvent de l'autorité de l'État que des collectivités territoriales.

Le bénéficiaire de la DSP (délégataire) peut être chargé de construire des ouvrages ou d'acquérir des biens nécessaires au service. Contrairement aux marchés, le délégataire n'est pas rémunéré par un prix versé par l'administration (le délégant), mais par les recettes d'exploitation du service.

L'expression « délégation de service public » est apparue dans la **loi « Sapin » du 29 janvier 1993**. Elle regroupe plusieurs procédés qui existaient déjà auparavant et qui constituent aujourd'hui les différents types de DSP :

- la **concession de travaux** publics avec service public pour la construction d'un ouvrage (ex. : autoroutes, ponts à péage), la **concession de service public** (non liée à la construction d'un ouvrage public). La concession est un mode de gestion dans lequel l'entreprise finance, réalise et exploite les équipements pour le compte de la collectivité. La concession fait l'objet d'un contrat qui fixe les modalités d'exécution du service et les tarifs applicables. Le contrat établit notamment la nature des ouvrages, le délai d'exécution, les modalités d'exploitation du service, le respect des normes de qualité ;
- l'**affermage** (gestion de structures déjà réalisées) : c'est une convention par laquelle une personne publique confie la gestion d'un service public à une personne publique ou privée (le fermier), qui se voit remettre pour la durée du contrat les ouvrages nécessaires à l'exploitation du service, moyennant le versement d'une contrepartie, prélevée sur les ressources tirées de l'exploitation du service. L'entreprise (ou le fermier) exploite et entretient le réseau, mais la collectivité décide et finance les investissements et reste propriétaire des équipements. Les opérations de recettes et de dépenses effectuées par la commune doivent être décrites dans un budget annexe qui retrace également les opérations financières effectuées avec l'entreprise (ou fermier) ;
- la **régie intéressée** : le régisseur n'a pas la propriété de l'installation, il est rémunéré par la collectivité en fonction des résultats, par le biais d'une prime de gestion ou d'une participation aux bénéfices.

La loi Sapin, parmi de nombreuses autres dispositions, a eu pour objet et pour effet d'instaurer une procédure contraignante de publicité explicite visant à organiser une mise en concurrence réelle avant l'attribution de la délégation de service public à un tiers par rapport à l'autorité délégante.

Elle n'a pas modifié le caractère *intuitu personae* des contrats de délégation de service public, selon lequel l'autorité délégante attribue la délégation : le co-contractant est toujours choisi en fonction de ses qualités propres qui sont jugées selon leur adéquation au cahier des charges de la délégation.

D. Les contrats de partenariat

Le **partenariat public-privé** (PPP) est un mode de financement par lequel une autorité publique fait appel à des prestataires privés pour financer et gérer un équipement assurant le service public ou y contribuant. Le partenaire privé reçoit en contrepartie un paiement du partenaire public et/ou des usagers du service qu'il gère.

La loi d'orientation et de programmation pour la sécurité intérieure du 29 août 2002 a relancé ce mode contractuel en autorisant l'État à confier au secteur privé la construction et la maintenance d'immeubles utilisés par la police, la gendarmerie et la défense nationale. La justice et le secteur hospitalier ont suivi avant que ce régime fasse l'objet d'un régime général à travers les **contrats de partenariat public-privé** institués par une ordonnance du 17 juin 2004.

L'article L. 1112-1 du Code de la commande publique fixe qu'« un marché de partenariat est un marché public qui a pour objet de confier à un opérateur économique ou à un groupement d'opérateurs économiques une mission globale ayant pour objet la construction, la transformation, la rénovation, le démantèlement ou la destruction d'ouvrages, d'équipements ou de biens immatériels nécessaires au service public ou à l'exercice d'une mission d'intérêt général et tout ou partie de leur financement.

Le titulaire du marché de partenariat assure la maîtrise d'ouvrage de l'opération à réaliser.

Cette mission globale peut en outre comprendre :

1° Tout ou partie de la conception des ouvrages, équipements ou biens immatériels ;

2° L'aménagement, l'entretien, la maintenance, la gestion ou l'exploitation d'ouvrages, d'équipements ou de biens immatériels ou une combinaison de ces éléments ;

3° La gestion d'une mission de service public ou des prestations de services concourant à l'exercice, par la personne publique, de la mission de service public dont elle est chargée. »

L'article L. 2213-2 du Code de la commande publique fixe que « la durée du marché de partenariat est déterminée en fonction de la durée d'amortissement des investissements ou des modalités de financement retenues. »

Aussi, le contrat de partenariat se conclut pour une période longue, généralement entre 20 et 30 ans.

Le recours aux marchés de partenariat est strictement encadré par le Code de la commande publique : l'article L. 2211-6 du Code de la commande publique précise que « la procédure de passation d'un marché de partenariat ne peut être engagée que si l'acheteur démontre que, compte tenu des caractéristiques du projet envisagé, des exigences de service public ou de la mission d'intérêt général dont l'acheteur est chargé, ou des insuffisances et difficultés observées dans la réalisation de projets comparables, le recours à un tel contrat présente un bilan plus favorable, notamment sur le plan financier, que celui des autres modes de réalisation du projet. Le critère du paiement différé ne saurait à lui seul constituer un avantage. »

Avant de décider de recourir à un marché de partenariat, l'acheteur procède à une évaluation ayant pour objet de comparer les différents modes envisageables de réalisation du projet. Il réalise également une étude de soutenabilité budgétaire qui apprécie notamment les conséquences du contrat sur les finances publiques et la disponibilité des crédits.

L'article L. 2213-8 précise que « la rémunération du titulaire fait l'objet d'un paiement par l'acheteur à compter de l'achèvement des missions principales obligatoires mentionnées au premier alinéa de l'article L. 1112-1 et pendant toute la durée du contrat.

Cette rémunération est liée à des objectifs de performance assignés au titulaire pour chaque phase du contrat. »

E. Les sociétés d'économie mixtes (SEM)

Personne morale de droit privé ne relevant pas du droit public, ce qui autorise une certaine souplesse de gestion, elle associe capital privé appartenant à une personne privée et capital public appartenant à une personne morale de droit public.

F. Les sociétés publiques locales d'aménagement

Régies par l'article L. 327-1 du Code de l'urbanisme, les sociétés publiques locales d'aménagement revêtent la forme de sociétés anonymes régies par le Code de commerce. Elles « exercent leurs activités exclusivement pour le compte de leurs actionnaires et sur le territoire des collectivités territoriales et des groupements de collectivités territoriales qui en sont membres. La réalisation de l'objet de ces sociétés concourt à l'exercice d'au moins une compétence de chacune des collectivités territoriales et de chacun des groupements de collectivités territoriales qui en sont actionnaires ». Elles sont notamment compétentes en matière d'opérations de construction ou de réhabilitation immobilière.

2. Les grands axes du système juridictionnel français

Le principe de séparation des pouvoirs, affirmé par Montesquieu, repose sur trois pouvoirs distincts dont l'équilibre permet un bon gouvernement. À côté du pouvoir législatif, distinct du pouvoir exécutif, les tribunaux participent au gouvernement de la nation au sein de laquelle ils constituent le pouvoir judiciaire. La codification du droit depuis la Révolution française affaiblit le rôle du juge comme créateur du droit ; la multiplication des juridictions, l'évolution du rôle de l'État contribuent également à la péremption de l'idée d'un pouvoir autonome : la Constitution de 1958 prend acte de cette évolution en ne parlant que de « l'autorité judiciaire » et non du pouvoir judiciaire. Cependant, l'existence d'un véritable pouvoir judiciaire, indépendant par rapport aux autres pouvoirs publics, est la condition nécessaire pour que l'État lui-même soit soumis au droit.

On distingue **deux ordres de juridiction**, l'**ordre judiciaire** et l'**ordre administratif** en application de la tradition française, dans laquelle la justice est composée de deux systèmes autonomes comprenant chacun leur propre hiérarchie, leur propre organisation de la magistrature et leur propre Cour suprême, au nom d'une interprétation extensive de la séparation des pouvoirs.

1. Les juridictions judiciaires

Elles comprennent deux types de juridictions, organiquement identiques pour les juridictions de droit commun (même siège, même personnel) mais aux fonctions différentes :

- Les **juridictions civiles**, composées de juridictions de droit commun qui jugent les litiges entre particuliers mettant en jeu l'application du droit civil (tribunaux de proximité ou tribunaux judiciaires) et de juridictions d'exception qui ne connaissent que des matières dans lesquelles un texte leur attribue expressément compétence (tribunaux de commerce, conseil de prud'hommes, tribunaux paritaires des baux ruraux, tribunaux des affaires de la Sécurité sociale). Les juridictions civiles les plus familières aux Français sont les **tribunaux judiciaires** qui ont remplacé les tribunaux d'instance et les tribunaux de grande instance.

Les tribunaux d'instance et de grande instance situés dans une même ville sont en effet désormais regroupés en une juridiction unique : le tribunal judiciaire. Le tribunal d'instance situé dans une commune différente d'un tribunal de grande instance devient une chambre détachée de ce tribunal judiciaire, appelée **tribunal de proximité**.

On dénombre 164 tribunaux judiciaires, dont 111 ont un ressort de compétence infradépartemental.

Le tribunal judiciaire devient la seule juridiction de droit commun de première instance en matière civile, pénale et commerciale compétente pour les litiges n'ayant pas été attribués à une autre juridiction. Il reprend entièrement les compétences des tribunaux d'instance et de grande instance, quel que soit le montant du litige. S'il existe plusieurs tribunaux judiciaires dans un même département, ceux-ci peuvent être spécialisés pour les affaires complexes ou comptant un grand nombre de parties.

Un **juge des contentieux de la protection** est créé dans chaque tribunal de proximité et au sein du tribunal judiciaire pour statuer sur :
- le crédit à la consommation ;
- le surendettement des particuliers ;
- le contrat de louage d'immeuble à usage d'habitation ;
- la protection des majeurs ;
- l'expulsion des personnes sans droit ni titre.

Le juge des contentieux de la protection connaît à charge d'appel ou en dernier ressort des actions en raison de la nature du litige :

– à charge d'appel pour les litiges tendant à l'expulsion des personnes ;

– en dernier ressort pour une demande inférieure ou égale à la somme de 5 000 € et à charge d'appel quand la demande excède cette somme ou est indéterminée.

■ La **justice pénale** garantit le respect de la loi pénale, en sanctionnant les auteurs d'infractions, condamnés à réparation du préjudice subi par la victime et à une sanction pénale.

Les trois types d'infractions et leurs sanctions sont fixés par le Code pénal :

– **contraventions**, de la 1re à la 5e classe. Le **tribunal de police**, siégeant au tribunal judiciaire, est compétent pour la totalité des contraventions. Il est composé d'un juge, d'un greffier et du procureur de la République ou d'un commissaire de police judiciaire (qui représente les intérêts de l'État) ;

– **délits** (vol, usage de drogues, abandon de famille, menace armée), punis d'une peine d'emprisonnement d'une durée maximale de 10 ans (20 ans en cas de récidive) relevant **du tribunal correctionnel**, siégeant au tribunal judiciaire. Il siège en formation collégiale (trois juges, un greffier, le procureur de la République) ; il peut statuer à juge unique pour les délits les moins graves, punis de moins de 5 ans de prison : vols, violences avec interruptions temporaires de travail supérieures à 8 jours, infractions au Code de la route, abandon de famille, etc. ;

– **crimes** (meurtre, viol, faux monnayage, escroquerie, punis d'une peine de 10 ans à perpétuité), relevant de la cour d'assises, qui n'est pas permanente mais siège tous les 3 mois au sein du tribunal judiciaire. Elle est composée de trois juges, six jurés (citoyens tirés au sort), l'avocat général (qui représente les intérêts de l'État) et un greffier. Les jurés sont remplacés par des juges pour les crimes terroristes, militaires ou relatifs au trafic de drogue.

En outre, la loi du 23 mars 2019 instaure l'expérimentation dans dix départements de **cours criminelles** siégeant au siège de la cour d'assises, composées de cinq magistrats professionnels, compétentes pour juger en première instance les crimes punis de 15 ou 20 ans de réclusion par des majeurs, sans récidive. Cette institution a été généralisée à l'ensemble du territoire le 1er janvier 2022.

■ **Les juridictions de recours**

Les **cours d'appel** connaissent, en appel, des décisions rendues par les juridictions de première instance (tribunaux judiciaires, tribunaux de proximité, conseils de prud'hommes, tribunaux de commerce). Leur ressort s'étend sur un ou plusieurs départements (ou collectivité d'outre-mer). On compte 36 cours d'appel.

Elles jugent l'affaire sur le fond et la forme. Elles sont composées uniquement de magistrats professionnels : un premier président, des présidents de chambre et des conseillers. Le ministère public est représenté aux audiences par le procureur général, ou l'un de ses avocats généraux ou substituts généraux.

La **Cour de cassation**, cour unique siégeant à Paris dans l'enceinte du Palais de justice, est la plus haute juridiction de l'ordre judiciaire. À ce titre, elle tranche les recours dirigés contre les décisions prises en dernier ressort par un tribunal ou en appel par une cour d'appel en matière civile ou pénale. Elle ne juge pas les faits, mais vérifie si les juges ont appliqué la bonne règle de droit, en ce qui concerne la procédure et le fond. La Cour de cassation veille ainsi à ce que les tribunaux et les cours d'appel respectent le droit français et international. Lorsque la Cour de cassation estime que la règle de droit n'a pas été appliquée de façon adéquate, elle prononce une « cassation » : la décision de justice est annulée et l'affaire est renvoyée devant une cour d'appel ou un tribunal pour être rejugée.

2. Les juridictions administratives

Les juridictions administratives sont des tribunaux à part entière, distincts des tribunaux judiciaires, qui jugent les litiges nés de l'action administrative.

Saisi d'un recours pour excès de pouvoir, le juge administratif est compétent pour annuler une décision administrative après en avoir constaté l'illégalité. Dans certains domaines, le juge administratif dispose du pouvoir de plein contentieux (également baptisé « de pleine juridiction ») qui lui permet de substituer sa propre décision à celle de l'administration et de condamner celle-ci à indemniser des victimes sur le fondement de la faute ou du risque.

Juridiction suprême de l'ordre administratif, le **Conseil d'État** est juge de cassation des décisions des cours administratives d'appel ou des tribunaux administratifs lorsqu'ils jugent en premier et dernier ressort. Il est aussi juge d'appel (par exemple des élections municipales et cantonales), mais cette activité a fortement décru depuis l'institution des cours administratives d'appel.

Il est enfin juge de premier et dernier ressort pour certains actes administratifs (recours contre des décrets, par exemple).

Les membres du Conseil d'État sont pour l'essentiel recrutés par la voie de l'École nationale d'administration (ENA). Une partie d'entre eux est recrutée au tour extérieur, par nomination du gouvernement. Ils sont inamovibles.

Les **cours administratives d'appel** ont été instituées par la loi du 31 décembre 1987 pour désencombrer le Conseil d'État : elles constituent les juges d'appel de droit commun de l'ordre administratif. On compte 8 cours administratives d'appel.

Les **tribunaux administratifs**, créés en 1953, sont les juges administratifs de droit commun en premier ressort.

Les membres des tribunaux administratifs et des cours administratives d'appel sont des fonctionnaires recrutés par concours, inamovibles comme les membres du Conseil d'État. On compte 42 tribunaux administratifs.

3. Quelques notions sur les normes juridiques et leur hiérarchie

1. La hiérarchie des normes

Les normes juridiques constituent entre elles un ordre cohérent, les plus détaillées viennent préciser les plus générales sans les contredire, aucune norme ne pouvant transgresser celles qui lui sont supérieures. Une décision administrative doit ainsi respecter les lois, les traités internationaux et la Constitution.

2. Les différentes normes juridiques

La Constitution et le « bloc de constitutionnalité »

La Constitution est, dans l'ordre juridique français, la norme suprême, également baptisée « loi fondamentale ». La supériorité de la Constitution sur tout traité ou engagement international explique que, lorsque la France signe un traité ou souscrit à un engagement international comportant des dispositions contraires à la Constitution, celle-ci doit être révisée pour que le traité produise ses effets en droit interne.

Les lois doivent être conformes à la Constitution et le Conseil constitutionnel est chargé de le vérifier, pour chaque loi qui lui est déférée.

Le « bloc de constitutionnalité », outre la Constitution, comprend la Déclaration des droits de l'homme et du citoyen de 1789 (décision du Conseil constitutionnel du 27 décembre 1973), le Préambule de la Constitution de 1946, les principes à valeur constitutionnelle et les principes fondamentaux reconnus par les lois de la République et solennellement réaffirmés par le Préambule de la Constitution de 1958 (décision du Conseil constitutionnel du 16 juillet 1971).

Les traités et accords internationaux

La France a signé de nombreux traités et accords internationaux pour la plupart soumis au Parlement en vue d'autoriser par voie législative leur ratification ou leur approbation.

Le droit communautaire s'insère de manière aujourd'hui déterminante dans l'ordre juridique national, notamment depuis l'entrée en vigueur, en 1987, de l'Acte unique européen achevant l'intégration du marché intérieur. L'article 55 de la Constitution précise que les traités et accords ont, sous certaines conditions, une autorité supérieure à celle des lois.

La loi organique

Adoptée selon une procédure spécifique et précisant les modalités d'organisation et de fonctionnement des pouvoirs publics dans les cas prévus par la Constitution, la loi organique est située dans la hiérarchie des normes entre la Constitution et la loi ordinaire.

Ainsi, les lois de finances annuelles doivent notamment respecter les dispositions de la loi organique sur les lois de finances (LOLF) promulguée le 1er août 2001.

La loi

À l'exception des lois référendaires (adoptées par référendum), la loi est votée par le Parlement. Mais, contrairement aux Constitutions de la IIIe et de la IVe République, la Constitution de 1958 limite strictement, par son article 34, le domaine de la loi et donc le champ de compétence du Parlement.

L'acte administratif réglementaire

L'acte administratif peut être réglementaire ou individuel : réglementaire, il s'applique à tous ; individuel, il concerne nommément une ou plusieurs personnes.

Le gouvernement dispose à la fois d'un pouvoir réglementaire d'application de la loi mais aussi d'un pouvoir réglementaire autonome dans les domaines qui ne relèvent pas constitutionnellement de la loi.

Les règlements sont supérieurs aux actes individuels émanant de la même autorité administrative. Les règlements autonomes sont subordonnés à la Constitution et aux traités alors que les actes administratifs appliquant les lois doivent, par définition, être directement subordonnés à la loi.

Les juridictions administratives (Conseil d'État, cours administratives d'appel et tribunaux administratifs) sont chargées de faire respecter le principe de légalité, c'est-à-dire de veiller au respect des normes de référence supérieures par les actes administratifs.

Les décisions administratives réglementaires ou individuelles, prises par le Premier ministre ou par un simple fonctionnaire, doivent toujours respecter toutes les normes supérieures : les lois, les traités, la Constitution.

4. La responsabilité administrative

La tradition a longtemps été celle de l'impossibilité de rechercher la responsabilité de l'administration, afin d'empêcher que la poursuite de l'intérêt général ne soit entravée par l'action judiciaire.

Cette tradition a évolué avec l'arrêt Blanco (1873), qui reconnaît que l'administration peut voir sa responsabilité engagée en cas de dommage aux usagers du service public ou aux tiers, cette responsabilité ne pouvant être mise en cause devant les juridictions civiles mais seulement devant les juridictions administratives dans des conditions différentes de celles du droit commun de la responsabilité. Il s'agit d'une forme de responsabilité civile, dans la mesure où elle entraîne l'obligation pour l'administration de réparer le dommage qu'elle fait subir.

La responsabilité administrative n'a ainsi pu pendant des décennies être engagée que pour **faute lourde** de l'administration, le juge administratif se refusant en outre à prendre en compte le *pretium doloris* (le prix de la douleur) et n'indemnisant pas le dommage moral ; en outre, les indemnités demeuraient en toute hypothèse très peu élevées.

La jurisprudence a cependant peu à peu évolué, d'abord en admettant la réparation du préjudice moral (arrêt Letisserand, Conseil d'État, 1961), puis en abandonnant la faute lourde pour la **faute simple**, notamment en matière médicale.

Ainsi, la faute de service donne droit à réparation pour faute simple, la faute lourde demeurant requise pour que soit engagée la responsabilité de services en raison de difficultés réelles à exercer la mission de service public.

Le juge a également développé la théorie de la **responsabilité sans faute**, qui permet l'indemnisation de la victime dès lors qu'il y a dommage (par exemple du fait d'un ouvrage public) même sans faute. Dans ce cas, la victime doit seulement prouver le préjudice subi.

La responsabilité sans faute a peu à peu été étendue par la jurisprudence : la création par l'administration d'un risque particulier, une rupture d'égalité entre administrés, un préjudice causé « par un acte légalement fait », certains dommages causés par des ouvrages ou des travaux publics... peuvent entraîner la responsabilité sans faute de l'administration.

Que la responsabilité soit engagée pour faute ou sans faute, il faut un dommage, un préjudice, et un lien de causalité entre le dommage et le préjudice. Si le dommage est causé par une faute personnelle d'un agent public, celui-ci pourra être attaqué devant le juge judiciaire. En revanche, si une **faute de service** est à l'origine du dommage, c'est le juge administratif qui est compétent. La difficulté pour les victimes de savoir quel juge saisir a conduit les juges à admettre que les victimes attaquent l'administration devant le juge administratif, celle-ci pouvant, en cas de faute personnelle d'un de ses agents, se retourner contre lui (action dite « récursoire ») pour obtenir remboursement de tout ou partie des indemnités qu'elle aura versées à la victime du dommage.

Une **faute de service** est le résultat d'un service qui fonctionne mal, ou fonctionne tardivement ou ne fonctionne pas du tout. S'agissant d'une responsabilité pour faute, la victime doit démontrer la faute, mais, dans la réalité, le juge demande souvent à l'administration de démontrer qu'il n'y a pas eu faute.

5. Les principaux modes de recrutement des agents publics, fonctionnaires et contractuels

Les employeurs des fonctionnaires territoriaux comptent environ 35 000 communes, 20 000 établissements publics locaux, 101 départements et 18 régions (13 régions métropolitaines et 5 régions ultramarines), soit plus de 55 000 employeurs publics.

Les fonctionnaires territoriaux exercent environ 250 métiers différents. Pour autant, à la différence de l'État qui compte environ 300 corps après en avoir réduit le nombre en les réorganisant, la fonction publique territoriale ne compte que **53 cadres d'emplois** (par exemple ceux des attachés territoriaux, des ingénieurs territoriaux ou encore des conservateurs des bibliothèques territoriaux).

Un cadre d'emplois regroupe des agents dont les emplois et les métiers sont très proches. Chaque cadre d'emplois est régi par un décret portant statut particulier du cadre d'emplois qui précise notamment les missions incombant au cadre d'emplois et les moyens d'y accéder.

Les **filières** sont un moyen aisé de regrouper les cadres d'emplois au sein de « grandes familles » de métiers. On recense ainsi huit filières différentes dans la fonction publique territoriale :

- administrative ;
- technique ;
- culturelle ;
- sportive ;
- médico-sociale ;
- animation ;
- police municipale (parfois également dénommée filière « sécurité ») ;
- sapeurs-pompiers.

À titre d'exemple, la filière administrative contient les cadres d'emplois d'adjoint administratif, de rédacteur, d'attaché territorial, d'administrateur.

Chaque cadre d'emplois est divisé en **grades** qui distinguent les agents en fonction de leur expérience, de leur ancienneté, de leur qualification ou de leur responsabilité. Parmi ces grades, on distingue le grade de recrutement et les grades d'avancement. Au sein d'un grade, un fonctionnaire bénéficie en fonction de son ancienneté d'avancements d'échelon.

Par exemple, le cadre d'emplois des attachés territoriaux comprend les grades d'attaché, d'attaché principal, d'attaché hors classe.

Le grade d'attaché est un grade de recrutement, accessible par concours, tandis que le grade d'attaché principal est un grade d'avancement, de même que le grade d'attaché hors classe.

L'accès au grade d'attaché principal est possible soit par ancienneté, soit par examen professionnel. Le grade d'attaché hors classe n'est accessible que par ancienneté.

Les cadres d'emplois sont répartis en trois catégories hiérarchiques, qui correspondent :

- pour la catégorie A, à des fonctions de conception et de direction ;
- pour la catégorie B, à des fonctions d'application ;
- pour la catégorie C, à des fonctions d'exécution.

À titre d'exemple, le décret portant statut particulier du cadre d'emplois des attachés territoriaux dispose que « les attachés territoriaux constituent un cadre d'emplois administratif de catégorie A ».

Au cours de sa carrière, un fonctionnaire peut accéder à un cadre d'emplois de catégorie supérieure, soit par concours, soit par promotion interne avec ou sans examen professionnel.

Ainsi, un adjoint administratif (catégorie C) peut accéder au cadre d'emplois des rédacteurs territoriaux (catégorie B) par concours ou par promotion interne sans examen professionnel (« à l'ancienneté ») ou après réussite de l'examen professionnel de rédacteur principal de 2e classe par voie de promotion interne.

De même, un membre du cadre d'emplois des rédacteurs territoriaux (catégorie B) accédera au grade d'attaché territorial (catégorie A) par concours ou par promotion interne au choix (sans examen professionnel).

Il n'existe pas d'examen de promotion interne au grade d'attaché territorial.

Un attaché territorial peut accéder au grade d'attaché principal soit après réussite d'un examen d'avancement de grade, soit « à l'ancienneté ». Le grade d'attaché hors- classe n'est accessible que « par ancienneté ».

Enfin, le grade d'administrateur territorial n'est accessible qu'après réussite d'un examen professionnel de promotion interne ou d'un concours.

Le **recrutement par concours** est la règle en matière de recrutement dans la fonction publique territoriale, même si cette règle connaît des dérogations.

On distingue :

- les concours **internes**, ouverts à tous les agents publics titulaires ou non titulaires avec pour condition une certaine durée de services publics, généralement 1 an pour l'accès aux cadres d'emplois de catégorie C et 4 ans pour ceux de catégories A et B.

  À noter que tous les cadres d'emplois ne sont pas ouverts au concours interne, notamment ceux qui correspondent à des professions réglementées (comme médecin territorial, sage-femme territoriale ou infirmière territoriale) ;

- les concours **externes**, dont l'accès est conditionné par la détention de titres ou diplômes, ou, depuis la loi du 17 février 2007, à la reconnaissance de l'expérience professionnelle en complément de diplômes de niveau insuffisant ou en lieu et place de diplôme.

Le niveau de diplôme requis est lié à la catégorie hiérarchique du cadre d'emplois.

Pour un cadre d'emplois de catégorie A, le concours externe est accessible à partir du niveau minimum de la licence (niveau 6, anciennement niveau II). En catégorie B, le recrutement par concours externe s'effectue à partir du niveau baccalauréat (niveau 4, anciennement niveau IV). En catégorie C, des diplômes de type brevet, CAP et BTS sont requis (niveau 3, anciennement niveau V) ;

- les concours de **troisième voie** (ou troisièmes concours) sont ouverts au titre d'une activité professionnelle dans le secteur privé, pendant 4 ans ; ils sont également accessibles aux personnes qui ont exercé, également pendant 4 ans, des responsabilités associatives, ainsi qu'aux personnes qui ont exercé des mandats électifs locaux. L'accès à ce type de concours a été considérablement élargi par la loi du 27 janvier 2017 relative à l'égalité et à la citoyenneté qui a supprimé l'exigence d'une correspondance des activités professionnelles avec les missions des cadres d'emplois ou grades auxquels ces concours donnent accès : désormais, l'activité professionnelle exercée dans le secteur privé est prise en compte **quelle qu'en soit la nature**. Ainsi, une personne qui a, par exemple, occupé pendant au moins 4 ans, avant de devenir le cas échéant agent public ou fonctionnaire, un emploi d'assistant(e) dans une entreprise peut se présenter au troisième concours d'attaché territorial, comme au troisième concours de rédacteur territorial ou d'adjoint administratif principal de 2e classe.

À noter que certains cadres d'emplois sont ouverts au recrutement direct sans concours : *c'est par exemple le cas du recrutement au grade d'adjoint administratif, le premier des trois grades du cadre d'emplois des adjoints administratifs territoriaux (premier grade : adjoint administratif, deuxième grade : adjoint administratif principal de 2e classe, troisième grade : adjoint administratif principal de 1re classe).*

Il convient également de rappeler que, dans la fonction publique territoriale, la réussite à un concours n'entraîne pas automatiquement nomination sur un poste. Le législateur a en effet entendu concilier recrutement par concours et libre administration des collectivités territoriales. Alors que l'État, lorsqu'il organise des concours de recrutement, est à la fois organisateur de concours et employeur, dans la fonction publique territoriale les organisateurs de concours sont généralement distincts du futur employeur.

L'organisation des concours d'accès à la fonction publique territoriale repose à la fois sur l'obligation (sauf exceptions) pour l'employeur de recruter des lauréats de concours et sur la liberté de recruter librement un lauréat de concours. Les candidats qui réussissent un concours sont ainsi inscrits par l'autorité organisatrice du concours sur une **liste d'aptitude** (inscription valable deux années, renouvelable deux fois un an à la demande du lauréat, soit quatre ans au total), qui leur donne vocation à être nommés dans la collectivité ou l'établissement public qu'ils auront choisi et/ou qui les aura choisis.

La fonction publique, et notamment la fonction publique territoriale, peut également recruter des **agents non titulaires**, désormais dénommés **agents contractuels**.

Les emplois répondant à un besoin permanent sont, conformément à la loi, occupés par des fonctionnaires. Toutefois, un certain nombre de dérogations sont prévues, fixant les conditions d'emploi d'agents contractuels en leurs lieu et place : remplacement, absence de candidature de fonctionnaires, travailleurs handicapés…

Les emplois ne correspondant pas à un besoin permanent – emplois occasionnels, saisonniers, de cabinet – ne peuvent être, quant à eux, occupés que par des agents contractuels ou, pour le dernier cas, par des fonctionnaires en détachement.

La loi n° 2019-828 du 6 août 2019 de transformation de la fonction publique

Exposé des motifs de la loi (extrait)
« La nécessaire transformation de l'action publique ne peut être menée à bien sans redonner sens et confiance aux 5,5 millions d'agents qui font tous les jours vivre le service public. Il importe aujourd'hui de refonder le contrat social qui lie nos agents publics au service de leur pays et de mettre en œuvre pour ce faire une transformation ambitieuse de notre fonction publique.
Cette transformation doit également être l'occasion de conforter et responsabiliser les managers publics en développant les leviers qui leur permettront d'être de vrais chefs d'équipe : en recrutant les compétences nécessaires au bon fonctionnement de leur service, en promouvant l'engagement professionnel de leurs équipes, en prenant des décisions au plus proche du terrain, sans remontée systématique au niveau national.
Enfin, la recherche de nouvelles souplesses, de capacités d'innovation et de réactivité dans les organisations de travail apparaît indispensable pour améliorer la qualité du service public et garantir sa présence au plus près des territoires. »

Cette loi contient des **mesures d'application immédiate** :
– la suppression du jour de carence pour maladie des femmes enceintes ;
– la généralisation des parcours de formation pour les personnes accédant pour la première fois à des fonctions managériales ;
– le retour progressif aux 1 607 heures dans la fonction publique d'État et la fonction publique territoriale (suppression des régimes dérogatoires à la durée légale du travail en vigueur dans certaines collectivités territoriales) ;
– la définition d'un service minimum pour certains services publics territoriaux en cas de grève ;
– le dispositif rénové de prise en charge des fonctionnaires momentanément privés d'emplois.

D'autres dispositions nécessitant des décrets d'application sont entrées en vigueur **en 2020** :

La fusion des instances du dialogue social

Jusqu'à présent, deux instances étaient compétentes en matière d'organisation du travail.

- Le **comité technique**

Le comité technique est une instance de concertation chargée de donner son avis sur les questions et projets de textes relatifs à l'organisation et au fonctionnement des services, les questions relatives aux effectifs, aux emplois et aux compétences et les projets de statuts particuliers.

- Le **comité d'hygiène, de sécurité et des conditions de travail**

Le comité d'hygiène, de sécurité et des conditions de travail est une instance de concertation chargée de contribuer à la protection de la santé physique et mentale et de la sécurité des agents dans leur travail.

La loi dispose qu'un **comité social territorial**, fusionnant comité technique et comité d'hygiène, de sécurité et des conditions de travail « est créé dans chaque collectivité ou établissement employant au moins cinquante agents ainsi qu'auprès de chaque centre de gestion pour les collectivités et établissements affiliés employant moins de cinquante agents » (article 32 de la loi).

En outre, « dans les collectivités territoriales et les établissements publics employant deux cents agents au moins, une formation spécialisée en matière de santé, de sécurité et de conditions de travail est instituée au sein du comité social territorial » (article 32-1.-I).

Un recours accru au recrutement de contractuels

La loi élargit les possibilités de recrutement d'agents contractuels.

- **Emplois de direction**

Peuvent être pourvus par la voie du recrutement direct les emplois suivants :

– directeur général des services et, lorsque l'emploi est créé, directeur général adjoint des services des départements et des régions ou des collectivités exerçant les compétences des départements ou des régions ;

– directeur général des services, directeur général adjoint des services et directeur général des services techniques des communes de plus de 40 000 habitants et des établissements publics de coopération intercommunale à fiscalité propre de plus de 40 000 habitants ;

– directeur général des établissements publics dont les caractéristiques et l'importance le justifient.

- **Emplois de catégorie B**

Il devient possible de recruter par contrat sur les emplois de catégorie B, lorsque la nature des fonctions ou les besoins des services le justifient, dans les mêmes conditions que pour les emplois de catégorie A.

- **Emplois dans les « petites » communes et intercommunalités**

Dans les communes de moins de 1 000 habitants et dans les EPCI de moins de 15 000 habitants, tous les emplois peuvent être pourvus au moyen du contrat.

L'instauration du contrat de projet

Selon les termes de l'exposé des motifs de la loi :

« L'article 8 crée un nouveau type de **contrat à durée déterminée** au sein de la fonction publique, le **contrat de projet**. Il permet aux services d'être en capacité de mobiliser des profils divers pour la conduite de projets ou d'opérations identifiés s'inscrivant dans une durée limitée. Ce nouveau contrat, spécifique à la fonction publique et n'ouvrant droit ni à un contrat à durée indéterminée, ni à titularisation, est ouvert à l'ensemble des catégories hiérarchiques. Conclu pour une **durée déterminée minimale d'un an et ne pouvant excéder six ans maximum**, il prend fin :

– lorsque le projet ou l'opération pour lequel ce contrat a été conclu ne peut se réaliser ;

– lorsque le projet ou l'opération arrive à son terme ;

– lorsque le projet ou l'opération se termine de manière anticipée.

Une indemnité spécifique est prévue en cas de rupture anticipée du contrat. »

L'institution d'un mécanisme de rupture conventionnelle

La loi met en place, à titre temporaire pendant six ans, à compter du 1er janvier 2020 jusqu'au 31 décembre 2025, un **dispositif de rupture conventionnelle applicable aux fonctionnaires relevant des trois versants de la fonction publique**. Il s'agit d'un cas supplémentaire de cessation définitive de fonctions qui entraîne radiation des cadres et perte de la qualité du fonctionnaire.

Conformément à l'objectif plus général du Gouvernement de favoriser la mixité des carrières publiques et privées, la loi pose également le principe de la **rupture conventionnelle pour les agents contractuels recrutés par contrat à durée indéterminée** relevant des trois versants de la fonction publique.

6. Quelques notions sur la commande publique

La **commande publique** est un terme générique relatif à l'ensemble des contrats passés par les personnes publiques pour satisfaire leurs besoins. Ces contrats peuvent ou non être soumis au Code des marchés publics.

Elle regroupe ainsi les marchés publics, les marchés soumis à l'ordonnance n° 2005-649 du 6 juin 2005 relative aux marchés passés par certaines personnes publiques ou privées non soumises au Code des marchés publics, les délégations de service public et les contrats de partenariat.

Pour sa part, le **Code de la commande publique** publié au *Journal officiel de la République française* le 5 décembre 2018, entré en vigueur le 1er avril 2019, intègre les **marchés publics** (qui relevaient antérieurement de l'ordonnance n° 2015-899 du 23 juillet 2015 relative aux marchés publics) et les **contrats de concession** (ancienne ordonnance n° 2016-65 du 29 janvier 2016 relative aux contrats de concession).

1. Les principes fondamentaux de la commande publique

L'article L. 3 du Code de la commande publique fixe que « Les acheteurs et les autorités concédantes respectent le principe d'**égalité de traitement des candidats** à l'attribution d'un contrat de la commande publique. Ils mettent en œuvre les principes de **liberté d'accès** et de **transparence des procédures**, dans les conditions définies dans le présent code.

Ces principes permettent d'assurer l'efficacité de la commande publique et la bonne utilisation des deniers publics. »

Le principe d'égalité de traitement des candidats

« Le principe d'égalité de traitement découle de l'idée selon laquelle tous les citoyens sont égaux devant la loi. Ainsi, de la même manière, tous les candidats à un marché public doivent :

- bénéficier d'un même traitement ;
- recevoir les mêmes informations.

De plus, aucune entreprise ou aucun fournisseur ne peut être favorisé, le délit de favoritisme étant d'ailleurs pénalement sanctionné. »

(https://www.eure.gouv.fr/content/download/10470/60869/file/Commande%20publique.pdf)

Le principe de liberté d'accès

Quels que soient leur taille et leur statut, les candidats doivent pouvoir accéder librement à une consultation.

Ce principe implique de :

– choisir une durée de marché raisonnable de manière à relancer régulièrement la mise en concurrence entre les candidats ;

– procéder à une publicité la plus large possible ;

– rédiger les termes du marché avec objectivité pour ne pas privilégier certains candidats ;

– ne pas exclure une entreprise qui répondrait à toutes les conditions annoncées.

Le principe de transparence des procédures

Le principe de transparence correspond à l'idée selon laquelle les règles de la consultation doivent être déterminées au moment du lancement de la procédure et rendues publiques par l'acheteur public. Elles sont intangibles durant la consultation.

Il se traduit par :

– une publicité afin de garantir une vraie mise en concurrence ;

– la conservation de tous les documents qui ont abouti à la sélection du candidat et de son offre ;

– la justification du choix du titulaire du marché et la motivation du rejet des autres candidatures.

2. Les marchés publics

A. Qu'est-ce qu'un marché public ?

L'article L. 1111-1 du Code de la commande publique dispose que « un marché est un contrat conclu par un ou plusieurs acheteurs soumis au présent code avec un ou plusieurs opérateurs économiques, pour répondre à leurs besoins en matière de **travaux**, de **fournitures** ou de **services**, en contrepartie d'un prix ou de tout équivalent. »

Les **acheteurs publics** sont : l'État, les collectivités territoriales et les établissements publics. D'autres organismes privés créés pour satisfaire des besoins d'intérêt général doivent aussi respecter les règles de passation des marchés publics.

« Un **marché de travaux** a pour objet :

1° Soit l'exécution, soit la conception et l'exécution de travaux dont la liste figure dans un avis annexé au présent code ;

2° Soit la réalisation, soit la conception et la réalisation, par quelque moyen que ce soit, d'un ouvrage répondant aux exigences fixées par l'acheteur qui exerce une influence déterminante sur sa nature ou sa conception.

Un ouvrage est le résultat d'un ensemble de travaux de bâtiment ou de génie civil destiné à remplir par lui-même une fonction économique ou technique » (article L. 1111-2).

« Un **marché de fournitures** a pour objet l'achat, la prise en crédit-bail, la location ou la location-vente de produits.

Il peut comprendre, à titre accessoire, des travaux de pose et d'installation » (article L. 1111-3).

« Un **marché de services** a pour objet la réalisation de prestations de services » (article L. 1111-4).

« Lorsqu'un marché porte sur des travaux et sur des fournitures ou des services, il est un marché de travaux si son objet principal est de réaliser des travaux.

Lorsqu'un marché a pour objet des services et des fournitures, il est un marché de services si la valeur de ceux-ci dépasse celle des fournitures achetées » (article L. 1111-5).

B. Les procédures de passation des marchés publics

La procédure de passation s'effectue en fonction du montant du marché, de son objet ou des circonstances de sa conclusion. Il existe trois possibilités :

- soit sans publicité ni mise en concurrence préalables ;
- soit selon une procédure adaptée ;
- soit selon une procédure formalisée.

Marchés sans publicité ni mise en concurrence préalables

Un marché sans publicité ni mise en concurrence préalables peut être passé dans des cas limitativement énumérés par les textes. Le Code de la commande publique précise les cas des marchés passés sans publicité ni mise en concurrence, en raison de **leur montant** ou de **leur objet** :

- urgence impérieuse ;
- absence d'offre, candidatures irrecevables, offres inappropriées ;
- prestations qui ne peuvent être fournies que par un opérateur économique déterminé ;
- livraisons complémentaires ou achat de matières premières particulières ;
- cessation définitive d'activité ou de certaines procédures ;
- marché avec le ou l'un des lauréats d'un concours ;
- réalisation de prestations similaires ;
- **réponse à un besoin estimé inférieur à 40 000 euros HT** ;
- fournitures de livres non scolaires ou enrichissement des collections inférieurs à 90 000 euros.

Marchés passés selon une procédure adaptée

Une procédure adaptée est une procédure par laquelle l'acheteur définit librement les modalités de passation du marché, dans le respect des principes de la commande publique.

L'acheteur peut passer un marché selon une procédure adaptée :

1° lorsque la valeur estimée hors taxe du besoin est inférieure aux seuils européens mentionnés dans un avis qui figure en annexe du Code de la commande publique ;

2° en raison de l'objet de ce marché, dans les conditions fixées par décret en Conseil d'État ;

3° lorsque, alors même que la valeur estimée du besoin est égale ou supérieure aux seuils de procédures formalisée, la valeur de certains lots est inférieure à un seuil fixé par voie réglementaire.

Procédure formalisée

Les trois procédures formalisées sont : l'**appel d'offres**, la **procédure avec négociation** et le **dialogue compétitif**.

« L'**appel d'offres**, ouvert ou restreint, est la procédure par laquelle l'acheteur choisit l'offre économiquement la plus avantageuse, sans négociation, sur la base de critères objectifs préalablement portés à la connaissance des candidats.

L'appel d'offres est dit ouvert lorsque tout opérateur économique intéressé peut soumissionner. Il est dit restreint lorsque seuls les candidats sélectionnés par l'acheteur sont autorisés à soumissionner.

La **procédure avec négociation** est la procédure par laquelle l'acheteur négocie les conditions du marché avec un ou plusieurs opérateurs économiques » (www.marche-public.fr).

« Le **dialogue compétitif** est la procédure par laquelle l'acheteur dialogue avec les candidats admis à y participer en vue de définir ou développer les solutions de nature à répondre à ses besoins et sur la base desquelles ces candidats sont invités à remettre une offre » (www.marche-public.fr).

3. Les marchés de partenariat

L'article L. 1112-1 du Code de la commande publique fixe que : « Un marché de partenariat est un marché public qui a pour objet de confier à un opérateur économique ou à un groupement d'opérateurs économiques une mission globale ayant pour objet la construction, la transformation, la rénovation, le démantèlement ou la destruction d'ouvrages, d'équipements ou de biens immatériels nécessaires au service public ou à l'exercice d'une mission d'intérêt général et tout ou partie de leur financement. Le titulaire du marché de partenariat assure la maîtrise d'ouvrage de l'opération à réaliser.

Cette mission globale peut en outre comprendre :

1° Tout ou partie de la conception des ouvrages, équipements ou biens immatériels ;

2° L'aménagement, l'entretien, la maintenance, la gestion ou l'exploitation d'ouvrages, d'équipements ou de biens immatériels ou une combinaison de ces éléments ;

3° La gestion d'une mission de service public ou des prestations de services concourant à l'exercice, par la personne publique, de la mission de service public dont elle est chargée. »

4. Les contrats de concession

L'article L. 1121-1 du Code de la commande publique fixe que : « Un contrat de concession est un contrat par lequel une ou plusieurs autorités concédantes soumises au présent code confient l'exécution de travaux ou la gestion d'un service à un ou plusieurs opérateurs économiques, à qui est transféré un risque lié à l'exploitation de l'ouvrage ou du service, en contrepartie soit du droit d'exploiter l'ouvrage ou le service qui fait l'objet du contrat, soit de ce droit assorti d'un prix.

La part de risque transférée au concessionnaire implique une réelle exposition aux aléas du marché, de sorte que toute perte potentielle supportée par le concessionnaire ne doit pas être purement théorique ou négligeable. Le concessionnaire assume le risque d'exploitation lorsque, dans des conditions d'exploitation normales, il n'est pas assuré d'amortir les investissements ou les coûts, liés à l'exploitation de l'ouvrage ou du service, qu'il a supportés. »

7. Notions sur la démocratie consultative et participative

1. La participation des habitants

L'article 10 de la **loi du 6 février 1992 sur l'administration territoriale de la République** dispose que « le droit des habitants de la commune à être informés des affaires de celle-ci et à être consultés sur les décisions qui les concernent, indissociable de la libre administration des collectivités territoriales, est un principe essentiel de la démocratie locale [...] ».

La participation s'exerce au moyen des **commissions consultatives des services publics locaux** (qui doivent comprendre des représentants des usagers) et des **comités consultatifs**, comprenant des représentants des associations, qui peuvent être créés par le conseil municipal pour tout problème d'intérêt communal concernant tout ou partie du territoire de la commune.

La loi du 27 février 2002 sur la « démocratie de proximité », mise en œuvre à la suite du rapport Mauroy, vise à créer de nouvelles conditions d'exercice de la démocratie locale. Elle comporte plus de 300 mesures portant sur la participation des habitants, le statut de l'élu, le patrimoine, le régime PLM (Paris, Lyon, Marseille), les compétences des régions, les SDIS (services départementaux d'incendie et de secours), les enquêtes publiques, le recensement, le conservatoire du littoral.

Le chapitre consacré à la **participation des habitants à la vie locale** rend obligatoire la création de **conseils de quartier** et d'**adjoints de quartier** (dans la limite de 10 % du nombre de conseillers municipaux) dans les villes de plus de 80 000 habitants (49 villes). La création est facultative dans les villes de 20 000 à 79 999 habitants (351 villes). Leur composition et leur mode de fonctionnement sont fixés par le conseil municipal sur proposition du maire : les conseils de quartier peuvent être consultés par le maire et associés aux actions intéressant le quartier, en particulier celles menées au titre de la politique de la ville. Des **mairies annexes** doivent obligatoirement être créées dans les quartiers des villes de plus de 100 000 habitants (37 villes). Les **commissions consultatives des services publics locaux** deviennent obligatoires dans les régions, les départements, les villes de plus de 10 000 habitants ainsi que les établissements publics de coopération intercommunale.

La **loi du 21 février 2014 de programmation pour la ville et la cohésion urbaine** a institué un **conseil citoyen** dans les quartiers prioritaires de la politique de la ville, composé d'habitants tirés au sort (avec parité femmes hommes) et de représentants des associations et acteurs locaux. Ces conseils sont associés à l'élaboration, la mise en œuvre et l'évaluation des contrats de ville. L'article 7-1 de la loi du 21 février 2014 dispose en effet que « **un conseil citoyen** est mis en place dans chaque quartier prioritaire de la politique de la ville, sur la base d'un diagnostic des pratiques et des initiatives participatives. [...] Ces conseils citoyens sont associés à l'élaboration, à la mise en œuvre et à l'évaluation des contrats de ville. Des représentants du conseil citoyen participent à toutes les instances de pilotage du contrat de ville, y compris celles relatives aux projets de renouvellement urbain. Les conseils citoyens exercent leur action en toute indépendance vis-à-vis des pouvoirs publics et inscrivent leur action dans le respect des valeurs de liberté, d'égalité, de fraternité, de laïcité et de neutralité ».

Enfin, la loi NOTRe abaisse de 3 500 habitants à 1 000 habitants le seuil de population des communes au sein desquelles **l'opposition municipale peut disposer d'une tribune** dans le bulletin municipal ou dans les moyens d'information municipaux. Désormais, dans les communes de 1 000 habitants et plus, lorsque des informations générales sur les réalisations et sur la gestion du conseil municipal sont diffusées par la commune, un espace est réservé à l'expression des conseillers élus sur une autre liste que celle ayant obtenu le plus de voix lors du dernier renouvellement du conseil municipal ou ayant déclaré ne pas appartenir à la majorité municipale. Les modalités d'application de cette mesure sont définies par le règlement du conseil municipal. Cet abaissement de seuil est entré en vigueur à compter du dernier renouvellement général des conseils municipaux (en 2020).

2. Le référendum décisionnel local

La loi ATR de 1992 avait instauré ce qu'on appelait parfois le « **référendum communal** » : il s'agissait en fait d'une consultation directe des électeurs sur les décisions entrant dans la compétence communale ; la décision d'organiser cette consultation, à la demande du maire ou d'un tiers des conseillers municipaux (la moitié dans les communes de moins de 3 500 habitants), est prise par délibération du conseil municipal, les résultats du référendum ne liant alors pas l'autorité communale.

Le **référendum décisionnel local** a été créé par la **loi constitutionnelle du 28 mars 2003**. Ses modalités ont été précisées par une **loi organique du 1er août 2003**. Jusque-là, seules les communes pouvaient organiser un « référendum local », c'est-à-dire un vote sur un sujet d'intérêt communal. Mais celui-ci n'était que consultatif, le conseil municipal n'étant pas tenu par le résultat du vote. Aujourd'hui, toutes les collectivités territoriales, y compris celles à statut particulier et d'outre-mer, peuvent organiser des référendums locaux et ils ont valeur de décision.

L'assemblée délibérante d'une collectivité territoriale peut soumettre à référendum local tout projet de délibération tendant à régler une affaire de la compétence de cette collectivité. Par ailleurs l'exécutif peut seul soumettre à référendum local tout projet d'acte relevant des attributions qu'il exerce au nom de la collectivité, à l'exception des projets d'acte individuel.

L'assemblée délibérante de la collectivité territoriale concernée par le référendum fixe le jour du scrutin. Celui-ci ne peut avoir lieu moins de deux mois après la transmission du texte, sur lequel portera le vote, au représentant de l'État (préfet). Par ailleurs, un référendum local ne peut avoir lieu pendant les campagnes ou le jour des élections locales, législatives, sénatoriales, européennes, présidentielles, ou d'un référendum décidé par le président de la République. Un dossier d'information sur le sujet du référendum est mis à la disposition du public.

Seuls les électeurs de la collectivité concernée peuvent participer au vote et non ses habitants. Les ressortissants des États membres de l'Union peuvent seulement participer aux référendums organisés par les communes. Le projet de texte soumis au référendum est adopté si au moins la moitié des électeurs inscrits ont participé au vote et s'il réunit la majorité des voix.

3. La consultation des électeurs et le droit de pétition

Outre le référendum local, la **loi organique du 1er août 2003** relative à l'expérimentation par les collectivités territoriales (article 122) prévoit un nouveau mode de participation des électeurs aux décisions locales, la **consultation des électeurs** (« les électeurs d'une collectivité territoriale peuvent être consultés sur les décisions que les autorités envisagent de prendre pour régler les affaires relevant de la compétence de celle-ci. La consultation peut être limitée aux électeurs d'une partie du ressort de la collectivité, pour les affaires intéressant spécialement cette partie de la collectivité »).

La décision de consulter appartient à l'assemblée délibérante, mais 1/5e des électeurs d'une commune inscrits sur les listes électorales (1/10e des électeurs dans les autres collectivités territoriales) peut demander à ce que soit inscrite à l'ordre du jour de l'assemblée délibérante de la collectivité l'organisation d'une consultation sur toute affaire relevant de sa décision. Pas de confusion, il ne s'agit là en aucune manière d'un référendum décisionnel : la loi précise à cet égard que « la délibération (par laquelle l'assemblée délibérante de la collectivité territoriale arrête le principe et les modalités d'organisation de la consultation) indique expressément que cette consultation n'est qu'une demande d'avis ».

Le droit en vigueur fixe le nombre minimum d'électeurs à un cinquième pour les communes et à un dixième pour les autres collectivités.

8. La conduite de projet

On appelle **projet** un ensemble finalisé d'activités et d'actions entreprises dans le but de répondre à un besoin défini dans des délais fixés et dans la limite de l'enveloppe budgétaire allouée.

Contrairement aux opérations, qui sont des processus répétitifs, l'essence d'un projet est qu'il soit innovant et unique.

Un projet est une action temporaire avec un début et une fin, qui mobilise des ressources identifiées (humaines, matérielles, équipements, matières premières, informationnelles et financières) durant sa réalisation, qui possède un coût et fait donc l'objet d'une budgétisation de moyens et d'un bilan indépendant de celui de l'entreprise ou de l'administration.

Les résultats attendus du projet sont appelés « livrables ».

Le projet comporte toujours une notion de nouveauté et de changement.

Le projet cherche ainsi à atteindre un objectif « extraordinaire » (au sens littéral du mot) qui combine quatre aspects :

- fonctionnel : réponse à un besoin ;
- technique : respect des spécifications ;
- délais : respect des échéances ;
- coûts : respect du budget.

La **gestion de projet** ou **conduite de projet** est une démarche visant à structurer, assurer et optimiser le bon déroulement d'un projet dont la complexité requiert :

- une planification dans le temps ;
- une budgétisation (étude préalable des coûts et avantages ou revenus attendus en contrepartie, des sources de financement, étude des risques opérationnels et financiers et des impacts divers…) ;
- une maîtrise et un pilotage des risques ;
- l'atteinte d'un niveau de qualité souhaité ;
- l'intervention de nombreuses parties prenantes : c'est l'objet des organisations qui identifient maîtrise d'œuvre et maîtrise d'ouvrage ;
- la responsabilisation d'un chef de projet ou d'un directeur de projet, la mise en place d'un comité de pilotage ;
- le suivi des enjeux opérationnels et financiers importants.

L'objectif doit être précisé de façon claire, chiffrée et datée. Le résultat doit être conforme à des normes de qualité et de performances prédéfinies, pour le moindre coût et dans le meilleur délai possible.

Lorsque la gestion de projet porte sur un ensemble de projets concourant à un même objectif, on parle de **gestion de programme**.

En d'autres termes, cette démarche est délimitée par trois bornes :

- la contrainte coût ;
- la contrainte délai ;
- la contrainte qualité.

Ces contraintes requièrent des acteurs du projet :

- la définition de moyens ;
- la définition d'un planning ;
- la définition de réalisations.

Les principales étapes de la démarche projet peuvent être ainsi synthétisées comme ce qui suit.

1. Concevoir

Identifier les objectifs en fonction du besoin

Identifier la raison d'être du projet, c'est-à-dire le besoin à satisfaire ou le problème à résoudre.

Préciser le thème

Procéder à la définition du thème du projet.

Valider le besoin par l'analyse de l'existant

Vérifier l'existence et la réalité du besoin en analysant le contexte de réalisation du projet.

Repérer les contraintes

- Déterminer les contraintes organisationnelles, temporelles, matérielles, financières, juridiques, etc.
- Identifier les facteurs possibles de résistance.

Programmer les actions

Lister les actions à mettre en œuvre, évaluer la durée de chacune d'elles, choisir les acteurs du projet.

Identifier les solutions

Rechercher les solutions possibles.

Choisir une solution

Opérer le choix le plus approprié en fonction de la définition des objectifs et des contraintes repérées.

2. Réaliser

Mettre en œuvre la solution

- Constituer des groupes de travail et informer les différents acteurs du projet.
- Répartir les actions à mener.
- Consigner l'ensemble des actions dans un planning orienté vers les objectifs à atteindre.
- Mettre en œuvre le projet par la réalisation des différentes actions.

Ajuster les actions

- Coordonner les tâches grâce à des reportings réguliers et des réunions intermédiaires menées par le comité de pilotage du projet.
- Gérer les écarts : comparer le prévisionnel avec le réalisé en termes de coût et de qualité.

3. Évaluer

■ **Mesurer les résultats**

Réaliser un bilan sur la conformité des résultats aux objectifs, sur le fonctionnement des groupes de travail et leur efficacité ; vérifier le respect des contraintes.

■ **Capitaliser l'expérience**

- Acquérir des connaissances, organiser le retour et la capitalisation des expériences, capitaliser le savoir-faire organisationnel.
- Archiver sur un espace collaboratif dédié aux projets et consultable par les initiateurs du projet ou des projets à venir.

Ce phasage est théoriquement rigoureux, le passage d'un point à un autre étant conditionné par le traitement complet du précédent. La méthode projet est à la fois un outil rigoureux de pilotage et un moyen de savoir si on peut aboutir compte tenu des contraintes résultant de l'environnement du projet.

Toutefois, il est parfois possible de n'utiliser qu'une partie de cette méthode. En toute hypothèse, la connaissance de ces différentes phases permet de structurer de façon claire des solutions opérationnelles.

Il est également essentiel de bien définir **les acteurs du projet** :

1. Le **chef ou directeur de projet**, référent et animateur du projet.
2. Le **comité de pilotage**

Structure décisionnelle qui veille au bon déroulement du projet, le comité de pilotage d'un projet mis en œuvre par une collectivité territoriale ou un établissement public local est fréquemment constitué du chef de projet, de l'exécutif (maire, président...) ou de l'élu référent porteur du projet (adjoint au maire, vice-président...), du directeur général des services et, selon la taille et l'organigramme de la collectivité ou de l'établissement, des directeurs généraux adjoints ou des directeurs des services concernés, des chefs de service à compétence particulière (communication, juridique, marchés publics, finances...).

Ce comité a notamment en charge les choix stratégiques, la validation des choix et des différentes étapes, l'information de l'assemblée délibérante, la communication sur le projet.

3. Le **comité de suivi**

Il peut être nécessaire pour des projets de grande envergure, chargé de vérifier l'adéquation entre les différentes actions et le programme initial (outils de *reporting*, analyse des indicateurs et tableaux de bord, proposition d'actions correctives...).

4. Les **groupes de travail (ou équipes projet)**

Le chef de projet constitue et anime en tant que de besoin des groupes de travail entre lesquels il répartit les différents axes du projet (par exemple : diagnostic, parangonnage (*benchmarking*, communication...). Ces groupes sont constitués de représentants des différents services, d'experts, de partenaires...

9. Quelques éléments de management

1. Qu'est-ce que le management ?

Le « management » désigne le fait de piloter une organisation. Plus précisément, on définit aujourd'hui couramment le management comme **la capacité de diriger un service ou une organisation en motivant les personnes**.

Henri Fayol (1841-1925), ingénieur et chef d'entreprise, auteur d'*Administration industrielle* et générale (1916), définit ainsi le management : « Prévoir, organiser, commander, coordonner, contrôler ».

Si la notion de « commandement » traduit une conception aujourd'hui dépassée du management, cette définition n'en demeure pas moins pertinente. On peut toutefois lui préférer d'autres définitions du management :

- prospective et fixation des objectifs ;
- répartition des tâches et allocations des ressources ;
- vérification du travail effectué.

Ou encore :

- définition des buts à atteindre ;
- mise au point des stratégies à suivre ;
- élaboration et suivi des plans d'action.

2. Qu'est-ce qu'encadrer ?

L'**encadrement** est une expression du pouvoir hiérarchique. Il consiste à :

- clarifier les responsabilités (et les élargir pour faire évoluer les collaborateurs) ;
- fixer des objectifs motivants permettant de renforcer les compétences professionnelles ou relationnelles ;
- clarifier l'autonomie et les délégations accordées à chacun.

Encadrer, c'est travailler à faire travailler les autres, « cadrer » leur travail de manière à ce qu'ils réalisent les objectifs fixés en respectant certaines règles.

Encadrer une équipe, c'est la diriger, c'est-à-dire lui donner une direction en définissant des objectifs et en vérifiant s'ils sont ou non atteints.

On dit aussi : **encadrer, c'est donner le sens** (la direction et la signification).

Encadrer (par exemple dans l'expression : « encadrer un texte »), c'est aussi « mettre en valeur ».

3. Qu'est-ce que la régulation ?

Quotidiennement, un chef de service pratique la régulation de son équipe :
– la **régulation professionnelle** consiste à rappeler les objectifs, c'est-à-dire les actions concrètes à réaliser dans un délai convenu et défini ;
– la **régulation hiérarchique** est nécessaire pour recadrer un collaborateur s'affranchissant des repères fondant la relation contractuelle de subordination : le respect des disciplines de travail, des horaires, des temps de pause, des délais, la disponibilité, la réalisation du travail demandé et des objectifs et la présence au poste de travail ;
– la **régulation personnelle** est la plus difficile à réaliser et prend la forme d'un entretien en face à face dont l'objectif est de réaffirmer son autorité hiérarchique, le respect des disciplines de travail et des collègues.

4. Quelques conseils en matière d'encadrement

- Définir des objectifs clairs, concrets et mesurables renforçant les compétences et acceptés par chacun de vos collaborateurs.
- Définir un cadre de travail clair comportant au moins :
  - la définition des responsabilités et des objectifs ;
  - la définition des règles du jeu dans l'équipe : partage de l'information, entraide, allocation des moyens, respect du temps, modalités d'évaluation, rémunération et primes, exercice du pouvoir disciplinaire.
- Donner des signes de reconnaissance clairs.
- Pratiquer la reprise d'autorité dès que la règle n'est pas respectée en trois temps :
  - rappel de la règle ;
  - constat et validation des faits ;
  - demande d'action.

5. Les modes d'encadrement et de régulation

Deux modes d'encadrement se distinguent :
- « Je vous demande » (mode imposition) ;
- « Je vous écoute » (mode coach).

De même, il existe deux modes de régulation :
- « Je vous propose » (mode négociation) ;
- « Je vous invite » (mode animation).

6. Les différents types de management

A. Le management participatif

Fondement : ouverture, négociation.
Fonction : mobiliser, impliquer.
Objectif : que les collaborateurs soient des parties prenantes.
Point positif : génère de l'engagement.
Écueil : la démagogie.

B. Le management délégatif

Fondement : initiative, autonomie, confiance.
Fonction : responsabiliser.
Objectif : que les collaborateurs se responsabilisent.
Point positif : génère du développement.
Écueil : retrait ; laisser-faire.

C. Le management directif

Fondement : organisation, consignes.
Fonction : structurer.
Objectif : que les collaborations soient efficaces.
Point positif : génère de la sécurité.
Écueil : autoritarisme.

D. Le management persuasif

Fondement : explication, persuasion, conviction.
Fonction : accompagner, associer.
Objectif : que les collaborateurs adhèrent.
Point positif : génère de la confiance.
Écueil : paternalisme, autoritarisme.

7. L'évaluation des fonctionnaires

Traditionnellement, la valeur professionnelle des fonctionnaires se traduit par l'attribution d'une note.

Dans sa rédaction originelle, l'article 17 de la loi du 13 juillet 1983 portant droits et obligations des fonctionnaires disposait en effet que : « **Les notes et appréciations générales attribuées aux fonctionnaires et exprimant leur valeur professionnelle** leur sont communiquées. »

Modifié par la loi n° 2019-828 du 6 août 2019, cet article 17 fixe désormais que « La valeur professionnelle des fonctionnaires fait l'objet d'une **appréciation qui se fonde sur une évaluation individuelle** donnant lieu à un compte rendu qui leur est communiqué. »

A. De la notation à l'évaluation

Un décret du 29 avril 2002 a réformé la notation dans la fonction publique de l'État en instituant un **entretien d'évaluation** conduit par le supérieur hiérarchique direct. L'entretien ne porte alors pas sur les qualités personnelles de l'agent, qui restent mesurées par la note, mais sur la réalisation des objectifs alloués l'année précédente, les besoins de formation, les perspectives d'évolution professionnelle.

La **loi n° 2007-148 du 2 février 2007 de modernisation de la fonction publique** lance une expérimentation dans la fonction publique d'État tendant à instituer une seule procédure d'évaluation, l'entretien professionnel, mené par le supérieur hiérarchique direct, avec disparition de la notation. Dans cette fonction publique, l'entretien professionnel est généralisé en 2012 (décret n° 2010-888 du 28 juillet 2010).

La **loi du 3 août 2009 relative à la mobilité et aux parcours professionnels** étend l'expérimentation de l'entretien professionnel aux fonctions publiques hospitalière et territoriale. L'évaluation dans la fonction publique territoriale est organisée par le **décret n° 2010-716 du 29 juin 2010**.

Le décret n° 2014-1526 du 16 décembre 2014 relatif à l'appréciation de la valeur professionnelle des fonctionnaires territoriaux rend obligatoire, à compter du 1er janvier 2015, pour l'appréciation de la valeur professionnelle des fonctionnaires territoriaux, l'entretien professionnel, en lieu et place de la notation.

L'entretien d'évaluation peut notamment permettre de déterminer le niveau du **régime indemnitaire** alloué à chaque agent et de faire ainsi varier une part de la rémunération de l'agent évalué en fonction des résultats de l'agent évalué.

Dans la fonction publique territoriale, l'assemblée délibérante de la collectivité fixe en effet le régime indemnitaire dont bénéficient les agents, dans la limite des primes dont bénéficient les agents de l'État qui e xercent des fonctions équivalentes.

L'article 20 de la loi du 13 juillet 1983 portant droits et obligations des fonctionnaires, également modifié par la loi n° 2019-828 du 6 août 2019, dispose que : « Les fonctionnaires ont droit, après service fait, à une rémunération comprenant le traitement, l'indemnité de résidence, le supplément familial de traitement ainsi que les indemnités instituées par un texte législatif ou réglementaire. **Les indemnités peuvent tenir compte des fonctions et des résultats professionnels des agents ainsi que des résultats collectifs.** S'y ajoutent les prestations familiales obligatoires.

Le montant du traitement est fixé en fonction du grade de l'agent et de l'échelon auquel il est parvenu, ou de l'emploi auquel il a été nommé. [...] »

B. L'entretien d'évaluation

L'entretien professionnel est un moment d'échange entre le fonctionnaire et son supérieur hiérarchique direct sur le bilan de l'année écoulée et les objectifs pour l'année suivante.

Il porte principalement sur les points suivants :

– résultats professionnels obtenus par le fonctionnaire au regard des objectifs assignés et des conditions d'organisation et de fonctionnement du service ;

– objectifs pour l'année à venir et perspectives d'amélioration des résultats professionnels ;
– manière de servir ;
– acquis de son expérience professionnelle ;
– besoins de formation ;
– qualités d'encadrement s'il y a lieu ;
– perspectives d'évolution professionnelle.

Le fonctionnaire est informé, au cours de l'entretien, des conditions d'ouverture et d'utilisation du compte personnel de formation.

Le fonctionnaire est invité à formuler, au cours de l'entretien, ses observations et propositions sur l'évolution de son poste et le fonctionnement du service. Les perspectives d'avancement du fonctionnaire au grade supérieur peuvent également faire l'objet d'une appréciation particulière complémentaire.

Le régime indemnitaire constitue un levier efficace, grâce à des éléments de différenciation indemnitaire en lien avec l'évaluation des résultats professionnels. Ce régime est fixé par l'organe délibérant de la collectivité territoriale, après avis du comité technique. Cette mise en place n'est pas obligatoire.

Le régime indemnitaire fixé par une collectivité peut tenir compte des conditions d'exercice des fonctions, de l'engagement professionnel des agents et, si la collectivité le souhaite, des résultats collectifs du service. Le **régime indemnitaire tenant compte des fonctions, des sujétions, de l'expertise et de l'engagement professionnel (RIFSEEP)** dans la fonction publique de l'État sert de référence au régime indemnitaire pour la plupart des cadres d'emplois dans la fonction publique territoriale.

Le décret n° 2014-513 du 20 mai 2014 portant création d'un régime indemnitaire tenant compte des fonctions, des sujétions, de l'expertise et de l'engagement professionnel dans la fonction publique de l'État fixe que le régime indemnitaire comprend deux parts : d'une part une indemnité de fonctions, de sujétions et d'expertise (fixée selon le niveau de responsabilité et d'expertise requis dans l'exercice des fonctions) et, d'autre part, un complément indemnitaire annuel lié à l'engagement professionnel et à la manière de servir.

8. Les sanctions disciplinaires dans la fonction publique territoriale

Les sanctions sont réparties entre quatre groupes :

Premier groupe :
– l'avertissement (non inscrite au dossier du fonctionnaire) ;
– le blâme (inscrit au dossier et effacé au bout de 3 ans sauf nouvelle sanction) ;
– l'exclusion de 3 jours maximum.

Deuxième groupe :
– la radiation du tableau d'avancement ;
– l'abaissement d'échelon ;
– l'exclusion temporaire de 4 à 15 jours, sans traitement.

Troisième groupe :

– la rétrogradation ;

– l'exclusion temporaire de fonctions pour une durée de 16 jours à 2 ans, sans traitement.

Quatrième groupe :

– la mise à la retraite d'office ;

– la révocation.

En cas de procédure disciplinaire, l'agent concerné doit être averti qu'il a droit à communication de son dossier et un délai raisonnable doit lui être laissé pour préparer sa défense.

S'il encourt une sanction autre que celle du premier groupe, la commission administrative paritaire de sa catégorie se réunit en conseil de discipline, présidée par un juge administratif. La procédure est contradictoire et le fonctionnaire peut être accompagné d'un défenseur. Le rapport d'enquête établi par l'administration relatant les faits est présenté et discuté. L'avis du conseil de discipline ne lie pas l'administration.

La sanction doit être motivée. Jusqu'à peu, elle était susceptible d'un recours juridictionnel devant le tribunal administratif et d'un recours devant le conseil de discipline de recours. La saisine du conseil de discipline de recours était toujours possible si la sanction est du quatrième groupe. Pour les sanctions des deuxième et troisième groupes, il fallait que l'autorité ait prononcé une sanction plus sévère que celle proposée par le conseil de discipline.

Contrairement à l'avis donné par le conseil de discipline de premier degré, l'autorité était pour partie liée par l'avis du conseil de discipline de recours : elle ne pouvait prendre de sanction plus sévère que celle proposée par celui-ci.

La loi du 6 août 2019 a supprimé la procédure d'appel devant le conseil de discipline de recours. L'agent conserve la possibilité d'exercer un recours gracieux auprès de l'autorité qui a prononcé la sanction ou de saisir directement le juge administratif.

9. Les risques psychosociaux

Environ 20 % des salariés européens estiment que leur santé est affectée par des problèmes de stress au travail. En France, un salarié sur 6 estime être l'objet de comportements hostiles dans le cadre de son travail.

Les risques psychosociaux comprennent :

– le stress au travail ;

– les violences internes (commises au sein de l'entreprise par des salariés : conflit, brimades, harcèlement moral…) ;

– les violences externes (commises sur des salariés par des personnes externes à l'entreprise) ;

– l'épuisement professionnel (ou *burn out*) ;

– les formes de mal-être, de souffrance, de malaise ressenties par les salariés.

Pour l'Agence européenne pour la sécurité et la santé au travail de Bilbao, le stress « survient lorsqu'il y a un déséquilibre entre la perception qu'une personne a des contraintes imposées par son environnement et la perception qu'elle a de ses propres ressources pour y faire face ».
L'expression « risques psychosociaux » renvoie à des contextes de travail et de risques qui vont au-delà du seul stress : surcharge de travail, contraintes excessives de temps mais aussi perte de repères, manque de sens au travail, conflit de valeurs.
La santé psychique des salariés dépend largement de la relation aux autres : la reconnaissance, la possibilité d'échanges et de coopération dans le travail, le soutien des collègues et de la hiérarchie jouent un rôle déterminant dans la prévention de ces risques. Ainsi, les risques psychosociaux peuvent être précisément définis comme « **des risques pour la santé mentale, physique ou sociale, engendrés par les conditions d'emploi et les facteurs organisationnels et relationnels susceptibles d'interagir avec le fonctionnement mental** ».

Un **accord-cadre** signé en 2013 a rappelé les neuf obligations de sécurité de l'employeur en matière de protection de la santé physique et mentale mentionnées dans le Code du travail et applicable à la fonction publique :

1. éviter les risques ;
2. évaluer les risques qui ne peuvent être évités ;
3. combattre les risques à la source ;
4. adapter le travail à l'homme, en particulier en ce qui concerne la conception des postes de travail ainsi que le choix des équipements de travail et des méthodes de travail et de production, en vue notamment de limiter le travail monotone et le travail cadencé, et de réduire les effets de ceux-ci sur la santé ;
5. tenir compte de l'état de l'évolution de la technique ;
6. remplacer ce qui est dangereux par ce qui n'est pas dangereux ou par ce qui est moins dangereux ;
7. planifier la prévention en y intégrant, dans un ensemble cohérent, la technique, l'organisation du travail, les conditions de travail, les relations sociales et l'influence des facteurs ambiants, notamment les risques liés au harcèlement moral ;
8. prendre les mesures de protection collective en leur donnant la priorité sur les mesures de protection individuelle ;
9. donner les instructions appropriées aux travailleurs.

Le rôle de l'encadrement s'avère essentiel dans la prévention de ces risques : mieux organiser le travail, atténuer la charge de travail, clarifier la répartition des tâches, donner du sens aux activités, pratiquer un management respectueux des personnes…, autant de pistes à explorer.

L'Agence nationale d'amélioration des conditions de travail (ANACT) met son expertise au service tant de diagnostics que de préconisations.

10. Les principales compétences et attributions des collectivités territoriales

1. Les fondements de la répartition des compétences

A. Compétence générale et compétence d'attribution

La collectivité territoriale qui bénéficie de la **clause générale de compétence** dispose d'une capacité d'intervention générale, sans qu'il soit nécessaire que la loi procède à une énumération de ses attributions : seule **la commune** en bénéficie désormais.

La **loi n° 215-991 du 7 août 2015 portant nouvelle organisation territoriale de la République (NOTRe)** a en effet supprimé cette clause générale de compétence pour les régions et les départements.

Ainsi, le Code général des collectivités territoriales (CGCT) fixe :

– article L. 2121-29 : « Le **conseil municipal** règle par ses délibérations les affaires de la commune » ;

– article L. 3211-1 : « Le **conseil départemental** règle par ses délibérations les affaires du département dans les domaines de compétences que la loi lui attribue.

Il est compétent pour mettre en œuvre toute **aide ou action relative à la prévention ou à la prise en charge des situations de fragilité**, au **développement social**, à l'**accueil des jeunes enfants** et à l'**autonomie des personnes**. Il est également compétent pour **faciliter l'accès aux droits et aux services** des publics dont il a la charge.

Il a compétence pour **promouvoir les solidarités et la cohésion territoriale** sur le territoire départemental, dans le respect de l'intégrité, de l'autonomie et des attributions des régions et des communes » ;

– article L. 4221-1 : « Le **conseil régional** règle par ses délibérations les affaires de la région dans les domaines de compétences que la loi lui attribue.

Il a compétence pour **promouvoir le développement économique, social, sanitaire, culturel et scientifique** de la région, le **soutien à l'accès au logement et à l'amélioration de l'habitat**, le **soutien à la politique de la ville et à la rénovation urbaine** et le **soutien aux politiques d'éducation** et l'**aménagement et l'égalité de ses territoires**, ainsi que pour assurer la **préservation de son identité** et la **promotion des langues régionales**, dans le respect de l'intégrité, de l'autonomie et des attributions des départements et des communes.

Il peut engager des actions complémentaires de celles de l'État, des autres collectivités territoriales et des établissements publics situés dans la région, dans les domaines et les conditions fixés par les lois déterminant la répartition des compétences entre l'État, les communes, les départements et les régions.

En outre, l'article L. 1111-4 du CGCT dispose que : « Les **compétences en matière de promotion de l'égalité entre les femmes et les hommes, de culture, de sport, de tourisme, de promotion des langues régionales et d'éducation populaire sont partagées** entre les communes, les départements, les régions et les collectivités à statut particulier ».

B. Les collectivités « chefs de file »

La **loi n° 2014-58 du 27 janvier 2014 de modernisation de l'action publique territoriale et d'affirmation des métropoles (MAPTAM)** attribue aux collectivités territoriales, par son article 3, des missions de « chefs de file ».

Cette mission a été introduite dans la Constitution du 4 octobre 1958 par une réforme constitutionnelle de 2003 (loi constitutionnelle n° 2003-276 du 28 mars 2003 relative à l'organisation décentralisée de la République).

L'article 72 de la Constitution fixe désormais que : « Aucune collectivité territoriale ne peut exercer une tutelle sur une autre. Cependant, **lorsque l'exercice d'une compétence nécessite le concours de plusieurs collectivités territoriales, la loi peut autoriser l'une d'entre elles ou un de leurs groupements à organiser les modalités de leur action commune** ».

L'article L. 1111-9 du CGCT (modifié par la loi n° 2019-1428 du 24 décembre 2019) liste comme suit les missions de chaque collectivité « chef de file » :

– « La **commune** ou l'établissement public de coopération intercommunale à fiscalité propre auquel elle a transféré ses compétences est chargé d'organiser, en qualité de chef de file, les modalités de l'action commune des collectivités territoriales et de leurs établissements publics pour l'exercice des compétences relatives :

1° À la mobilité durable ;

2° À l'organisation des services publics de proximité ;

3° À l'aménagement de l'espace ;

4° Au développement local.

[…]

– Le **département** est chargé d'organiser, en qualité de chef de file, les modalités de l'action commune des collectivités territoriales et de leurs établissements publics pour l'exercice des compétences relatives à :

1° L'action sociale, le développement social et la contribution à la résorption de la précarité énergétique ;

2° L'autonomie des personnes ;

3° La solidarité des territoires.

Il est consulté par la région en préalable à l'élaboration du contrat de plan conclu entre l'État et la région en application de la loi n° 82-653 du 29 juillet 1982 portant réforme de la planification afin de tenir compte des spécificités de son territoire.

[…]

– **La région** est chargée d'organiser, en qualité de chef de file, les modalités de l'action commune des collectivités territoriales et de leurs établissements publics pour l'exercice des compétences relatives :
1° À l'aménagement et au développement durable du territoire ;
2° À la protection de la biodiversité ;
3° Au climat, à la qualité de l'air et à l'énergie ;
4° À la politique de la jeunesse ;
5° Abrogé
6° Abrogé
7° Aux mobilités, notamment à l'intermodalité, à la complémentarité entre les modes de transports et à l'aménagement des gares ;
8° Au soutien à l'enseignement supérieur et à la recherche ».

C. L'exercice concerté des compétences

La **loi n° 2014-58 du 27 janvier 2014 de modernisation de l'action publique territoriale et d'affirmation des métropoles (MAPTAM)** institue, par son article 4, une « **conférence territoriale de l'action publique** ».

« Dans chaque région, la **conférence territoriale de l'action publique** est chargée de favoriser un exercice concerté des compétences des collectivités territoriales, de leurs groupements et de leurs établissements publics.

La conférence territoriale de l'action publique peut débattre et rendre des avis sur tous les sujets relatifs à l'exercice de compétences et à la conduite de politiques publiques nécessitant une coordination ou une délégation de compétences entre les collectivités territoriales et leurs groupements. »

Cette conférence territoriale de l'action publique, **présidée par le président du conseil régional** a essentiellement pour **membres** :

– le président du conseil régional ;
– les présidents des conseils départementaux ;
– les présidents des établissements publics de coopération intercommunale à fiscalité propre de plus de 30 000 habitants ayant leur siège sur le territoire de la région ;
– un représentant élu des établissements publics de coopération intercommunale à fiscalité propre de moins de 30 000 habitants ayant leur siège sur le territoire de chaque département ;
– un représentant élu des communes de plus de 30 000 habitants de chaque département ;
– un représentant élu des communes comprenant entre 3 500 et 30 000 habitants de chaque département ;
– un représentant élu des communes de moins de 3 500 habitants de chaque département.

La conférence territoriale de l'action publique organise librement ses travaux, au travers de commissions thématiques, et leur publicité dans le cadre de son règlement intérieur. Elle débat des projets visant à coordonner les interventions des personnes publiques, qui lui sont présentés par les collectivités territoriales ou les établissements publics de coopération intercommunale à fiscalité propre.

Elle examine les projets de **conventions territoriales d'exercice concerté d'une compétence** qui fixent les objectifs de rationalisation et les modalités de l'action commune pour chacune des compétences concernées.

Chaque projet de convention comprend notamment :

– les niveaux de collectivités territoriales concernés ou les collectivités compétentes définies par des critères objectifs sur l'ensemble du territoire de la région ;

– les délégations de compétences entre collectivités territoriales, ainsi que les délégations de la région ou du département à un établissement public de coopération intercommunale à fiscalité propre ;

– les créations de services unifiés ;

– les modalités de la coordination, de la simplification et de la clarification des interventions financières des collectivités territoriales ;

– la durée de la convention, qui ne peut excéder six ans » (CGCT, article L. 1111-9-1).

À l'issue de son examen par la conférence territoriale de l'action publique, le projet de convention est transmis au représentant de l'État dans la région, ainsi qu'aux collectivités territoriales et établissements publics appelés à prendre les mesures nécessaires à sa mise en œuvre. Les organes délibérants des collectivités territoriales et des établissements publics concernés disposent d'un délai de trois mois pour approuver la convention, qui est signée par le maire ou par le président.

Les stipulations de la convention sont opposables aux seules collectivités territoriales et établissements publics qui l'ont signée. Elles les engagent à prendre les mesures et à conclure les conventions nécessaires à sa mise en œuvre.

2. Les compétences de la commune

La commune exerce principalement des compétences de proximité, fondées sur les services publics communaux.

Toutefois, en renforçant les compétences obligatoires et optionnelles reconnues aux communautés de communes et aux communautés d'agglomération, la loi NOTRe du 7 août 2015 réduit d'autant les compétences des communes membres de ces EPCI :

– compétences en matière de développement économique ;

– promotion du tourisme et création d'offices du tourisme ;

– aménagement, entretien et gestion des aires d'accueil des gens du voyage ;

– gestion des milieux aquatiques et prévention contre les inondations (GEMAPI) depuis le 1er janvier 2018 ;

– eau et assainissement, collecte et traitement des déchets ménagers à partir de 2020.

On ne reviendra pas ici sur les fonctions que la commune exerce au titre de la déconcentration des pouvoirs de l'État confiés au maire (état civil, fonctions électorales, pouvoirs de police…), mais sur ses compétences décentralisées, donc certaines, comme les compétences en matière d'enseignement, sont bien antérieures au processus de décentralisation.

A. Urbanisme et aménagement

La décentralisation a considérablement accru les pouvoirs de la commune en matière d'urbanisme puisque le maire délivre les permis de construire au nom de la commune et non plus au nom de l'État dès lors que la commune est dotée d'un plan local d'urbanisme (PLU), héritier des anciens plans d'occupation des sols (POS).

Les communes jouent un rôle déterminant en matière d'urbanisme, puisque c'est à elles qu'il appartient d'élaborer et d'approuver les plans locaux d'urbanisme.

Elles participent aussi, par l'intermédiaire des établissements publics de coopération intercommunale (EPCI) qu'elles constituent, à l'élaboration des schémas de cohérence territoriale (SCOT), successeurs des schémas directeurs, qui fixent pour plusieurs communes ou groupements de communes, les grandes orientations de l'organisation du territoire et de l'évolution des zones urbaines, afin de préserver un équilibre entre zones urbaines, industrielles, touristiques, agricoles et naturelles.

La loi du 24 mars 2014 pour l'accès au logement et un urbanisme rénové (dite « loi ALUR ») a instauré le transfert automatique de la compétence PLU aux intercommunalités. Toutefois, la loi du 7 août 2015 portant nouvelle organisation territoriale de la République (dite loi NOTRe) a maintenu le mécanisme de la minorité de blocage qui permet aux maires de reporter le transfert de cette compétence et de continuer à l'exercer.

B. Logement

Au sein des EPCI, les communes participent à la définition des programmes locaux de l'habitat (PLH), établis pour 6 ans, qui fixent les objectifs et les actions permettant de répondre aux besoins de logements et de renouvellement urbain, tout en poursuivant un objectif de mixité sociale.

Depuis la loi dite SRU (loi de solidarité et de renouvellement urbain) du 21 novembre 2000, les communes ont l'obligation que 20 % des logements sur leur territoire soient des logements sociaux.

Les communes jouent un rôle important dans l'attribution des logements sociaux : toutes les attributions de logements sociaux sont décidées par une commission d'attribution composée de six membres désignés par le conseil d'administration de l'organisme auprès duquel une demande de logement a été formulée. Le maire de la commune où sont situés les logements, ou son représentant, est également membre de droit de cette commission, avec voix délibérative.

La loi ALUR du 24 mars 2014 a prévu notamment la construction de 500 000 logements par an, dont 150 000 logements sociaux, l'encadrement des loyers et l'instauration d'une garantie universelle des loyers, la généralisation des plans locaux d'urbanisme intercommunaux (PLUi), au moyen d'un transfert automatique de la compétence PLU aux intercommunalités dans un délai de trois ans après la promulgation de la loi, et la création du projet d'intérêt majeur (PIM) pour accélérer la construction de logements.

C. Action économique

Les communes et leurs groupements pouvaient, depuis la loi du 27 février 2002 sur la démocratie de proximité, contribuer au financement d'aides directes aux entreprises dans le cadre d'une convention avec la région et accorder des aides indirectes. La loi du 13 août 2004 avait accru leurs compétences : elles pouvaient instaurer leur propre régime d'aide dans le cadre de conventions conclues avec les entreprises.

Avec la loi NOTRe, c'est la région qui acquiert une compétence exclusive pour définir les régimes d'aide et décider de l'octroi des aides aux entreprises de son ressort géographique.

Avant la loi NOTRe, dans les communautés de communes, comme dans les communautés d'agglomération, la compétence en matière de développement économique était partagée entre communes et communautés.

La loi NOTRe renforce le rôle des communautés en matière de développement économique avec, au 1er janvier 2017, le transfert obligatoire aux communautés de la totalité des **zones d'activité, de la promotion du tourisme, de la politique locale du commerce**.

Toutefois, si la gestion des offices de tourisme est transférée aux communautés, les communes gardent une compétence en matière d'activités touristiques. De même, en matière de commerce, certaines actions qui ne sont pas d'intérêt communautaire peuvent continuer à relever des communes.

D. Action sociale et santé

La politique sociale légale ou facultative des communes est conduite au moyen des Centres communaux d'action sociale (CCAS) ou des Centres intercommunaux d'action sociale (CIAS).

Le CCAS (ou CIAS) anime une action générale de prévention et de développement social dans la commune en liaison avec les institutions publiques et privées. Il est de ce fait l'institution locale de l'action sociale par excellence. À ce titre, il développe différentes activités et missions légales ou facultatives, directement orientées vers les populations concernées.

Le CCAS (ou CIAS) se mobilise dans les principaux champs suivants, par ordre décroissant d'implication : lutte contre l'exclusion (en particulier aide alimentaire), services d'aide à domicile, prévention et animation pour les personnes âgées, gestion d'établissements d'hébergement pour personnes âgées, soutien au logement et à l'hébergement, petite enfance, enfance/jeunesse, soutien aux personnes en situation de handicap.

À cette fin :

- il gère des équipements et services : établissements et services pour personnes âgées, centres sociaux, crèches, haltes-garderies, centres aérés, etc. ;
- il apporte son soutien technique et financier à des actions sociales d'intérêt communal gérées par le secteur privé ;
- il participe à l'instruction des demandes d'aide sociale légale (aide médicale, RSA, aide aux personnes âgées, etc.) et les transmet aux autorités décisionnelles compétentes telles que le conseil départemental, la préfecture ou les organismes de Sécurité sociale ;

– il intervient également dans l'aide sociale facultative qui constitue souvent l'essentiel de la politique sociale de la commune : secours d'urgence, prêts sans intérêt, colis alimentaires, chèques d'accompagnement personnalisé, etc. ;

– il peut être délégataire de compétences sociales globales sur le territoire communal par convention avec le conseil départemental.

La loi du 13 août 2004 permet en outre aux départements de confier aux communes la gestion des fonds d'aide aux jeunes (FAJ).

Elle a également ouvert aux communes la possibilité d'expérimenter l'exercice de la politique de résorption de l'habitat insalubre. Elles peuvent aussi, en convention avec l'État, exercer des activités en matière de vaccination, de lutte contre la tuberculose, le sida et les maladies sexuellement transmissibles.

E. Éducation et enseignement

a. La petite enfance

La petite enfance désigne une étape du développement humain. On parle de petite enfance pour les enfants, de leur naissance à l'âge de 6 ans.

La commune ou les groupements de communes bénéficient d'une compétence facultative en matière d'accueil des jeunes enfants.

L'article R. 2324-17 du Code de la santé publique fixe que : « Les établissements et les services d'accueil non permanent d'enfants veillent à la santé, à la sécurité, au bien-être et au développement des enfants qui leur sont confiés. Dans le respect de l'autorité parentale, ils contribuent à leur éducation. Ils concourent à l'intégration des enfants présentant un handicap ou atteints d'une maladie chronique qu'ils accueillent. Ils apportent leur aide aux parents pour favoriser la conciliation de leur vie professionnelle et de leur vie familiale.

Ils comprennent :

1° Les établissements d'accueil collectif, notamment les établissements dits « crèches collectives » et « haltes-garderies », et les services assurant l'accueil familial non permanent d'enfants au domicile d'assistants maternels dits « services d'accueil familial » ou « crèches familiales » ;

2° Les établissements d'accueil collectif gérés par une association de parents qui participent à l'accueil, dits « crèches parentales » ;

3° Les établissements d'accueil collectif qui reçoivent exclusivement des enfants âgés de plus de deux ans non scolarisés ou scolarisés à temps partiel, dits « jardins d'enfants » ;

4° Les établissements d'accueil collectif dont la capacité est limitée à dix places, dits « micro-crèches » ;

L'ensemble de ces établissements et services peuvent organiser l'accueil des enfants de façon uniquement occasionnelle ou saisonnière en application de l'article R. 2324-46-1. »

L'accueil collectif de jeunes enfants

« Les structures d'accueil collectif permettent de recevoir, pendant la journée, des enfants de moins de 6 ans dont les parents travaillent, suivent une formation ou sont à la recherche d'un emploi » (www.collectivites-locales.gouv.fr). Elles sont le plus souvent gérées directement par les communes qui peuvent également verser des subventions, mettre à disposition des locaux ou payer des places à d'autres organismes gestionnaires, au premier rang desquels des associations.

« Ces établissements et services sont soumis au contrôle et à la surveillance du médecin responsable du service départemental de protection maternelle et infantile (PMI).

Le maire (ou le président de la communauté de communes) donne l'autorisation d'ouverture de la structure après avis du président du conseil départemental s'il s'agit d'une structure gérée directement par la collectivité. Il émet un avis auprès du président du conseil départemental s'il s'agit d'une structure parentale ou privée (article L. 2324-1 du Code de la santé publique).

Lorsqu'il estime que la santé physique ou mentale ou l'éducation des enfants sont compromises ou menacées, le préfet de département ou le président du conseil départemental peut adresser des injonctions aux établissements. En cas d'inexécution, le préfet peut ordonner leur fermeture après avis du président du conseil départemental » (www.collectivites-locales.gouv.fr).

Il existe plusieurs catégories de structures pouvant accueillir les jeunes enfants :

– l'établissement multi-accueil (établissement qui offre au moins deux types d'accueil différents, régulier ou occasionnel), la capacité de chaque unité d'accueil ne pouvant dépasser 60 places ;

– la crèche parentale, gérée par une association de parents et qui ne peut dépasser 25 places ;

– la halte-garderie, qui accueille des enfants de manière ponctuelle ;

– la crèche familiale, qui allie accueil chez une assistante maternelle et accueil en structure collective ;

– la micro-crèche qui ne peut accueillir que 10 enfants au maximum ;

– le jardin d'enfants (accueil des enfants de plus de 2 ans non scolarisés ou scolarisés à temps partiel), dont la capacité d'accueil est limitée à 80 places par unité d'accueil. »

L'accueil individuel des jeunes enfants

« Les **assistants maternels** assurent l'accueil des enfants à leur domicile moyennant rémunération, après avoir obtenu un agrément délivré par le président de conseil départemental (articles L. 421-1 et L. 421-3 du Code de l'action sociale et des familles). Ce dernier informe le maire de la commune de résidence de l'assistant maternel de toute décision d'agrément, de suspension, de retrait ou de modification de l'agrément délivré.

Ils ne peuvent accueillir plus de quatre enfants simultanément » (www.collectivites-locales.gouv.fr).

Les assistants maternels peuvent se regrouper dans des maisons d'assistants maternels (articles L. 424-1 et suivants du Code de l'action sociale et des familles), dans la limite de quatre assistants maternels dans une même maison, nécessitant un agrément du président du conseil départemental. Le maire est responsable de la sécurité des locaux puisqu'il autorise l'ouverture de la maison au public.

« Il peut être créé, dans toutes les communes ou leurs groupements, un **relais assistants maternels**, qui a pour rôle d'informer les parents et les assistants maternels sur ce mode d'accueil [...] et d'offrir aux assistants maternels un cadre pour échanger sur leur pratique professionnelle ainsi que leurs possibilités d'évolution de carrière » (article L. 214-2-1 du Code de l'action sociale et des familles).

b. Les écoles primaires

Depuis la loi Jules Ferry du 16 juin 1881, les communes ont la charge des écoles publiques. C'est ainsi que les communes construisent, entretiennent, équipent les écoles primaires (c'est-à-dire les écoles maternelles et élémentaires).

La loi du 13 août 2004 permet aux communes d'expérimenter la création d'établissements publics d'enseignement primaire pour 5 ans au maximum.

« L'ouverture d'une classe ou d'une école est de fait le résultat de l'exercice de compétences partagées entre l'État et les communes : d'une part, sa création et son implantation par le conseil municipal, c'est-à-dire le choix de la localisation, la construction, l'appropriation ou l'aménagement de locaux à des fins d'enseignement et, d'autre part, l'affectation de l'emploi ou des emplois d'enseignants correspondants par l'inspecteur d'académie. Ces deux décisions peuvent être simultanées ou distinctes dans le temps » (circulaire du 3 juillet 2003 du ministère de l'Éducation nationale).

Les communes prennent en outre part à l'élaboration de la carte scolaire.

Les activités périscolaires prolongeant le service public de l'éducation peuvent être organisées dans le cadre d'un projet éducatif territorial (PEDT). Le PEDT est élaboré à l'initiative de la collectivité territoriale et associe à cette dernière l'ensemble des acteurs intervenant dans le domaine de l'éducation : administrations de l'État concernées (Éducation nationale, sports, jeunesse, éducation populaire et vie associative, culture, famille, ville, etc.), associations, institutions culturelles et sportives, etc.

Un décret du 29 juin 2017 a rendu possible, depuis la rentrée 2017, l'organisation de la semaine scolaire sur 4 jours dans les écoles maternelles et élémentaires publiques par dérogation au cadre général de 4,5 jours. Lorsque la communauté éducative et la commune ou intercommunalité sont satisfaites de l'organisation sur 4,5 jours, elles peuvent continuer à fonctionner selon les mêmes modalités. En revanche, lorsqu'émerge un consensus local entre conseil d'école, municipalité et service académique en faveur d'une organisation sur 4 jours, une dérogation au cadre général est possible. À la rentrée 2018, 85 % des communes avaient opté pour le retour à la semaine de 4 jours.

F. Culture, sport, loisirs

Outre le rôle traditionnel des communes en matière culturelle au moyen des bibliothèques ou médiathèques publiques, des musées et des conservatoires municipaux de musique et de danse, les communes et leurs groupements sont, depuis la loi du 13 août 2004, responsables de l'organisation et du financement de l'enseignement artistique initial. Elles peuvent aussi se voir transférer la propriété de monuments classés ou inscrits.

Dans le domaine sportif et des loisirs, la commune crée et gère des équipements sportifs, subventionne des activités sportives, y compris les clubs sportifs professionnels, est en charge des aménagements touristiques. Les communes et leurs groupements jouent également un rôle culturel important au moyen de subventions aux associations.

G. D'autres compétences traditionnelles

À ces compétences, s'ajoutent celles qui correspondent à des missions traditionnelles :

- entretien de la voirie communale ;
- protection de l'ordre public local au moyen du pouvoir de police du maire.

3. Les compétences du département

La loi du 13 août 2004 relative aux libertés et responsabilités locales avait fait du département le « chef de file » de l'action sanitaire et sociale. Depuis le 1er janvier 2005, en effet, « le département définit et met en œuvre la politique d'action sociale ». La loi du 27 janvier 2014 de modernisation de l'action publique locale et d'affirmation des métropoles (MAPTAM) désigne le département « chef de file » en matière d'aide sociale, d'autonomie des personnes et de solidarité des territoires.

En mettant fin à la clause générale de compétence des départements, la loi portant nouvelle organisation territoriale de la République (NOTRe) réduit les compétences du département qui n'en conserve pas moins l'action sociale, l'aide sociale et les routes départementales.

A. Action et aide sociale

- aide sociale à l'enfance (ASE), protection maternelle et infantile (PMI), adoption, soutien aux familles en difficulté financière ;
- personnes handicapées : politiques d'hébergement et d'insertion sociale, prestation de compensation du handicap ;
- personnes âgées : création et gestion de maisons de retraite, maintien des personnes âgées à domicile (APA : allocation personnalisée d'autonomie) ;
- insertion sociale et professionnelle, avec la prise en charge du revenu de solidarité active (RSA) (qui a remplacé le RMI et RMA au 1er juillet 2009) et du fonds d'aide aux jeunes ;
- aide au logement, avec le fonds de solidarité pour le logement ;
- contribution à la résorption de la précarité énergétique ;
- protection judiciaire de la jeunesse, initialement dans le cadre d'expérimentations pour cinq ans. L'État, à la suite de la promulgation de la loi du 5 mars 2007 sur la protection de l'enfance et dans le cadre de la révision générale des politiques publiques (RGPP), a en effet décidé en 2008 de généraliser le retrait de la PJJ de l'assistance éducative pour la recentrer sur la prise en charge des mineurs délinquants, l'assistance éducative étant désormais confiée aux départements.

La loi NOTRe confie également au département, conjointement avec l'État, l'élaboration d'un schéma départemental d'amélioration de l'accessibilité des services, qui vise à renforcer l'offre de services dans les zones présentant un déficit d'accessibilité.

B. L'aménagement de l'espace et l'équipement

– Équipement rural, remembrement, aménagement foncier, gestion de l'eau et de la voirie rurale, en tenant compte des priorités définies par les communes.

– Services de transport spécial des élèves handicapés vers les établissements scolaires.

– La loi NOTRe transfère à la région, à compter du 1er janvier 2017, les transports routiers non urbains des personnes, réguliers ou à la demande ; les transports scolaires ; la desserte des îles ; la construction, l'aménagement et l'exploitation des gares publiques routières de voyageurs relevant du département.

– Gestion de la voirie départementale, à savoir toutes les routes n'entrant pas dans le domaine public national.

– SDIS (service départemental d'incendie et de secours) chargé de la protection contre les incendies, qui gère les sapeurs-pompiers du département. Il participe également aux opérations de secours en cas d'accidents, de catastrophes naturelles…

C. L'éducation, la culture et le patrimoine

Le département :

– construit, entretient et équipe les collèges. La loi du 13 août 2004 a transféré aux départements la gestion des personnels techniciens, ouvriers et de service (couramment appelés « TOS ») exerçant dans les collèges, qui relevaient jusqu'alors de l'État ;

– est responsable des bibliothèques départementales de prêt (anciennes bibliothèques centrales de prêt qui avaient été transférées de l'État aux départements par les premières lois de décentralisation), des archives départementales et des musées départementaux ;

– adopte, depuis la loi du 13 août 2004, en concertation avec les communes, un schéma départemental de développement des enseignements artistiques ;

– peut expérimenter la gestion des crédits d'entretien et de restauration du patrimoine classé ou inscrit n'appartenant pas à l'État. Comme les communes et leurs groupements, il peut également sur sa demande se voir transférer la propriété des monuments classés ou inscrits appartenant à l'État.

La compétence culturelle est qualifiée par la loi NOTRe de compétence partagée entre les communes, les départements, les régions et les collectivités à statut particulier, de même que les compétences en matière de sport, de tourisme, de promotion des langues régionales et d'éducation populaire.

D. Les aides aux entreprises

Comme les communes et leurs groupements, les départements pouvaient auparavant financer des aides directes aux entreprises dans le cadre d'une convention passée avec la région. Le département pouvait aussi attribuer des aides indirectes aux entreprises, la loi du 13 août 2004 lui avait permis de mettre en œuvre ses propres régimes d'aides avec l'accord de la région.

Avec la loi NOTRe, c'est la région qui acquiert dorénavant une compétence exclusive pour définir les régimes d'aides et décider de l'octroi des aides aux entreprises de son ressort géographique.

4. Les compétences de la région

Autorité décentralisée depuis 1982, la région n'a trouvé place dans la Constitution aux côtés de la commune et du département qu'avec la loi constitutionnelle du 28 mars 2003.

Pour autant, la région, dont la compétence générale avait été affirmée par la loi du 2 mars 1982 (« le conseil régional règle par ses délibérations les affaires de la région ») exerce depuis 1982 d'importantes compétences, notamment en matière économique, que la loi du 13 août 2004 avait renforcées. La loi NOTRe met fin à la compétence générale de la région dont les compétences sont désormais limitativement énumérées par la loi. En même temps, elle renforce les compétences régionales.

A. Les compétences économiques et en matière d'aménagement du territoire

Établissement public depuis 1972, la région exerçait déjà des compétences en matière de développement économique et social (primes régionales à la création d'entreprises, constitution de fonds de garantie pour les petites et moyennes entreprises, participations dans les sociétés anonymes...).

La loi du 13 août 2004 confirme la compétence économique de la région qui, sans être juridiquement qualifiée de « chef de file », « coordonne sur son territoire les actions des collectivités territoriales et de leurs groupements ».

En application des dispositions de l'article L.1511-2 du CGCT, « **le conseil régional est seul compétent pour définir les régimes d'aides et pour décider de l'octroi des aides aux entreprises dans la région** ». Dans le cadre d'une convention passée avec la région, la métropole de Lyon, les communes et leurs groupements peuvent participer au financement des aides et des régimes d'aides mis en place par la région.

Ces aides revêtent la forme de prestations de services, de subventions, de bonifications d'intérêts, de prêts et d'avances remboursables, à taux nul ou à des conditions plus favorables que les conditions du marché.

Les **aides aux entreprises en difficulté** constituent également une compétence exclusive de la région : « Lorsque la protection des intérêts économiques et sociaux de la population l'exige, le conseil régional peut accorder des aides à des entreprises en difficulté. Les modalités de versement des aides et les mesures qui en sont la contrepartie font l'objet d'une convention entre la région et l'entreprise. »

La région devient également compétente, avec la loi du 13 août 2004, pour expérimenter, en concertation avec les autres collectivités territoriales et leurs groupements, l'élaboration d'un schéma régional de développement économique.

La loi NOTRe accroît les compétences régionales en matière de développement économique.

Avec la loi NOTRe, la région, responsable de la définition des orientations en matière de développement économique, élabore un schéma régional de développement économique, d'innovation et d'internationalisation (SRDEII), élaboré en collaboration avec les EPCI à fiscalité propre, et soumis à l'approbation du préfet de région. Ce schéma définit « les orientations en matière d'aides aux entreprises, de soutien à l'internationalisation et d'aides à l'investissement immobilier et à l'innovation des entreprises, ainsi que les orientations relatives à l'attractivité du territoire régional. Il définit les orientations en matière de développement de l'économie sociale et solidaire ». Les actes des collectivités territoriales et de leurs groupements doivent être compatibles avec le SRDEII.

La région voit également renforcées ses compétences en matière d'aménagement du territoire, par l'élaboration d'un **schéma régional d'aménagement, de développement durable et d'égalité des territoires** (SRADDET), élaboré dans les mêmes conditions que le SRDEII.

Elle acquiert également compétence pour élaborer un **plan régional de prévention et de gestion des déchets**, à caractère prévisionnel.

Enfin, la région acquiert une compétence auparavant départementale, celle de la **gestion des services non urbains de transport**, réguliers ou à la demande. S'agissant des transports scolaires, la région peut, par convention, en confier l'organisation aux départements ou à un EPCI.

Les régions continuent à exercer d'anciennes compétences :

- élaboration et exécution de la partie régionale du contrat de plan ;
- gestion des transports régionaux de voyageurs, notamment ferroviaires (réseau des trains express régionaux, TER), et participation au financement des infrastructures, comme la construction de nouvelles lignes de TGV.

B. Les compétences en matière d'éducation et de formation

La région en œuvre des actions de formation professionnelle continue et d'apprentissage, dont l'insertion des jeunes en difficulté et les formations en alternance.

La **loi n° 2014-288 du 5 mars 2014 relative à la formation professionnelle, à l'emploi et à la démocratie sociale** a achevé le transfert de l'ensemble de la compétence formation aux régions.

Selon les dispositions de l'article 21 de la loi, la région est notamment chargée de la **politique régionale d'accès à l'apprentissage et à la formation professionnelle des jeunes et des adultes à la recherche d'un emploi ou d'une nouvelle orientation professionnelle.**

Elle définit et met en œuvre la politique d'apprentissage et de formation professionnelle, élabore le contrat de plan régional de développement des formations et de l'orientation professionnelles et adopte la carte régionale des formations professionnelles initiales.

Dans le cadre du **service public régional de la formation professionnelle**, elle peut accorder des aides individuelles à la formation et coordonne les interventions contribuant au financement d'actions de formation au bénéfice du public.

Elle conclut, avec les départements qui souhaitent contribuer au financement de formations collectives pour la mise en œuvre de leur programme départemental d'insertion.

Elle organise l'accompagnement des jeunes et des adultes à la recherche d'un emploi qui sont candidats à la validation des acquis de l'expérience et participe à son financement.

Les compétences de la région en matière d'apprentissage sont profondément modifiées par la **loi n° 2018-771 du 5 septembre 2018 pour la liberté de choisir son avenir professionnel**. La loi met en place de nombreux changements en matière d'apprentissage, dont le basculement d'un système administré actuellement par l'État et les régions à un système géré en majorité par les branches professionnelles, depuis 2020. Les régions se voient ainsi privées de leur pouvoir d'autorisation administrative pour toute ouverture de centre de formation pour apprentis (CFA) et de financement des CFA et de leur rôle avec la suppression de la fraction régionale de la taxe d'apprentissage. L'apprentissage est piloté par les branches professionnelles qui fixent le coût des contrats d'apprentissage et récoltent la taxe d'apprentissage. De même que le département est compétent en matière de collèges, la région construit, entretient et équipe les lycées.

La loi du 13 août 2004 transfère aux régions la gestion des personnels techniciens, ouvriers et de service (couramment appelés « TOS ») exerçant dans les lycées, qui relevaient jusqu'alors de l'État.

La région participe également au financement des universités, qui demeurent de la compétence de l'État.

C. Les compétences culturelles

Les régions sont depuis 2003 chargées de l'organisation et du financement des musées régionaux, de la conservation et de la mise en valeur des archives régionales.

La loi du 13 août 2004 leur transfère la responsabilité de l'inventaire général du patrimoine culturel qu'elle peut confier, par convention, aux collectivités territoriales et à leurs groupements.

Elles peuvent exercer les mêmes compétences que les communes et les départements en matière de patrimoine.

D. Les compétences en matière sanitaire

Elles peuvent, comme les communes et les départements, prendre en charge des politiques de vaccination et de lutte contre la tuberculose, le sida et les maladies sexuellement transmissibles. Les régions peuvent en outre expérimenter la participation au financement et à la réalisation d'équipements sanitaires.

11. Les réformes territoriales

1. La réforme de 2010

À l'origine de cette réforme, le Comité pour la réforme des collectivités, dit « Comité Balladur », avait été chargé le 22 octobre 2008 par le président de la République d'élaborer des propositions afin de rationaliser l'organisation des collectivités territoriales en réduisant le « mille-feuille territorial » (cette expression désigne la multiplication des échelons d'administration territoriale, communes, intercommunalités, départements, régions, avec des chevauchements de compétences inefficaces et coûteux). Ce rapport préconisait à terme la disparition des départements au profit des régions et celle des communes au bénéfice des intercommunalités.

Ce rapport a inspiré pour une part la **loi n° 2010-1653 du 16 décembre 2010 de réforme des collectivités territoriales** (loi RCT) qui, sans aller jusqu'à faire disparaître les communes ou les départements, visait à renforcer l'échelon intercommunal et à mieux articuler l'exercice des compétences départementales et régionales en remplaçant les conseillers généraux et les conseillers régionaux par un nouveau type d'élu local, le conseiller territorial, qui devait siéger à la fois dans l'instance délibérante du département et dans celle de la région.

Ce pan de la réforme est demeuré inappliqué en raison de l'alternance politique de 2012 et de la nouvelle réforme mise en œuvre à compter de 2013.

La loi du 16 février 2010 avait organisé la concomitance des renouvellements des conseillers régionaux et généraux pour permettre en 2014 l'élection des conseillers territoriaux. La durée du mandat des conseillers régionaux élus en 2010 avait ainsi été réduite à quatre ans et celle des conseillers généraux élus en 2011 à trois ans.

L'alternance politique de 2012 a conduit à l'abrogation de ces dispositions, les conseillers généraux, devenus conseillers départementaux, perdurant avec des élections départementales organisées en mars 2015, les conseillers régionaux étant pour leur part renouvelés en décembre 2015.

Les dispositions de la loi du 16 décembre 2010 sur l'intercommunalité ont toutefois trouvé pleine application, avec l'objectif ambitieux de parvenir à une **couverture intégrale de l'ensemble du territoire par des intercommunalités au plus tard le 1er juin 2013**.

À cette fin, les préfets ont mené avec les élus locaux, dans chaque département, un travail d'élaboration de **schémas de coopération intercommunale**, qui devaient être achevés fin 2011 et mis en œuvre en 2012 et 2013, une commission départementale de coopération intercommunale (CDCI) pouvant amender les projets présentés par le préfet.

Depuis le 1er juin 2013, le préfet dispose du pouvoir d'intégrer d'office une commune isolée dans un établissement public de coopération intercommunale (EPCI) à fiscalité propre.

Le renforcement de l'intercommunalité se poursuit à partir de 2013 dans le cadre de l'acte III de la décentralisation (ci-après).

La loi du 16 décembre 2010 avait institué de nouveaux modes de regroupement volontaire des communes :

- les **métropoles**, visant à donner aux grandes agglomérations qui le souhaiteraient un statut de nature à assurer leur rayonnement à l'échelle européenne. Établissements publics de coopération intercommunale à fiscalité propre de plus de 500 000 habitants, les métropoles devaient bénéficier de transferts de compétences des départements et régions (développement économique, transports, éducation, etc.), l'État pouvant leur confier de grands équipements et infrastructures ;
- les **pôles métropolitains**, devant permettre une coopération renforcée entre des EPCI à fiscalité propre formant un ensemble de plus de 300 000 habitants dont un EPCI de plus de 150 000 habitants, sans que la continuité territoriale entre les EPCI soit exigée. Ils avaient pour objet des actions d'intérêt métropolitain en matière de développement économique, de promotion de l'innovation, de la recherche et de l'enseignement supérieur, de la culture, d'aménagement de l'espace, notamment par le développement des infrastructures et des services de transport, afin de promouvoir un modèle de développement durable et d'améliorer la compétitivité et l'attractivité de leur territoire, ainsi que l'aménagement de celui-ci ;
- les **communes nouvelles** constituaient un nouveau dispositif de fusion de communes, pouvant être créées au lieu et à la place de communes contiguës, à la demande des conseils municipaux des deux-tiers des communes membres d'une communauté représentant les deux tiers de la population totale, à la demande d'un EPCI à fiscalité propre ou encore du Préfet. La décision devait être prise par arrêté du préfet, soit après accord unanime des conseils municipaux, soit après accord de deux tiers des conseils municipaux représentant les deux tiers de la population et consultation des électeurs de chaque commune : plus de la moitié des électeurs inscrits doivent y participer, l'accord devant correspondre à un nombre de voix au moins égal au quart des électeurs inscrits. Aucune commune ne pouvait ainsi être intégrée sans son accord au sein de la commune nouvelle.

NOTE DU FORMATEUR

La loi n° 2015-292 du 16 mars 2015 relative à l'amélioration du régime de la commune nouvelle, pour des communes fortes et vivantes avait introduit des mesures financières incitatives à la création de communes nouvelles. La loi de finances pour 2022 contient des mesures spécifiques aux communes nouvelles, notamment une amélioration de la dotation d'amorçage et la possibilité de percevoir de la dotation de solidarité urbaine (DSR) au-delà de 10 000 habitants à compter de 2023. Cette dotation d'amorçage est aujourd'hui attribuée aux communes nouvelles de moins de 150 001 habitants créées à compter de 2021, et représente une bonification de 6 €/hab. lors des trois premières années d'existence (article L. 2113-22-1 du CGCT).

Cette loi avait également prévu la **possibilité pour des départements et des régions de fusionner**, une telle fusion requérant l'accord de toutes les assemblées concernées et de la population consultée par référendum.

2. La réforme territoriale de 2013 à 2015

A. L'évolution des modes d'élection

La loi organique n° 2013-402 du 17 mai 2013 relative à l'élection des conseillers municipaux, des conseillers communautaires et des conseillers départementaux abroge l'institution des conseillers territoriaux et divise par deux le nombre de cantons, circonscription électorale dans le cadre de laquelle sont élus les conseillers départementaux. Toutefois, les départements de plus de 500 000 habitants doivent compter au minimum 15 cantons.

Les conseils généraux sont rebaptisés « conseils départementaux » afin de rendre les institutions locales plus lisibles. Chaque département compte un nombre impair de cantons afin de garantir l'émergence de majorités.

Afin de promouvoir la parité entre femmes et hommes en politique, les conseillers départementaux sont désormais élus au scrutin binominal paritaire, un homme et une femme étant élus dans chaque canton et siégeant ensemble au conseil départemental.

Cette réforme s'est appliquée pour la première fois à l'élection des conseils départementaux de mars 2015.

La durée du mandat des conseillers départementaux demeure fixée à 6 ans, mais le renouvellement par moitié de l'assemblée départementale tous les trois ans est aboli, les élections étant désormais organisées simultanément dans l'ensemble des cantons.

Pour les élections municipales, le scrutin de liste « mixte » majoritaire et proportionnel auparavant en vigueur dans les communes de 3 500 habitants et plus est désormais appliqué à toutes les communes à partir de 1 000 habitants, ce qui permet à la fois de développer encore davantage la parité entre femmes et hommes et de mettre en œuvre dès ce niveau le « fléchage » des élus communautaires. Ainsi, à l'élection au suffrage indirect des membres des organes délibérants des institutions intercommunales, membres désignés en leur sein par les conseils municipaux, est substituée une élection directe par les électeurs de ceux des conseillers municipaux qui sont « fléchés » sur les listes municipales soumises aux suffrages.

Cette réforme a pris effet lors des élections municipales de mars 2014.

B. L'acte III de la décentralisation

Premier texte : la loi de modernisation de l'action publique territoriale et d'affirmation des métropoles (loi MAPTAM) du 27 janvier 2014

La loi MAPTAM entend clarifier les conditions d'exercice de certaines compétences des collectivités territoriales en instaurant des **chefs de file** :

– la région pour l'aménagement et le développement durable du territoire, le développement économique, les aides aux entreprises, l'intermodalité et la complémentarité des modes de transport, le soutien à l'enseignement supérieur et à la recherche ;

– le département pour l'action sociale, le développement social, l'autonomie des personnes et la solidarité territoriale ;

– les communes pour la mobilité durable, l'organisation des services publics de proximité, l'aménagement de l'espace et le développement local.

Le tourisme demeure une compétence partagée entre communes, départements et régions.

Des **conventions territoriales d'exercice concerté des compétences** fixent les modalités d'action commune pour ces diverses compétences.

Le texte institue au niveau régional une **conférence territoriale de l'action publique** qui établira un pacte de gouvernance territoriale. Elle sera présidée par le président du conseil régional et rassemblera les représentants de l'ensemble des exécutifs locaux – régions, départements, métropoles, agglomérations –, ainsi que des délégués de maires et de communautés de communes, et un représentant de l'État (le préfet).

La loi prévoit la fusion, au 1er janvier 2016, de six intercommunalités au sein de la **métropole d'Aix-Marseille-Provence**, l'institution, à compter du 1er janvier 2015, de la **métropole de Lyon** dotée du statut de collectivité territoriale (fusion de la communauté urbaine de Lyon et de la partie urbaine du département du Rhône), la création d'un établissement public de coopération intercommunale (EPCI) à statut particulier dénommé **métropole du Grand Paris** à compter de 2016, regroupant la commune de Paris, l'ensemble des communes des trois départements de petite couronne et les communes franciliennes appartenant à un EPCI comprenant au moins une commune de la petite couronne. Cette métropole sera compétente en matière de politique locale de l'habitat, de protection et mise en valeur de l'environnement et politique du cadre de vie, de l'aménagement de l'espace métropolitain, de développement et aménagement économique, social et culturel.

NOTE DU FORMATEUR

La métropole du Grand Paris, EPCI à statut particulier et à fiscalité propre, rassemble :

- les 123 communes de la petite couronne (Hauts-de-Seine, Seine-Saint-Denis, Val-de-Marne) ;
- 7 communes de la grande couronne (Athis-Mons, Juvisy-sur-Orge, Morangis, Paray-Vieille-Poste, Savigny-sur-Orge, Viry-Châtillon dans l'Essonne et Argenteuil dans le Val-d'Oise) ;
- la Ville de Paris.

Organisé en 12 territoires d'au moins 300 000 habitants, le Grand Paris compte plus de 7 millions d'habitants.

La métropole est gouvernée par un conseil métropolitain de 208 élus avec au moins un représentant pour chacune des 131 communes.

À l'exception de Paris, 11 territoires sont des établissements publics territoriaux (EPT) qui se substituent aux communautés d'agglomération et communautés de communes existantes. Chaque EPT est administré par un conseil du territoire composé des délégués des communes incluses dans le périmètre du territoire.

La métropole est financée par les impôts sur les entreprises et par des dotations de l'État (dotation globale de fonctionnement).

Les EPT bénéficient d'un fonds de compensation des charges territoriales abondé par les communes en fonction des compétences transférées.

La loi MAPTAM prévoit l'**élection au suffrage universel direct, à partir de 2020, des conseillers communautaires des métropoles**.

Dans le monde rural, seront institués des **pôles d'équilibre et de coordination territoriaux** (PECT), établissements publics (syndicats mixtes) constitués par accord entre plusieurs EPCI à fiscalité propre au sein d'un périmètre d'un seul tenant et sans enclave, correspondant à un bassin de vie ou à un bassin de population. Dans les dix-huit mois suivant sa mise en place, le PECT élabore un projet de territoire définissant les conditions d'un développement économique, écologique, culturel et social du périmètre du pôle.

Des **métropoles de droit commun** seront créées par décret (Toulouse, Lille, Bordeaux, Nantes, Strasbourg, Rennes, Rouen, Grenoble, Nice ; Montpellier et Brest pourront obtenir le même statut pour leur EPCI), se substituant aux intercommunalités existantes avec des compétences étendues (développement économique, tourisme, transports, habitat, environnement, eau, etc.).

Seront automatiquement transformées en métropoles les intercommunalités de plus de 400 000 habitants si elles se situent au centre d'une aire urbaine de plus de 650 000 habitants, ou sont des capitales régionales.

Toutes les métropoles seront dotées de compétences très larges, au-delà des compétences communales traditionnelles, le département ou la région pouvant en outre leur transférer l'exercice de certaines des leurs.

Enfin, le **pays** se transforme en **pôle d'équilibre territorial et rural**, établissement public constitué par accord entre plusieurs EPCI à fiscalité propre, au sein d'un périmètre d'un seul tenant et sans enclave. Géré par une conférence des maires, il élabore un projet de territoire pour les EPCI qui le composent et en partenariat avec eux.

Deuxième texte : la loi du 16 janvier 2015, relative à la délimitation des régions, aux élections régionales et départementales et modifiant le calendrier électoral.

La loi relative à la délimitation des régions, aux élections régionales et départementales et modifiant le calendrier électoral du 16 janvier 2015 abaisse de vingt-deux à treize le nombre de régions métropolitaines. Cette réforme entend remplacer le modèle d'une France essentiellement constituée depuis deux siècles de communes et de départements par une France constituée de régions renforcées, de métropoles (loi MAPTAM du 27 janvier 2014) et d'intercommunalités élargies.

Troisième texte : la loi portant sur la nouvelle organisation territoriale de la République (loi NOTRe) du 7 août 2015

La loi supprime la clause générale de compétence des départements et des régions. Elle accorde aux régions un pouvoir réglementaire, en disposant qu'« un conseil régional ou, par délibérations concordantes, plusieurs conseils régionaux peuvent présenter des propositions tendant à modifier ou à adapter des dispositions législatives ou réglementaires, en vigueur ou en cours d'élaboration, concernant les compétences, l'organisation et le fonctionnement d'une, de plusieurs ou de l'ensemble des régions ».

Les 13 grandes régions créées en métropole ont compétence sur le développement économique, l'aménagement du territoire, la formation professionnelle, la gestion des lycées et les transports, y compris les transports scolaires. Elles peuvent jouer un rôle de coordination en matière d'emploi (« la région participe à la coordination des acteurs du service public de l'emploi sur son territoire », « les départements, les communes et leurs groupements peuvent concourir au service public de l'emploi ») et en matière d'environnement.

En matière de développement économique, les régions sont notamment responsables de la politique de soutien aux petites et moyennes entreprises et aux entreprises de taille intermédiaire. Elles doivent présenter un schéma régional de développement économique, d'innovation et d'internationalisation (SRDEII) qui fixe les orientations régionales pour une durée de cinq ans.

S'agissant de l'aménagement durable du territoire, les régions rédigent un schéma régional d'aménagement durable et d'égalité des territoires (SRADDET) dans lequel figureront les orientations stratégiques en matière d'aménagement du territoire, mobilité, lutte contre la pollution de l'air, maîtrise et valorisation de l'énergie, logement et gestion des déchets.

Il est également prévu que les compétences des départements en matière de transports routiers non urbains soient transférées à la région dix-huit mois après la promulgation de la loi. Les services de transport routier départementaux et les transports scolaires seront confiés à la région. Il sera néanmoins possible aux régions de déléguer leur compétence en matière de transport scolaire aux départements. La voirie départementale demeure compétence du département.

La gestion des collèges continue à relever des départements, qui demeurent également responsables des compétences de solidarité.

La loi prévoit des transferts et délégations de compétences des départements aux métropoles (aides au titre du fonds de solidarité pour le logement, action sociale, programme départemental d'insertion, aides aux jeunes en difficulté, prévention spécialisée, personnes âgées, tourisme, collèges, routes départementales).

La culture, les sports, le tourisme, l'éducation populaire et les langues régionales relèvent à la fois des régions et des départements. Les ports peuvent relever, selon les cas, d'un type ou d'un autre de collectivité territoriale.

Par ailleurs, la loi vise à renforcer les intercommunalités. Les intercommunalités à fiscalité propre passent de 5 000 à 15 000 habitants et sont organisées autour de bassins de vie. Des dérogations pour les zones de montagne et les territoires peu denses sont possibles avec un seuil minimal à 5 000 habitants. En outre, les intercommunalités de 12 000 habitants au moins récemment constituées peuvent être maintenues. En application de la loi NOTRe, les EPCI sont obligatoirement chargés, depuis le 1er janvier 2017, de la collecte et du traitement des déchets, de la promotion du tourisme, dont la création des offices de tourisme, des aires d'accueil des gens du voyage (aménagement, entretien, gestion), et, depuis le 1er janvier 2020, de l'eau potable et de l'assainissement. La loi du 3 août 2018 relative à la mise en œuvre du transfert des compétences eau et assainissement aux communautés de communes permet aux communautés de communes n'exerçant pas ces compétences de reporter le transfert jusqu'au 1er janvier 2026.

La Métropole du Grand Paris (MGP), créée comme les autres métropoles par la loi MAPTAM, a vu formellement le jour comme prévu au 1er janvier 2016, mais ne se verra attribuer l'essentiel de ses compétences qu'un an plus tard, début 2017.

À compter du 1er janvier 2018, la collectivité de Corse est devenue une collectivité à statut particulier en lieu et place de la collectivité territoriale de Corse et des départements de Corse du Sud et de Haute-Corse.

Quatrième texte : la loi du 27 décembre 2019 relative à l'engagement dans la vie locale et à la proximité de l'action publique porte principalement sur les petites communes : elle renforce les pouvoirs des maires au sein des intercommunalités, notamment au moyen d'un pacte de gouvernance réglant les relations entre les intercommunalités et les maires.

Elle renforce les pouvoir de police du maire pour les infractions simples. Elle encourage l'engagement dans la vie publique locale, notamment en aidant les petites communes à financer la formation des élus, en généralisant la protection fonctionnelle des maires, en ouvrant aux collectivités territoriales la possibilité de demander aux préfets des « conseils de légalité » permettant de prévenir les déférés préfectoraux, en augmentant le niveau des indemnités versées aux maires des communes de moins de 3 500 habitants.

Dernier texte : la loi du 21 février 2022 relative à la différenciation, la déconcentration et portant différentes mesures de simplification de la vie publique locale (3DS)

« À l'issue du Grand débat national, le Président de la République a annoncé l'ouverture « d'un nouvel acte de décentralisation adapté à chaque territoire» et précisé lors du Congrès des maires du 19 novembre 2019 que la décentralisation devait s'assortir d'une logique d'efficacité dans la répartition des compétences et de lisibilité de l'action publique.

Ce projet de loi « vise, tout d'abord, à faire évoluer le cadre des relations entre l'État et les collectivités territoriales en consacrant le principe de différenciation territoriale qui permet d'adapter l'organisation des compétences des collectivités aux particularités locales dans le respect de la Constitution, en premier lieu du principe d'égalité.

Il engage également à construire une nouvelle étape de la décentralisation en parachevant le transfert de certains blocs de compétence, et en clarifiant la répartition de certaines compétences répondant ainsi aux aspirations d'une action publique de proximité dans des domaines aussi essentiels que la transition écologique, l'urbanisme et le logement, la santé, la cohésion sociale ou encore l'éducation.

Il propose un nouveau renforcement de la déconcentration en redonnant une unité à la parole et à l'action de l'État dans les territoires tout en offrant de nouveaux outils d'ingénierie aux collectivités.

Il simplifie certains volets de l'action publique, notamment en matière de fonctionnement des institutions locales.

Il apporte enfin à des réponses à des problématiques spécifiques rencontrées par les départements et collectivités d'outre-mer. »

(Introduction générale de l'étude d'impact consolidée du projet de loi, 22 juin 2021)

La loi « est structurée autour de quatre priorités :

1. La **différenciation territoriale**, pour s'adapter aux réalités locales (Elle) réaffirme la capacité d'adaptation de l'organisation et de l'action des collectivités aux particularités de leur territoire, dans le respect du principe d'égalité. Elles auront, par exemple, plus de latitude pour fixer localement la réglementation des compétences qu'elles exercent.

2. La **décentralisation**, pour conforter les compétences des collectivités territoriales dans les domaines de la mobilité, du logement, de l'insertion, de la transition écologique ou de la santé Les départements et les métropoles pourront se voir confier les tronçons de routes nationales liés aux réseaux routiers dont ils ont déjà la responsabilité.

Les objectifs de production de logement social issus de la loi n° 2000-1208 du 13 décembre 2000 relative à la solidarité et au renouvellement urbains dite « SRU » applicables aux communes seront pérennisés tout en prenant davantage en compte les réalités locales.

La prise en charge du financement du revenu de solidarité active (RSA) par l'État sera expérimentée dans les départements volontaires, ce qui permettra de dégager des moyens nouveaux au profit de la politique d'insertion.

Les régions pourront poursuivre leurs actions de préservation de la biodiversité via la gestion des sites Natura 2000.

Les collectivités pourront enfin financer des établissements de santé ou recruter du personnel soignant pour les centres de santé qu'elles gèrent.

3. La **déconcentration**, pour rapprocher l'État du terrain, dans une logique d'appui et de contractualisation avec les collectivités territoriales. Le Gouvernement pourra, par exemple, faciliter le recours par les collectivités aux capacités d'appui en ingénierie du Centre d'études et d'expertise sur les risques, l'environnement, la mobilité et l'aménagement (CEREMA), établissement public de l'État.

Le préfet de région sera désormais le délégué territorial de l'Agence de l'environnement et de la maîtrise de l'énergie (ADEME), ce qui permettra de garantir sa bonne articulation avec l'action des autres services de l'État.

4. La **décomplexification de l'action publique locale**, pour simplifier le fonctionnement des collectivités territoriales et des établissements de l'État au bénéfice du citoyen. À titre d'exemple, afin d'éviter aux usagers de redonner à plusieurs reprises les mêmes informations à l'administration, les différentes administrations pourront s'échanger plus facilement les données utiles dans un cadre transparent.

La loi offre ainsi aux collectivités des leviers pour faire face aux défis sociaux, environnementaux et économiques auxquels elles sont quotidiennement confrontées, dans le cadre d'un partenariat rénové avec l'État, en favorisant les initiatives locales et en valorisant la diversité des territoires. » (extraits du communiqué de presse au Conseil des ministres du 12 mai 2021).

12. Les principaux modes d'élection locale et leurs conséquences

1. La commune

Les institutions communales sont généralement assez bien connues des citoyens : même si le conseil qui gère la commune n'est pas baptisé conseil communal mais conseil municipal, si son exécutif n'est pas le président du conseil municipal mais le maire, ces institutions sont suffisamment anciennes (la commune date du 14 décembre 1789) et proches des habitants pour que ceux-ci les connaissent.

L'article L. 2121-1 du Code général des collectivités territoriales dispose que « le corps municipal de chaque commune se compose du conseil municipal, du maire et d'un ou de plusieurs adjoints ».

On parle souvent de manière impropre de « la mairie » en confondant commune et mairie. La mairie ne jouit évidemment pas de la personnalité juridique et n'est rien d'autre que le bâtiment qui accueille tout ou partie des services de la commune, où siège le conseil municipal et où se trouve le bureau du maire.

Autre terme souvent mal employé, celui de « municipalité » : la municipalité n'est pas la commune, mais désigne les organes qui l'administrent (maire, adjoints au maire, conseillers municipaux).

A. L'élection du conseil municipal

Le principe de l'élection du conseil municipal date de la loi du 21 mars 1831.

Ainsi, les membres du conseil municipal sont élus au suffrage universel direct.

Leur mandat est de 6 ans et le renouvellement est intégral tous les six ans.

Participent à l'élection tous les électeurs inscrits sur la liste électorale de la commune, circonscription unique.

L'âge d'éligibilité est, pour tous les mandats locaux, de 18 ans. On croit parfois à tort qu'il faut être âgé de 21 ans pour être élu maire : ce n'est plus vrai aujourd'hui.

Le nombre de conseillers municipaux dépend du nombre d'habitants de la commune. Il est fixé comme suit par l'article L. 2121-2 du Code général des collectivités territoriales :

–	moins de 100 habitants : 7 conseillers*
–	100 à 499 habitants : 11 conseillers
–	500 à 1 499 habitants : 15 conseillers
–	1 500 à 2 499 habitants : 19 conseillers
–	2 500 à 3 499 habitants : 23 conseillers
–	3 500 à 4 999 habitants : 27 conseillers
–	5 000 à 9 999 habitants : 29 conseillers
–	10 000 à 19 999 habitants : 33 conseillers
–	20 000 à 29 999 habitants : 35 conseillers
–	30 000 à 39 999 habitants : 39 conseillers
–	40 000 à 49 999 habitants : 43 conseillers
–	50 000 à 59 999 habitants : 45 conseillers
–	60 000 à 79 999 habitants : 49 conseillers
–	80 000 à 99 999 habitants : 53 conseillers
–	100 000 à 149 999 habitants : 55 conseillers
–	150 000 à 199 999 habitants : 59 conseillers
–	200 000 à 249 999 habitants : 61 conseillers
–	250 000 à 299 999 habitants : 65 conseillers
–	300 000 habitants et plus : 69 conseillers
–	Lyon : 73 conseillers
–	Marseille : 101 conseillers
–	Paris : 163 conseillers

* modifié par la loi n° 2013-403 du 17 mai 2013 –art. 28, qui abaisse de 9 à 7 le nombre de conseillers dans les communes de moins de 100 habitants

L'article 38 de la loi du **27 décembre 2019 relative à l'engagement dans la vie locale et à la proximité de l'action publique dispose en outre que** « par dérogation à l'article L. 2121-2, dans les communes de **moins de 100 habitants**, le conseil municipal est réputé complet dès lors que le conseil municipal compte au moins **cinq membres** à l'issue du second tour du renouvellement général du conseil municipal ou d'une élection complémentaire ».

« Il en va de même dans les **communes de 100 à 499 habitants**, dès lors que le conseil municipal compte au moins **neuf membres** à l'issue du second tour du renouvellement général du conseil municipal ou d'une élection complémentaire »

Le nombre d'habitants détermine aussi le mode de scrutin, majoritaire dans les communes de moins de 1 000 habitants, « mixte » (majoritaire et proportionnel) dans les communes de 1 000 habitants et plus depuis la réforme opérée par la loi du 17 mai 2013.

Pour mémoire, cette loi a abaissé de 3 500 à 1 000 habitants le seuil à partir duquel le scrutin est un scrutin de liste « mixte » (majoritaire et proportionnel).

Plus précisément, depuis la loi du 17 mai 2013 qui s'est appliquée pour la première fois aux élections municipales de mars 2014 :

■ Dans les **communes de moins de 1 000 habitants**

Le scrutin est majoritaire, plurinominal, à deux tours. Les candidats se présentent sur une liste, mais les électeurs peuvent modifier les listes, panacher, ajouter ou supprimer des candidats sans que le vote soit nul. Les listes incomplètes et les candidatures individuelles sont autorisées. Contrairement aux règles en vigueur dans les communes de 1 000 habitants et plus, il n'existe pas d'obligation de parité femmes-hommes.

Une déclaration de candidature est désormais obligatoire, une candidature au seul second tour étant possible si le nombre de candidats au premier tour est inférieur au nombre de sièges à pourvoir.

Obtiennent un siège au conseil municipal, dès le premier tour, les candidats remplissant une condition : avoir obtenu la majorité absolue des suffrages exprimés et recueilli au moins un quart des suffrages des électeurs inscrits. Les suffrages sont décomptés individuellement par candidat et non par liste.

Pour les sièges restant à pourvoir, un second tour est organisé : l'élection a alors lieu à la majorité relative, quel que soit le nombre de votants. Les candidats obtenant le plus grand nombre de voix sont élus. Si plusieurs candidats obtiennent le même nombre de suffrages, l'élection est acquise pour le plus âgé.

Dans les communes de moins de 1 000 habitants, les conseillers communautaires (c'est-à-dire ceux qui représentent les communes dans les organes intercommunaux) sont les membres du conseil municipal désignés « dans l'ordre du tableau » (maire, premier adjoint, deuxième adjoint…)

■ Dans les **communes de plus 1 000 habitants et plus**

Les conseillers municipaux sont élus au scrutin de liste, à deux tours, majoritaire avec prime accordée à la liste arrivée en tête et proportionnel. Les listes doivent être complètes, sans possibilité pour l'électeur de modifier l'ordre de présentation.

Les listes doivent être composées d'autant de femmes que d'hommes, avec alternance obligatoire une femme/un homme ou inversement.

Le dépôt d'une déclaration de candidature est exigé pour chaque tour de scrutin. Un candidat ne peut l'être dans plus d'une circonscription électorale, ni sur plus d'une liste.

Au premier tour, la liste qui obtient la majorité absolue des suffrages exprimés (50 % des voix plus une) reçoit un nombre de sièges égal à la moitié des sièges à pourvoir. Les autres sièges sont répartis à la représentation proportionnelle à la plus forte moyenne entre toutes les listes ayant obtenu plus de 5 % des suffrages exprimés en fonction du nombre de suffrage obtenus, y compris la liste ayant obtenu la majorité absolue.

Lors de l'éventuel second tour, seules les listes ayant obtenu au premier tour au moins 10 % des suffrages exprimés sont autorisées à se maintenir. Elles peuvent connaître des modifications, notamment par fusion avec d'autres listes pouvant se maintenir ou fusionner.

En effet, les listes ayant obtenu au moins 5 % des suffrages exprimés peuvent fusionner avec une liste ayant obtenu plus de 10 %. La répartition des sièges se fait alors comme lors du premier tour, la liste ayant obtenu le plus de voix recevant un nombre de sièges égal à la moitié des postes à pourvoir et bénéficiant de la répartition proportionnelle des postes restants.

Les conseillers communautaires sont désormais élus au suffrage universel direct, par fléchage, dans le cadre des élections municipales. Les électeurs désignent par le même bulletin de vote les élus au conseil municipal et les élus aux structures intercommunales : le bulletin de vote comprend en effet deux listes (on parle de « fléchage »), une pour les candidats au conseil municipal, une pour les candidats aux sièges de conseillers communautaires.

Exemple :

Pour expliquer simplement le système (sans entrer dans les subtilités du mode de calcul de la répartition proportionnelle à la plus forte moyenne), prenons l'exemple d'une commune de 39 000 habitants.

La liste qui obtient au premier tour 56 % des voix obtient la moitié des 39 sièges à pourvoir, soit 20 sièges, et 56 % des 19 sièges restant à pourvoir, soit de 10 à 11 sièges.

Les autres listes qui ont obtenu au moins 5 % des suffrages vont participer, selon le nombre de suffrages exprimés qu'elles ont recueillis, à la répartition des sièges restants. Une liste qui a obtenu 31 % des suffrages obtiendra ainsi 31 % des 19 sièges à pourvoir, soit de 5 à 6 sièges.

Ce mode de scrutin présente le double avantage de permettre à la fois des **majorités fortes** au sein des conseils municipaux **et** une **représentation des minorités**.

Si aucune liste n'obtient la majorité absolue au premier tour, un second tour est nécessaire, auquel ne peuvent participer que les listes qui ont obtenu 10 % ou plus des suffrages exprimés. La liste arrivée en tête obtient la majorité des sièges et participe avec les autres listes, à la répartition proportionnelle des sièges restants (même système qu'au premier tour).

La **loi n° 2007-128 du 31 janvier 2007 tendant à promouvoir l'égal accès des femmes et des hommes aux mandats électoraux et fonctions électives** avait modifié la présentation des listes aux élections municipales dans les communes de 3 500 habitants et plus. Jusqu'alors, au total de la liste « l'écart entre le nombre de candidats de chaque sexe ne (pouvait) être supérieur à un », et « au sein de chaque groupe entier de six candidats dans l'ordre de présentation de la liste (devait) figurer un nombre égal de candidats de chaque sexe ».

Désormais, et depuis les élections municipales de mars 2008, il doit y avoir une alternance stricte dans la présentation de la liste entre « un homme, une femme, un homme, une femme »… ou, bien sûr « une femme, un homme, une femme, un homme »… (c'est le principe dit « chabadabada »).

Deuxième mesure, l'institution de la parité pour la désignation des adjoints au maire. Pour ce faire, l'élection des adjoints est déconnectée de l'élection du maire : dans les communes de 3 500 habitants et plus, les adjoints au maire sont élus au scrutin de liste, « l'écart entre le nombre de candidats de chaque sexe au sein de chaque liste ne pouvant être supérieur à un ».

Ces dispositions, qui s'appliquent dorénavant aux communes de 1 000 habitants et plus, ont été modifiées par la loi du 27 décembre 2019 relative à l'engagement dans la vie locale et à la proximité de l'action publique : désormais, « la liste (des adjoints au maire) est composée alternativement d'une personne de chaque sexe ».

B. L'élection du maire

Le maire est élu par le conseil municipal qui se réunit au plus tôt le vendredi et au plus tard le dimanche qui suit l'élection du conseil au complet. Il est élu à bulletin secret. La séance est présidée par le doyen (le conseiller municipal le plus âgé) du conseil.

La majorité (c'est-à-dire plus de la moitié) des conseillers municipaux en exercice doit être présente. À défaut, le conseil reconvoqué à trois jours d'intervalle élit valablement le maire quel que soit le nombre de conseillers présents.

On dit parfois que le maire est élu « par les habitants de la commune », ce qui n'est pas juridiquement exact : si les électeurs peuvent légitimement augurer de l'élection comme maire de la « tête de liste » de la liste majoritaire, le futur maire est d'abord, comme une partie de ses colistiers, élu conseiller municipal, mais il ne deviendra maire qu'une fois élu maire par le conseil municipal. Il est donc élu maire au suffrage universel indirect, et non directement par les électeurs de la commune.

Pour être élu maire, il faut obtenir la majorité absolue des suffrages exprimés des conseillers municipaux aux deux premiers tours. Si, après deux tours, aucun candidat n'a obtenu la majorité, on procède à un troisième tour et l'élection a lieu à la majorité relative.

Après l'élection du maire, le conseil municipal fixe par délibération le nombre des adjoints (au maximum 30 % de l'effectif légal du conseil municipal) puis procède à leur élection.

C. L'élection des adjoints au maire

Les adjoints au maire, souvent improprement baptisés « maires adjoints », sont également élus par le conseil municipal en son sein, avec les mêmes règles de majorité que le maire.

Dans les communes de 3 500 habitants et plus et, à compter des élections de 2014, de 1 000 habitants et plus, les adjoints au maire sont, depuis la loi du 31 janvier 2007 qui s'est appliquée pour la première fois aux élections municipales de mars 2008, élus au scrutin de liste à la majorité absolue.

La liste est désormais composée alternativement d'une personne de chaque sexe.

Si, après deux tours, aucune liste n'a obtenu la majorité absolue, il est procédé à un troisième tour et l'élection a lieu à la majorité relative.

Ces dispositions s'appliquent désormais aux communes de 1 000 habitants et plus.

Ainsi, on ne devient pas adjoint au maire par délégation du maire, on devient adjoint au maire parce qu'on est élu adjoint au maire par le conseil municipal avant de bénéficier d'une délégation de pouvoir du maire.

À noter que le retrait par le maire d'une délégation à un adjoint ne le prive pas de son mandat d'adjoint. Elle le prive en revanche des indemnités qu'il perçoit en tant qu'adjoint au maire.

2. Le département

Le conseil général qui, avec la loi du 17 mai 2013, devient le conseil départemental, constitue l'organe délibérant du département, le président du conseil départemental et les vice-présidents de l'exécutif du département.

Il était très fréquent que les départements se fassent appeler « conseil général », sans doute pour éviter toute confusion avec le département circonscription administrative déconcentrée de l'État. Des fonctionnaires territoriaux se disaient ainsi souvent « agents du conseil général de... » alors que, en toute rigueur, ils sont agents du département de...

Indéniablement, la terminologie n'était pas de nature à faciliter la compréhension du fonctionnement de nos institutions : une assemblée baptisée conseil général réglait par ses délibérations les affaires du département, les conseillers généraux étant élus lors d'élections cantonales. Élire les conseillers départementaux lors d'élections départementales est certainement beaucoup plus clair... Sans parler du renouvellement par moitié du conseil général tous les trois ans, qui était loin d'être compris de tous, auquel la réforme de 2010 avait mis fin avec l'institution des conseillers territoriaux. La loi du 17 mai 2013 maintient les conseillers généraux, devenus conseillers départementaux, mais abolit le renouvellement par moitié tous les trois ans.

A. L'élection du conseil départemental

Le canton a été créé par la loi du 22 décembre 1789. Il n'est plus aujourd'hui que la circonscription électorale dans le cadre de laquelle les conseillers départementaux sont élus. Le principe de l'élection du conseil général, devenu conseil départemental, remonte à la loi du 22 juin 1833.

Depuis 1871, les conseillers généraux sont élus au suffrage universel direct, pour six ans. L'élection s'effectue dans le cadre du canton à raison d'un représentant par canton.

Les conseils généraux étaient, jusqu'à la réforme de 2010, renouvelables par moitié tous les trois ans : cela signifiait concrètement que, dans un département donné, on votait l'année N dans un canton sur deux afin d'élire pour 6 ans un conseiller général, et l'année N + 3 dans les autres cantons.

Le conseil général étant ainsi renouvelé par moitié tous les trois ans, la durée du mandat du président du conseil général n'était que de trois ans.

Les conseillers généraux étaient élus au scrutin uninominal (ce qui signifie que l'on vote pour une personne et non pour une liste) majoritaire à deux tours : la majorité absolue est requise au premier tour ; seuls peuvent accéder au second tour les candidats qui se sont présentés au premier tour et qui ont obtenu au moins 10 % du nombre d'électeurs inscrits.

La réforme des collectivités territoriales opérée par la loi du 16 décembre 2010 a porté ce pourcentage à 12,5 % des inscrits, modification mise en œuvre dès les élections cantonales de mars 2011.

Les conseillers départementaux élus en 2015 ont été élus au scrutin binominal majoritaire à deux tours (une personne de chaque sexe) dans le cadre de cantons élargis.

Les conseillers généraux élus en mars 2011 avaient vu leur mandat réduit à trois ans, jusqu'en mars 2014, date à laquelle devaient être élus pour six ans les conseillers territoriaux qui devaient remplacer conseillers généraux et conseillers régionaux. **La règle du renouvellement par moitié des conseillers généraux tous les trois ans a ainsi pris fin.** La loi du 17 mai 2013 confirme l'abolition de ce renouvellement par moitié tous les 3 ans.

B. L'élection du président du conseil départemental

L'élection du président du conseil général avait (jusqu'à la réforme de 2010) lieu à l'issue de tout renouvellement triennal.

Son mandat était donc de trois ans. Il était élu à la majorité absolue des membres du conseil général pour une durée de trois ans. Comme pour l'élection du maire, la majorité absolue est requise aux deux premiers tours et la majorité relative suffit en cas de troisième tour. Cette durée de mandat réduite à trois ans disparaît avec l'élection en 2014 des conseillers départementaux élus pour six ans dans tous les cantons.

Comme dans l'élection du maire par le conseil municipal, un quorum est requis : le conseil départemental ne peut, dans ce cas, délibérer que si les deux tiers de ses membres sont présents. Si cette condition n'est pas remplie, la réunion se tient de plein droit trois jours plus tard. La réunion peut alors avoir lieu sans condition de quorum.

Le président du conseil départemental élu en 2015 l'est donc pour 6 ans.

C. L'élection des vice-présidents, de la commission permanente et du bureau

a. La commission permanente

« Le conseil départemental élit les membres de la commission permanente.

La commission permanente est composée du président du conseil départemental, de quatre à quinze vice-présidents, sous réserve que le nombre de ceux-ci ne soit pas supérieur à 30 % de l'effectif du conseil, et éventuellement d'un ou plusieurs autres membres » (article L. 3122-4 du CGCT).

Aussitôt après l'élection du président et sous sa présidence, le conseil départemental fixe le nombre des vice-présidents et des autres membres de la commission permanente.

Les membres de la commission permanente autres que le président sont élus au scrutin de liste. Chaque conseiller départemental peut présenter une liste de candidats, qui doit être composée alternativement d'un candidat de chaque sexe.

Les listes sont déposées auprès du président dans l'heure qui suit la décision du conseil départemental relative à la composition de la commission permanente. Si, à l'expiration de ce délai, une seule liste a été déposée, les différents sièges de la commission permanente sont alors pourvus immédiatement dans l'ordre de la liste et il en est donné lecture par le président.

Dans le cas contraire, le conseil départemental procède d'abord à l'élection de la commission permanente, à la représentation proportionnelle à la plus forte moyenne, sans panachage ni vote préférentiel. Les sièges sont attribués aux candidats dans l'ordre de présentation sur chaque liste. Si plusieurs listes ont la même moyenne pour l'attribution du dernier siège, celui-ci revient à la liste qui a obtenu le plus grand nombre de suffrages. En cas d'égalité de suffrages, le siège est attribué au plus âgé des candidats susceptibles d'être proclamés élus. Si le nombre de candidats figurant sur une liste est inférieur au nombre de sièges qui lui reviennent, le ou les sièges non pourvus sont attribués à la ou aux plus fortes moyennes suivantes.

Après la répartition des sièges de la commission permanente, le conseil départemental procède à l'élection des vice-présidents au scrutin de liste à la majorité absolue, sans panachage ni vote préférentiel. Sur chacune des listes, l'écart entre le nombre des candidats de chaque sexe ne peut être supérieur à un. Si, après deux tours de scrutin, aucune liste n'a obtenu la majorité absolue, il est procédé à un troisième tour de scrutin et l'élection a lieu à la majorité relative. En cas d'égalité de suffrages, les candidats de la liste ayant la moyenne d'âge la plus élevée sont élus.

Les membres de la commission permanente autres que le président sont nommés pour la même durée que le président. »

b. Le bureau

Le bureau du conseil départemental est composé du président du conseil départemental et des vice-présidents, ainsi qu'éventuellement des autres membres de la commission permanente, auxquels le président a délégué l'exercice d'une partie de ses fonctions (articles L. 3122-8 et L. 3221-3 du Code général des collectivités territoriales).

3. La région

Le conseil qui gère la région est le conseil régional, l'exécutif de la région le président du conseil régional.

A. L'élection du conseil régional

Jusqu'à la décentralisation, la région était un établissement public aux compétences limitativement énumérées par la loi, administré par un simple conseil d'administration.

La loi du 2 mars 1982 transforme la région en collectivité territoriale en instituant l'élection des conseillers régionaux au suffrage universel direct.

Le mode d'élection des conseillers régionaux a été fixé par la loi du 10 juillet 1985, modifiée par la loi du 19 janvier 1999 puis par la loi du 11 avril 2003.

Les premières élections régionales ont eu lieu en 1986.

Les conseillers régionaux sont élus pour 6 ans au suffrage universel direct comme les conseillers municipaux et les conseillers départementaux. Comme les conseils municipaux et, désormais, les conseils départementaux, les conseils régionaux sont intégralement renouvelés tous les 6 ans.

Jusqu'aux élections régionales de 2004, les conseillers régionaux étaient élus au scrutin de liste proportionnel à un tour, les listes étant établies dans le cadre du département. Pour remédier à l'éparpillement des sièges entre de nombreuses listes rendant difficile l'administration des régions faute de majorités stables et aboutissant parfois à l'élection d'exécutifs peu représentatifs du vote des électeurs, la loi du 11 avril 2003 modifie fondamentalement le mode de scrutin. À noter que la réforme de 1999, qui réduisait de 6 à 5 ans le mandat des conseillers généraux, n'a jamais produit d'effets, la loi de 2003, précédant le renouvellement général suivant celui de 1998, conservant le mandat de 6 ans. Cette loi a toutefois semé le trouble dans les esprits, les candidats aux concours, notamment, affirmant encore parfois que la durée du mandat des conseillers régionaux serait de 5 ans.

Ainsi, les listes sont établies au niveau régional, mais les candidats sont répartis en sections départementales, le nombre de sièges étant calculé globalement pour chaque liste au niveau régional puis réparti entre les sections départementales en fonction du nombre de suffrages obtenus par chaque section.

Lors du premier tour de scrutin, si une liste obtient la majorité absolue des suffrages exprimés, elle obtient le quart des sièges à pourvoir. Les autres sièges sont répartis à la représentation proportionnelle entre toutes les listes ayant obtenu au moins 5 % des suffrages, dont la liste ayant obtenu la majorité absolue.

Si aucune liste n'obtient la majorité absolue, au second tour, la liste qui arrive en tête obtient le quart des sièges, les autres sièges étant répartis à la proportionnelle entre toutes les listes ayant obtenu au moins 5 % des suffrages, dont la liste arrivée en tête.

Seules peuvent se maintenir au deuxième tour les listes qui ont obtenu 10 % ou plus des suffrages exprimés.

On le voit, ce mode de scrutin est directement inspiré de celui mis en œuvre dans les communes de 1 000 habitants et plus, à la différence près que la « prime majoritaire » n'est pas, pour l'élection du conseil régional, de la moitié mais du quart des sièges.

La loi du 31 janvier 2007 tendant à promouvoir l'égal accès des femmes et des hommes aux mandats électoraux et fonctions électives avait modifié les règles de composition des listes : comme dans les communes de 3 500 habitants et plus (désormais 1 000 et plus), les listes doivent être composées alternativement d'un candidat de chaque sexe. La parité est également étendue aux listes de candidats vice-présidents et membres de la commission permanente.

La durée du mandat des conseillers régionaux élus en mars 2010 avait été ramenée à 4 ans afin que soient élus en mars 2014 les conseillers territoriaux qui devaient remplacer les conseillers généraux et les conseillers régionaux et constituer les assemblées délibérantes du département et de la région.

L'élection à compter de 2014 des conseillers territoriaux au scrutin uninominal à deux tours dans le cadre de cantons élargis, mettant fin à l'élection des conseillers régionaux au scrutin de liste sur la base de listes paritairement composées de candidats des deux sexes, aurait inévitablement fait régresser la parité hommes-femmes en politique, la pénalité financière pesant sur le financement public des partis politiques qui « ne jouent pas le jeu » de la parité se révélant bien moins opérante que l'obligation de listes paritaires.

Ils auront finalement été élus pour 6 ans en 2015, dans le cadre d'un scrutin de liste inchangé garantissant la parité hommes-femmes.

B. L'élection du président du conseil régional

Le président du conseil régional est élu selon les mêmes conditions que le maire et le président du conseil départemental (majorité absolue pour les deux premiers tours et majorité relative pour le troisième tour).

La durée de son mandat est de 6 ans, comme celui du maire, et, désormais, du président du conseil départemental.

C. L'élection des vice-présidents, de la commission permanente et du bureau

Si la durée de leur mandat différait de celle en vigueur pour les conseils généraux (6 ans pour l'exécutif régional au lieu de 3 pour l'exécutif départemental jusqu'aux réformes de 2010 puis 2013), les modes de désignation sont identiques à ceux de l'exécutif départemental.

13. Les modes de fonctionnement des collectivités territoriales et de leurs établissements publics

1. La commune

A. Le fonctionnement et les attributions du conseil municipal

Le conseil municipal se réunit au minimum une fois par trimestre (donc quatre fois par an) sur convocation du maire. Le délai de convocation est de 5 jours pour les communes de 3 500 habitants et plus, 3 jours francs pour les communes de moins de 3 500 habitants. La convocation contient l'ordre du jour du conseil municipal. Dans les communes de 3 500 habitants et plus, l'ordre du jour est accompagné de notes explicatives de synthèse sur les affaires soumises à délibération.

La convocation est transmise de manière dématérialisée ou, si les conseillers municipaux en font la demande, adressée par écrit à leur domicile ou à une autre adresse.

Le maire peut réunir l'assemblée chaque fois qu'il le juge utile. Il est tenu de réunir le conseil municipal, dans les trente jours qui suivent la demande motivée :

- d'un tiers au moins des conseillers ou de la moitié (communes de moins de 3 500 habitants) ;
- du préfet.

Le Code général des collectivités territoriales dispose (article L. 2121-29) que « le conseil municipal règle par ses délibérations les affaires de la commune ». Le conseil municipal ne peut délibérer que lorsque la majorité absolue des membres en exercice assiste à la séance. Si le quorum n'est pas atteint, une seconde convocation est adressée aux membres du conseil. Dans ce cas, quel que soit le nombre de membres présents, le conseil peut valablement délibérer.

Les séances du conseil municipal sont publiques. Toutefois, le conseil municipal peut décider sur demande du maire ou de trois conseillers, par un vote acquis sans débat, dans les conditions de l'article L. 2121-18 du Code général des collectivités territoriales, qu'il se réunit à huis clos. Le président peut donner la parole à un citoyen présent dans la salle du conseil : cette décision vaut suspension de séance.

Le conseil municipal exerce ainsi ses compétences au moyen de **délibérations**, acte juridique fondamental en matière de gestion des collectivités territoriales, prises à la majorité absolue des suffrages exprimés. Les délibérations sont exécutoires de plein droit dès qu'il a été procédé à leur publication ou à leur notification aux intéressés ainsi qu'à leur transmission au représentant de l'État dans le département ou à son délégué dans l'arrondissement.

Le conseil municipal peut aussi émettre des avis, lorsqu'ils sont requis par une loi ou un règlement ou sur invitation du préfet.

Il peut enfin émettre des vœux sur toute question d'intérêt local. Par ailleurs, les questions orales permettent à tout conseiller municipal de poser des questions en cours de séance sur les affaires de la commune. Le règlement intérieur du conseil municipal fixe notamment les règles applicables à ces questions orales.

Ainsi, le conseil municipal :

- assure la gestion financière de la commune : il discute et vote le budget. Il fixe notamment les taux d'imposition ainsi que les principes et modalités des emprunts. Il approuve le compte de gestion et le compte administratif ;
- gère le patrimoine communal (administration du patrimoine privé et public de la commune : acquisition, location, aliénation des propriétés communales ; travaux communaux) ;
- crée et organise les services publics municipaux. Certains services sont obligatoires (état civil, pompes funèbres, aide sociale...), d'autres sont facultatifs ;
- prend les décisions de principe concernant les contrats et travaux ;
- autorise les actions en justice intentées au nom de la commune ;
- est chargé de la création des écoles et classes maternelles et élémentaires, après avis du représentant de l'État ;
- désigne des membres ou des délégués pour siéger dans des organismes extérieurs.

Le conseil municipal peut également **déléguer une partie de ses attributions**, limitativement énumérées par l'article L. 2122-20 du Code général des collectivités territoriales, au maire qui doit alors prendre personnellement les décisions entrant dans le champ de cette délégation sans pouvoir les déléguer à son tour.

Parmi les compétences qui peuvent être déléguées au maire par le conseil municipal, citons par exemple :

- la fixation et la modification de l'affectation des propriétés communales utilisées par les services municipaux ;
- la fixation de certains droits de voirie et de droits prévus au profit de la commune qui n'ont pas un caractère fiscal, dans les limites fixées par le conseil municipal ;
- la réalisation d'emprunts destinés au financement des investissements prévus au budget, dans les limites fixées par le conseil municipal ;
- la passation et le règlement de certains marchés de gré à gré, lorsque les crédits sont prévus au budget ;
- la passation de contrats d'assurance ;
- la création de régies comptables ;
- la délivrance et la reprise des concessions dans les cimetières ;
- la création de classes dans les établissements d'enseignement ;
- l'exercice au nom de la commune des droits de préemption définis par le Code de l'urbanisme ;

– l'exercice des actions en justice au nom de la commune dans les cas définis par le conseil municipal.

Le maire doit rendre compte au conseil municipal à chacune de ses réunions obligatoires des décisions qu'il a prises sur délégation. Le conseil municipal peut toujours décider de mettre fin aux délégations qu'il a accordées au maire.

Les affaires examinées par le conseil municipal sont préalablement étudiées par des commissions municipales (consultatives).

Le maire préside le conseil municipal, ouvre et clôt les séances, exerce la « police de l'assemblée ».

Le conseil municipal adopte à la majorité absolue des délibérations, des avis et des vœux. Le scrutin peut être à main levée (ordinaire), public ou secret.

Les délibérations sont rendues publiques grâce au compte rendu et au registre des délibérations.

Les communes de 3 500 habitants et plus sont soumises à des obligations de publicité dans un recueil des actes administratifs.

B. Les attributions du maire

Le maire est un élu local traditionnellement caractérisé par sa « double casquette », celle d'agent de l'État d'une part, celle d'agent de la commune d'autre part.

a. Le maire, agent de l'État

Le maire est chargé d'attributions qu'il exerce au nom de l'État sur le territoire de la commune, soit sous l'autorité du préfet, soit sous celle du procureur de la République.

Sous l'autorité du préfet, le maire :

– publie et exécute les lois et règlements dans la commune, et assure l'exécution des mesures de sûreté générale ;

– organise les élections politiques et professionnelles et révise les listes électorales ;

– participe aux opérations de recensement démographique et militaire ;

– est le correspondant de différents services de l'État et délivre à ce titre différents documents administratifs (cartes nationales d'identité, passeports, validation annuelle des permis de chasser…).

Le préfet peut, dans le cadre de l'exercice de ces pouvoirs, adresser des instructions et des injonctions au maire et se substituer à lui en cas de carence. Les décisions prises par le maire engagent la responsabilité de l'État et le préfet peut les modifier ou les annuler.

Sous l'autorité du procureur de la République, le maire :

– exerce les fonctions d'officier de police judiciaire (OPJ) ;

– est officier d'état civil : il célèbre les mariages, enregistre les naissances et les décès, délivre des copies et extraits des registres d'état civil.

b. Le maire, représentant de la commune

Le maire est l'exécutif de la commune.

Il détient des pouvoirs :

– financiers (il prépare, propose et exécute le budget) ;

– patrimoniaux (il gère le patrimoine de la commune, dirige les services municipaux en régie et contrôle les établissements publics communaux) ;

– juridiques (il conclut les marchés et les contrats au nom de la commune).

Le maire est également le chef du personnel communal.

Il est l'autorité de police municipale, garant du bon ordre, de la sécurité et de la salubrité publiques.

2. Le département

A. Le fonctionnement et les attributions du conseil départemental

L'article L. 3211-1 du Code général des collectivités territoriales dispose que « le conseil départemental règle par ses délibérations les affaires du département dans les domaines de compétences que la loi lui attribue.

Il est compétent pour mettre en œuvre toute aide ou action relative à la prévention ou à la prise en charge des situations de fragilité, au développement social, à l'accueil des jeunes enfants et à l'autonomie des personnes. Il est également compétent pour faciliter l'accès aux droits et aux services des publics dont il a la charge.

Il a compétence pour promouvoir les solidarités et la cohésion territoriale sur le territoire départemental, dans le respect de l'intégrité, de l'autonomie et des attributions des régions et des communes ».

Le conseil départemental se réunit à l'initiative de son président, au moins une fois par trimestre, ou sur demande de la commission permanente, ou du tiers des conseillers départementaux.

Le président convoque le conseil, en adressant douze jours avant la séance aux conseillers départementaux un ordre du jour accompagné d'un rapport sur chacune des affaires soumises à délibération. L'ordre du jour est arrêté par le président et par la commission permanente.

Le conseil départemental ne peut valablement délibérer que si la majorité absolue de ses membres est présente. Pour être valables, les décisions doivent être adoptées à la majorité des suffrages exprimés.

Les séances sont publiques (sauf si le conseil départemental décide le huis clos ou si le président du conseil départemental, dans le cadre de ses pouvoirs de « police des séances », restreint l'accès du public). Avec l'accord du président ou sur demande du Premier ministre, le préfet du département peut être entendu.

Le conseil départemental :

– discute et vote le budget départemental ;

– statue sur l'acceptation des dons et legs faits au département ;

– crée et supprime les services publics départementaux et en fixe les règles d'organisation.

B. Les attributions du président du conseil départemental

Exécutif du conseil départemental, le président du conseil départemental prépare et exécute les délibérations de ce conseil.

Il exerce la police de l'assemblée départementale en assurant le maintien de l'ordre public pendant les séances.

Le président peut déléguer, comme le maire à ses adjoints, l'exercice d'une partie de ses fonctions aux vice-présidents. Ensemble, ils constituent le bureau.

Les délégations peuvent être annulées à tout moment.

Ordonnateur des dépenses du département, il prescrit l'exécution des recettes. Chaque année, il rend compte au conseil de la situation du département.

Le président gère le domaine du département et est titulaire du pouvoir de police domaniale. Il dispose aussi de pouvoirs de police particuliers, notamment en matière de circulation.

Le président du conseil départemental est « seul chargé de l'administration ». Il est donc le chef des services du département. Il peut cependant disposer, en cas de besoin, des services déconcentrés de l'État.

Chaque année, le président rend compte au conseil départemental par un rapport spécial de la situation du département, qui précise notamment l'état d'exécution des délibérations adoptées et la situation financière du département. Le préfet quant à lui informe aussi chaque année le conseil départemental de l'activité des services de l'État dans le département.

3. La région

A. Le fonctionnement et les attributions du conseil régional

Le Code général des collectivités territoriales dispose que « le conseil régional règle par ses délibérations les affaires de la collectivité dans les domaines de compétence que la loi lui attribue ».

Comme le conseil départemental, le conseil régional se réunit à l'initiative de son président, au moins une fois par trimestre, ou sur demande de la commission permanente, ou du tiers des conseillers régionaux.

Le président convoque le conseil, en adressant douze jours avant la séance aux conseillers régionaux un ordre du jour accompagné d'un rapport sur chacune des affaires soumises à délibération. L'ordre du jour est arrêté par le président et par la commission permanente.

Le conseil régional ne peut valablement délibérer que si la majorité absolue de ses membres est présente. Pour être valables, les décisions doivent être adoptées à la majorité des suffrages exprimés.

Les séances sont publiques (sauf si le conseil régional décide le huis clos ou si le président du conseil régional, dans le cadre de ses pouvoirs de « police des séances », restreint l'accès du public). Avec l'accord du président ou sur demande du Premier ministre, le préfet du département peut être entendu.

Le conseil régional :

– discute et vote le budget régional ;

– statue sur l'acceptation des dons et legs faits à la région ;

– crée et supprime les services publics régionaux et en fixe les règles d'organisation.

B. Les attributions du président du conseil régional

À l'instar du président du conseil départemental, le président du conseil régional :

– prépare et exécute les délibérations du conseil régional ;

– est l'ordonnateur des dépenses de la région et prescrit l'exécution des recettes ;

– est seul chargé de l'administration ;

– gère le domaine de la région ;

– intente les actions en justice au nom de la région en vertu d'une décision du conseil régional.

C. Le conseil économique, social et environnemental régional (CESER)

Le conseil économique et social régional est une assemblée consultative souvent méconnue représentant les « forces vives » de la région ou « la société civile organisée de la région ». Il comprend entre 40 et 110 membres suivant les régions, appartenant à quatre collèges :

– le collège des entreprises et activités non salariées (35 % des sièges) ;

– le collège des organisations syndicales de salariés (35 % des sièges) ;

– le collège des organismes participant à la vie collective de la région (25 % des sièges) ;

– le collège des personnalités qualifiées participant au développement régional (5 % des sièges).

Ses membres sont désignés pour six ans renouvelables par les différents collèges.

Le CESER est obligatoirement saisi pour avis, avant examen par le conseil régional, notamment des documents relatifs à la préparation et à l'exécution dans la région du plan national, du projet de plan de la région et à son bilan annuel d'exécution, ainsi qu'à tout document de planification et aux schémas directeurs, des documents budgétaires de la région.

Le président du conseil régional peut aussi demander au CESER des avis sur des projets économiques, sociaux ou culturels.

Le CESER peut aussi, de sa propre initiative, émettre des avis sur toute question relevant des compétences de la région.

4. Les établissements publics de coopération intercommunale (EPCI)

A. Intercommunalité de gestion et intercommunalité de projet

L'intercommunalité désigne les différentes formes de **coopération entre les communes par transfert de compétences au bénéfice des établissements qu'elles créent**.

L'article L. 5111-1 du Code général des collectivités territoriales (CGCT) fixe en effet que : « Les collectivités territoriales peuvent s'associer pour l'exercice de leurs compétences en créant des organismes publics de coopération dans les formes et conditions prévues par la législation en vigueur ».

Étant des établissements publics, les EPCI sont régis par le **principe général de spécialité**, c'est-à-dire qu'ils n'exercent que les compétences limitativement énumérées par la loi et ne bénéficient pas de la clause générale de compétence.

L'EPCI agit en lieu et place de ses communes membres. Disposant de ses propres organes (conseil et président) et d'un budget propre, il prend des décisions en son nom propre, indépendamment des conseils municipaux.

On distingue traditionnellement **deux types d'intercommunalité** :

- l'**intercommunalité de gestion**, par laquelle les communes gèrent en commun des services publics locaux. Il s'agit d'une intercommunalité dite **associative**, mise en œuvre par des **établissements publics de coopération intercommunale (EPCI) sans fiscalité propre**, c'est-à-dire dont les ressources dépendent des contributions budgétaires des communes ou d'une contribution fiscalisée (des taux additionnels aux taxes directes locales calculés par l'État, sur la base du produit voté par le syndicat, s'ajoutent aux taux votés par la commune) ;
- l'**intercommunalité de projet**, qui permet la mise en œuvre de projets de développement local, est une intercommunalité **fédérative**, gérée par des **EPCI à fiscalité propre** qui disposent de **recettes fiscales directes**.

« Parmi les EPCI à fiscalité propre, on distingue les EPCI à fiscalité professionnelle unique (FPU) (les métropoles, la plupart des communautés urbaines, les communautés d'agglomération et les syndicats d'agglomération nouvelle) et les EPCI à fiscalité additionnelle (la plupart des communautés de communes appliquent, en principe, la fiscalité additionnelle mais peuvent opter pour la FPU) » (collectivités-locales.gouv.fr).

B. Commission départementale de coopération intercommunale et schéma départemental de coopération intercommunale

La loi n° 2010-1563 du 16 décembre 2010 de réforme des collectivités territoriales (dite « loi RCT ») a renforcé le rôle de la **commission départementale de coopération intercommunale** (CDCI) et prévu l'élaboration d'un **schéma départemental de coopération intercommunale** (SDCI), à caractère prescriptif, visant une rationalisation de la carte intercommunale et la couverture intégrale du territoire par des EPCI à fiscalité propre, sans enclave ni discontinuité territoriales.

La **commission départementale de coopération intercommunale (CDCI)** a été instituée par la loi n° 99-586 du 12 juillet 1999 relative au renforcement et à la simplification de la coopération intercommunale, dite loi Chevènement.
La CDCI compte un nombre minimum de 40 sièges, avec des sièges supplémentaires en fonction de la démographie du département, du nombre et de la taille des communes et des EPCI à fiscalité propre.
Sa composition est la suivante :

- collège des communes : 50 % ;
- collège des EPCI à fiscalité propre : 30 % ;
- collège des syndicats mixtes et syndicats de communes : 5 % ;
- collège du conseil départemental : 10 % ;
- collège du conseil régional : 5 %.

Présidée par le représentant de l'État dans le département, elle joue un rôle essentiel dans **l'élaboration du schéma départemental de coopération intercommunale (SDCI)** :

- elle établit et tient à jour un état de la coopération intercommunale dans le département ;
- elle peut formuler toute proposition pour renforcer cette coopération et, à cet effet, entend, à leur demande, les représentants des collectivités locales concernées.

Le représentant de l'État dans le département la consulte sur :

- tout projet de création d'un établissement public de coopération intercommunale ;
- tout projet de création d'un syndicat mixte ;
- tout projet de modification du périmètre d'un établissement public de coopération intercommunale ou de fusion de tels établissements qui diffère des propositions du schéma départemental de la coopération intercommunale ;
- tout projet d'association de communes en vue de l'élaboration d'une charte intercommunale de développement et d'aménagement.

Elle est saisie par le représentant de l'État dans le département ou à la demande de 20 % de ses membres. Ses propositions et observations sont rendues publiques.

Le **schéma départemental de coopération intercommunale (SDCI)**, institué par loi n° 2010-1563 du 16 décembre 2010 de réforme des collectivités territoriales, sert de cadre de référence à l'évolution de la carte intercommunale dans chaque département ; il donne une représentation cartographiée de l'ensemble des établissements publics de coopération intercommunale et en fixe les orientations d'évolution. Il devait être arrêté avant le 31 décembre 2011.
Il a pour objectif :

- « la **couverture intégrale du territoire par des établissements publics de coopération intercommunale à fiscalité propre** et la suppression des enclaves et discontinuités territoriales » (article L. 5210-1-1.-I. de la loi du 16 décembre 2010) ;
- la rationalisation des périmètres des EPCI à fiscalité propre ;
- la réduction du nombre de syndicats intercommunaux ou mixtes.

Un **projet de schéma est élaboré par le représentant de l'État dans le département**. Il est **adressé pour avis aux conseils municipaux des communes et aux organes délibérants des établissements publics de coopération intercommunale** et des syndicats mixtes concernés par les propositions de modification de la situation existante en matière de coopération intercommunale. Ils se prononcent dans un **délai de deux mois** à compter de la notification. À défaut de délibération dans ce délai, celle-ci est réputée favorable.
Le projet de schéma, ainsi que l'ensemble des avis, sont ensuite **transmis pour avis à la commission départementale de la coopération intercommunale** qui, à compter de cette transmission, dispose d'un **délai de trois mois** pour se prononcer. À défaut de délibération dans ce délai, celle-ci est réputée favorable. Les propositions de modification du projet de schéma adoptées par la commission départementale de la coopération intercommunale à la majorité des deux tiers de ses membres sont intégrées dans le projet de schéma.
Le schéma est arrêté par décision du représentant de l'État dans le département.

Chaque département devait être couvert par un ensemble d'**EPCI à fiscalité propre regroupant initialement au moins 5 000 habitants.** La **loi portant nouvelle organisation territoriale de la République (NOTRe) du 7 août 2015** a relevé ce seuil du nombre minimal d'habitants des établissements intercommunaux à fiscalité propre de 5 000 à **15 000 habitants**, avec des exceptions pour les zones rurales peu denses et les zones de montagne. Ainsi, sauf exception, aucun EPCI à fiscalité propre ne peut regrouper moins de 15 000 habitants : les communautés de communes comptant moins de 15 000 habitants doivent fusionner pour atteindre ce nombre.

« La commission départementale de coopération intercommunale, sous l'impulsion du préfet et du sous-préfet, est chargée d'étudier les propositions de ces communautés de communes pour atteindre ce nombre d'habitants. La CDCI peut proposer un schéma prescriptif en la matière. Ce schéma est soumis au vote des conseils communautaires et des conseils municipaux des communes adhérentes à cette communauté de communes, ce vote se fera à la majorité absolue des conseils municipaux (50 % des communes représentant deux tiers de la population de l'ensemble des conseils municipaux, ou deux tiers des conseils municipaux représentant au moins 50 % de la population totale des communes adhérentes à la communauté de communes concernée) » (fr.wikipedia.org).

C. Le processus de création d'un EPCI

Cette procédure, régie par l'article L. 5211-5 du CGCT, est commune à l'ensemble des catégories d'EPCI. Elle comporte **trois étapes.**

Première étape : la délimitation du périmètre de l'EPCI

Un arrêté préfectoral délimite le projet de périmètre du futur EPCI.

L'initiative de la création peut venir des communes désireuses de créer l'EPCI ou du préfet lui-même.

Si le préfet s'écarte du schéma adopté, ou si aucun schéma n'a été adopté dans le département, il saisit la CDCI, qui dispose alors d'un pouvoir d'amendement à la majorité des deux tiers de ses membres.

Deuxième étape : la consultation des communes

Elle intervient dans un délai de trois mois. Les communes doivent approuver le périmètre et les statuts avec les règles de majorité suivantes : deux tiers des communes représentant la moitié de la population totale concernée ou la moitié des communes représentant deux tiers de la population totale, avec, de plus, l'accord obligatoire des communes comptant plus du quart de la population totale de l'EPCI (pour les syndicats), ou l'accord obligatoire de la commune dont la population est la plus nombreuse, si celle-ci est supérieure à un quart de la population totale de l'EPCI (pour les EPCI à fiscalité propre).

Troisième étape : l'arrêté préfectoral de création

Le préfet a l'obligation d'attendre l'expiration du délai de trois mois si toutes les communes ne se sont pas prononcées.

Sous le contrôle du juge de l'excès de pouvoir, le préfet peut :

- ne pas donner suite à la demande de création ;
- la modifier, par exemple en incluant une commune, contre son gré, au nom de l'intérêt général, dans le périmètre du futur EPCI ;
- refuser de créer l'EPCI même si la majorité est atteinte.

En revanche, il ne peut pas créer l'EPCI sur un périmètre différent de celui qui a été soumis au vote des conseils municipaux.

D. Typologie des EPCI

a. Les EPCI sans fiscalité propre

Les syndicats de communes

L'article L. 5212-1 du Code général des collectivités territoriales (CGCT) dispose que : « Le **syndicat de communes** est un établissement public de coopération intercommunale associant des communes en vue d'œuvres ou de services d'intérêt intercommunal ».

Les communes disposent d'une totale liberté dans le choix des compétences transférées.

Le syndicat « à la carte »

Le syndicat « à la carte » a la faculté d'exercer des compétences distinctes sur le territoire de ses différentes communes membres. Les communes décident individuellement de lui transférer ou non les compétences qu'il est habilité, par ses statuts, à exercer.

b. Les EPCI à fiscalité propre

Au 1er **janvier 2022**, on recense **1 254 EPCI à fiscalité propre** sur le territoire français.

- 992 communautés de communes ;
- 227 communautés d'agglomération ;
- 14 communautés urbaines ;
- 21 métropoles. S'y ajoute la métropole de Lyon.

34 951 communes sont ainsi regroupées, et 4 isolées.

Source : DGCL

La communauté de communes

Créée par la loi du 6 février 1992, la communauté de communes (article L. 5214-1 du CGCT) est « un établissement public de coopération intercommunale regroupant plusieurs communes d'un seul tenant et sans enclave. Elle a pour objet d'associer des communes au sein d'un espace de solidarité, en vue de l'élaboration d'un projet commun de développement et d'aménagement de l'espace ».

Elle exerce **de plein droit** en lieu et place des communes membres des compétences obligatoires en matière :

1) d'**aménagement de l'espace**, dont le plan local d'urbanisme intercommunal (PLUI) sauf opposition des communes ;

2) de **développement économique** : création et entretien des zones d'activité, politique locale du commerce et soutien aux activités commerciales d'intérêt communautaire, promotion du tourisme, dont la création d'offices de tourisme, zones d'activité touristiques ;

3) d'aménagement, d'entretien et de gestion des **aires d'accueil des gens du voyage** ;

4) de **collecte et traitement des déchets** ;

5) de **gestion des milieux aquatiques et préventions des inondations** (GEMAPI) depuis le 1er janvier 2018 ;

6) d'**assainissement**, à partir du 1er janvier 2020 ;

7) de **gestion de l'eau**, à partir du 1er janvier 2020.

Elle exerce également des **compétences optionnelles** relevant au moins trois des neuf groupes de compétences suivants :

1) protection et mise en valeur de l'environnement et soutien aux actions de maîtrise de la demande d'énergie ;

2) politique du logement et du cadre de vie ;

3) création, aménagement et entretien de la voirie ;

4) construction, entretien et fonctionnement d'équipements culturels et sportifs et d'équipements de l'enseignement préélémentaire et élémentaire ;

5) action sociale d'intérêt communautaire ;

6) création et gestion des maisons de services publics ;

7) assainissement, jusqu'au 1er janvier 2026 ;

8) gestion de l'eau, jusqu'au 1er janvier 2026 ;

9) politique de la ville : élaboration du diagnostic du territoire et définition des orientations du contrat de ville ; animation et coordination des dispositifs contractuels de développement urbain, de développement local et d'insertion économique et sociale ainsi que des dispositifs locaux de prévention de la délinquance ; programmes d'actions définis dans le contrat de ville.

La communauté d'agglomération

Créée par la loi du 6 février 1992, la communauté d'agglomération (article L. 5216-1 du CGCT) est « un établissement public de coopération intercommunale regroupant plusieurs communes formant, à la date de sa création, un **ensemble de plus de 50 000 habitants d'un seul tenant et sans enclave**, autour d'**une ou plusieurs communes centre de plus de 15 000 habitants**.

Le seuil démographique de 15 000 habitants ne s'applique pas lorsque la communauté d'agglomération comprend le chef-lieu du département ou la commune la plus importante du département [...]. Le seuil démographique de 50 000 habitants est réduit à 30 000 habitants lorsque la communauté d'agglomération comprend le chef-lieu du département. »

Elle exerce de plein droit en lieu et place des communes membres, des **compétences obligatoires** :

– en matière de **développement économique** : création, aménagement, entretien et gestion de zones d'activité industrielle, commerciale, tertiaire, artisanale, touristique, portuaire ou aéroportuaire qui sont d'intérêt communautaire ; actions de développement économique d'intérêt communautaire ;

– en matière d'**aménagement de l'espace communautaire :** schéma de cohérence territoriale et schéma de secteur ; création et réalisation de zones d'aménagement concerté d'intérêt communautaire ; organisation de la mobilité ;

– en matière d'**équilibre social de l'habitat :** programme local de l'habitat ; politique du logement d'intérêt communautaire ; actions et aides financières en faveur du logement social d'intérêt communautaire ; réserves foncières pour la mise en œuvre de la politique communautaire d'équilibre social de l'habitat ; action, par des opérations d'intérêt communautaire, en faveur du logement des personnes défavorisées ; amélioration du parc immobilier bâti d'intérêt communautaire ;

– en matière de **politique de la ville** : élaboration du diagnostic du territoire et définition des orientations du contrat de ville ; animation et coordination des dispositifs contractuels de développement urbain, de développement local et d'insertion économique et sociale ainsi que des dispositifs locaux de prévention de la délinquance ; programmes d'actions définis dans le contrat de ville.

Elle exerce dans les mêmes conditions, des **compétences optionnelles** relevant au moins de trois des six groupes de compétences suivants :

1) création ou aménagement et entretien de la voirie d'intérêt communautaire ; création ou aménagement et gestion des parcs de stationnement d'intérêt communautaire ;

2) assainissement ;

3) gestion de l'eau ;

4) en matière de protection et de mise en valeur de l'environnement et du cadre de vie : lutte contre la pollution de l'air, lutte contre les nuisances sonores,

élimination et valorisation des déchets des ménages et déchets assimilés ou partie de cette compétence ;

5) construction, aménagement, entretien et gestion d'équipements culturels et sportifs d'intérêt communautaire ;

6) action sociale d'intérêt communautaire.

La communauté urbaine

Les premières communautés urbaines ont été créées par la loi n° 66-1069 du 31 décembre 1966 relative aux communautés urbaines.

Elles relèvent aujourd'hui, pour l'essentiel, des dispositions de la loi du 12 juillet 1999 relative au renforcement et à la simplification de la coopération intercommunale (dite loi Chevènement).

Depuis la loi n° 2010-1563 du 16 décembre 2010 de réforme des collectivités territoriales, la communauté urbaine est (article L. 5215-1 alinéa 1 du CGCT) « un établissement public de coopération intercommunale regroupant plusieurs communes d'un seul tenant et sans enclave qui forment, à la date de sa création, un ensemble de **plus de 450 000 habitants** et qui s'associent au sein d'un espace de solidarité, pour élaborer et conduire ensemble un projet commun de développement urbain et d'aménagement de leur territoire ».

Ce seuil été ramené à **250 000 habitants** par la loi n° 2014-58 du 27 janvier 2014 de modernisation de l'action publique territoriale et d'affirmation des métropoles (MAPTAM).

Elle exerce de plein droit en lieu et place des communes membres, des **compétences obligatoires** (pas de compétences optionnelles) :

– « en matière de **développement et d'aménagement économique, social et culturel de l'espace communautaire** : création, aménagement, entretien et gestion de zones d'activité industrielle, commerciale, tertiaire, artisanale, touristique, portuaire ou aéroportuaire ; actions de développement économique ; construction ou aménagement, entretien, gestion et animation d'équipements, de réseaux d'équipements ou d'établissements culturels, socioculturels, socio-éducatifs, sportifs, lorsqu'ils sont d'intérêt communautaire ; lycées et collèges ; promotion du tourisme, dont la création d'offices de tourisme ; programme de soutien et d'aides aux établissements d'enseignement supérieur et de recherche et aux programmes de recherche ;

– en matière d'**aménagement de l'espace communautaire :** schéma de cohérence territoriale et schéma de secteur ; plan local d'urbanisme et documents d'urbanisme en tenant lieu ; définition, création et réalisation d'opérations d'aménagement d'intérêt communautaire et, après avis des conseils municipaux, constitution de réserves foncières ; organisation de la mobilité ; création, aménagement et entretien de voirie ; signalisation ; parcs et aires de stationnement ; plan de déplacements urbains ;

– en matière d'**équilibre social de l'habitat** sur le territoire communautaire : programme local de l'habitat ; politique du logement ; aides financières au logement social ; actions en faveur du logement social ; actions en faveur du logement des personnes défavorisées ; opérations programmées d'amélioration de l'habitat, actions de réhabilitation et résorption de l'habitat insalubre ;

– en matière de **politique de la ville** : élaboration du diagnostic du territoire et définition des orientations du contrat de ville ; animation et coordination des dispositifs contractuels de développement urbain, de développement local et d'insertion économique et sociale ainsi que des dispositifs locaux de prévention de la délinquance ; programmes d'actions définis dans le contrat de ville » (www.collectivites-locales.gouv.fr) ;

– « en matière de **gestion des services d'intérêt collectif** : assainissement et eau ; création, extension et translation des cimetières, ainsi que création et extension des crématoriums et des sites cinéraires ; abattoirs, abattoirs marchés et marchés d'intérêt national ; services d'incendie et de secours ; contribution à la transition énergétique ; création, aménagement, entretien et gestion de réseaux de chaleur ou de froid urbains ; concessions de la distribution publique d'électricité et de gaz ; création et entretien des infrastructures de charge de véhicules électriques ;

– en matière de **protection et mise en valeur de l'environnement et de politique du cadre de vie** : collecte et traitement des déchets des ménages et déchets assimilés ; lutte contre la pollution de l'air ; lutte contre les nuisances sonores ; soutien aux actions de maîtrise de la demande d'énergie ;

– **aménagement, entretien et gestion des aires d'accueil des gens du voyage** » (www.collectivites-locales.gouv.fr).

La métropole

Il s'agit de la catégorie d'EPCI la plus intégrée (articles L. 5217-1 et suivants du CGCT). Instituée par la loi n° 2010-1563 du 16 décembre 2010 de réforme des collectivités territoriales, elle a été fortement modifiée par la loi n° 2014-58 du 27 janvier 2014 de modernisation de l'action publique territoriale et d'affirmation des métropoles (MAPTAM). Elle présente la particularité de résulter de la transformation d'un EPCI à fiscalité propre préexistant.

« La métropole est un établissement public de coopération intercommunale à fiscalité propre regroupant plusieurs communes d'un seul tenant et sans enclave au sein d'un espace de solidarité pour élaborer et conduire ensemble un projet d'aménagement et de développement économique, écologique, éducatif, culturel et social de leur territoire afin d'en améliorer la cohésion et la compétitivité et de concourir à un développement durable et solidaire du territoire régional. Elle valorise les fonctions économiques métropolitaines, ses réseaux de transport et ses ressources universitaires, de recherche et d'innovation, dans un esprit de coopération régionale et interrégionale et avec le souci d'un développement territorial équilibré » (article L. 5217-1 I du CGCT).

Sont transformées en métropole au 1er janvier 2015 l'ensemble des EPCI à fiscalité propre qui forment, à la date de la création de la métropole, un ensemble de **plus de 400 000 habitants dans une aire urbaine de plus de 650 000 habitants**. De plus, par accord des deux tiers au moins des conseils municipaux des communes intéressées représentant plus de la moitié de la population totale de celles-ci ou par la moitié au moins des conseils municipaux des communes représentant les deux tiers de la population, peuvent obtenir par décret le statut de métropole, à leur demande :

– les établissements publics de coopération intercommunale à fiscalité propre qui forment, à la date de la création de la métropole, un ensemble de plus de 400 000 habitants et dans le périmètre desquels se trouve le chef-lieu de région ;

– les établissements publics de coopération intercommunale centres d'une zone d'emplois de plus de 400 000 habitants, au sens de l'Institut national de la statistique et des études économiques, et qui exerçaient en lieu et place des communes, les compétences obligatoires d'une métropole à la date de l'entrée en vigueur de la loi n° 2014-57 du 27 janvier 2014.

La métropole exerce de plein droit en lieu et place des communes membres, des **compétences obligatoires** :

– en matière de **développement et d'aménagement économique, social et culturel** : création, aménagement et gestion des zones d'activité industrielle, commerciale, tertiaire, artisanale, touristique, portuaire ou aéroportuaire ; actions de développement économique ainsi que participation au copilotage des pôles de compétitivité et au capital des sociétés d'accélération du transfert de technologie ; construction, aménagement, entretien et fonctionnement d'équipements culturels, socioculturels, socio-éducatifs et sportifs d'intérêt métropolitain ; promotion du tourisme, dont la création d'offices de tourisme ; programme de soutien et d'aides aux établissements d'enseignement supérieur et de recherche et aux programmes de recherche, en tenant compte du schéma régional de l'enseignement supérieur, de la recherche et de l'innovation ;

– en matière d'**aménagement de l'espace métropolitain** : schéma de cohérence territoriale et schéma de secteur ; plan local d'urbanisme et documents d'urbanisme en tenant lieu ; définition, création et réalisation d'opérations d'aménagement d'intérêt métropolitain ; actions de valorisation du patrimoine naturel et paysager ; constitution de réserves foncières ; organisation de la mobilité ; création, aménagement et entretien de voirie ; signalisation ; abris de voyageurs ; parcs et aires de stationnement et plan de déplacements urbains ; création, aménagement et entretien des espaces publics dédiés à tout mode de déplacement urbain ainsi qu'à leurs ouvrages accessoires ; participation à la gouvernance et à l'aménagement des gares situées sur le territoire métropolitain ; établissement, exploitation, acquisition et mise à disposition d'infrastructures et de réseaux de télécommunications ;

– en matière de **politique locale de l'habitat** : programme local de l'habitat ; politique du logement ; aides financières au logement social ; actions en faveur du logement social ; actions en faveur du logement des personnes défavorisées ; amélioration du parc immobilier bâti, réhabilitation et résorption de l'habitat insalubre ; aménagement, entretien et gestion des aires d'accueil des gens du voyage ;

– en matière de **politique de la ville** : élaboration du diagnostic du territoire et définition des orientations du contrat de ville ; animation et coordination des dispositifs contractuels de développement urbain, de développement local et d'insertion économique et sociale ainsi que des dispositifs locaux de prévention de la délinquance ; programmes d'actions définis dans le contrat de ville ;

– en matière de **gestion des services d'intérêt collectif** : assainissement et eau ; création, gestion, extension et translation des cimetières et sites cinéraires d'intérêt métropolitain ainsi que création, gestion et extension des crématoriums ; abattoirs, abattoirs marchés et marchés d'intérêt national ; services d'incendie et de secours ; service public de défense extérieure contre l'incendie ;

– en matière de **protection et de mise en valeur de l'environnement et de politique du cadre de vie** : gestion des déchets ménagers et assimilés ; lutte contre la pollution de l'air ; lutte contre les nuisances sonores ; contribution à la transition énergétique ; soutien aux actions de maîtrise de la demande d'énergie ; élaboration et adoption du plan climat-énergie territorial, en cohérence avec les objectifs nationaux en matière de réduction des émissions de gaz à effet de serre, d'efficacité énergétique et de production d'énergie renouvelable ; concession de la distribution publique d'électricité et de gaz ; création, aménagement, entretien et gestion de réseaux de chaleur ou de froid urbains ; création et entretien des infrastructures de charge nécessaires à l'usage des véhicules électriques ou hybrides rechargeables ; gestion des milieux aquatiques et prévention des inondations ; autorité concessionnaire de l'État pour les plages.

Elle peut également exercer à l'intérieur de son périmètre, des compétences en lieu et place des départements et des régions par transfert conventionnel.

14. Les finances publiques locales et les budgets locaux

Il n'est évidemment pas possible de développer ici un cours entier de finances publiques locales, mais on posera tout de même quelques repères, utiles non seulement pour traiter si nécessaire de la dimension budgétaire des propositions opérationnelles dans l'épreuve de rapport des concours interne et de troisième voie et de note de l'examen professionnel, mais aussi pour répondre à des questions dans le cadre de l'épreuve orale d'entretien.

1. Qu'est-ce que l'autonomie financière des collectivités territoriales ?

Depuis la révision constitutionnelle du 28 mars 2003, l'article 72-2 de la Constitution du 4 octobre 1958 précise le principe d'autonomie financière des collectivités territoriales qui constitue une des conditions de leur libre administration.

ARTICLE 72-2 DE LA CONSTITUTION

« Les collectivités territoriales bénéficient de **ressources dont elles peuvent disposer librement** dans les conditions fixées par la loi.
Elles peuvent recevoir tout ou partie du produit des impositions de toutes natures. La loi peut les autoriser à en **fixer l'assiette et le taux** dans les limites qu'elle détermine.
Les **recettes fiscales** et les **autres ressources propres** des collectivités territoriales représentent, pour chaque catégorie de collectivités, une **part déterminante de l'ensemble de leurs ressources**. La loi organique fixe les conditions dans lesquelles cette règle est mise en œuvre.
Tout **transfert de compétences** entre l'État et les collectivités territoriales s'accompagne de l'**attribution de ressources équivalentes** à celles qui étaient consacrées à leur exercice. Toute création ou extension de compétences ayant pour conséquence d'augmenter les dépenses des collectivités territoriales est accompagnée de ressources déterminées par la loi.
La loi prévoit des dispositifs de **péréquation** destinés à favoriser l'égalité entre les collectivités territoriales. »

La loi organique du 29 juillet 2004 définit les ressources propres des collectivités territoriales et fixe un plancher en deçà duquel le taux d'autonomie financière des collectivités territoriales ne peut pas descendre.

ARTICLE 3 DE LA LOI ORGANIQUE DU 29 JUILLET 2004

« Au sens de l'article 72-2 de la Constitution, les **ressources propres des collectivités territoriales** sont constituées du produit des impositions de toutes natures dont la loi les autorise à fixer l'assiette, le taux ou le tarif, ou dont elle détermine, par collectivité, le taux ou une part locale d'assiette, des redevances pour services rendus, des produits du domaine, des participations d'urbanisme, des produits financiers et des dons et legs.

Pour la catégorie des communes, les ressources propres sont augmentées du montant de celles qui, mentionnées au premier alinéa, bénéficient aux établissements publics de coopération intercommunale. »

2. Quels sont les principes budgétaires qui s'imposent aux collectivités territoriales ?

Par principe budgétaire, on entend les grandes règles, fixées par la loi (et le plus souvent inscrites dans le Code général des collectivités territoriales), destinées à assurer une bonne utilisation des fonds publics et un contrôle efficace de l'assemblée délibérante.

A. L'unité budgétaire

Pour exercer leur pouvoir de bonne façon, les assemblées délibérantes doivent avoir une vision d'ensemble des recettes et des dépenses de la collectivité, ce qui impose leur inscription sur un document unique. Afin que ce document soit clair, des documents sont annexés au budget.

Les budgets autonomes et les budgets annexes constituent une exception au principe d'unité budgétaire.

B. L'universalité budgétaire

Afin que les assemblées délibérantes puissent déterminer librement les dépenses, le budget ne doit pas établir de lien entre recettes et dépenses, soit :

- la règle du produit brut ou de la non-compensation ;
- la règle de la non-affectation des recettes.

Les budgets annexes, l'affectation de certaines recettes sont une exception à ce principe.

C. L'annualité budgétaire

Le budget des collectivités territoriales doit être voté avant le début de l'exercice. Les collectivités territoriales sont toutefois autorisées à voter leur budget jusqu'au 15 avril, afin de prendre en compte des données contenues dans la loi de finances. Cette date limite est reportée au 30 avril les années de renouvellement des assemblées délibérantes.

L'exécution du budget s'étend en outre du 1er janvier au 31 décembre.

Les reports de crédits et les autorisations de programme, notamment, constituent une exception à ce principe.

D. La spécialité des crédits

Les assemblées délibérantes décident de l'utilisation des crédits. À cette fin, les opérations comptables sont regroupées sous une nomenclature budgétaire qui permet aux élus d'identifier les crédits votés.

Les virements et transferts de crédits font exception à ce principe.

E. L'équilibre

Les collectivités territoriales sont astreintes à l'équilibre de leurs dépenses et de leurs recettes par section (section de fonctionnement et section d'investissement).

Le respect de ce principe requiert une évaluation sincère des recettes et des dépenses. En outre, les collectivités territoriales ne peuvent pas emprunter pour financer la charge de la dette.

F. La sincérité

Les collectivités territoriales ne peuvent en effet pas surestimer les recettes ni sous-estimer les dépenses.

3. Quels sont les différents documents budgétaires d'une collectivité territoriale ?

A. Le budget primitif (BP)

Document budgétaire de base, le budget primitif doit être voté avant le début de l'exercice budgétaire auquel il se rapporte.

La loi avait toutefois fixé au 31 mars la date limite de vote du budget primitif par l'assemblée délibérante, cette date étant repoussée au 15 avril les années de renouvellement des assemblées locales.

L'article 37 de la loi n° 2012-1510 du 29 décembre 2012 de finances rectificatives pour 2012 a prévu qu'à compter de l'exercice 2013 et de façon pérenne la date limite de vote des budgets locaux est fixée au 15 avril au lieu du 31 mars. Cette date limite est reportée au 30 avril les années de renouvellement des assemblées délibérantes.

L'article L. 1613-2 du Code général des collectivités territoriales a été modifié en conséquence.

Le budget primitif prévoit et autorise les recettes et les dépenses de la commune en section de fonctionnement et en section d'investissement.

B. Le budget supplémentaire (BS)

Adopté par l'assemblée délibérante en cours d'année d'exécution du BP, il apporte des correctifs au budget, en incorporant au budget les différentes décisions modificatives, en rectifiant les prévisions budgétaires (majorations ou annulations de crédits), en reprenant les résultats (excédent ou déficit) et les reports (pour l'essentiel des dépenses engagées mais non mandatées) de l'exercice précédent.
À noter que le BS n'est pas obligatoire.

C. Les décisions modificatives (DM)

Des dépenses imprévues peuvent nécessiter l'ouverture de crédits ou des ajustements peuvent être nécessaires en fin d'exercice. Des DM peuvent ainsi intervenir tout au long de l'exercice budgétaire.

D. Les budgets annexes

Le Code général des collectivités territoriales dispose que « les produits des régies dotées de la seule autonomie financière, y compris les taxes ainsi que les charges, font l'objet d'un budget spécial annexé au budget de la commune voté par le conseil municipal ».

Le service des eaux et de l'assainissement, par exemple, lorsque la collectivité locale décide de l'exploiter elle-même en régie, fait l'objet d'un budget annexe.

E. Le compte administratif (CA)

Il est présenté comme le BP, avec une section de fonctionnement et une section d'investissement, chaque section étant séparée en recettes et en dépenses. Il retrace les opérations réalisées au cours de l'exercice en dépenses et en recettes, ainsi que les « restes à réaliser ». Il permet ainsi de comparer, ligne par ligne, les évaluations initiales et les réalisations.

Il doit être approuvé par l'organe délibérant avant le 30 juin de l'exercice suivant celui auquel il s'applique, en même temps que le compte de gestion établi par le comptable.

L'excédent ou le déficit de gestion qu'il fait apparaître est repris dans l'exercice suivant (BS ou DM). La reprise de ce résultat fera l'objet d'une délibération spécifique de l'assemblée délibérante : l'affectation du résultat.

F. Le compte de gestion

Établi par le comptable, c'est un document de synthèse des flux financiers (dépenses et recettes) de la collectivité concernée. Il justifie l'exécution du budget et présente l'évolution patrimoniale et financière de la commune.

4. Comment est présenté le budget des collectivités territoriales ?

Les opérations budgétaires sont réparties en deux sections équilibrées, la **section de fonctionnement** et la **section d'investissement**, qui comprennent chacune les recettes et les dépenses.

A. La section de fonctionnement

Elle correspond à l'exploitation courante des services.

On y trouve en dépenses :

– les frais de personnel ;

– les frais de travaux, fournitures et services extérieurs qui n'ont pas le caractère d'équipement ;

– les transferts versés (subventions de fonctionnement à des organismes dotés de l'autonomie financière…) ;

– la charge de la dette (intérêts).

Elle comprend en recettes :

– les transferts et dotations affectés au fonctionnement (par exemple la dotation globale de fonctionnement) ;

– les recettes fiscales : taxe d'habitation, taxe sur le foncier bâti, taxe sur le foncier non bâti, contribution économique territoriale ;

– les produits de l'exploitation et du domaine.

B. La section d'investissement

Elle correspond aux opérations modifiant le patrimoine de la collectivité, soit :

– en dépenses :

• le remboursement du capital de la dette,

• les charges d'investissement réalisées directement par la commune,

• les subventions d'équipement versées par la collectivité ;

– en recettes :

• l'épargne brute dégagée par différence entre les charges et les produits de fonctionnement,

• les subventions d'équipement reçues (dotation globale d'équipement, fonds de compensation de la TVA, subventions des autres collectivités territoriales…),

• les produits d'emprunts.

Ainsi, lorsque les recettes de fonctionnement sont supérieures aux dépenses de fonctionnement, l'épargne brute ou autofinancement permet le financement des investissements.

5. Comment le budget est-il préparé et voté ?

A. La préparation du budget

La préparation du budget incombe à l'exécutif de la collectivité (et, par délégation, à ses services qui réunissent les éléments nécessaires).

Pour préparer le budget de l'année N, les services disposent du budget de l'année précédente (N – 1) et le dernier compte administratif arrêté (N – 2). Pour confectionner le budget, il est en outre nécessaire de connaître l'état du personnel, l'état de la dette (créances à long terme de la commune), les éléments fournis par l'État en matière fiscale (dotation globale de fonctionnement, dotation globale d'équipement…).

La préparation budgétaire requiert l'évaluation des recettes de fonctionnement et d'investissement, des dépenses de fonctionnement et d'investissement, la recherche de l'équilibre budgétaire ; l'inscription prioritaire des dépenses obligatoires.

Dans les communes de 3 500 habitants et plus, les départements et les régions, le vote du budget est obligatoirement précédé d'un **débat d'orientation budgétaire** (ou DOB) (débat de l'assemblée délibérante) qui doit intervenir dans les 2 mois précédant le vote du budget (10 semaines s'agissant de la région). Ce débat permet l'information des élus locaux sur la situation financière de la collectivité ainsi que sur les grandes orientations budgétaires de l'exercice. Il constitue une formalité substantielle préalable à l'adoption du budget.

De plus, la loi du 12 juillet 2010 portant engagement national pour l'environnement a institué un rapport sur le développement durable dans les collectivités territoriales et les EPCI de plus de 50 000 habitant : préalablement aux débats sur le projet de budget, l'exécutif présente un **rapport sur la situation en matière de développement durable** intéressant le fonctionnement de la collectivité, les politiques qu'elle mène sur son territoire et les orientations et programmes de nature à améliorer cette situation. Il s'agit également d'une formalité substantielle préalable à l'adoption du budget.

La loi du 7 août 2015 portant nouvelle organisation de la République (NOTRe) fixe que le débat d'orientation budgétaire se fonde sur un **rapport d'orientation budgétaire** (ROB).

S'agissant des communes, l'article L. 2312-1 du Code général des collectivités territoriales (CGCT) dispose que le ROB porte sur « les orientations budgétaires, les engagements pluriannuels envisagés ainsi que sur la structure et la gestion de la dette ». Dans les communes de 10 000 habitants et plus « le rapport […] comporte, en outre, une présentation de la structure et de l'évolution des dépenses et des effectifs. Ce rapport précise notamment l'évolution prévisionnelle et l'exécution des dépenses de personnel, des rémunérations, des avantages en nature et du temps de travail ».

Un décret du 24 juin 2016 apporte des précisions sur le contenu, les modalités de publication et de transmission du ROB pour les communes, les départements et les régions. S'agissant des communes, il précise que notamment que : « Les orientations budgétaires envisagées par la commune portant sur les évolutions prévisionnelles des dépenses et des recettes, en fonctionnement comme en investissement. Sont notamment précisées les hypothèses d'évolution retenues pour construire le projet de budget, notamment en matière de concours financiers, de fiscalité, de tarification, de subventions ainsi que les principales évolutions relatives aux relations financières entre la commune et l'établissement public de coopération intercommunale à fiscalité propre dont elle est membre ».

B. Le vote du budget

Le budget est voté par l'assemblée délibérante de chaque collectivité territoriale.

Le budget primitif doit être voté au 1er janvier de l'exercice auquel il s'applique. Ce délai est théorique, puisque la date limite de vote du budget est fixée au 15 avril. Cette date est reportée au 30 avril l'année de renouvellement général des assemblées locales.

Voter un budget supplémentaire n'est pas obligatoire. Lorsqu'un budget supplémentaire est voté par l'assemblée délibérante, il l'est souvent au troisième trimestre.

Le budget est voté par chapitres, ou, à la demande de l'assemblée délibérante, par articles. La section de fonctionnement est adoptée avant la section d'investissement.

Les communes de plus de 10 000 habitants, les départements et les régions peuvent désormais recourir au vote par fonction, c'est-à-dire à un vote des dépenses de fonctionnement et d'investissement par grandes familles de dépenses.

6. Quelles sont les principales ressources des collectivités territoriales ?

Les ressources des collectivités territoriales désignent les recettes dont elles bénéficient pour assurer leurs missions.

L'article 72-2 de la Constitution fixe que : « Les collectivités territoriales bénéficient de ressources dont elles peuvent disposer librement dans les conditions fixées par la loi. [...] Les recettes fiscales et les autres ressources propres des collectivités territoriales représentent, pour chaque catégorie de collectivités, une part déterminante de l'ensemble de leurs ressources ». Ces règles constituent la base de l'« **autonomie financière** » des collectivités territoriales.

On peut présenter les ressources des collectivités territoriales en distinguant leurs **ressources propres** et leurs **ressources extérieures**.

A. Les ressources propres

Les recettes fiscales constituent la majorité des recettes des collectivités territoriales (138,5 milliards d'euros fin 2016, soit 55,1 % des leurs recettes totales).

Environ les deux tiers de ces recettes fiscales proviennent de la fiscalité directe.

La fiscalité directe

Elle repose essentiellement sur six taxes qui se sont élevées en 2019 à 95,7 milliards d'euros :

– trois taxes dites « ménages », qui sont en réalité des impôts et non des taxes, la **taxe d'habitation**, la **taxe foncière sur les propriétés bâties**, la **taxe foncière sur les propriétés non bâties**, pour un montant de 59 milliards d'euros en 2019 :

1. la **taxe d'habitation** s'appliquait à chaque personne (propriétaire ou locataire ou occupant à titre gratuit) disposant d'un bien immobilier. Elle était payée par la personne ayant la disposition ou la jouissance à titre privatif des locaux imposables au 1er janvier de l'année d'imposition. Elle s'élevait en 2019 à 23,5 milliards d'euros.

La suppression de la taxe d'habitation

La taxe d'habitation (TH) sur les résidences principales a été modifiée par la loi de finances pour 2018. Depuis 2018, elle a baissé progressivement pour 80 % des Français, pour ces 80 % de Français, avant d'être totalement supprimée en 2020 pour cette population.

Pour les 20 % de contribuables restants (les contribuables les plus aisés), la suppression est intervenue en trois étapes à partir de 2021, soit une suppression totale en 2023 pour les résidences principales. Les habitations principales n'étant plus soumises à la TH, cette dernière est renommée « Taxe d'habitation sur les résidences secondaires et autres locaux meublés non affectés à l'habitation principale » (THRS).

Pour compenser cette suppression, représentant pour les collectivités un « manque à gagner » estimé par le gouvernement à 17 milliards d'euros par an, la loi de finances pour 2020 a prévu le versement de l'intégralité de la fraction départementale de la taxe foncière aux communes à partir de 2021. En compensation, les départements se voient affecter une partie de la TVA. Ces mesures sont effectivement entrées en vigueur en 2021.

2. la **taxe foncière sur les propriétés bâties** concerne les propriétaires d'un bien immobilier ou les usufruitiers. Pour les particuliers, il s'agit essentiellement des locaux d'habitation, des sols des bâtiments et des terrains formant une dépendance indispensable et immédiate à ces constructions et des parkings, qu'ils soient occupants ou non des lieux. En 2019, elle s'élève à 34,5 milliards d'euros.

3. la **taxe foncière sur les propriétés non bâties** (TFPNB) est due par les propriétaires ou usufruitiers de propriétés non bâties, au 1er janvier de l'année d'imposition. Elle est encaissée par la collectivité territoriale (la commune ou l'EPCI à fiscalité propre), sur le territoire de laquelle le terrain est situé. En 2019, elle dépasse à peine 1 milliard d'euros ;

– Des **impôts dits « économiques »** (payés par les entreprises)

1. la **contribution économique territoriale** (CET), instituée par la loi de finances 2010 en remplacement de la taxe professionnelle. Il s'agit également d'un impôt et non d'une taxe ;
Elle comprend :

- la **cotisation foncière des entreprises** (CFE), collectée au seul profit des communes et de leurs groupements qui en fixent le taux, est assise sur la valeur locative des biens passibles d'une taxe foncière (terrains, constructions, installations…) situés en France,

- la **cotisation sur la valeur ajoutée des entreprises** (CVAE), partagée entre les différents niveaux de collectivités (25 % pour les communes et leurs groupements, 25 % pour les régions, 50 % pour les départements). Son taux est fixé nationalement selon un barème progressif en fonction du chiffre d'affaires.

En 2019, 8 milliards d'euros ont été collectés au titre de la CFE et 18,9 milliards d'euros au titre de la CVAE, en baisse par rapport au produit de la taxe professionnelle (31,3 milliards d'euros avant sa suppression). La disparition de la CVAE a été annoncée pour 2023, mais pourrait être reportée ou abandonnée.

2. l'**imposition forfaitaire sur les entreprises de réseaux** (IFER)

Également instituée dans le cadre de la suppression de la taxe professionnelle, l'IFER vise certaines entreprises dont l'activité est exercée dans les secteurs de l'énergie, des transports ferroviaires et des télécommunications et est répartie entre le bloc communal, les départements et les régions. En 2019, 1,6 milliard d'euros d'IFER ont été collectés.

3. **La taxe sur les surfaces commerciales (TASCOM)**, d'un montant de 791 millions d'euros en 2019, au profit du bloc communal, à laquelle sont soumis les commerces qui exploitent une surface de vente au détail de plus de 400 m^2 et réalisent un chiffre d'affaires hors taxe à partir de 460 000 €.

S'y ajoutent la **taxe d'enlèvement des ordures ménagères** (TEOM, 7 milliards d'euros en 2019), dont bénéficie le bloc communal, et des taxes annexes comme la **taxe GEMAPI** (taxe facultative au bénéfice du bloc communal contribuant au financement d'investissements liés à la prévention des inondations, à la préservation de la qualité de l'eau et à la protection des biens et des personnes, 190 millions d'euros en 2019).

La fiscalité indirecte

Elle représente une part limitée (environ 15 %) des ressources fiscales des collectivités. En 2016, elle s'élevait à 51,1 milliards d'euros.

Il s'agit principalement des droits de mutation à titre onéreux (DMTO) : sont soumises à des droits d'enregistrement ou à une taxe de publicité foncière les mutations de propriété à titre onéreux d'immeubles ou de droits immobiliers (usufruit, nue-propriété, servitudes foncières, emphytéose, etc.).

Citons également :

La taxe d'aménagement, établie sur la construction, la reconstruction, l'agrandissement des bâtiments et aménagements de toute nature nécessitant une autorisation d'urbanisme. Elle est due par le bénéficiaire de l'autorisation de construire ou d'aménager.

Le versement transport : le versement destiné aux transports en commun est une imposition dont le produit est obligatoirement affecté au financement des dépenses d'investissement et de fonctionnement des transports publics urbains. Sont redevables du versement transport les personnes physiques ou morales, publiques ou privées, employant plus de 9 salariés dans le périmètre de l'autorité organisatrice des transports urbains (AOTU). L'assiette du versement transport est constituée par l'ensemble des rémunérations soumises à cotisation.

La taxe sur la consommation finale d'électricité : l'article 54 de la loi de finances pour 2021 a réformé la taxation de la consommation d'électricité. Il supprime progressivement les taxes locales sur la consommation finale d'électricité (TLCFE) en les intégrant progressivement à la taxe intérieure sur les consommations finales d'électricité (TICFE). Cette suppression s'étale sur quatre années.

La taxe de séjour : elle est instituée de manière facultative par délibération du conseil municipal ou de l'organe délibérant d'un EPCI prise avant le 1er juillet pour être applicable à compter du 1er janvier de l'année suivante.

Les redevances

Les redevances sont liées à l'utilisation d'un service public (eau, transports, ramassage des ordures ménagères...).

La gestion du domaine

La gestion par une collectivité de son domaine privé comme de son domaine public génère des recettes. On peut citer par exemple le stationnement payant ou les redevances pour occupation du domaine public.

B. Les ressources extérieures

Les transferts financiers de l'État

Ces **transferts financiers de l'État** en faveur des collectivités territoriales s'élèvent à 105,5 milliards d'euros en 2022.

Ils comprennent **les concours de l'État aux collectivités territoriales** (52,4 milliards d'euros en 2022), essentiellement composés des **dotations**. Ils ont pour objet de contribuer au financement global des collectivités (dépenses de fonctionnement et d'investissement).

Ils constituent l'essentiel de l'effort financier de l'État en faveur des collectivités, regroupant :

- les prélèvements sur les recettes de l'État (PSR) ;
- les crédits budgétaires relevant de la mission « relations avec les collectivités territoriales » ;
- la fraction de la taxe sur la valeur ajoutée affectée aux régions depuis 2018 et aux départements depuis 2021.

Au sein de cette enveloppe, les deux principaux transferts sont la **dotation globale de fonctionnement**, principal concours de l'État finançant les charges de fonctionnement du bloc communal et des départements (26,6 milliards d'euros en 2021), et le les dépenses du **fonds de compensation de la TVA** (FCTVA) qui vient en aide à l'investissement des collectivités territoriales (6,5 milliards d'euros en 2021).

La dotation globale de fonctionnement (DGF)

En 2022, le montant total de la DGF (26,6 milliards d'euros) se répartit entre, d'une part, les communes et leurs groupements à hauteur de 18,2 milliards d'euros, et, d'autre part, les départements à hauteur de 8,3 milliards d'euros.
Pour chaque catégorie de collectivité, on peut la diviser en deux parts :
– la part forfaitaire qui correspond à un tronc commun perçu par toutes les collectivités bénéficiaires ;
– la part péréquation dont les composantes sont reversées aux collectivités les plus défavorisées.
Dans le cadre de la DGF des communes et des EPCI, cette deuxième composante correspond à la dotation d'aménagement composée elle-même de quatre fractions : la dotation d'intercommunalité, la dotation de solidarité urbaine et de cohésion sociale (DSU), la dotation de solidarité rurale (DSR), et la dotation nationale de péréquation (DNP).
Les départements reçoivent, en plus de la dotation forfaitaire, la dotation de compensation, la dotation de péréquation urbaine (DPU), et la dotation de fonctionnement minimale (DFM).

– les **transferts divers de l'État hors fiscalité transférée et hors apprentissage**, atteignant 11,97 milliards d'euros en 2022, qui comprennent les subventions aux collectivités territoriales des ministères autres que le ministère de la Cohésion des territoires et des Relations avec les collectivités territoriales (MCT-RCT), les contreparties de dégrèvements d'impositions locales décidés par voie législative et le produit des amendes de police de la circulation et des radars ;

– les **transferts divers de l'État hors fiscalité transférée et hors apprentissage**, atteignant 11,97 milliards d'euros en 2022, qui comprennent les subventions aux collectivités territoriales des ministères autres que le ministère de la Cohésion des territoires et des Relations avec les collectivités territoriales (MCT-RCT), les contreparties de dégrèvements d'impositions locales décidés par voie législative et le produit des amendes de police de la circulation et des radars ;

– la **fiscalité transférée et le financement de la formation professionnelle**, pour laquelle le législateur détermine une part locale d'assiette, destinée à accompagner les transferts de compétences aux collectivités territoriales prévus par les lois de décentralisation, conformément à l'article 72-2 de la Constitution, qui dispose que « **tout transfert de compétences entre l'État et les collectivités territoriales s'accompagne de l'attribution de ressources équivalentes** à celles qui étaient consacrées à leur exercice. Toute création ou extension de compétences ayant pour conséquence d'augmenter les dépenses des collectivités territoriales est accompagnée de ressources déterminées par la loi ». Ils s'élèvent à 40,8 milliards d'euros en 2022.

L'emprunt

L'emprunt constitue une ressource temporaire à laquelle les collectivités ne peuvent recourir que pour financer leurs dépenses d'investissement.

En 2016, l'emprunt des collectivités territoriales et de leurs groupements à fiscalité propre a représenté 14,2 milliards d'euros, soit environ 7 % de leurs recettes totales. L'encours de la dette des collectivités est relativement stable, même s'il tend à augmenter d'année en année (120 milliards d'euros fin 2009, 148,5 milliards d'euros fin 2016).

Les fonds européens

Gérés par l'Union européenne, les fonds structurels européens visent à favoriser le rattrapage des régions les moins avancées et à aider les régions en crise à se reconvertir.

Ils sont au nombre de deux :

– le fonds social européen (FSE), qui sert à promouvoir la cohésion sociale et à soutenir l'emploi ;

– le fonds européen de développement régional (FEDER), qui vise à réaliser des investissements dans les secteurs porteurs de croissance, dans les grandes infrastructures (autoroutes) et à soutenir le développement local.

La péréquation

L'article 72-2 de la Constitution fixe que « La loi prévoit des dispositifs de péréquation destinés à favoriser l'égalité entre les collectivités territoriales. »
Il s'agit d'un mécanisme de redistribution qui vise à réduire les écarts de richesse entre les différentes collectivités territoriales.
On distingue :
– la **péréquation horizontale**, qui s'effectue entre collectivités, consistant à attribuer aux collectivités défavorisées une partie des ressources des collectivités les plus « riches » ;
Quatre fonds de péréquation ont été créés à partir de 2011 :

- le fonds national de péréquation des droits de mutation à titre onéreux (DMTO) perçus par les départements,
- le fonds national de péréquation des ressources intercommunales et communales (FPIC),
- le fonds national de péréquation de la cotisation sur la valeur ajoutée des entreprises (CVAE) des départements,
- le fonds national de péréquation des ressources des régions et de la collectivité territoriale de Corse ;

– la **péréquation verticale** assurée par les dotations de l'État aux collectivités.
La dotation globale de fonctionnement (DGF) en est le principal instrument.
La péréquation est à environ 70 % verticale.

7. Quelles sont les dépenses obligatoires et les dépenses facultatives des collectivités ?

Certaines dépenses sont obligatoires, c'est-à-dire qu'elles doivent obligatoirement être inscrites dans le budget. À défaut, le préfet, ou le comptable public, ou toute personne y ayant intérêt peut saisir la Chambre régionale des comptes qui dispose d'un mois pour constater le défaut d'inscription et mettre la collectivité en demeure d'inscrire la dépense. Si la collectivité ne se conforme pas à l'avis, la Chambre régionale des comptes peut demander au préfet de procéder à l'inscription d'office de la dépense.

A. Les dépenses obligatoires

L'article L. 162-15 du Code général des collectivités territoriales dispose que « ne sont obligatoires pour les collectivités territoriales que les dépenses nécessaires à l'acquittement de dettes exigibles et les dépenses pour lesquelles la loi l'a expressément décidé ».

Les dépenses de fonctionnement correspondent à l'exploitation courante et régulière des services.

Il s'agit des frais de personnel, du remboursement de la dette (intérêts des emprunts), de la participation communale due au titre des contingents (**Exemple :** les frais de casernement de la brigade des sapeurs-pompiers, aide sociale), des charges foncières réglées par la collectivité en tant que propriétaire, des cotisations versées à divers organismes au titre d'une affiliation.

Les dépenses d'investissement traduisent les opérations modifiant le patrimoine de la collectivité territoriale. Elles comprennent le remboursement de la dette en capital (financé par les ressources propres de la section d'investissement et le prélèvement sur les recettes de fonctionnement), les charges d'investissement réalisées par la collectivité territoriale (acquisitions, travaux), les subventions d'équipement versées à d'autres collectivités, les participations à des sociétés d'économie mixte d'aménagement.

B. Les dépenses facultatives

Elles comprennent notamment les dépenses de travaux, de fournitures et de services extérieurs n'ayant pas le caractère d'équipement nécessaire au bon fonctionnement du service public. Ces dépenses correspondent généralement à la passation de marchés (nettoyage, restauration, maintenance du matériel...)...

8. Engager, liquider, mandater, payer ?

On distingue, en matière de procédure de dépense publique locale, deux phases distinctes baptisées phase administrative, mise en œuvre par l'ordonnateur, et phase comptable, qui incombe au comptable.

- La **phase administrative** comprend l'engagement, la liquidation, l'ordonnancement ou mandatement :
  - **engager une dépense**, c'est, pour un organisme public, « créer ou constater à son encontre une obligation de laquelle résulte une charge ». L'engagement comptable, au moyen d'un bon d'engagement, permet de « vérifier les crédits et d'en faire la réservation », tandis que l'engagement juridique traduit la décision d'effectuer une dépense (signature d'un marché, par exemple). C'est l'exécutif de la collectivité qui engage les dépenses ;

- **liquider une dépense** consiste, après constat de la réalité du service fait, à vérifier le montant précis de la somme due et la conformité du document comptable ;
- **ordonnancer** (ou mandater) une dépense, c'est, pour l'ordonnateur, donner l'ordre au comptable, par un mandat, de procéder au paiement. Le mandat s'accompagne d'un ordre de virement au fournisseur.

■ Pendant la **phase comptable**, le comptable vérifie la régularité comptable avant de procéder au paiement de la dépense :

- la **prise en charge du mandat** engage (personnellement et pécuniairement) le comptable qui vérifie la qualité de l'ordonnateur, la disponibilité des crédits, l'exacte imputation de la dépense, les pièces justificatives, la liquidation et le caractère libératoire du règlement. Il vise ensuite le mandat et le met en paiement ;
- le **paiement de la dépense** est alors également réalisé par le comptable qui décaisse les fonds.

L'ordonnateur et le comptable sont ainsi strictement séparés : celui qui décide les opérations ne détient pas les fonds, celui qui détient les fonds ne décide pas les opérations.

9. Quel contrôle sur les comptes des collectivités territoriales ?

Le contrôle de la Chambre régionale des comptes s'exerce sur toutes les collectivités territoriales de son ressort géographique, ainsi que sur les établissements publics (hôpitaux, lycées, collèges…), les groupements intercommunaux, les sociétés d'économie mixte locales et certaines associations subventionnées. Il convient de distinguer le contrôle budgétaire, dans lequel le préfet joue un rôle essentiel, du contrôle juridictionnel et du contrôle de gestion.

A. Le contrôle budgétaire

Le contrôle budgétaire est assuré par la Chambre régionale des comptes dans quatre cas :

- sur saisine du préfet lorsque le budget n'a pas été transmis dans un délai de quinze jours après la date limite fixée pour son adoption ou lorsqu'il n'a pas été adopté avant cette date limite. La Chambre régionale des comptes dispose alors d'un mois pour faire des propositions pour le règlement du budget. Le préfet peut ensuite, sur la base de ces propositions, régler le budget et le rendre exécutoire ;
- sur saisine du préfet, du comptable public ou de toute personne y ayant intérêt lorsque des dépenses obligatoires n'ont pas été inscrites au budget. La Chambre régionale des comptes adresse alors à la collectivité concernée une mise en demeure dans un délai d'un mois. À défaut de réaction de la personne publique dans un délai d'un mois, la Chambre régionale des comptes demande au préfet l'inscription de la dépense au budget et propose éventuellement les modifications budgétaires nécessaires pour couvrir cette dépense ;

– sur saisine du préfet, lorsque le budget ne fait pas apparaître un équilibre réel. La Chambre régionale des comptes dispose alors de trente jours pour proposer les mesures nécessaires au rétablissement de l'équilibre. Si la collectivité ne prend pas, dans le mois qui suit, des mesures jugées suffisantes par la Chambre régionale des comptes, c'est le préfet qui règle et rend le budget exécutoire ;

– sur saisine du préfet lorsque le compte administratif ne lui est pas transmis dans un délai de quinze jours ou lorsque les comptes font apparaître un déficit d'au moins 5 % des recettes de la section de fonctionnement (10 % dans les communes de moins de 20 000 habitants). La Chambre régionale des comptes propose des solutions dans un délai d'un mois et le budget primitif de l'exercice suivant lui est automatiquement transmis par le préfet. Si la Chambre régionale des comptes constate dans ce nouveau budget des propositions insuffisantes, elle propose dans le mois au préfet les mesures nécessaires au rétablissement de l'équilibre. Celui-ci rend alors le budget exécutoire.

B. Le contrôle juridictionnel

Il s'agit du contrôle exercé par la Chambre régionale des comptes sur l'ensemble des comptes des comptables publics des collectivités territoriales et de leurs établissements publics. Entre aussi dans ce contrôle la gestion de fait des deniers des collectivités territoriales.

Les comptables des collectivités territoriales et des établissements publics locaux doivent rendre compte chaque année de leurs activités en produisant les comptes résumant les opérations exécutées sous leur responsabilité.

À l'issue de la procédure, la Chambre régionale des comptes rend un arrêt définitif qui, soit décharge le comptable en cas de réparation des omissions ou irrégularités, soit condamne le comptable à rembourser sur ses deniers personnels.

La Chambre régionale des comptes peut d'elle-même réviser ses jugements. Le jugement définitif de la Chambre régionale des comptes est susceptible d'appel à la Cour des comptes. Il est cependant possible de se pourvoir en cassation devant le Conseil d'État contre les arrêts définitifs de la Cour des comptes.

C. Le contrôle de gestion

Le contrôle de gestion est assuré par la Chambre régionale des comptes de manière rétrospective et se traduit par des lettres d'observation sur la qualité de la gestion de l'ordonnateur. La mise en route de ce type de contrôle est une compétence discrétionnaire de la Chambre.

Les observations formulées par la Chambre régionale des comptes, qui portent sur la régularité des actes de gestion, l'économie des moyens et l'évaluation des résultats et non sur l'opportunité, sont communiquées aux ordonnateurs qui peuvent répliquer. Si les explications fournies ne la satisfont pas elle communique ses observations à l'organe délibérant, par l'intermédiaire des ordonnateurs.

L'article L. 241-9 du Code des juridictions financières dispose que « lorsque des observations sont formulées, le dirigeant ou l'ordonnateur concerné, y compris, le cas échéant, celui qui était en fonction au cours de l'exercice examiné, disposent d'un délai de deux mois pour remettre au greffe de la Chambre régionale des comptes une réponse écrite. Les observations ne peuvent être arrêtées définitivement qu'après réception de cette réponse, ou à défaut, à l'expiration du délai précité ».

Toute personne contrôlée ou nominativement ou explicitement mise en cause peut saisir la Chambre régionale des comptes d'une demande de rectification d'observations définitives sur la gestion.

10. Qu'est-ce que la « gestion de fait » ?

L'article 60-XI de la loi de finances n° 63-156 du 23 février 1963 dispose que :

« Toute personne qui, sans avoir la qualité de comptable public ou sans agir sous contrôle et pour le compte d'un comptable public, s'ingère dans le recouvrement de recettes affectées ou destinées à un organisme public doté d'un poste comptable ou dépendant d'un tel poste doit, nonobstant les poursuites qui pourraient être engagées devant les juridictions répressives, rendre compte au juge financier de l'emploi des fonds ou des valeurs qu'elle a irrégulièrement détenus ou maniés.

Il en est de même pour toute personne qui reçoit ou manie directement ou indirectement des fonds ou des valeurs extraits irrégulièrement de la caisse d'un organisme public, et pour toute personne qui, sans avoir la qualité de comptable public, procède à des opérations portant sur des fonds ou des valeurs n'appartenant pas aux organismes publics mais que les comptables publics sont exclusivement chargés d'exécuter en vertu de la réglementation en vigueur.

Les gestions de fait sont soumises aux mêmes juridictions et entraînent les mêmes obligations et responsabilités que les gestions régulières. »

La procédure de gestion de fait vise à rétablir les formes comptables, en assujettissant le comptable de fait aux mêmes obligations qu'un comptable public, ainsi que les formes budgétaires, en faisant délibérer l'organe ayant le pouvoir d'autoriser les dépenses.

Le développement d'associations para-administratives, afin de pallier les rigidités de la comptabilité publique, a favorisé le développement de la gestion de fait, par exemple lorsqu'une association subventionnée par la commune prend en charge des factures libellées au nom de la commune ou verse des rémunérations à du personnel communal.

Lorsque l'association ne jouit d'aucune autonomie, les fonds versés demeurent des fonds publics puisque c'est, de fait, la collectivité qui décide de leur utilisation. Pour apprécier l'autonomie de l'association par rapport à la collectivité, la Chambre régionale des comptes examine si l'association est ou non le simple relais des services de la collectivité. Si tel est le cas, la gestion de fait est établie. Des régularisations peuvent parfois être mises en œuvre sans sanction. Aux sanctions financières peuvent s'ajouter la démission d'office et l'inéligibilité.

15. Le contrôle des actes des collectivités territoriales

Les modalités de contrôle de légalité des actes jouent un rôle déterminant dans le processus de décentralisation.

Comment pourrait-on véritablement parler de décentralisation si le contrôle de la légalité des actes permettait à l'État d'empêcher les collectivités territoriales d'exercer leurs compétences ?

Les lois de décentralisation ont inventé un dispositif qui permet à l'État de demeurer le garant de l'unicité de la République, en s'assurant que les actes pris par les collectivités territoriales ne portent pas atteinte au droit qui s'impose à tous.

La loi du 2 mars 1982 a ainsi mis fin à la tutelle administrative que l'État exerçait jusqu'alors sur les collectivités territoriales et modifié fondamentalement son contrôle sur la légalité de leurs actes. Le préfet ne dispose plus du pouvoir d'annuler lui-même les actes des autorités locales avant qu'ils ne produisent leurs effets (contrôle *a priori*) ; il peut en revanche saisir le juge administratif à fin d'annulation d'un acte illégal (contrôle *a posteriori*).

Les collectivités territoriales et leurs établissements publics ont donc l'obligation de transmettre au préfet leurs actes juridiques « les plus importants par leurs conséquences » (délibérations, principaux contrats, décisions réglementaires et individuelles prises par le maire dans le cadre de l'exercice de ses pouvoirs de police, conventions relatives aux marchés et aux emprunts, conventions de concession et d'affermage des services publics locaux, décisions individuelles prises en matière de gestion du personnel, décisions individuelles en matière d'urbanisme…).

La transmission au contrôle de légalité rend les actes opposables aux tiers et fait courir le délai dans lequel le préfet peut saisir le tribunal administratif (délai de deux mois à compter de la réception de l'acte en préfecture). Les actes des collectivités territoriales et de leurs établissements publics sont **exécutoires de plein droit** dès leur publication (actes réglementaires) ou leur notification (actes individuels) dès lors qu'ils ont fait l'objet d'une transmission au contrôle de légalité.

On appelle **déféré administratif** ou **déféré préfectoral** le recours intenté par le préfet en vue d'obtenir l'annulation par le juge administratif d'un acte qu'il juge illégal.

Le représentant de l'État peut assortir son recours d'une demande de suspension de l'acte. Le juge des référés (président du tribunal administratif ou magistrat délégué par lui) fait droit à cette demande si l'un des moyens invoqués paraît, en l'état de l'instruction, propre à créer un doute sérieux quant à la légalité de l'acte attaqué. Il est statué sur cette demande dans le délai d'un mois.

Le représentant de l'État peut également introduire dans le délai de dix jours suivant réception d'un acte relatif à des marchés publics, délégations de service public ou d'urbanisme, une demande de suspension. L'acte est alors suspendu et redevient exécutoire si le juge des référés n'a pas statué dans le délai d'un mois.

Lorsque l'acte attaqué est de nature à compromettre l'exercice d'une liberté publique ou individuelle, la suspension est prononcée par le juge des référés dans les quarante-huit heures.

Le préfet fait connaître à la collectivité sa décision de déférer l'acte.

Si le préfet sollicite des précisions ou des pièces manquantes ou s'il entame des négociations avec la collectivité en faisant valoir ses observations, le délai de deux mois court à partir de la réponse de la collectivité territoriale et non du jour de la réception. La formation du recours gracieux a pour effet de proroger le délai du recours contentieux.

Enfin, **l'article 74 de la loi du 27 décembre 2019 relative à l'engagement dans la vie locale et à la proximité de l'action publique dispose** : « Avant d'adopter un acte susceptible d'être déféré au tribunal administratif, les collectivités territoriales ou leurs groupements ainsi que leurs établissements publics peuvent saisir le représentant de l'État chargé de contrôler la légalité de leurs actes d'une **demande de prise de position formelle** relative à la mise en œuvre d'une disposition législative ou réglementaire régissant l'exercice de leurs compétences ou les prérogatives dévolues à leur exécutif. La demande est écrite, précise et complète. Elle comporte la transmission de la question de droit sur laquelle la prise de position formelle est demandée ainsi que du projet d'acte.

Le silence gardé par le représentant de l'État pendant trois mois vaut absence de prise de position formelle.

Si l'acte est conforme à la prise de position formelle, le représentant de l'État ne peut pas, au titre de la question de droit soulevée et sauf changement de circonstances, le déférer au tribunal administratif. »

16. Les modes d'information des administrés et des élus

1. L'information des administrés

L'article L. 2141-1 du Code général des collectivités territoriales dispose que « Le droit des habitants de la commune à être informés des affaires de celle-ci et à être consultés sur les décisions qui les concernent, indissociable de la libre administration des collectivités territoriales, est un principe essentiel de la démocratie locale ».

Le Conseil d'État, dans son rapport de 1994 consacré aux services publics, considère qu'aux côtés des principes traditionnels d'égalité et de continuité des services publics ont émergé les nouveaux principes de **transparence** et de **responsabilité**. Ces nouveaux principes passent nécessairement par l'information des habitants sur l'action de l'administration.

La législation et la jurisprudence relative à la communication des documents administratifs en général sont fondées sur le **principe du libre accès à l'information, le secret devenant l'exception.** Tel est le principe posé par la loi du 17 juillet 1978 concernant l'amélioration des relations entre l'administration et le public et créant la Commission d'accès aux documents administratifs (CADA). La loi du 11 juillet 1979 impose en outre la motivation des actes administratifs.

Selon le Code général des collectivités territoriales, toute personne physique ou morale a le droit de demander communication sur place et de prendre copie totale ou partielle des procès-verbaux du conseil municipal, des budgets et des comptes de la commune, des arrêtés municipaux. Ce droit d'accès interdit en revanche de « reproduire, de diffuser ou d'utiliser à des fins commerciales les documents communiqués ».

Pour que les administrés puissent exercer correctement leur droit d'accès aux documents, ils doivent en connaître l'existence et, surtout, pouvoir les identifier. En effet, l'administré doit désigner lui-même le document qu'il désire consulter.

Quand, par exemple, les budgets sont mis à la disposition du public, ils sont accompagnés de documents annexes permettant d'apprécier les engagements et les concours de la commune. Il en est de même des documents relatifs à l'exploitation des services publics délégués.

L'article L. 2121-27-1 du Code général des collectivités territoriales dispose que « dans les communes de 1 000 habitants et plus, lorsque des informations générales sur les réalisations et sur la gestion du conseil municipal sont diffusées par la commune, un espace est réservé à l'expression des conseillers élus sur une liste autre que celle ayant obtenu le plus de voix lors du dernier renouvellement du conseil municipal ou ayant déclaré ne pas appartenir à la majorité municipale. Les modalités d'application du présent article sont définies par le règlement intérieur du conseil municipal ».

2. L'information des élus locaux

Les élus locaux bénéficient par ailleurs d'un **droit à l'information** à propos des sujets qui sont traités lors des séances de leur assemblée. Ce droit à l'information, qui s'ajoute à celui dont bénéficie tout citoyen (dans le cadre du droit d'accès aux documents administratifs), n'a été introduit au niveau communal que par la **loi du 6 février 1992** (alors que les départements en bénéficiaient depuis 1871 et les régions depuis 1972).

Tout membre du conseil d'une collectivité ou d'un groupement dispose dans le cadre de sa fonction du droit d'être informé des affaires de celui-ci. En pratique, il doit être informé de la date de l'assemblée et des affaires qui y seront abordées suffisamment longtemps avant sa tenue mais également pendant. Au-delà de la seule information sur la tenue des assemblées, **certains documents sont obligatoirement transmis** aux différents conseillers dans des délais suffisants pour qu'ils puissent en prendre connaissance.

Le refus de communication et d'information des élus locaux est une décision grave et irrégulière. Les maires et présidents d'EPCI, de département ou de région sont responsables de cette information. Certaines informations doivent être adressées sans demande préalable des élus.

S'agissant des **communes** et des **EPCI**, toute **convocation** doit être faite par le maire ou la personne en ayant délégation, indiquer les questions portées à l'ordre du jour et être mentionnée au registre des délibérations. Elle est affichée ou publiée et transmise de manière dématérialisée ou, si les conseillers municipaux en font la demande, adressée par écrit à leur domicile ou à une autre adresse. Pour les communes de moins de 3 500 habitants et les EPCI dont aucune commune membre n'a une population de 3 500 habitants ou plus, la convocation est adressée au moins trois jours francs avant la réunion. Pour les communes de 3 500 habitants et plus et pour les autres EPCI, ce délai est fixé à **cinq jours**. Mais, en cas d'urgence, ce délai peut être abrégé par le maire à condition qu'il ne soit pas inférieur à un jour franc. Pour les départements et régions, **douze jours** au moins avant la réunion du conseil, le président adresse aux conseillers un rapport sur chacune des affaires qui doivent leur être soumises.

Habituellement, l'**initiative de la réunion du conseil** appartient au maire ou au président de l'EPCI, du département ou de la région, mais les conseillers peuvent provoquer cette réunion à condition d'être suffisamment nombreux à poser la demande. Dans les communes de moins de 1 000 habitants et EPCI assimilés, la demande doit émaner de la majorité des membres du conseil, dans les autres communes ou EPCI et dans les départements et régions, d'au moins le tiers des élus.

La **convocation au conseil** obéit à un formalisme précis. Elle doit comporter la liste de toutes les questions à l'ordre du jour. Une note de synthèse suffisamment détaillée sur les affaires soumises à délibération est, de plus, jointe pour les communes de 3 500 habitants et plus. Quant aux départements et aux régions, ils doivent fournir un rapport pour chacune des affaires soumises au conseil.

Au-delà, et en fonction de réglementations spécifiques, certains dossiers imposent des modalités spécifiques de fourniture d'information, que ce soit aux seuls conseillers ou à l'ensemble de la population. Ce sera le cas de l'élaboration budgétaire, de la construction et de l'examen de certains documents d'urbanisme. C'est notamment le cas, dans des communes de 3 500 habitants et plus, pour tout contrat de service public concerné par la délibération du conseil dont le projet de contrat ou de marché accompagné de l'ensemble des pièces est consultable en mairie par tout conseiller.

Pour les seuls **conseils départementaux et régionaux**, chaque année, le président présente au conseil un **rapport spécial** qui fait l'objet d'un débat devant l'assemblée. Ce rapport porte sur la situation du département ou de la région, l'activité et le financement des différents services de la collectivité ou des organismes qui dépendent d'elle, l'état d'exécution des délibérations du conseil et la situation financière de la collectivité. S'ajoute, pour la **région, l'état d'exécution du plan régional**.

Dans les communes de 50 000 habitants et plus et à la demande d'au moins un sixième des membres du conseil, dans les conseils départementaux ou régionaux à la demande d'au moins un cinquième des membres du conseil, le conseil délibère sur la **création d'une mission d'information et d'évaluation**. Cette dernière est chargée de recueillir des éléments d'information sur une question de l'intérêt de la collectivité ou de procéder à l'évaluation d'un service public de cette même collectivité. Les modalités de présentation, d'examen de la demande de constitution, puis celles de fonctionnement, de composition, de durée de mission, sont fixées par le règlement intérieur.

Au-delà des possibilités ouvertes par la loi, dont certaines dépendent déjà de lui, l'établissement et le contenu du **règlement intérieur** revêtent une importance toute particulière pour ouvrir de nouveaux droits à l'information et à l'expression des élus au sein de leur collectivité. Ce règlement est obligatoire dans les communes de 3 500 habitants et plus et EPCI assimilés, dans les conseils départementaux et dans les conseils régionaux.

Les **questions orales**, étendues par la loi du 6 février 1992 aux conseils municipaux, constituent un bon moyen d'information, mais elles sont encadrées et ne sauraient constituer une intervention spontanée. Les conseillers municipaux ont le droit d'exposer en séance du conseil des questions orales ayant trait aux affaires de la commune. Dans les communes de 1 000 habitants et plus, comme dans les départements et régions, le règlement intérieur fixe la fréquence ainsi que les règles de présentation et d'examen de ces questions. À défaut de règlement intérieur, celles-ci sont fixées par une délibération du conseil municipal. L'exécutif est tenu d'y répondre, sauf refus motivé.

En séance, l'initiative des conseillers est limitée. La demande d'inscription à l'ordre du jour doit être adressée avant la réunion de l'assemblée. Si elle est formulée en cours de délibération, elle ne pourra être inscrite à l'ordre du jour que du conseil suivant, sauf s'il s'agit d'une question de procédure. Le droit d'expression des élus est tout aussi contrôlé : les demandes d'intervention sont filtrées par le président de l'exécutif – il est aussi président de séance – qui peut s'appuyer sur le règlement intérieur, mais aussi apprécier le caractère abusif des interventions. Les **questions orales**, étendues par la loi du 6 février 1992 aux conseils municipaux, voient leur exercice délimité par le règlement intérieur, et l'exécutif est tenu d'y répondre, sauf refus motivé.

C'est en matière financière et contractuelle que le législateur est le plus exigeant. Le **débat d'orientation budgétaire et le rapport d'orientation budgétaire** préalables à l'examen du projet de budget, les documents détaillés annexés au budget (selon un plan comptable censé améliorer la transparence mais peu lisible pour le non-spécialiste) et au compte administratif, et disponibles suffisamment à l'avance (douze jours pour les conseils régionaux et généraux) doivent permettre à tout élu de se prononcer en connaissance de cause. De même les contrats et marchés de service public doivent faire l'objet d'une information complète et préalable.

À ce droit à l'information lié aux décisions du ressort de la collectivité s'ajoute celui portant sur l'**environnement de la collectivité** : c'est la loi du 12 juillet 1999 sur l'intercommunalité qui enjoint aux présidents des établissements publics de coopération intercommunale (aux conseils desquels les oppositions communales sont absentes du fait du mode de désignation indirecte) d'adresser chaque année aux maires des communes adhérentes un **rapport d'activité joint au compte administratif**, tout comme les délégués de la commune à l'EPCI doivent rendre compte au moins deux fois par an de l'activité de l'EPCI dans le cadre d'un débat qui lui est consacré. Cette obligation est d'autant plus importante que les transferts de compétences croissants des communes vers les EPCI aboutissent à vider de tout débat public des sujets de plus en plus nombreux qui sont soustraits à la décision des conseils municipaux.

De même, les **avis et observations des chambres régionales des comptes sur la gestion de la collectivité** sont transmis à l'assemblée de la collectivité et inscrits obligatoirement à son ordre du jour.

Quant au **droit d'amendement**, reconnu par le juge administratif qui l'interprète de façon libérale, son exercice est singulièrement restreint en matière financière. Outre l'irrecevabilité des amendements augmentant une dotation d'État ou créant des impôts et taxes non prévus par la loi, l'obligation de l'équilibre budgétaire et la marge de manœuvre limitée (la grande majorité des dépenses de fonctionnement sont obligatoires et les dotations et subventions de l'État sont globales), le caractère peu détaillé de l'examen et du vote du budget limitent *de facto* le droit d'amendement.

Dernier pouvoir de l'élu opposant, celui d'attaquer les délibérations prises par son assemblée sur la base de leur légalité interne ou externe (CE, 24 mai 1995, *Ville de Meudon*) n'est pas le moins utilisé car il est souvent le seul moyen de contester la décision prise et illustre, au niveau local aussi, le lien entre contestation politique et contestation juridique.

Nous vous remercions d'avoir choisi ce livre Vuibert
et nous espérons qu'il a répondu à vos attentes.

Retrouvez **toute notre actualité** :

- ➔ les événements, les articles et les dernières vidéos de nos auteurs
- ➔ la parution de nos derniers livres
- ➔ un espace dédié aux candidats aux concours
- ➔ nos nombreux jeux-concours…

Sur notre site internet

www.vuibert.fr

Sur nos réseaux sociaux

@Editions.Vuibert

@editionsvuibert

Éditions Vuibert

@EditionsVuibert

*Chaque mois, 3 personnes seront tirées au sort**
parmi les nouveaux inscrits sur nos réseaux sociaux
et gagneront un livre.

Merci encore !

L'équipe Vuibert

* Règlement du jeu disponible sur notre site

Dépôt légal : septembre 2023
Achevé d'imprimer : août 2023 par SEPEC, 01960 Péronnas - France
N° d'éditeur : MAGSI20220573 N° d'imprimeur : 09467230759

IMPRIM'VERT®

FABRIQUÉ EN FRANCE

PEFC 10-31-1470 / Certifié PEFC / Ce produit est issu de forêts gérées durablement et de sources contrôlées. / pefc-france.org